广视角 · 全方位 · 多品种

权威 · 前沿 · 原创

皮书系列为
“十二五”国家重点图书出版规划项目

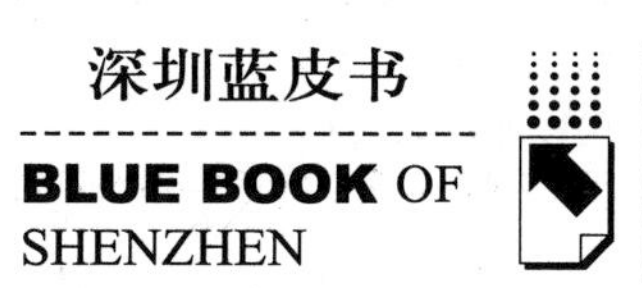


# 深圳经济发展报告（2014）

ANNUAL REPORT ON THE DEVELOPMENT OF SHENZHEN ECONOMY (2014)

主　编／张骁儒
副主编／王世巍　黄发玉

**图书在版编目(CIP)数据**

深圳经济发展报告. 2014/张骁儒主编. —北京：社会科学文献出版社，2014.7
（深圳蓝皮书）
ISBN 978－7－5097－6093－2

Ⅰ.①深… Ⅱ.①张… Ⅲ.①区域经济发展－研究报告－深圳市－2013 ②区域经济－经济预测－研究报告－深圳市－2014 Ⅳ.①F127.653

中国版本图书馆 CIP 数据核字（2014）第 113988 号

**深圳蓝皮书**
深圳经济发展报告（2014）

主　　编／张骁儒
副 主 编／王世巍　黄发玉

出 版 人／谢寿光
出 版 者／社会科学文献出版社
地　　址／北京市西城区北三环中路甲 29 号院 3 号楼华龙大厦
邮政编码／100029

责任部门／皮书出版分社（010）59367127
电子信箱／pishubu@ssap.cn
项目统筹／张丽丽
经　　销／社会科学文献出版社市场营销中心（010）59367081　59367089
读者服务／读者服务中心（010）59367028
责任编辑／张丽丽　王　颉
责任校对／白秀君
责任印制／岳　阳

印　　装／北京季蜂印刷有限公司
开　　本／787mm×1092mm　1/16
印　　张／25.25
字　　数／409 千字
版　　次／2014 年 7 月第 1 版
印　　次／2014 年 7 月第 1 次印刷
书　　号／ISBN 978－7－5097－6093－2
定　　价／79.00 元

# 《深圳经济发展报告（2014）》
# 编　委　会

# 摘　要

本书由深圳市社会科学院组织编撰。作为深圳蓝皮书的重要组成部分，《深圳经济发展报告（2014）》回顾了2013年深圳经济的运行情况，全面分析了深圳经济运行的主要特点及存在的问题，系统梳理了深圳经济发展的国内外宏观环境，展望2014年深圳经济走势并提出了相应的对策建议。

2013年是全面贯彻落实党的十八大精神的开局之年，也是加快发展方式转变的关键之年。面对错综复杂的国内外形势，深圳市委、市政府采取了一系列调控措施，有效引导市场预期，经济运行企稳向好，全年GDP增长速度为10.5%。

2013年，深圳经济发展需要关注的几个问题有：一是工业投资大幅下降；二是社会消费品零售总额增速低于全国水平；三是出口总额增速逐月回落。未来应积极采取：提高居民收入、引进和发展外向型服务业、拓宽投融资渠道、鼓励培育新型金融机构以及加快推进深圳经济特区一体化建设等具有针对性的措施。

展望2014年，国际经济形势总体趋稳，国内经济运行处在中长期潜在经济增长率下降和短周期弱复苏的交织阶段，结构性矛盾突出，运行风险增加。面对复杂的宏观经济形势，深圳市将全面贯彻落实中央和广东省各项决策部署，采取坚决有力的措施，积极应对各种不利因素，努力释放改革红利，激发市场活力和社会创造力，切实降低企业运营成本，促进深圳经济又好又快发展。

# Abstract

This book is compiled by Shenzhen Academy of Social Sciences (SZASS), As the major part of blue book of Shenzhen, *Annual Report on the Development of Shenzhen Economy* (*2014*) covers the performance of economy of Shenzhen in 2013 and its prospect in 2014, as well as some corresponding Countermeasures and suggestions to deal with difficulties and problems.

The year of 2013 was the first year to comprehensively implement the guidelines of the Eighteenth National Party Congress, and was the critical year of accelerating the Change of the Growth Model. Facing the complex and challenging economic environment at home and abroad, Shenzhen municipal government adopted a series of regulatory measures to guide markets expectation, the economy was stable and improved. The economic growth rate of Shenzhen last year was 10.5%.

In 2013, The following main issues in Shenzhen economy need attention: industrial investment slumped; the growth rate of total retail sales of consumer goods was lower than the national level; the growth rate of export dropped from month to month. The main countermeasures and suggestions proposed includes: the enhancement of residents' income, the introduction and development of external oriented service, broadening financial channels, encouraging the establishment of Network-Bank and new financial institutions, promoting the integration of Shenzhen special economic zone.

In 2014, the world economy will tend to be stable, the domestic economy will operate at the stage that the decline of long-term potential economic growth rate and short cycle weak recovery intertwined, structural issues will be serious, and the operation risk will increase. Facing the uncertain economic environment, Shenzhen will comprehensively implement the decisions made by the central and Guangdong provincial government, take resolute and effective measures, actively respond to various negative factors, try hard to release the reform dividend, stimulate the vitality of the market and social creativity, reduce firms' operating costs, promote sound and rapid economic development.

# 目录

## 𝔹 I 总报告



## 𝔹 II 改革创新篇

## ⅭⅢ 宏观经济篇



## BⅣ 行业分析篇



## BⅤ 专题研讨篇

## B Ⅵ 城区发展篇



皮书数据库阅读**使用指南**

# CONTENTS

## 𝔹 I General Report



## 𝔹 II Reform and Innovation

## BⅢ Macro-economy Reports



## BⅣ Industry Reports



## BⅤ Special Topics

## B VI Urban Development

# 总 报 告

General Report

## B.1 2013年深圳经济运行情况及2014年展望

董晓远　肖 磊　孟懿靖*

**摘　要：**

本文回顾了2013年深圳经济的运行情况，介绍深圳经济运行特点，指出其中存在的问题，分析深圳经济发展的国内外宏观环境，展望2014年深圳经济走势，并提出相应的对策建议。

**关键词：**

深圳经济　运行特点　对策建议

2013年是全面贯彻落实党的十八大精神的开局之年，也是在增长阶段转换背景下加快发展方式转变的关键之年。面对错综复杂的国内外形势，深圳市

---

* 董晓远，深圳市社会科学院经济所；肖磊，深圳市统计局；孟懿靖，深圳市发改委综合处。

委、市政府采取了一系列调控措施，有效引导市场预期，经济运行企稳向好，全年 GDP 增长速度为 10.5%。

展望2014 年，国际经济总体趋稳，国内经济运行处在中长期潜在经济增长率下降和短周期弱复苏的交织阶段，结构性矛盾突出，运行风险增加。面对国内外不确定的经济形势，深圳市将全面贯彻落实中央和广东省各项决策部署，采取坚决有力的措施，积极应对各种不利因素，努力释放改革红利，激发市场活力和社会创造力，切实降低企业运营成本，促进经济又好又快发展。

## 一　2013 年经济运行基本情况

2013 年，深圳经济规模不断扩大，经济增长稳中有进。据初步核算，全年全市生产总值达 14500.23 亿元，比上年（下同）增长 10.5%，增速比上年提高 0.5 个百分点（见图 1），比全国和全省平均水平分别高 2.8 个百分点和 2.0 个百分点。分季度看，一季度增长 9.0%，二季度增长 9.5%，三季度增长 10.0%，四季度增长 10.5%。分产业看，第一产业增加值 5.25 亿元，同比下降 19.8%；第二产业增加值 6296.84 亿元，同比增长 9.0%；第三产业增加值 8198.14 亿元，同比增长 11.7%。经济规模继续居于国内大中城市第四位。

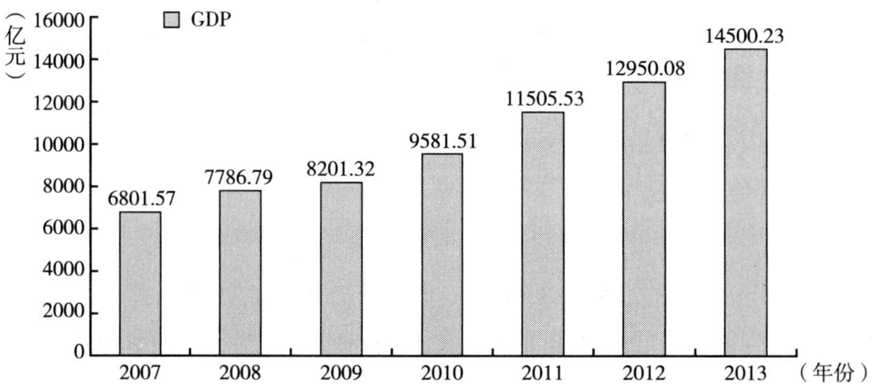


**图 1　2007 ~ 2013 年深圳市 GDP 走势**

## （一）工业生产稳中有升，企业利润持续增加

2013 年，全市工业实现增加值 5889.05 亿元，比上年同期增长 9.3%，增速比第一季度、第二季度、第三季度分别高 2.3 个、0.8 个、0.7 个百分点。工业总产值 22177.91 亿元，比上年同期增长 6.6%。通信设备、计算机及其他电子设备制造业实现增加值 3159.50 亿元，总产值 12403.18 亿元，同比增长速度分别为 12.8%、5.8%。分经济类型看，国有企业增加值同比增长 1.8%，集体企业增加值同比增长 5.9%，股份制企业增加值同比增长 16.5%，外商及港澳台商投资企业增加值同比增长 5.4%。全市工业企业全年利润总额同比增长 18.3%，实现利税总额同比增长 17.3%，主营业务收入同比增长 1.6%。

## （二）固定资产投资总额快速增长

2013 年全市完成固定资产投资总额 2501.01 亿元，比上年同期增长 14.0%（见图 2）。其中城市更新改造完成固定资产投资 358.34 亿元，占固定资产投资总额的 14.3%；建安工程完成固定资产投资 1779.33 亿元，占固定资产投资总额的 71.1%，比上年同期增长 13.0%。

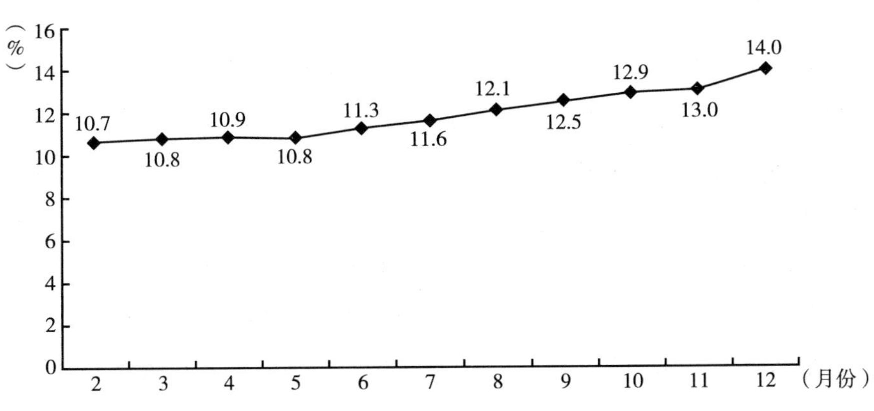


图 2　2013 年深圳固定资产投资月度累计增速走势

按注册登记类型分，国有经济完成固定资产投资 783.47 亿元，占固定资产投资总额的 31.3%，比上年同期增长 5.2%；港澳台及外资完成固定资产投

资263.88亿元，占固定资产投资总额的10.6%，比上年同期下降16.2%；其他经济完成固定资产投资1453.66亿元，占固定资产投资总额的58.1%，比上年同期增长28.1%。

按行业类别分，第一产业完成固定资产投资3.13亿元，比上年同期下降18.8%；第二产业完成固定资产投资380.18亿元，占固定资产投资总额的15.2%，比上年同期下降21.9%；第三产业完成固定资产投资2117.70亿元，占固定资产投资总额的84.7%，比上年同期增长24.3%。在第三产业中，运输、邮电、仓储完成固定资产投资432.94亿元，比上年同期增长80.4%；批发、零售、餐饮完成固定资产投资39.30亿元，比上年同期下降19.9%；房地产业完成固定资产投资1231.67亿元，比上年同期增长32.9%。

商品房屋施工面积4003.49万平方米，比上年同期增长24.5%，其中住宅施工面积2608.29万平方米，同比增长23.8%。商品房屋竣工面积353.55万平方米，去上年同期下降17.0%，其中住宅竣工面积196.33万平方米，同比下降32.2%。商品房屋销售面积588.58万平方米，比上年同期增长11.9%。商品房屋销售额1436.25亿元，比上年同期增长39.4%。

## （三）货运量、货物周转量、港口吞吐量稳步提高，电信业务量、邮政快递业务量增长较快

2013年全市货运量29677.04万吨，比上年同期增长3.5%。其中，铁路运输391.08万吨，同比下降2.5%；公路运输22242.00万吨，同比增长1.2%；水运运输6983.67万吨，同比增长12.0%；民航运输60.29万吨，同比增长13.24%。

货物周转量2101.96亿吨公里，比上年同期增长6.1%。其中铁路运输2.04亿吨公里，同比下降5.56%；公路运输387.85亿吨公里，同比增长0.7%；水运运输1702.17亿吨公里，同比增长7.4%；民航运输9.9亿吨公里，同比增长10.5%。

全年港口吞吐量稳步提高。全年港口货物吞吐量23397.98万吨，同比增长2.6%；港口集装箱吞吐量2327.84万标箱，同比增长1.3%，其中出口集装箱吞吐量1208.30万标箱，同比增长3.0%。

电信业务量，邮政、快递业务量增长较快。两者分别完成产值 586.66 亿元、220.36 亿元，同比增长速度分别为 26.5%、89.6%。

## （四）进出口稳定增长

据海关统计，全市进出口总额 5373.59 亿美元，增长 15.1%，比上年提高 2.4 个百分点，分别比全国和全省高 7.5 个、4.2 个百分点，比重占全国的 12.9% 和全省的 49.2%，分别比上年提高 0.8 个、1.8 个百分点；出口总额 3057.18 亿美元，增长 12.7%，分别比全国、全省高 4.8 个、1.8 个百分点，比重占全国的 13.8% 和全省的 48%，分别比上年提高 0.6 个和 0.8 个百分点；进口总额 2316.41 亿美元，增长 18.5%，分别比全国、全省高 11.2 个、7.5 个百分点，比重占全国的 11.9% 和全省的 50.9%，分别比上年提高 1.1 个和 3.2 个分点。

## （五）居民消费价格基本稳定，工业生产者价格继续下降

全年居民消费者价格指数同比上涨 2.7%（见图 3），消费品价格指数同比上涨 1.6%，服务项目价格指数同比上涨 5.2%。分类别看，食品价格上涨 2.9%，烟酒价格下降 1.2%，衣着类价格上涨 1.9%，家庭设备用品及维修服务价格上涨 1.9%，医疗保健和个人用品价格上涨 1.8%，交通和通信价格上涨 0.2%，娱乐教育文化用品及服务价格上涨 3.0%，居住价格上涨 4.8%。

全年工业生产者出厂价格指数下降 2.0%，工业生产者购进价格指数下降 1.7%。

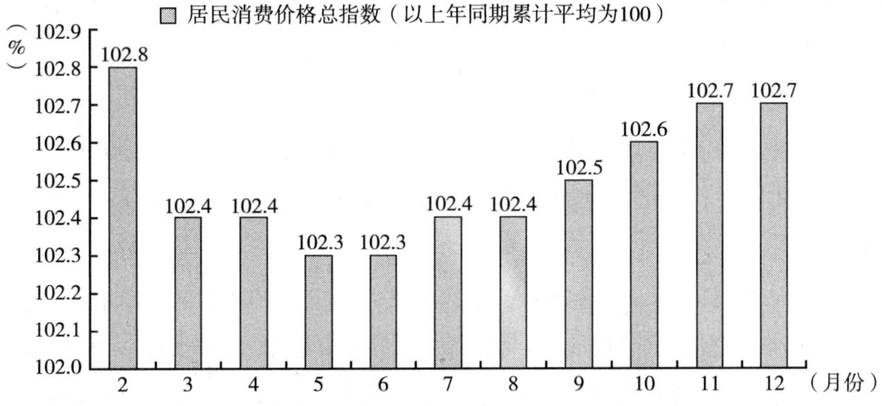


**图 3　2013 年深圳居民消费价格总指数月度走势**

### （六）财政金融运行良好

全年公共财政预算收入 1731.26 亿元，比上年同期增长 16.8%，高出总体经济增速 6.3 个百分点，比上年提高 6.2 个百分点（见图 4）。税收收入 1498.40 亿元，比上年同期增长 12.7%，其中增值税 274.10 亿元，同比增长 46.1%；营业税 423.22 亿元，同比增长 0.5%；企业所得税 287.89 亿元，同比增长 6.7%；个人所得税 138.47 亿元，同比下降 0.5%；房产税 38.45 亿元，同比增长 17.1%；印花税 28.10 亿元，同比增长 13.3%。

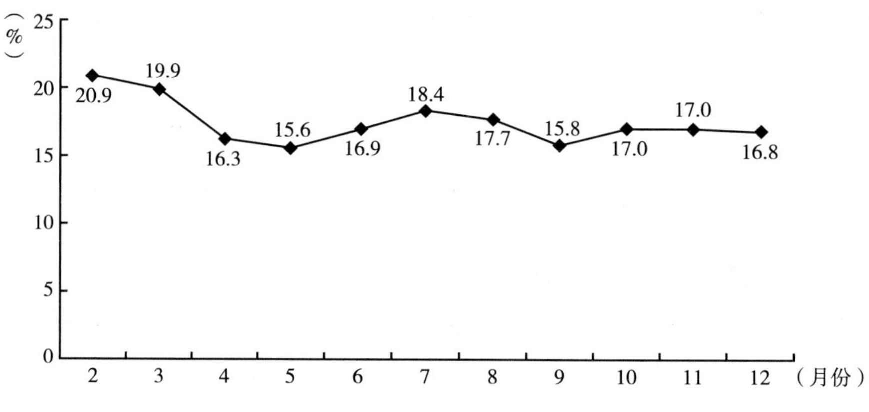


**图 4　2013 年深圳公共财政预算收入月度累计增速走势**

全年公共财政预算支出 1690.20 亿元，比上年同期增长 7.7%。其中一般公共服务 148.03 亿元，同比增长 3.2%；公共安全 120.35 亿元，同比下降 1.0%；教育 280.99 亿元，同比增长 14.2%；科学技术 132.85 亿元，同比增长 67.6%；文化体育与传媒 32.59 亿元，同比下降 0.5%；社会保障和就业 78.08 亿元，同比增长 16.9%；医疗卫生 105.61 亿元，同比增长 0.3%；节能环保 142.39 亿元，同比增长 31.8%；城乡社区事务 219.51 亿元，同比增长 9.9%。

2013 年 12 月末，金融机构人民币存款余额 29830.99 亿元，比年初增长 15.1%，其中单位存款余额 17414.71 亿元，比年初增长 17.0%；个人存款余额 9289.37 亿元，比年初增长 10.7%。金融机构人民币贷款余额 19803.58 亿元，比年初增长 14.1%，其中短期贷款 5276.36 亿元，比年初增长 24.3%；

中长期贷款 13172. 47 亿元，比年初增长 11. 4%。

深圳金融业综合实力进一步增强，服务实体经济的能力得到新提升，金融新业态发展迈出新步伐。国内上市企业 183 家，累计募集资金超过 1000 亿元，同比增长 474%；中小企业贷款余额 7000 亿元左右，同比增长近 18%；对战略性新兴产业贷款 1600 亿元，同比增长 30%；25 家深圳网络平台融资规模占全国的 1/5。值得一提的是，2013 年金融开放创新取得了新成效，金融试点政策取得重大突破，人民币跨境贷款备案资金突破 150 亿元。

## （七）市场销售额平稳增长

全年全市社会消费品零售总额 4433. 59 亿元，增长 10. 6%（见图 5）。十大商品类商品销售中增长较快的有：文化办公用品类增长 64. 5%，通信器材类增长 56. 3%，食品饮料烟酒类增长 31. 6%，日用品类增长 19. 2%，金银珠宝类增长 18. 5%，汽车类增长 13. 4%，家用电器和音响器材类增长 12. 1%，服装鞋帽针织类增长 7. 9%，体育娱乐用品类增长 4. 8%。

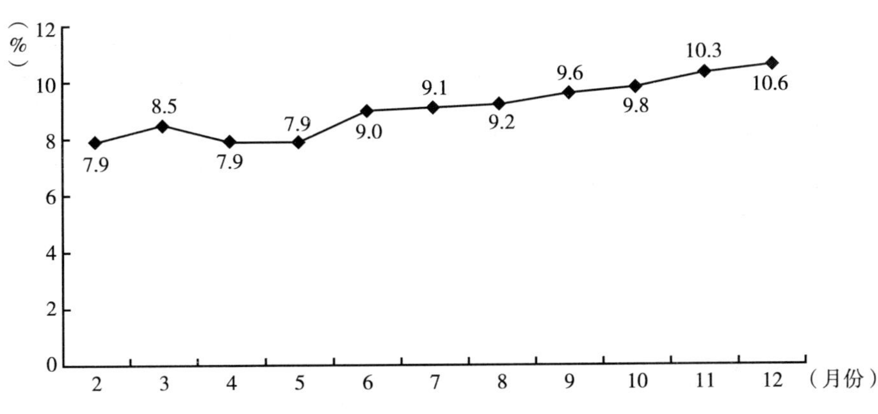


**图 5　2013 年深圳社会消费品零售总额月度累计增速走势**

## （八）民营经济保持较快发展

全年民营经济实现增加值 5620. 82 亿元，比上年同期增长 11. 2%，其中第二产业民营经济实现增加值 1748. 39 亿元，同比增长 8. 9%；第三产业民营经济实现增加值 3869. 55 亿元，同比增长 12. 4%。规模以上民营工业企业主营业务销售收入3512.80亿元，同比增长9.2%。民营批发零售贸易完成零售额3609.88亿元，同比增长13.6%。民营固定资产投资额完成921.63亿元，同比增长32.4%，其中住宅投资406.75亿元，同比增长35.8%。民营运输、邮电企业有2976家，同比增长8.4%；民营运输、邮电业营业收入61.80亿元，同比增长14.0%；民营运输、邮电业期末从业人数13703人，同比增长9.2%。

## （九）企业景气状态处于温和回升态势

2013年四个季度企业景气指数分别为124.1、124.4、125.9、122.4，企业家信心指数分别为120.1、121.8、123.3、120.9（见图6），继续运行在景气区间内。分行业看，按企业景气指数高低排序依次是信息传输软件和信息技术服务业、社会服务业、建筑业、房地产业、交通运输仓储和邮政业、工业、批发和零售业、住宿和餐饮业，四季度企业景气指数依次为135.0、132.4、126.6、125.3、124.6、123.5、109.7、104.5，所有行业均处在景气临界值（100）以上，表明企业景气状态处于温和回升态势。

按企业家信心指数高低排序依次是信息传输软件和信息技术服务业、社会服务业、建筑业、交通运输仓储和邮政业、工业、房地产业、批发和零售业、住宿和餐饮业，四季度企业景气指数依次为137.7、134.4、126.2、126.2、121.7、115.7、109.7、108.5。

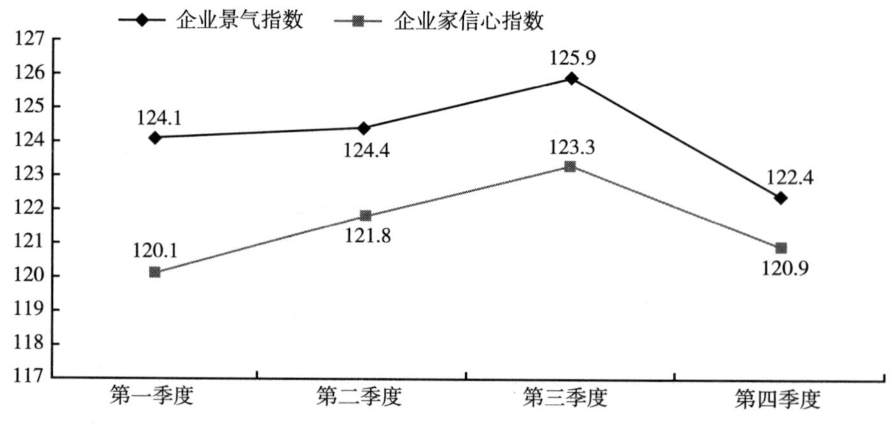


**图6　2013年深圳企业景气指数与企业家信心指数走势**

## 二 2013 年深圳经济运行主要特点

### （一）发展水平：稳中有进

全年 GDP、工业增加值、固定资产投资总额、出口总额、社会消费品零售总额、公共财政预算收入分别以 10.5%、9.3%、14.0%、12.7%、10.6%、16.8% 的增速增长，而全市居民消费价格总指数上涨 2.7%，居民收入稳步提高，失业率水平低于全国平均水平，反映出全市经济在全国经济地位运行、增速下滑的环境下呈现出总体稳健、稳中有进的发展态势。

### （二）经济结构：转中趋优

从产业结构上看，第三产业产值所占比重持续提升。第三产业增加值占 GDP 比重达 56.6%，比上年提高 1.0 个百分点。在第三产业中，交通运输、仓储和邮政业增加值为 504.09 亿元，增长 9.0%，占 GDP 比重 3.5%，比上年回落 0.1 个百分点；批发和零售业增加值 1765.43 亿元，增长 14.2%，占 GDP 比重 12.2%，比上年提高 0.5 个百分点；住宿和餐饮业增加值 269.77 亿元，增长 2.5%，占 GDP 比重 1.9%，比上年回落 0.1 个百分点；金融业增加值 2008.16 亿元，增长 15.0%，占 GDP 比重 13.8%，比上年提高 0.5 个百分点；房地产业增加值 1334.42 亿元，增长 10.8%，占 GDP 比重 9.2%，比上年提高 0.5 个百分点。

从投资结构上看，第三产业投资比重提高、增长加快。全市三次产业投资结构为 0.1∶15.2∶84.7，其中第三产业完成固定资产投资 2117.70 亿元，比上年同期增长 24.3%，占固定资产投资总额的 84.7%，增速与比重分别比上年（13.1%、77.5%）提高了 11.2 个、7.2 个百分点。

### （三）转型升级：步伐加快

一是战略性新兴产业对经济增长拉动作用凸显。全年战略性新兴产业增加值达 5002.50 亿元，增长 20.5%，比深圳市经济平均增速高 10.0 个百分点；

占全市 GDP 比重达 34.5%，比上年提高 4.6 个百分点。六大战略性新兴产业中，生物产业增加值 228.28 亿元，互联网产业增加值 590.59 亿元，新能源产业增加值 335.97 亿元，新材料产业增加值 310.36 亿元，新一代信息技术产业增加值 2180.30 亿元，文化创意产业增加值 1357.00 亿元。

二是新兴业态快速发展，企业结构进一步优化。电子商务交易额突破 9500 亿元，“深商 e 天下”电子商务平台集聚企业超过 3000 家，深圳成为首批信息消费试点城市。三网融合产业规模突破 3000 亿元。网络支付、借贷和股权众筹等互联网金融发展居全国前列。4 家本土企业入选世界 500 强，27 家企业进入财富中国 500 强。引进菜鸟网络等总部企业 20 家，总部企业数量在全球 370 个新兴市场城市中列 17 位。新增规模以上法人企业 3667 家。出台支持中小微企业健康发展的若干措施，小微企业贷款余额增长 20.3%。淘汰清理转型低端落后企业 3145 家。

三是现代服务业与先进制造业双轮驱动。全年现代服务业实现增加值 5492.37 亿元，占第三产业比重达 67.0%，比上年同期增长 12.6%，增速比 GDP 高 2.1 个百分点，比上年同期提高 0.7 个百分点。全年先进制造业增加值 4162.87 亿元，增长 12.2%，比上年提高 5.5 个百分点，占规模以上工业增加值比重达 73.1%，比上年提高 1.8 个百分点；全年高技术制造业增加值 3370.67 亿元，增长 12.3%，比上年提高 3.4 个百分点，占规模以上工业增加值比重达 59.2%，比上年提高 1.2 个百分点。

四是邮政快递业、电信业表现突出。全年全市电信业务总量达 586.66 亿元，同比增长 26.5%，其中邮政快递业务量达 220.36 亿元，增长 89.6%。

### （四）发展质量：稳中见好

公共财政预算收入较快增长。全年全市公共财政预算收入达 1731.26 亿元，增长 16.8%，高出总体经济增速 6.3 个百分点，比上年提高 6.2 个百分点。

工业企业效益明显提高。全年全市规模以上工业企业利税总额和利润总额分别增长 17.3% 和 18.3%，分别比上年提高 19.9 个百分点和 23.5 个百分点。

单位能耗继续保持较低水平。预计全年单位 GDP 能耗 0.432 吨标准煤/万元，下降 4.3%；预计全年单位 GDP 电耗 558.41 千瓦时/万元，下降 7.14%。

## 三 需要关注的几个问题

### （一）工业投资大幅下降

全市固定资产投资增速为 14.0%，比全国（不含农户）的增速低 5.6 个百分点。工业投资增速出现负增长，一季度下降 47.8%，二季度下降 35.5%，三季度下降 26.7%，全年下降 22.4%。虽然降幅收窄，但与上年同期相比具有较大程度下降。

工业投资增速出现负增长，拉低了全市固定资产投资增速，这是全市固定资产投资增速低于全国水平的主要原因。工业投资增速大幅下降的主要原因包括：一是工业投资受产业项目投资周期的影响而呈阶段性回落，占制造业投资近一半的电子信息产业受成本上升等因素影响而出现投资意向不高。二是由于工业等实体经济利润较低，资金向非实体经济转移。三是 2013 年下半年我国实行的中性偏紧的财政政策和货币政策，造成市场流动性减弱、贷款利率上涨，全年工业固定资产投资增速大幅下降。

### （二）社会消费品零售总额增速低于全国水平

2013 年，在一系列围绕刺激内需消费政策措施出台和实施之后，全市市场销售保持了较快的发展势头，社会消费品零售总额增速为 10.6%，但比全国（13.1%）低 2.5 个百分点。

深圳社会消费品零售总额增速较低的主要原因包括：一是住宿和餐饮业增速较低，拉低了社会消费品零售总额整体增速；二是深圳居民赴港消费加大；三是深圳市电子商务发达，随着网购的兴起，大量年轻群体网上购物。而根据现行的统计制度，电子商务零售额难以全部计入社会消费品零售总额。

### （三）出口总额增速逐月回落

海关统计数据显示，全年出口总额增速呈逐月下滑态势，从年初的 56.2% 回落至年底的 12.7%（见图 7）。一般贸易出口同比增长 6.6%，比出口总额增速低6.1个百分点；加工贸易出口同比下降5.5%。出口总额增速下降，一方面反映了国际市场需求减弱，另一方面也反映了出口面临综合成本上升的压力，包括劳动力工资的上涨、人民币汇率的升值、土地成本的上涨、原材料价格的上涨等。

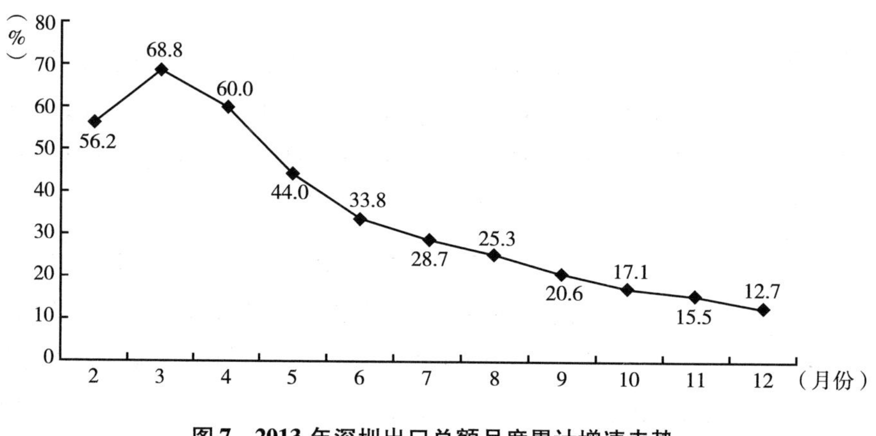


**图7　2013年深圳出口总额月度累计增速走势**

## 四　2014年深圳经济发展所面临的国内外环境

### （一）国际环境

刚刚过去的2013年，世界经济呈现缓慢复苏态势。全球经济在经历了5年的低迷徘徊和持续调整后，大部分不利因素已基本消化，发达国家系统性金融风险明显降低，虽然仍存在诸多不确定性，但总体发展环境稳定，2014年仍将延续不平衡的弱复苏，全球经济增长速度有望在2013年的基础上有所回升。

世界银行2014年1月发布的《全球经济展望》报告称，在发达国家经济复苏的拉动下，2014年全球经济增速较上年将有所提升，预计2014年全球GDP将在2013年增长2.4%的基础上提高至3.2%（见表1），2015年稳步上升至3.4%，2016年达到3.5%。世界银行认为，2014年全球经济持续增长主要得益于欧美等发达国家的复苏，报告预测2014年美国GDP增长2.8%，比

上年提高 1 个百分点，欧元区更是走出长期负增长的泥沼，增长 1.1%，比上年提高 1.5 个百分点。发达国家经济回暖也对发展中国家提振外需形成利好，2014 年发展中国家经济增长率将达到 5.3%，比上年提高 0.5 个百分点，2015 年和 2016 年将稳步上升至 5.5% 和 5.7%。

**表 1　权威机构对世界经济和部分国家（地区）经济增长的预测**

单位：%

| 地区 | 世界银行(WB)(2014 年 1 月) | | 国际货币基金组织(IMF)(2014 年 1 月) | | 经济合作与发展组织(OECD)(2013 年 11 月) | | 联合国(UN)(2014 年 1 月) | |
|---|---|---|---|---|---|---|---|---|
| | 2013 年（预测） | 2014 年（预测） | 2013 年（预测） | 2014 年（预测） | 2013 年（预测） | 2014 年（预测） | 2013 年（预测） | 2014 年（预测） |
| 世　界 | 2.4 | 3.2 | 3.0 | 3.7 | 2.7 | 3.6 | 2.1 | 3.0 |
| 美　国 | 1.8 | 2.8 | 1.9 | 2.8 | 1.7 | 2.9 | 1.6 | 2.5 |
| 欧元区 | -0.4 | 1.1 | -0.4 | 1.0 | -0.4 | 1.0 | -0.5 | 1.1 |
| 日　本 | 1.7 | 1.4 | 1.7 | 1.7 | 1.8 | 1.5 | 1.9 | 1.5 |
| 中　国 | 7.7 | 7.7 | 7.7 | 7.5 | 7.7 | 8.2 | 7.7 | 7.5 |
| 印　度 | 4.8 | 6.2 | 4.4 | 5.4 | 3.0 | 4.7 | 4.8 | 5.3 |
| 巴　西 | 2.2 | 2.4 | 2.3 | 2.3 | 2.5 | 2.2 | 2.5 | 3.0 |
| 俄罗斯 | 1.3 | 2.2 | 1.5 | 2.0 | 1.5 | 2.3 | 1.5 | 2.9 |

### 1. 美日欧等发达国家经济有望逐步好转

金融危机以来，美国已连续实施了数轮量化宽松计划，并启动了“再工业化”、私人部门“去杠杆化”等一系列经济结构调整政策。从目前看，美国经济刺激政策效果初显。私人消费继续回暖，经过 5 年持续的去杠杆化，美国家庭负债结构有了积极改观。同时，就业市场捷报频传，2013 年 12 月的失业率仅为 6.7%，为 2008 年 11 月以来的最低水平（见图 8），这也有助于提高家庭收入、刺激个人消费；房地产市场持续复苏，美国较低的抵押贷款利率带动了房地产市场需求，2013 年全年新房开工量较 2012 年大幅增长 18.3%，创 2007 年以来的最高涨幅，显示出美国房地产市场的持续扩张态势。总体来看，2014 年美国经济将延续复苏态势，虽然债务危机尚未彻底解决、量化宽松逐步退出等问题可能对其经济形成一定的挑战，但出现大幅回落的可能性很小，预计经济增长率将在 2.5% ~3%。

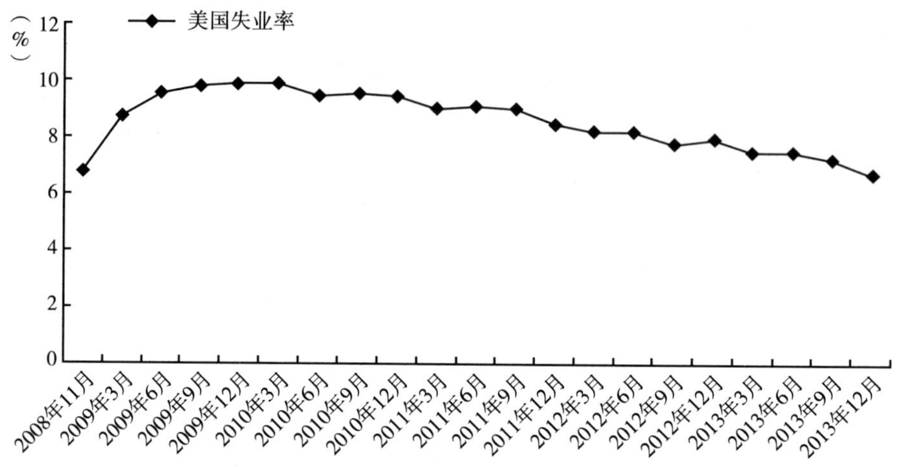


**图 8　2008 年 11 月以来美国失业率变化情况**

在欧债危机长达 4 年多的时间中，欧元区不断克服内部矛盾，相继出台一系列应对危机措施，如建立欧洲稳定机制（ESM）、加强金融监管、强化和巩固财政等，同时采取宽松货币政策刺激经济复苏。随着这些措施效应逐步显现，欧元区经济略有起色，2013 年第二季度、第三季度和第四季度的经济增速分别为 0.3%、0.1% 和 0.3%，扭转了长达 6 个季度的萎缩（见图 9）。虽然目前希腊等部分欧元区国家经济仍在衰退，欧洲就业市场也并未完全复苏，

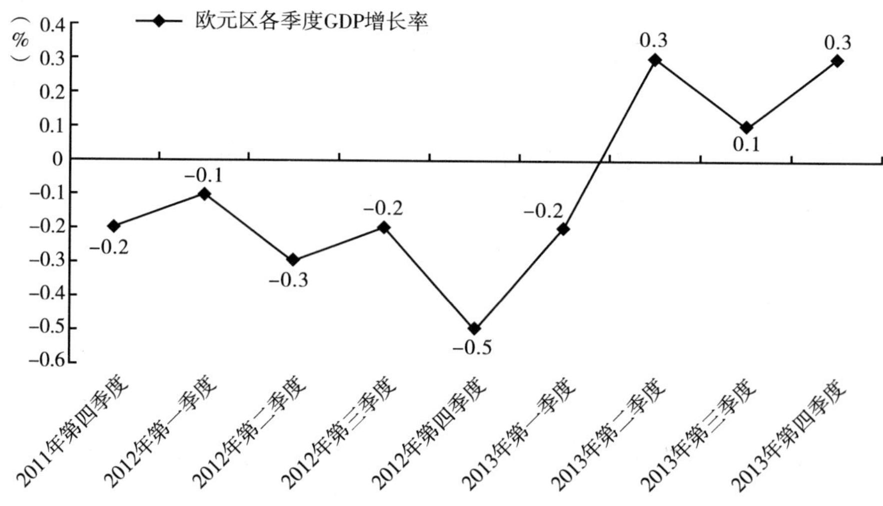


**图 9　2011 年第四季度以来欧元区 GDP 增长率变化情况**

2013 年 12 月的失业率仍高达 12.1%，继续维持在 2013 年 4 月以来的高位，但从整体上来看，欧洲主权债务危机已明显缓解，欧元区经济最艰难的时刻已基本过去，2014 年可望持续复苏。

日本安倍晋三上台以来推出以超宽松货币政策、灵活财政政策、经济结构改革为中心的经济刺激政策。虽然目前日本以大规模量化宽松为本质的经济刺激政策效力作用逐步减弱，但从政策施行效果看，日本整体经济仍保持温和增长。2013 年第一、第二、第三季度分别增长 4.5%、3.6%、1.1%，预计 2013 年全年日本经济可以实现 2.5% 左右的增长。CPI 已连续 6 个月处在正增长区间，其中 2013 年 12 月上涨 1.6%，创 2008 年 10 月以来的最高升幅，显示日本有望走出长期通缩的经济困局。从目前看，日本经济增长主要依靠政府投资拉动，经济的结构性问题并未克服，2014 年 4 月 1 日起日本上调消费税率也可能给经济复苏造成一定冲击。国际权威机构预测日本 2014 年经济增长将在 1% ~1.5%，低于 2013 年的增长率。

**2. 部分新兴经济体经济下行压力加大，但总体仍将保持正增长**

近两三年来，多数新兴经济体经济增长明显减速。巴西经济增长率从 2010 年的 7.5% 降到 2011 年的 7.3% 和 2012 年的 0.9%；俄罗斯经济增长率从 2010 年的 4% 降至 2012 年的 3.4%；印度经济增长率从 2010 年的 10.1% 降到 2012 年的 5%，世界银行预计其 2013 年会进一步降到 4.8%，创下自 2003 年以来的最低增速。从外部因素看，新兴经济体增长放缓主要是由于其对外部需求的依赖性非常高，发达国家需求疲软客观上抑制了新兴经济体的快速增长；从内部因素看，主要是其自身结构性矛盾突出导致的中长期潜在增长率下降。发达国家经济逐步复苏，美国逐步退出量化宽松政策，也可能给新兴经济体带来新一轮挑战，尤其是对印度、南非、印度尼西亚和泰国等通胀水平较高，同时遭遇财政、贸易双赤字的部分国家影响较大。在增长放缓、资本外流等因素的叠加下，部分国家金融乃至实体经济可能出现危机并影响经济稳定增长。近期，世界银行在调高 2014 年发展中国家经济预测的同时，也要求新兴经济体国家早做准备，应对非正常性资金流动的冲击。但从另一个方面看，美联储已多次表示将根据经济情况缓慢而有序地执行退出量化宽松政策，2013 年量化宽松削减信号放出后，市场也已经提前消化了部分不利影响，量化宽松的退出对大部分新兴经济体国家投资和增长的影响将是适度的，不会带来大范围的经济动荡。未来新兴经济体整体增速仍将高于全球平均增速，发挥着经济复苏重要引擎的作用，2014 年新兴经济体在加强宏观调控、调整经济结构和改善外部环境的情况下，经济增长也有望好于 2013 年。

**3. 全球经济仍面临诸多不稳定、不确定性**

目前来看，全球经济虽然进入复苏阶段，但主要是高度依赖经济刺激政策，缺乏自主增长动力，经济政策变动和不稳定的政治因素极易影响世界经济的持续稳定复苏。一是美国政府高度依赖借新还旧维持其偿债能力，这种模式具有极度脆弱和不稳定性。未来如不彻底解决美国政府债务问题，将会在极大程度上影响美国乃至全球经济的复苏。二是欧元区调整公共债务和巩固银行体系的工作仍未完成，结构性改革的任务依然艰巨。三是新兴市场地缘政治、社会改革和结构调整的风险犹存。

## （二）国内环境

2013 年面对复杂多变的国内外环境和各种重大挑战，我国出台了一系列调结构、转方式、促改革的政策措施，整体呈现出平稳较快增长、结构不断优化、市场基本稳定的良好态势。全年国内生产总值达 568845 亿元，增长 7.7%。固定资产投资快速增长，全社会固定资产投资达 447074 亿元，增长 19.3%。消费市场持续畅旺，社会消费品零售总额达 237810 亿元，增长 13.1%。工业增长稳中有升，规模以上工业增长 9.7%。2013 年，我国外贸市场有所恢复，进出口贸易总额增长 7.6%，达 41600 亿美元，成为全球第一大贸易国。物价上涨整体温和，全年涨幅为 2.6%。整体来看，我国经济运行处在预期合理区间，完成了全年经济社会发展主要目标。

2014 年我国经济将继续呈现稳定增长的态势。权威机构对 2014 年我国 GDP 增速的预测普遍高于 7.5%。中国社会科学院预测 2014 年我国 GDP 增速仍将在 7.5% 左右；世界银行于 2014 年 1 月最新预测，2014 年中国 GDP 增速可达 7.7%；高盛近期上调中国 2014 年 GDP 增长预期至 7.8%。从总体上看，2014 年我国经济发展仍然处于重要战略机遇期，保持持续健康发展的基础较好，有望继续呈现稳中有进、稳中向好的良好态势。

**1. 改革红利将得到更大程度的释放**

党的十八届三中全会提出了全面深化改革的总目标、路线图和时间表，为加快转变经济发展方式、培育经济增长新动力、实现经济发展质量和效益双提升确定了行动纲领，要求加快完善和发展中国特色社会主义制度，推进国家治理体系和治理能力现代化，发挥市场在资源配置中的决定性作用。全国将在全面深化改革的号角下迎来新一轮发展机遇，经济发展的内在潜力有望进一步得到激发。

**2. 国家宏观调控政策保持相对稳定**

中央经济工作会议提出，2014 年继续坚持稳中求进的工作总基调，实施积极的财政政策和稳健的货币政策。在财政政策方面，将进一步调整财政支出结构、提高资金使用效率；完善结构性减税政策，增加营改增试点行业。在货币政策方面，要保持货币信贷及社会融资规模合理增长，推进利率市场化和人民币汇率形成机制改革，增强金融运行效率和服务实体经济的能力。

**3. 内需增长潜力巨大**

党的十八大提出，要推进新型城镇化；中央城镇化工作会议后，新型城镇化规划推出在即，城市群的发展和新型村镇的建设将是未来的发展重点。中国改革发展研究院测算，城镇人口每增加 1000 万，基础设施投资将增加 1 万亿元。再加上与之配套的收入分配、社会保障和公共服务体系改革，将有望进一步拉动内需增长。

但是，国内经济也面临部分产业产能过剩、财政金融存在潜在风险、宏观债务水平上升等问题，可能对经济持续健康发展造成一定影响。

综合以上分析，2014 年，深圳经济发展的外部形势依然错综复杂，但总体还是机遇大于挑战。再加上近年来深圳改革排头兵作用不断强化、质量优势更加凸显、新增长点不断涌现，经济增长动力已实现了从依靠优惠政策支持向优质增量和高端产业支撑转变。同时，较低的地方债务水平、保持良性循环的社保体系、比较合理的人口年龄结构、优美的生态环境等正在成为特区新的竞争优势，这都有利于深圳继续实现有质量的稳定增长和可持续的全面发展。

## 五　2014 年深圳经济形势展望

### （一）经济总量继续保持较快发展

在投资、出口、消费的共同作用下，预计深圳经济将继续保持较好的发展态势。

从投资上看，2014 年全市将继续加强城市轨道交通、环境治理、保障房建设等基础设施建设，在地铁等大型项目的带动下，固定资产投资将继续保持较高的投资增速。另外，随着国内外经济形势整体趋稳，再加上中央对中小企业融资、税收等各项优惠措施的落地，工业投资增速将会有所回升。

从出口上看，外部需求会有所增加，预计外贸形势会好于往年。从国际形势来看，世界经济仍然延续缓慢复苏的态势，同时也存在着许多不确定、不稳定的因素。从国内形势来看，2014 年将是全面贯彻落实党的十八届三中全会、全面深化改革的第一年，经济发展仍将稳中求进。

从消费上看，2014 年深圳将继续贯彻落实党中央国务院扩大内需的政策，提高居民收入，扩大内需，保持物价稳定。一是网购等新兴业态的发展将有力促进消费潜能的释放，电子商务零售额增速将快速提高。二是对文化、教育、医疗、养老和旅游等服务类需求增长迅猛，智能手机、平板电脑、信息家电等已形成新的消费热点，住房汽车等消费持续增长。三是随着扩大内需各项政策的落实到位，消费水平将会得到进一步提升。

### （二）产业结构调整力度加大

深圳作为全国改革开放的排头兵，在经过三十多年的改革开放后，已经进入改革的深水区，在国内外不确定因素的作用下，经济发展面临诸多困难。一是随着经济的快速发展，土地、劳动力等生产要素价格上升，导致企业运行成本居高不下，制约了深圳经济进一步发展。二是全国经济发展政策趋同化。随着我国中西部地区经济的快速发展，以及“中部崛起”“西部大开发”等国家战略的兴起，深圳改革开放的经验和政策正在全国推广和普

及，深圳没有了以往的政策优势，甚至出现了某些城市的政策优势高于深圳的情况。另外，上海自由贸易区和天津自由贸易试验区的成立也对深圳，特别是前海的发展带来了巨大的挑战。因此，深圳必须转变经济发展方式，大力调整经济结构。

一是现代服务业的比重会逐步提高。现代化城市发展的现实表明，现代城市特别是国际经济中心城市已经成为服务业集聚发展的主要载体。深圳服务业产值占 GDP 的比重比纽约、东京、新加坡、中国香港等国际大都市平均水平落后近 40 个百分点，与北京、上海、广州三个国内一线城市相比也落后 10 个百分点。根据《深圳市现代服务业发展“十二五”规划》目标，2015 年服务业增加值要达到 9000 亿元，服务业占 GDP 比重达到 60%，现代服务业占服务业比重达到 60%。全市将以前海深港现代服务业合作区为龙头，大力发展金融业、现代物流、信息业以及专业服务业，促进制造业、货物贸易向服务业、服务贸易转型。

二是战略性新兴产业发展加快。深圳六大战略性新兴产业包括生物、互联网、新能源、新材料、文化创意和新一代信息技术。得益于近年来深圳出台的战略性新兴产业振兴发展规划及配套政策，高水平规划、高起点布局，高端引进和自主创新并举，创新型企业和项目不断涌现，六大战略性新兴产业呈现持续增长态势。近年来战略性新兴产业增加值增速明显高于经济总体发展速度。涌现了华大基因、华为、中芯国际、金蝶软件、腾讯等一大批优质企业，为深圳经济发展注入了增长活力。

深圳市近年在支持六大战略性新兴产业方面不遗余力，持续加大核心技术研发投入，布局重大科研基础设施。首批战略性新兴产业发展专项资金的资助对象也已经公布，20 个重点项目和 15 个重点实验室项目已获得资金，覆盖云计算、TD－LTE、LED 芯片、人工角膜等前沿领域，获得资助的既有华为、金蝶、远望谷等一大批企业，也有中国科学院深圳先进院、清华大学深圳研究院等研究机构。

三是先进制造业、高新技术产业稳步发展。随着原材料、土地、人力成本的上升，深圳出现了低端制造业向内地城市转移的趋势，短期的产业转移可能会对深圳的就业、税收产生一定影响，但深圳真正需要的不是这些处于价值链底部的企业，而是先进制造业，深圳应该抓住这个机遇顺利实现发展模式的转型。深圳未来的发展要坚持走以先进制造业为支撑，以现代服务业为基础的发展道路。深圳过去走的道路是以发展低价值的简单制造业来带动城市发展，深圳要实现从“速度”到“质量”的转变，就必须抛弃这种发展模式。深圳经过三十多年的发展，站在了转型升级的路口，需要掌握核心技术，发展高科技的先进制造业，以此占据制造业的制高点。

### （四）体制机制改革会有新创举

作为经济特区，深圳始终牢记中央赋予的“改革先行、探索走在前”的要求，未来将着力破除阻碍科学发展的体制机制，继续先行先试。不通过深化改革就不可能形成一个新的有利于产业转型的体制机制。反过来讲，产业转型升级必须突破已经形成的利益结构。2014 年，深圳会深化体制机制改革，加快产业转型升级、促进新兴战略性产业发展，并为和谐社会建设创造条件。总之，深圳将一如既往，为中国改革“探路”。

### （五）转变政府职能将有新突破

在新一届国务院第一次全体会议上，国务院总理李克强特别强调：要抓紧落实机构改革和职能转变方案，转变职能是新一届政府开门要办的第一件事，绝不能“换汤不换药”。要把不该管的事项坚决放给市场、交给社会。转变政府职能，更好地推动市场取向改革，政府不要越位，也不要缺位，要提供更多更好的公共服务和公共产品，维护社会公平正义。

作为综合改革配套试点城市，深圳先后启动了大部制、公务员分类管理、商事登记的多轮改革，这些改革为深圳保持经济特区竞争力、实现经济特区发展目标提供了制度保证。

2013 年，深圳成功实行商事登记制度改革，这是深圳的一个创新，营造了很好的创业环境。既发挥了政府监管职能，同时也给公众创业提供了最大的便利。符合十八大对未来行政改革的基本要求，简政放权，发挥市场作用，也在全国起到了示范效应。2014 年，深圳市应深入贯彻党的十八大和习近平总书记视察广东时的重要讲话精神，全面落实《深圳市综合配套改革总体方案》，进一步弘扬改革创新精神，更好地发挥深圳经济特区的“窗口”、“试验田”、“排头兵”和示范区作用，根据《深圳市全面深化改革总体方案（2013～2015 年）》的部署和要求，简政放权，发挥市场在资源配置中的决定性作用，释放改革红利，在转变政府职能方面走在全国前列，做到经济又好又快发展。

### （六）深港合作将有新亮点

向香港学习、与香港合作仍然是深圳未来改革的动力所在。随着改革逐步进入“深水区”，深圳将在更多方面需要向香港看齐，学习香港在法治化建设、公众参与社会管理的体制机制以及城市的高水平规划等方面的经验。这些领域也是深圳力推的改革重点领域。

前海是深港合作的重要载体，前海深港现代服务业合作区的开发建设被列入国家的“十二五”规划纲要，已经成为国家战略。前海的建设近年来取得了重要进展，完成了前海的立法和相关规章的制定，形成了国家级的部际联席会议制度。前海的发展环境有了很大改善，使得前海成为深圳的区域增长极，起到了进一步引领转型升级、优化经济结构、创新体制机制、扩大特区的辐射带动作用。这对推动体制机制创新和全国的产业结构调整都意义重大。2014 年，深圳前海应该成为深港合作的突破口，发挥示范效应，特别是在人民币资本项目下的可兑换、离岸金融市场建设等方面先行先试，努力形成可复制、可推广的改革与发展经验。

## 六　对策建议

### （一）积极提高居民收入，扩大消费需求

在稳定出口的同时，要立足当前、着眼长远，坚定不移地贯彻中央扩大内需的战略方针。一是要致力于提高居民收入水平。继续加大对医疗卫生、文化教育、养老保障等民生工程的投入，加快调整国民收入分配格局，采取综合措施提高居民收入水平，从根本上提高居民消费能力。二是要致力于出台更有效

的扩大居民消费的政策措施。通过税收制度改革，形成有利于扩大消费的税制环境；积极培育新的消费增长点，推动居民消费结构转型升级；加大对消费信贷的支持力度，鼓励居民适度扩大信贷消费。

### （二）重点引进和发展外向型服务业，大力发展服务贸易

深圳正处于经济增长由制造业和货物贸易拉动向服务业和服务贸易深化的重要时期，对外贸易总体格局正面临重大调整。未来深圳必须把服务贸易作为整个外贸转变发展方式的重要战略平台，在全球贸易链中嫁接自己的优势。在全球传统产业链上，我们要通过政府引导，大力争取和引进海外资源，靠市场力量推动自然整合，争取海外高端服务业落户深圳，从而树立新的商业模式，引导企业创新，推动经济实体转型发展。

### （三）拓宽投融资渠道，确保投资稳定增长

一是要进一步落实鼓励民间投资的政策，促进投资平稳健康发展。①尽快建立鼓励民间投资的技术标准和行业规范。②进一步拓宽民间融资渠道，在间接融资方面，应鼓励发展面向中小企业融资的民间银行，同时鼓励大型商业银行增加对民营业务的融资服务；在直接融资方面，应支持中小企业进行内源性融资，进而向社会定向募集股份和发行债券，支持发展私募股权投资基金，为中小企业提供融资平台。

二是要进一步调整政府主导的基础设施投资方向，更加注重对涉及公共服务与民生保障的投入，同时通过合理谋划整合现有资源，促进基础设施长期效用的有效释放。①从投资结构内部入手，通过基础设施项目的合理谋划，整合现有资源，完善城市配套功能，实现产业发展环境的大改善，从而进一步促进产业的转型升级，最终提高产业类投资的投入产出效率。②从基础设施投资的内部结构入手，逐渐从道路、地铁建设转向涉及公共服务与民生保障的基础设施建设，如生态环境设施、保障性安居工程、医疗养老设施、文化教育事业等，完善社会服务功能与社会保障体系，有效减轻居民生活成本压力，从而进一步释放消费潜力，扩大消费在经济发展中的作用。

### （四）转变经济发展方式，建立现代产业体系

现代产业体系是以高科技含量、高附加值、低能耗、低污染、自主创新能力强的有机产业群为核心，以技术、人才、资本、信息等高效运转的产业辅助系统为支撑，以环境优美、基础设施完备、社会保障有力、市场秩序良好的产业发展环境为依托，并具有创新性、开放性、融合性、集聚性和可持续性特征的新型产业体系。深圳要根据自身优势，面向经济全球化、区域一体化和未来产业发展趋势，以优势传统产业为基础，高新技术产业为引擎，打造现代服务业和先进制造业双轮驱动融合发展的现代产业体系。从依靠制造业带动向依靠现代服务业和先进制造业带动转变，从主要依靠增加物质资源消耗向主要依靠科技进步、劳动者素质提高转变，从依靠外向粗放型产业向依靠内外兼顾集约型产业转变。深圳要加快产业结构调整，大力发展以现代物流、现代金融为主导的现代服务业，战略性新兴产业与先进制造业，积极承接和实施产业转移，以实现深圳市有质量的稳定增长，可持续的全面发展。

### （五）鼓励创办网络银行新型金融机构，大力发展民营银行

积极发展互联网金融，推动互联网和金融产业融合发展；鼓励创办网络银行，支持金融机构依法设立网络银行、网络保险、网络证券等持牌新型金融机构，培育衍生新型金融业态；推动拓宽互联网企业金融领域的通道，支持发起或参股设立各类金融机构和新型金融业态。

2013 年 6 月召开的国务院常务会议提出了推动民间资本进入金融业的政策措施，鼓励民间资本参与金融机构重组改造，探索设立民间资本发起的自担风险的民营银行和金融租赁公司、消费金融公司等。这些政策措施释放了民间资本直接设立民营银行成为可能的信号，民间资本多年来的“银行梦”有望加快实现。深圳应对这一政策信号给予充分关注，争取在政策“开闸”之日能引进一批高质量的民营银行。

### （六）坚持创新驱动，打造深圳经济升级版

党的十八大明确提出要实施创新驱动发展战略，强调科技创新是提高社会

生产力和综合国力的战略支撑，必须摆在国家发展全局的核心位置。这是我们党放眼世界、立足全局、面向未来做出的重大决策。深圳应贯彻落实党的十八大精神，坚持创新驱动，打造特区经济升级版。一是要瞄准国际创新趋势、特点进行自主创新，使深圳的自主创新站在国际技术发展前沿。二是要将优势资源整合聚集到战略目标上，力求在重点领域、关键技术上取得重大突破。三是进行多种模式的创新，既可以在优势领域进行原始创新，也可以对现有技术进行集成创新，还应加强引进技术的消化吸收再创新。四是构建以企业为主体、市场为导向、产学研相结合的技术创新体系。首先，进一步确立企业的主体地位，让企业成为技术需求选择、技术项目确定的主体，成为技术创新投入和创新成果产业化的主体。其次，高校、研发机构、中介机构以及政府、金融机构等应与企业一起构建分工协作、有机结合的创新链，形成有中国特色的协同创新体系。五是加快科技体制机制改革创新。建立科技创新资源合理流动的体制机制，促进创新资源高效配置和综合集成；建立政府作用与市场机制有机结合的体制机制，让市场充分发挥基础性调节作用，政府充分发挥引导、调控、支持等作用；建立科技创新的协同机制，以解决科技资源配置过度行政化、封闭低效、研发和成果转化效率不高等问题；建立科学的创新评价机制，使科技人员的积极性、主动性、创造性充分发挥出来。

### （七）加快推进深圳经济特区一体化建设

特区一体化是深圳未来发展的重大契机、潜力所在。根据《深圳经济特区一体化建设三年实施计划（2013～2015年）》总体部署和要求，要以公共服务均等化为目标，以转变发展方式为核心，以基础设施建设为先导，以财政体制改革为抓手，以体制机制创新为动力，积极借鉴国际先进城市的经验，以国际一流水准为标杆，以深圳质量为指引，始终坚持有质量的稳定增长、可持续的全面发展，继续深入推进规划布局、基础设施、环境保护、基本公共服务和管理体制的一体化，着力推动转型发展，着力增进民生福祉，着力推动“美丽深圳”建设，高水平、高质量地推进新型城市化，实现原特区外地区“五年根本改观”的阶段性目标，为“十年基本完成特区一体化”奠定坚实基础。

# 改革创新篇

Reform and Innovation

# B.2 关于深圳全面深化改革的路径探索

深圳市社会科学院课题组

**摘　要：**

深圳正处在全面深化改革的关键时期。近年来，深圳持续推进各大领域改革，使深圳全面深化改革呈现出系统性、创新性和实效性的特点。进一步全面深化改革，突破利益固化格局，完善中国特色的社会主义体制机制，需要我们突破思想观念障碍，树立无畏的改革精神。本文结合深圳全面深化改革的实际，从整体推进、重点突破、稳妥试行、运作模式四个层面，提出了三十条全面深化改革的建议。

**关键词：**

改革障碍　深化改革　深圳

## 一　深圳处在全面深化改革的关键时期

党的十八大明确指出“全面建成小康社会，必须以更大的政治勇气和智慧，不失时机深化重要领域改革，坚决破除一切妨碍科学发展的思想观念和体制机制弊端，构建系统完备、科学规范、运行有效的制度体系，使各方面制度更加成熟更加定型”。十八届三中全会审议通过《中共中央关于全面深化改革若干重大问题的决定》，充分体现了以习近平同志为总书记的党中央的改革决心和勇气，体现了新的中央领导集体有胆有识、敢于碰硬、勇于担当的气魄。当前，深圳正处在加快转变经济发展方式、努力创造“深圳质量”的关键时期，处在全面统筹推进十八大要求的“五位一体”全方位改革的关键时期，处在加快建设现代化国际化城市、努力实现“中国梦”的关键时期。深圳作为我国体制改革的“试验田”、对外开放的重要“窗口”，在新时期如何进一步破解土地、能源、人口、生态环境等一系列经济社会发展中的深层次矛盾，如何继续发挥经济特区在经济转型、社会转型、政府转型中的示范作用，为全国重大体制改革探索新鲜经验，是摆在我们面前的又一场硬仗。这就要求我们充分认识新时期改革的时间与空间约束不断增强的危机感，充分认识改革发展机遇期稍纵即逝、改革迟疑不得、莽撞不得、耽误不得的紧迫感，充分认识我们所肩负的深化改革开放重大责任的使命感。同时，也倒逼我们在总结和运用既有的改革开放的成功经验与教训方面下足功夫，在调研基层和群众对改革的诉求方面下足功夫，在把握党和国家事业发展对深圳改革开放的客观要求方面下足功夫。我们唯有进一步解放思想、全面深化改革，抓住体制机制上的顽疾，大胆突破利益固化的藩篱，力争在重要领域和关键环节取得新的突破，才能进一步解放和发展社会生产力，进一步激发和凝聚社会创造力，为发展中国特色社会主义做出深圳应有的贡献。

## 二　深圳全面深化改革的态势与特点

近几年来，深圳持续推进各大领域的改革，使深圳全面深化改革呈现出如下态势和特点。

一是从改革的全局把握看，深圳紧紧扣住时代主题对改革的全局进行战略谋划。2009 年，《深圳市综合改革总体方案》出台；不久，《深圳经济特区扩大到全市范围》公布；2013 年，《深圳市全面深化改革总体方案（2013 ~

2015)》正式发布。分年度看，《深圳市2011年改革计划》提出32项改革任务；《深圳市2012年改革计划》提出22项改革任务；《深圳市2013年改革计划》提出25项改革任务，以年度改革计划的形式，有重点、有步骤地推进改革，已经成为深圳改革工作的一个常态性机制。对改革进行全局的战略谋划，从全局的高度，把握改革的方向和节奏，体现了深圳改革的系统性特点。

二是从改革的重点突破看，深圳紧紧扣住经济社会发展的焦点，对改革的突破口进行精细谋划。①商事登记制度改革。为了建立与市场经济相匹配的商事登记制度，深圳市连续几年将商事登记制度改革列入重点改革计划。此项改革意义重大，极大地优化了深圳的营商环境，充分发挥了企业的市场主体作用和市场机制的基础性作用。②土地管理体制改革。为了促进经济社会转型发展，破解土地空间不足、利用方式落后和调控手段困难等难题，深圳出台了《深圳市土地管理体制改革总体方案》，积极探索土地配置市场化、土地利用高效化、土地管理法制化方面的路径，积累了新经验。③公务员分类管理改革。按照《公务员法》规定，以职位分类为基础，从现行大一统的综合管理职位划分出行政执法和专业技术两类职位，并以合同管理和养老保障制度改革为核心推行公务员聘任制，取得了积极的效果。④户籍制度改革。深圳市研究制定了《深圳市户籍制度改革实施方案》，以居住证为载体，以入户积分参数为依据，建立非户籍人口向户籍人口转变的常态通道。⑤前海地区改革。深圳出台了《前海深港现代服务业合作示范区发展规划》，形成了全面支持前海开发开放的政策框架体系，为前海开发开放和深港两地紧密合作、融合发展提供了政策引擎。对改革突破口的精细谋划，体现了深圳改革重点选择的创新性特点。

三是从改革的推进方式看，深圳紧紧扣住可操作、重实效的特征进行严谨谋划。每项重点改革都指定牵头单位和参与单位，规定完成时限，先进行深入调研，制订改革实施方案，广泛征求意见，经市政府审议通过后再向社会公布，然后组织实施并评估效果。此外，主动加强与国家有关部委和广东省的密切沟通，争取上级的支持与指导；加强组织领导，强调扎实推进、狠抓落实、务求实效。对推进改革方式的严谨谋划，体现了深圳改革的实效性特点。

## 三　坚决破除阻碍改革的不良观念

改革开放已经走过了 35 个年头，改革的内外环境已经发生了深刻变化。当前在某些领域还存在改革不到位和不彻底的问题，一些重大改革长期未能取得突破，甚至衍生出了大量的既得利益群体。不同的利益群体有不同的利益诉求，这就是未来改革的难点所在。从某种程度上讲，如果利益格局固化了，不仅将导致经济社会发展缺乏活力，而且会严重阻碍经济社会各领域的自我完善和进步。改革环境的变化和利益群体的固化，加剧了进一步改革的艰巨性和复杂性。进一步全面深化改革，突破利益固化格局，完善中国特色的社会主义体制机制，首先需要我们突破思想观念障碍，树立无畏的改革精神。

其一，破除改革的“自满症”，树立改革的创新精神。回顾深圳的改革历程，我们曾经引领改革之先，创造了多项改革的“率先”和“第一”。于是，在改革的进程中，有个别单位和个别人无形中产生了一种自满的情绪，谈改革时，言必称“率先”，动辄以改革之都自居。我们为改革的成就感到自豪，但绝不能自傲和自满。我们绝不能陶醉于过去的“率先”而产生现在必然“率先”的幻觉；绝不能沉浸于过去改革的成绩而产生悠然自得的情绪，绝不能满足于过去的胜利而放慢今天改革的步伐。如果我们盲目乐观，忘乎所以，思想松懈，工作滑坡，不仅会丧失乘势而进的改革势头，甚至可能危及良好的发展局面。深入调查研究，从深圳的实际出发，尊重群众的首创精神，鼓励和支持在改革中继续大胆探索和创新，是深圳全面深化改革的必然选择。

其二，破除改革的“畏难症”，树立改革的攻坚精神。随着改革的深入发展，改革难度在不断增加，人们的畏难情绪也在不断增加。改革是一场革命，要触及方方面面的利益，许多体制性、机制性羁绊需要被打破。尤其是在当前的改革攻坚期和转型期，更需要坚定不移地以科学发展为主题、以加快转变经济发展方式为主线，迎难而上、攻坚克难，坚决破除一切妨碍科学发展的体制机制弊端，有效激发社会各类市场主体的动力和活力，不断增强经济社会长期发展的后劲。“畏难症”的表现：一是“怕”，怕得罪人，怕改革达不到预期效果，吃力不讨好；二是“绕”，绕开经济社会发展中的焦点、

难点问题；三是“拖”，难度大的改革，左顾右盼，一拖再拖，这些表现都是在深化改革中要坚决摒弃的。深化改革犹如逆水行舟，不进则退，面对困难我们只有迎难而上，要以更大的政治勇气和智慧，敢于负责、敢于担当、敢于较真、敢于碰硬、敢于创新，做到敢为、能为、有为，才能不断开拓改革开放的新局面。

其三，破除改革的“疲劳症”，树立改革的主动精神。在当前的改革进程中，还存在一种消极的情绪，即对改革的整体反应不够强烈：改革已经进行多年，未来的改革进入“深水区”和“攻坚期”，非短期能够完成，因而停步观望，仿佛患上了一种“改革疲劳症”。“改革疲劳症”是一种销蚀剂，它会消磨我们改革的锐气、改革的胆气，拖延迟滞改革。我们要继续推进解放思想，深化改革、加快发展，就不能不尽快消除“改革疲劳症”的消极影响。改革是一项具有长期性、艰巨性、复杂性的系统工程，“只有进行时没有完成时”。改革没有退路、不能停顿，唯有只争朝夕，树立改革的主动精神，继续鼓励大胆试验、大胆突破，不断把改革开放引向深入发展。

其四，破除改革的“吃肉症”，树立改革的割肉精神。过去的改革多是普惠性改革，人人都期望有肉吃。“吃肉”的改革共识较多，改革的动力很足。新一轮改革在很大程度上要触动利益，就需要树立改革的割肉精神。但割肉是很痛的，要利益集团自己革自己的命很难。调整利益格局，割肉是不可避免的，就是再痛，也要从改革发展的大局出发，放远眼光，超越短期利益、群体利益和部门利益。这样才能更好地凝聚共识，减少改革的阻力。在深化改革开放的过程中，要始终坚持公平原则，特别要注意权利公平、规则公平以及机会公平。尤其是涉及深水区的改革，在稳妥推进存量利益优化的同时，还要善于在利益增量上做好文章，使所有人有机会通过自身努力获得应有利益，使改革发展成果更多更公平地惠及全体人民。

## 四　整体推进六大领域改革

全面深化改革并不是目的，而是实现“五位一体”全面现代化的重要手段。为此，党的十八大报告已经明确了各领域改革的主要目标。深圳未来的改革，应通盘考虑改革策略，打破既得利益格局的约束，摆脱改革路径依赖的困扰，将改革的力度与经济发展的速度以及社会可承受度有机结合起来。

## （一）经济体制改革

经济体制改革仍然是全面深化改革的重点和基础。深化经济体制改革，总体要求是，坚持市场化改革取向，进一步理顺政府与市场的关系。

**1. 构建新型的企业创新体系**

经济结构转型升级，创造深圳质量，首先依赖于创新体制。培育和形成一批通过竞争成长起来的创新型行业领先大企业，发挥其重大技术研发、技术集成、推进产业化的优势。创新的最大潜力在民间，应营造有利于创新的社会环境，努力形成全社会进行创新的良好氛围。应在财政、金融、税收、制度等方面加大对创新的支持力度，吸引民间资本积极参与，完善相关激励机制，促进创新资源高效配置和集中，努力将全社会的创新智慧和力量会集到创新发展上来，增强社会发展活力的持续性。

**2. 深入推进财税体制改革**

总体方向是继续坚持以分税制为基础的财税体制，优先调整事权，优化收支结构，优化财力配置，完善公共财政体系，继续推进营业税改增值税工作，促进政府职能转变，增强中长期财政稳定性和可持续性。全面落实公务卡制度，开展民生工程和重大项目的绩效评价。

**3. 继续深化土地管理制度改革**

建立以权属管理和用途管制为核心的现代土地管理体制，完善土地租赁、转让、抵押二级市场，促进土地利用方式和经济发展方式转变。继续开展土地管理制度改革综合试点，创新土地二次开发权益共享机制，完善城市更新的具体措施，优化空间资源配置，促进产业转型升级，高起点、高标准打造一批新型产业载体，为发展高端产业提供空间保障。

**4. 进一步深化国有企业改革**

优化法人治理结构，完善出资人制度，加大国有企业改革重组力度，实行政企分开、政资分开。创新国有资产运营模式，提升国有资本收益率。制定国有资本经营预算管理政策，将国有资本经营预算纳入政府预算体系。完善企业

内部管理制度，加强对企业人事、资产的监督管理；规范企业负责人薪酬制度，实现薪酬结构合理、管理规范。

**5. 推动社区股份合作公司转型发展**

深圳于2013年已经出台了《关于推进股份合作公司试点改革的指导意见》，应继续加强和推动社区股份合作公司的改革发展，重点是健全股份公司法人治理结构，推动股权分配制度改革，研究发挥集体股在决策、监管方面的功能作用；建立健全监管机构和规章制度，加强对社区股份合作公司的监管，特别是对公司经营管理人员的监督；拓宽转型发展路径，探索资源资本化方式，鼓励社区股份合作公司参与旧改试点，尽快实现由单一租赁型向投资、管理型转变。

**6. 继续深化深港合作与区域合作长效机制**

以前海的开发建设为支点，在粤港澳合作的框架下，进一步加大深港多领域合作的力度，拓宽合作领域，创新合作方式，完善合作机制。积极促进深莞惠经济融合，推动产业梯次转移，实现资源整合，变竞争关系为竞合关系。积极推动深汕合作区建设，探索“总部＋分支”“研发＋生产”“中心＋网络”等外溢发展模式，鼓励深圳企业在输出产品的同时输出技术、管理和服务；在更高层次上主动地、广泛地参与国际交流、合作与竞争。

### （二）社会体制改革

社会体制领域是全面深化改革的重要领域，也是多年来深圳改革不断取得重大进展的领域。社会体制改革的目标是，进一步理顺政府和社会的关系，积极发挥行业协会等社会组织的作用，逐步形成政社分开、权责明确、依法自治的现代社会组织体系。

**1. 加快医疗卫生管理体制改革**

公立医院管办分离，完善医疗卫生设备采购制度，使公共医疗设备购置程序更加规范、透明，降低采购成本。优化公共医疗服务体系，完善社康服务机制，试行家庭医生服务模式，推进中医适宜技术进社区。大力发展非公立医疗，引导和鼓励社会投资兴办优质高端医疗机构。加强重点专科建设，推进临床医学检验项目结果在全区公立医院间互认共享。

**2. 深化教育领域综合改革**

完善“一级办学，一级管理”教育管理体制，在师资配备等方面统一标准、统一保障、统一管理。强化政府主体的责任，健全民办教育帮扶制度，切实解决农民工子弟及贫困家庭子女上学难问题，促进教育服务均等化。搭建国际教育合作平台，加强与港澳和国外的教育特别是高等教育合作，引进港澳和国外知名学校来深圳合作办学，提升教育国际化水平，为市民提供更加多元化、多层次的教育选择。

**3. 深化户籍制度改革**

建立非户籍人口入户的常态机制，采取优惠措施吸引高技能人才入户；加快建立全口径人口管理和服务体制机制，利用特区一体化的发展契机，通过产业和城市空间布局优化调整，带动人口结构优化。

**4. 推进社区管理体制改革**

优化基层治理结构，理顺社区工作站、居委会、社区股份公司三者之间的职能关系，减少职能交叉。推动社区自治，不断扩大社区民主自治范围，引导社区居民和社会组织参与基层治理。优化社区服务供给模式，推动社区公共服务社会化、市场化、专业化。

**5. 完善社会组织培育和发展机制**

深化社会组织登记管理制度改革，逐步扩大社会组织直接登记范围。提升社会组织公共服务能力，引导有能力的社会组织承接政府转移职能。建立覆盖全社会的征信系统，健全社会信用体系，加强信用服务市场培育和监管，拓宽信用信息应用范围。

### （三）政治体制改革

政治体制改革仍然是全面深化改革的难点，也是其他体制改革的政治保障。政治体制改革的核心问题是要解决好公共权力的配置和使用问题，更加充分地发挥人民当家作主的权利，更加切实地加强对权力运作的制约与监督。当前，深入推进政治体制改革的要点有以下几点。

**1. 积极发展党内民主**

以党代表常任制试点为抓手，完善党代表提案制，健全提案办理工作责任

制度。提升代表履职效能，继续实行党代表询问、评议、质询等制度。健全党员权利保障机制，推进党务公开，推行党员旁听基层党组织会议，完善党内情况通报制度，增强广大党员参与党内事务和社会事务的积极性，保障党员的主体地位。

**2. 完善民主法治体制机制**

充分发挥人大及其常委会的职能作用，完善人大常委会工作机制。逐步提高人大常委会专职委员比例，加强人大对政府预算的审议和监督。进一步完善协商民主，创新政协委员产生机制，把政治协商纳入决策程序，坚持协商于决策之前和决策之中。完善人大代表、政协委员联系基层、联系群众机制，完善代表、委员对政府决策、执行的监督机制。积极研究将经济特区范围延伸至深圳全市，解决“一市两法”问题。积极稳妥地推进司法体制改革，优化司法职权配置，规范司法行为，加强权力监督制约。

### （四）行政管理体制改革

行政管理体制改革的核心即政府转型和政府自身改革，优化权力结构是政府转型和政府自身改革取得实质性进展的关键。要以“放权、分权、限权”为重点，加快行政管理体制改革。

**1. 继续完善大部制改革**

在合理划定政府职能的基础上，把政府相同及相近的职能进行优化整合，建立更加明晰的部门职责体系，优化整个行政系统的权力配置结构，使行使决策权的对决策质量负责，行使执行权的对行政效率负责，行使监督权的对监督效果负责，形成权责一致、分工合理、决策科学、执行顺畅、监督有力的行政权力结构。

**2. 推进行政审批制度改革**

转变发展方式、推进社会转型，迫切需要转变政府职能，完善服务型政府建设机制。以依法行政、公开透明、大幅度实质性减少行政审批为重点，推进政府职能转变，提高政府决策科学性，增强政府运作透明度。推进行政审批标准化建设，继续推进并联审批。减少调整贷款规模、土地指标、产能数量等行政性直接干预手段，主要运用货币、财税等总量手段改善宏观调控。调整市场监管重心，减少行业进入的前置性审批，加强对质量、安全、环保、节能、技术标准等方面的一线监管。

**3. 加强法治政府建设**

严格依法行政，规范行政执法自由裁量行为，加强对重大行政处罚行为的监督管理，推动行政首长出庭应诉。推进行政权力行使依据、过程、结果公开。完善节约型、廉洁型政府建设机制，加强权力的监督和问责，提高政府运行透明度。

## （五）文化体制改革

文化体制领域是全面深化改革的新兴领域，也是取得重大成果的领域。深圳文化体制改革的核心，要着眼于促进文化产业发展，增强文化软实力和文化竞争力。

**1. 建立和完善文化服务供给机制**

鼓励和扶持社会力量参与投资兴办公共文化实体，形成以政府投入为主、社会力量积极参与为辅的公共文化服务投入机制。探索建立大型公共文体场馆市场化运作模式，在保证公共属性的前提下提高运营效益。繁荣群众文化，完善公益性文化事业和基层文化建设长效机制，提高文化产品和服务的供给能力。健全精品文化生产策划、论证、决策和激励机制。

**2. 创新文化产业发展机制**

尝试建立文化产业与金融市场融合发展的体制机制，优化产业发展环境，促进文化与商贸、物流、工业、旅游、体育、会展等行业的融合，提高经济的文化附加值。创新创意文化产业发展扶持机制，推动创意产业园区（基地）快速成长。

## （六）环保体制改革

加快生态文明制度建设，既是全面深化改革的紧迫任务，又是关系长远发展的制度安排。要以十八大报告精神为指导，加强环境保护市场化机制、环境资源问责机制、环境治理协调机制、公众参与和社会监督机制建设。

**1. 创新环保经济政策**

积极促进产业升级、创新驱动和绿色发展，营造有利于企业创新的外部环境，完善创新激励机制，增强企业创新的内生动力。加快建立绿色价格机制，制定促进风力发电、垃圾发电、太阳能发电的鼓励电价政策；完善用水定额管理和节水奖励政策，逐步提高污水处理费，对限制或淘汰行业实行高水价和再生水低价利用的双向调控政策；适时探索实行垃圾计量收费的机制。破除体制机制障碍，创新投融资渠道，鼓励和引导社会资金参与市政基础设施和环境保护项目建设，降低投资进入门槛和经营成本。

**2. 完善生态文明建设管理监督机制**

提高环境违法成本，建立企业及法人代表诚信档案，实施“黑名单”制度，按照现行法律法规从重处罚，永久取消一切政府鼓励性扶持。完善生态建设绩效考核机制，对资源环境主要指标实行目标管理，定期进行考核，公布考核结果。领导班子、领导干部实绩考核实行资源环境一票否决。建立资源环境问责制，对因决策失误造成重大资源浪费和环境事故、严重干扰正常资源环境执法的领导干部和公职人员，严格追究责任。建立生态补偿机制，完善生态修复治理制度，促进可持续发展。

**3. 完善节能减排体制机制**

完善节能减排技术创新和推广应用机制，重点支持成熟的节能减排关键性技术与装备产业化推广和应用。依据循环经济理念和清洁生产要求，建设一批新型生态工业园区。进一步完善节能减排监测、考核体系，健全节能减排预警和工作评价制度。开展生态补偿、排污权交易和环境污染责任险试点。

## 五 重点突破四大关键环节的改革

从改革全局来看，改革的重点领域和关键环节，关系到改革大局和改革成效，“牵一发而动全身”，是改革的重中之重。以这些重点领域和关键环节为突破口，可以对全面改革起到牵引和推动作用。

**1. 收入分配制度改革**

合理的收入分配制度，是社会公平正义的重要体现，是保障和改善民生的基础。经过30多年的改革开放，深圳经济社会发展到了一定的水平，有基础、有条件、有实力在分配制度改革中取得突破，要力争通过“保困、提低、扩中、调高”的改革思路，逐步形成中等收入者占多数的“橄榄型”分配格局。就业是民生之本，积极实施扩大与稳定就业的政策，通过发展服务业、社会组织等，多渠道开发就业岗位。加大对创业的支持力度，支持创业者兴办小型企业和社会组织。建立新型工资增长机制，提高劳动报酬在初次分配中的比重。降低行业进入门槛，打破垄断，逐步缩小垄断行业和一般行业的劳动报酬差距。建立贫困线救助机制，力争消除绝对贫困。

**2. 加快基础产业领域改革**

引入市场竞争机制，以打破垄断、促进竞争、重塑监管为重点，让非公有制经济进军垄断行业。大力推进基础行业改革刻不容缓。改革的重点是把非公有制经济与公有制经济放在公平的发展平台上，贯彻平等准入、公平待遇原则，允许非公有制经济进入垄断行业、公用事业、基础设施、社会事业、金融服务业等行业和领域，鼓励非公有制经济参与国有经济结构调整和国有企业重组等，形成竞争性市场结构，同时在自然垄断环节形成有效监管。

**3. 加快推进食品药品监督管理体制改革**

食品药品安全是重大的基本民生问题，党中央、国务院高度重视，人民群众高度关切。要认真贯彻国发〔2013〕18号文精神，以保障人民群众食品药品安全为目标，以转变政府职能为核心，以整合监管职能和机构为重点，改革完善食品药品监管体制，防范系统性食品药品安全风险。深圳应学习参照香港食环署的运作机制，充分发挥具有地方立法权的优势，以此次全面深化改革为契机，加快构建符合深圳实际、科学合理的食品药品安全体系，全面提升食品药品安全水平。鼓励公众参与，完善消费者维权机制，探索建立公益性维权机构，降低维权成本。

**4. 养老保障制度改革**

养老保障制度改革已进入了“深水区”，大多数民众对当下的养老保障制度颇为不满。此项改革要以解决民众迫切关注的问题为突破口，尽快建立起公平合理的新型养老保障制度。从现实情况来看，深圳的养老保障制度存在多种不同的模式，包括城镇职工基本养老保障、城镇居民社会养老保障和机关事业单位职工养老保障制度等。正是由于机关事业单位职工不用缴费且享受较高待遇，所以要求其与城镇职工养老保障并轨的呼声很高。因此，在进一步扩大养老保险覆盖面的同时，尽快实现城市居民的养老保险并轨，是目前乃至未来养老保险制度改革最重要的任务和关键点。

## 六　稳妥试行三项先导改革

所谓先导改革，是指当前较为敏感，但符合未来发展方向的改革。进一步全面深化改革牵涉的利益关系非常复杂，一时看不准、吃不透的改革，可先选择一些地区和领域开展试点，以点带面，并有及时调整和纠错的机制，在探索中“排雷”和清除“荆棘”，从而为改革攻坚提供实践标杆和新经验。这些改革应遵循“稳妥试行”的基调，以最大限度地降低改革的成本和风险，避免任何因不稳定所带来的损失甚至破坏，因为“稳定”对于发展来说是至关重要的环境。

### 1. 积极探索国有资本收益上缴财政的有效途径

在国有企业整体经营状况进一步改善，企业利润总额的规模和增速已具备向政府分红能力的情况下，其利润和改制收入以 30% 的比例上缴市财政，作为“扶危济困，增加就业”专项资金，专款专用于解决困难居民的医疗、教育、事故、养老、失业、护理、家庭保障等社会补偿，充分发挥国有经济在民生领域的支持作用。

### 2. 试行新任副处级以上领导干部财产公示制度

领导干部财产公示，最大的好处是能够提高选人用人的公信度，给群众一个明白，给干部一个清白。新老划断，从制度出台之日起，凡是新任副处级以上领导干部，要如实申报包括本人、配偶及子女的收入、房产、私家车等的拥有情况，以及经商办企业、投资入股等情况，同时要在一定范围进行公示，接受社会监督。这一改革可以先行试点，并以试点为契机，逐步推进和完善官员财产公示制度。

### 3. 试行公务车标识制度

公务车改革喊了多年，深圳也出台过多种改革方案，客观上说，改革效果有限。实际上，群众不是对公务用车不满，而是对公务用车领域存在的腐败不满。公务车除特殊用途外（如国安、侦查等），一律试行公务车标识制度，将公务车区别于其他车辆，置于社会的监督之下，且改革成本较低，应不失为公车改革的较好方案。

## 七　创新改革的运作模式

**1. 把握全面深化改革的“五大关系”**

稳定是改革、发展的基本前提，全面深化改革、促进社会发展，不能以破坏社会稳定为代价。习近平总书记在湖北调研时，强调了全面深化改革必须把握的“五大关系”：“处理好解放思想和实事求是的关系、整体推进和重点突破的关系、顶层设计和摸着石头过河的关系、胆子要大和步子要稳的关系、改革发展稳定的关系。”这是我们在制定全面深化改革方案、平稳走过改革攻坚期和深水区应遵循的基本原则。

**2. 创新改革的运作模式**

深圳在全面深化改革的运作模式选择上，要按照“统筹规划、突出重点、分步实施、确保实效”的原则，更加注重制度创新，选择有条件、有改革特色的地区和部门，将以上改革节点，分别重点委托，充分调动各区各部门参与全面深化改革的积极性和创造性。分区试点，不排除市政府各职能部门的参与；有关职能部门可以和各行政区、新区密切合作，共同策划、研究、实施、推进所承担的改革项目。分区试点、双层推进（市、区两级）的运作模式，将有利于深圳在全面深化改革的试点中，试出特色，试出成效。

（执笔人：李剑星、赵琴）

# B.3

# 创新与突破：打造深港合作升级版

张玉阁*

**摘　要：**

近年来深港要素流动自由化和服务贸易自由化逐步推进，重点领域和重大项目合作有所创新和突破，深港合作保持了继续拓展和深化的良好发展趋势。随着合作主体和合作内容的变化，未来深港合作将进入新阶段，面临新问题和新挑战，需要创新和突破，打造深港合作升级版。

**关键词：**

深港合作　合作新阶段　创新与突破

近年来，以市场和行政为主体的深港合作不断拓展和深化。深港合作正在由经济产业领域的合作向社会领域的合作扩展，正在由深圳制造业和香港服务业的合作向两地服务业之间的合作深化。

围绕上述领域，近年来深港合作的主线主要有两个：一是推进深港要素流动自由化，2009 年深圳户籍居民赴港“一签多行”政策的实行是人员流动的重大突破；二是推进服务贸易自由化，深圳前海深港现代服务业合作区（以下简称“前海”）的设立是最重要的举措。

此外，深港在重点区域开发的合作、口岸等基础设施建设的合作方面有所推进，在教育、医疗领域等具体项目上的合作也有所突破。深港政府之间每年一度的合作会议如期举行，并签署了多项协议。

展望未来，深港经济社会发展水平差距的逐步缩小，产业结构的调整，两

* 张玉阁，综合开发研究院（中国·深圳）港澳经济社会研究中心主任。

地居民工作和生活需求的增长，均将对深港合作提出新要求。深港合作不仅面临新问题和新挑战，也将进入新阶段，客观上需要推进深港合作的创新与突破。

## 一　深港合作的发展现状

要素流动自由化、投资便利化和服务贸易自由化既是深港合作的主要内容，也是深港合作的前提基础。2012～2013 年，深港要素流动的水平进一步提升，深圳居民赴港更加便利，香港对深圳的投资规模继续增长，CEPA 对粤港（深港）合作事务做出了特殊安排，前海深港服务业合作进入实质性阶段，深港服务贸易自由化进一步推进，深港政府在多个领域签署了多项合作协议，深港合作进一步拓展和深化。

### （一）深港要素流动自由化的发展

人员、货物、资金、信息构成要素流动的主体。近年来深港货物流动已经基本实现自由化，资金流动正在逐步有效放开，信息流动除局部管治外，生活和商业信息基本实现了自由流动。上述要素自由流动的政策具有全国统一性，并非深港之间的特殊安排。深港要素流动自由化的突出表现：一是人员流动方面，深圳户籍居民赴港“一签多行”政策的放开；二是资金流动方面，香港仍是深圳实际利用外资的最大来源地。

#### 1. 深港要素流动的最大亮点是人员流动的放开

在人员自由流动方面，香港居民进入内地基本放开，自 2003 年实施“自由行”之后，内地居民赴港有限度地放开。近年来深港人员流动的最大亮点，是 2009 年实行的深圳户籍居民赴港“一签多行”[①] 政策。这一政策便利了深圳居民赴港，大幅度提升了深圳居民赴港的概率。香港《大公报》援引广东口岸部门的数据，2010 年持该类签注赴港旅客月均突破 50 万人，较 2009 年增长近 60%，2010 年 1～10 月持该类签注赴港客流总量已突破 780 万人[②]。

---

① 即深圳户籍居民（受限制居民除外）每年只需一次签注便可无限次往返香港，在港停留期限不超过 7 天。

② 参见《深圳“一签多行”赴港增 6 成，客流总量突破 780 万》，中国新闻网，2010 年 10 月 25 日。

2010年以后抵港旅客总人次增幅较大，其中从陆路抵港的旅客人次较之以前大体上升了一个百分点，由于持“一签多行”签注者大都通过陆路抵港，因此可以判断增加的旅客人次中有较大比例为深圳户籍居民。2012年，通过深港六个陆路口岸抵港和离港的旅客人次合计为1.98亿人次，平均每天进出深港的客流人次为54万，相当于一个中等城市的总人口在流动。其中通过陆路离港的香港居民为6859万人次，往返则为1.37亿人次。减去香港居民，每年通过陆路进出香港的内地居民大约为6000万人次，每天大约16万人次，其中深圳户籍居民应该占有相当比例。2007～2013年从陆路抵港的旅客人次如表1所示。

**表1　2007～2013年从陆路抵港的旅客人次**

单位：百万人次，%

| 年份 | ①抵港旅客总人次 | ②从陆路抵港的旅客人次 | ②占①的比重 |
|---|---|---|---|
| 2007 | 109.0 | 81.0 | 74.3 |
| 2008 | 111.5 | 83.4 | 74.8 |
| 2009 | 111.5 | 85.3 | 76.5 |
| 2010 | 120.5 | 91.3 | 75.8 |
| 2011 | 126.7 | 95.8 | 75.6 |
| 2012 | 133.9 | 102.0 | 76.2 |
| 2013 | 126.3 | 95.7 | 75.8 |

注：2007～2011年的数据来自《香港统计年刊2012》，2012年和2013年数据根据2013年12月《香港统计月刊》加总得出。

便利和密切的深港人员流动，正在构建一个共同的生产生活空间和巨大的消费市场，也加深了彼此思维理念、生活方式、文化价值的了解。除了商务活动外，生活消费活动日益频繁，深圳居民赴港购物消费成为一种常态，涉及从奢侈品到日常生活用品的购买，餐饮、文化、旅游等的消费。初步估计，深圳居民每年在香港的消费额在100亿～200亿元人民币。

与此同时，由于内地与香港居民存在生活方式和文化认知上的差异，加上香港接待空间和承载力有限，大量内地旅客涌港也对香港居民的日常生活造成了一定影响，导致了彼此之间的摩擦。鉴于此，近年来内地赴港“自由行”城市的数量没有增加，原计划于2012年实行的非深圳户籍就业和在读人员“一签多行”政策紧急叫停，香港政府发布“限奶令”，禁止内地孕妇赴港产子等，内地与香港的人员流动政策有收紧之势。这一趋势甚至波及深圳户籍居民“一签多行”政策，在2013年“两会”上，是否取消“一签多行”成为热议的话题，更有香港立法会议员明确提出取消“一签多行”。

取消已经实行近5年的“一签多行”，并不符合深港的现实利益和长远发展。就当前利益而言，“一签多行”有利于香港的经济增长和就业岗位提供，有利于深圳提升与现代化国际性城市建设相匹配的居民素质；就长远发展而言，“一签多行”有利于香港获得内地与深圳的支撑，扩大市场空间，巩固国际地位，有利于深圳借助香港的资源要素加快推进城市的发展。只要妥善解决实行过程中存在的问题，“一签多行”将为深港共同提升国际竞争力提供重要支撑。这一人员流动自由化的发展方向必须坚持。

**2. 香港仍是深圳实际利用外资的重要来源地**

2008年金融海啸引发全球经济衰退之后，深圳实际利用外资额在2009年和2010年出现了下降，但2011年很快就恢复到2008年的水平，2012年则继续增长。之所以如此，来自港澳（主要是香港）的资金发挥了重要作用。2008年深圳实际利用外资中的53.6%来自港澳，此后几年这一比例逐步上升，到2012年达到72.3%（见表2）。2008年的金融海啸以及全球经济衰退并没有影响深港之间的投资关系，深圳仍然是香港投资的青睐之地，表明深港之间的经济关系十分稳固，也表明市场在资源配置上的决定性作用。长远来看，这一趋势将不会发生重大的逆转，深港经济已经高度融合，存在共同的现实利益和长远利益。

**表2　2008～2012年深圳实际利用外资中来自港澳的比例**

单位：万美元，%

| 年份 | ①深圳实际利用外资额 | ②其中来自港澳的资金 | ②占①的比重 |
|---|---|---|---|
| 2008 | 478845 | 256893 | 53.6 |
| 2009 | 428243 | 275819 | 64.4 |
| 2010 | 429724 | 310221 | 72.2 |
| 2011 | 483617 | 326079 | 67.4 |
| 2012 | 525712 | 379918 | 72.3 |

注：深圳实际利用外资额是外商直接投资和其他投资之和。

资料来源：《2013深圳统计年鉴》。

总之，无论是现实发展还是长远发展，无论是深港各自利益还是共同利益，无论是深港合作还是深港融合，持续推进要素流动自由化都是深港两地的必然选择。深港要素流动只有“更自由”，没有“最自由”，这是深港经济稳健发展和社会和谐稳定的充分必要条件。

## （二）深港服务贸易自由化的发展

前海是深港现代服务业合作的空间载体，CEPA 是深港推进服务贸易自由化的政策平台。近年来，借助空间载体和政策平台，深港服务贸易自由化正在逐步有序地推进。2013 年十八届三中全会的召开和中国（上海）自由贸易实验区的设立，广东省提出的在 2014 年率先实现粤港服务贸易自由化的目标，均为深港推进服务贸易自由化营造了良好的外部环境。

### 1. 以前海为载体推进深港现代服务业合作

2010 年 8 月，国务院正式批复《前海深港现代服务业合作区总体发展规划》，2011 年 3 月，国家正式将前海开发纳入“十二五”规划纲要。开发建设前海是国家在深圳经济特区成立三十周年的历史结点上所做出的一项重大战略决策，承担着探索改革开放科学发展的新路子、探索内地与香港紧密合作的新途径、探索转变经济发展方式的新经验的历史使命。2012 ~ 2013 年前海的发展步伐开始提速，据不完全统计，过去两年前海密集出台了 16 政策，涉及行政审批、政策创新、产业、土地、外来投资管理、专项资金管理、人才引进和管理等多个领域。

前海深港合作的重要性随着中国（上海）自由贸易试验区的启动日益凸显。上海自由贸易试验区借鉴了香港的自由港政策①，也借鉴了前海的政策设计，在一定程度上与香港（深港）构成竞争格局。因此，深港需要从国家发展战略、区域竞争战略的高度，深刻认识前海发展对巩固深港国家和国际地位、提升国际竞争力的重要意义和价值。对香港而言，前海是以港岛为核心的香港国际金融中心的重要补充，前海发展不是要取代港岛，而是相互配合，使

① 王春新：“上海自由贸易区的功能既不是传统意义上的自由贸易区，也不是一个真正意义上的区域贸易协定，而是类似于香港奉行经年的自由港。”《上海自由贸易区的功能特色和影响》，《中银经济月刊》2013 年 9 月号。

香港国际金融中心的地位更加巩固，对外辐射的范围和功能进一步扩展和强大。对深圳而言，前海是深圳整体产业转型升级的引领，是现代服务业提升发展的关键，更是深圳完善经济管理体制机制的重要平台。以前海为载体推进深港现代服务业合作，是深港应对来自上海挑战①的重要举措，对深港长期可持续发展具有十分重大的战略意义和价值。

**2. 以 CEPA 为政策平台推进深港服务贸易自由化**

CEPA 是广东尤其是珠三角对港澳开放的制度性文件，也是珠三角面向港澳开放逐步走向制度化、规范化的重要平台。自 2003 年签署以来，历次的 CEPA 补充协议对粤港澳的事务均有特殊安排。据不完全统计，2003 ~ 2011 年，内地与香港的 CEPA 正文与补充协议对粤港事务做出的特殊安排共 36 个，2012 年和 2013 年的 CEPA 补充协议对粤港事务又做出了 23 项特殊安排。这些特殊安排，是推进深港服务贸易自由化的重要政策支撑。

目前香港产品进入内地“零关税”的政策已不是 CEPA 的重点，服务贸易和投资便利化成为 CEPA 的主要内容。由于服务贸易和投资便利化涉及更多的制度调整，因此 CEPA 的实际效果有限，即使在经济制度较为接近的深港之间，效果也不尽如人意。CEPA“大门已开，小门未开”的情况依旧存在，当然香港服务产业的输出能力弱于制造业输出能力也是一个重要的原因。尽管如此，CEPA 的政策理念也需要调整，一是现有的“正面清单”模式应该调整为“负面清单”模式；二是要逐步取消对香港公司资质的限制，即在香港注册的公司均应成为 CEPA 的对象，这样将更好地发挥香港作为全球城市的功能和作用的发挥，深圳也能更好地与香港共同推进服务贸易自由化。尤其是在上海开展自由贸易区的试验之后，这种调整不仅必要、可行，而且十分紧迫。当然这是中央的事权，需要国家做出统一安排。

**3. 以深港合作会议为机制平台推进深港全面合作**

一年一度的深港合作会议是推进深港合作最重要的机制平台，具有在深港

---

① 目前中国（上海）自由贸易试验区在政策上与深圳前海较为相似，尚不足以对香港构成实质性的竞争威胁，但需要重视的是：一是有关政策会陆续出台，可能会有更大突破；二是上海的试验“可复制、可推广”，国家层面上开放会更具广度和深度；三是风向标意义，部分国内或跨国公司可能放弃深圳前海选择上海，而在一定程度上放弃前海就是放弃香港。

之间全面整合 CEPA，推进落实国家“十二五”规划纲要、《珠三角改革发展纲要》、《粤港合作框架协议》对香港与内地合作的有关要求和安排，以及中央有关惠港政策的综合功能。2004 年至今，深港合作会议的主题广泛涉及经济、社会、基建和环保等主要合作领域，共签署了 42 项合作协议（见表3）。

**表 3　深港合作会议签署的协议（2004～2013 年）**

| 年份 | 签署协议 |
|---|---|
| 2004 | 《关于加强深港合作的备忘录》以及①《法律服务合作协议书》；②《香港工业贸易署—深圳市贸易工业局合作协议》；③《关于投资推广的合作协议》；④《关于加强经贸交流与合作的协议》；⑤《旅游合作协议》；⑥《关于加强深港旅游市场管理合作协议》；⑦《科技交流与服务合作协议》；⑧《深圳高新区—香港数码港管理有限公司战略合作协议书》 |
| 2007 | 《关于近期开展重要基础设施合作项目协议书》以及①《加强深港环保合作协议》；②《深港加强城市规划合作协议》；③《深港加强和促进服务贸易合作备忘录》；④《双方旅游合作协议》；⑤《“深港创新圈互动基地”合作备忘录》；⑥《医疗护理交流合作安排》 |
| 2008 | ①《落马洲河套地区综合研究合作协议书》；②《教育合作协议》；③《加强深港清洁生产工作合作协议》；④《更进一步加强文化合作协议》；⑤《双方旅游合作协议》 |
| 2009 | ①《深圳学校试办港人子弟班合作协议》；②《2010 文化及体育交流合作协议》；③《关于水生动物疫病检测的合作安排》；④《深化“深港创新圈”建设合作安排》；⑤《旅游合作协议》；⑥《香港大学与深圳出入境检验检疫局深港新圈创新技术科技合作协议》；⑦《香港大学深圳教学医院合作安排》 |
| 2010 | ①《公司/企业注册交流合作协议》；②《香港和深圳两地检测认证交流合作协定》；③《关于促进港深检测认证科技创新合作协议》 |
| 2011 | ①《法律合作安排》；②《推进落马洲河套地区共同开发工作的合作协议书》；③《关于加强进出口食品安全的合作协议》；④《数值天气预报技术长期合作协议》。 |
| 2012 | ①《关于共同推进深港青年创新创业基地建设合作协议》；②《投资促进合作协议》；③《推广两城文化艺术发展合作协议》；④《关于水生动物疫病检测的合作安排》 |
| 2013 | ①《深圳学校开设港籍学生班合作协议》；②《深圳市前海深港现代服务业合作区管理局与香港科技园公司战略合作协议》；③《旅游合作协议》 |

综合深港合作领域、合作事项和签署的合作协议，经济、社会、环保领域的合作是深港合作的重点，基础设施建设和通关安排为合作提供了硬件支撑，有关机构注册、法律安排等法规、标准等方面的衔接为合作提供了软件支撑，具体项目则是推进落实深港合作的重要抓手。深港合作会议在推进深港全面合作方面发挥着重要的作用。

## 二 深港合作的重点推进

2012～2013年，深港在重点区域开发、口岸建设、教育和医疗合作等重点领域，均有重大推进，有的还实现了创新和突破。具体包括河套地区发展的合作、莲塘/香园围口岸建设的合作、香港中文大学（深圳）合作和香港大学深圳医院的合作。

### （一）河套地区开发

落马洲河套地区（简称“河套地区”）位于深港边界，原属深圳，1997年深圳河治理工程完成后被纳入香港行政区域。香港政府行政长官在2007年施政报告中，将河套地区的发展列为促进经济增长的十大基础设施项目之一。深港两地政府2007年底成立深港边界区发展联合专责小组，2008年签订《落马洲河套地区综合研究合作协议书》，以“共同研究、共同开发、共享成果”的原则合作进行河套地区发展规划研究，2009年“落马洲河套地区发展规划及工程研究”启动，2011年深港两地政府签署《推进落马洲河套地区共同开发工作的合作协议书》，成为推进河套地区共同开发工作的基础性文件。2013年7月，香港政府发布落马洲河套地区发展规划及工程研究结果。预计2014年将进入实质开发阶段。

历史形成的特殊性以及与深圳一河之隔的特殊地理位置，使得河套地区的规划开发以及深港合作共同规划开发较少受到香港社会的非议，且由于河套地区面积较小，没有香港原住民及利益纠葛，因此最有可能成为短期内深港共同打造空间载体的重要抓手，也是深港合作最有可能取得创新性突破的关键，深港两地通过合作，可以充分利用河套地区的土地资源和位置优势，强化深港两地在珠三角和泛珠三角区域合作中的战略地位。河套地区深港产业发展的协同、管理机构的共同组建、两地人员进出通关的创新性安排，是深港合作开发河套地区需要重点关注和解决的问题。妥善解决这些问题，将为深港合作模式的创新和提升积累有益的经验。

### （二）莲塘/香园围口岸建设

2006年，深港政府启动《深港兴建莲塘/香园围口岸前期规划研究》，探

讨在莲塘/香园围兴建新口岸的需求、功能及效益。2008 年该研究完成，同年两地政府决定兴建新口岸，预计新口岸在 2018 年落成。新口岸直接接驳深圳高速公路东部过境通道，经深惠高速及深汕高速直达广东东部（汕头、汕尾、潮州、揭阳等）和邻近省份（福建、江西等），有助于促进深港及粤东地区的发展，扩大深港的经济腹地，对深港与粤东的区域合作具有战略性意义。

莲塘/香园围口岸将使香港与内地的交通接驳更加平衡，有助于香港新界东部跨界交通分流，在一定程度上改善了新界东部口岸的整体运作效率、通行能力及服务素质，也能为规划开发中的坪輋/打鼓岭新发展区提供便捷的交通联系。预计 2030 年，每日约有 2.06 万车次及 3.07 万人次使用该口岸。新口岸的通关及检疫设施设于各自境内，实行“两地两检”。莲塘/香园围口岸的建设有利于深港探索通关模式的创新，以及在两地邻近地区规划开发新发展区，以发挥口岸及交通的最大效益。

目前莲塘/香园围口岸需要评估和检讨的是口岸功能。目前它是货检和旅检综合性陆路口岸。设计流量为旅客 3 万人次/日，车辆 17850 自然车/日。基于深圳湾口岸规划设计与实际运作的错位，有必要检讨莲塘/香园围口岸的功能。如果目前的内地居民赴港“自由行”和深圳户籍居民赴港“一签多行”的政策不做大的调整，未来赴港旅客的人数会稳中有升，这些旅客大部分通过陆路口岸赴港，届时深港各陆路口岸的通关压力将维持在高位，一旦通关成为人员往来的瓶颈，就会弱化两地人员的交往，对经济合作和社会生活融合将产生不利影响。因此莲塘/香园围口岸在功能上应该适当提高旅客通关能力，将旅客流量由 3 万人次/日提高到 5 万 ~6 万人次/日，旅客出入境查验通道各 24 条增加到各 30 条，吸引更多深圳户籍居民通关，使罗湖、皇岗、福田等口岸更多地与深圳以外的内地居民通关，力求旅客通关的均衡，减小部分口岸的通关压力。

### （三）香港中文大学（深圳）和香港大学深圳医院

2010 年，香港中文大学与深圳市政府签订教育合作备忘录，筹建香港中文大学（深圳）。香港中文大学（深圳）位于龙岗区，总用地面积约 1500 亩，拟建设校舍面积约为 45 万平方米，由香港中文大学和深圳大学合作共同举办。

学生以普通本科为主，前期将首先开设理科、工科和经济管理类专业，后期陆续开设人文、社科、法律等相关专业。初期招生7000人，最终招生规模将达到1.1万人。以内地优质生源为主，其中三成招收深圳生源，计划于2014年开始招生。香港中文大学将借助研究性综合大学的研究设施及专业人才，培养深港所需人才，强化深港产业的互补及合作，通过提升创新科技及人才培育，促进深港经济多元性发展，提升竞争力。

香港大学深圳医院是由深圳市政府全额投资，引进香港大学现代化管理模式的大型综合性公立医院。医院总投资约35亿元，占地面积19.2万平方米，总建筑面积36.7万平方米。全部投入使用后，开放床位2000张，可容纳日门诊量8000~10000人次。医院将借鉴、引进国际一流的先进医院管理经验和医疗技术，通过体制机制改革创新和资源互补整合，积极探索公立医院管理新模式，力争为深圳市乃至全国公立医院管理体制机制改革提供有益的经验。2012年10月，香港大学深圳医院正式运营。未来医院将逐步开设20个诊疗中心、12个医技中心，并引进香港大学器官移植、肿瘤综合治疗、骨科与创伤、生殖医学及产前诊断、心血管五大优势医疗专科，建设成为集医、教、研于一体的现代化、数字化、综合性公立医院。

香港中文大学（深圳）的筹建和香港大学深圳医院的正式运营既是深港教育、医疗事业的合作，也是教育、医疗产业的合作，既是经济合作也是社会合作，其所带来的效应具有综合性和外溢性。一方面可以弥补深圳高等教育尤其是本科教育、医疗资源尤其是高端医疗资源的不足，另一方面可以带动深圳相关研发尤其是源头研发水平的提升，进而成为提升深港合作的重要载体。

深港需要协调香港中文大学（深圳）的公益性和产业化问题。香港教育机构（官办学校）在港属于公营机构（类似内地事业单位），具有公益性质，而进入深圳发展则具有产业化（营利机构）的内在追求，深港双方要妥善处理好这个问题，对香港中文大学（深圳）给予必要的支持。深港需要在香港大学深圳医院运营初期给予支持，香港政府在医疗方面应适当调整“福利不可携”政策，允许在深港居民在香港大学深圳医院就医就诊可享受医疗福利，方便在深圳的香港人就地就诊，减少香港医疗机构的压力，在深圳本地居民尚未认识和接受香港大学深圳医院的过渡期，对香港大学深圳医院给予必要支持。

## 三　深港合作的未来

展望未来，深港发展将进入新阶段，深港合作的基础将出现新变化，深港合作将面临新问题和新挑战。因此深港合作理念和合作方式需要根据实际情况做出新调整。

### （一）深港合作将进入新阶段

从现在开始，深港合作将进入新阶段。之所以做出这一判断，是因为深圳的发展水平与香港的差距已经缩小，深港合作也将出现新变化：更需要推进主体地位平等的合作，更需要通过调整提升合作水平避免恶性竞争，更需要共同面对和解决各自发展中存在的问题，更需要共同巩固深港在国家战略和区域发展格局中的功能地位，更需要共同提升国际竞争力。

1980 年深港 GDP 之比高达 1∶540，2002 年已经大幅缩小到 1∶4.5，2003～2012 年这 10 年，深港 GDP 和人均 GDP 之比持续缩小，到 2012 年，深港 GDP 和人均 GDP 之比分别为 1∶1.3 和 1∶1.9，即深圳的 GDP 和人均 GDP 分别相当于香港的 77% 和 53%。分区来看，2012 年深圳南山区人均 GDP 已经超过香港，相当于香港人均 GDP 的 110%，福田和盐田两区的人均 GDP 均相当于香港的 70% 以上。根据香港智经研究中心有关研究报告的推算，如果不考虑其他变化因素，GDP 总量方面，深圳将在 2014～2015 年超过香港；人均 GDP 方面，深圳将于 2018 年超过香港，如果发展趋势不发生重大改变，最迟 2021 年，深圳的人均 GDP 将超过香港。即使较为保守地推算，深圳的 GDP 和人均 GDP 也会在十年之内超越香港。除非香港的经济出现新的而且带动力极强的增长点，或者深圳的经济遭遇难以扭转的重挫，否则这一趋势不仅无法避免，而且时限都难以延长。①

目前的发展现状和未来的发展趋势表明，香港在国家发展和区域发展格局

① 参见智经研究中心《“十二五”期间广东经济结构转型与香港的机遇》，http：//www.bauhinia.org。

中，已经由前30年的“机会时代”转入后30年的“挑战时代”。所谓“机会时代”，是指在闭关锁国了近30年之后，中国面向世界的改革开放的大门在1978年打开之前。在深港发展水平差距巨大的前提下，深圳为香港提供了产业转移的巨大空间，成为香港成功由工业经济向服务经济转型的重要外在动力。所谓“挑战时代”，是指经过30年的高速增长和发展，深圳的经济规模、产业结构、社会财富均取得了较大进步，深港经济发展水平、社会财富等方面的差距已经大大缩小。深港发展格局的变化，必然导致深港合作的变化，现有的合作方式需要做出调整和提升。

## （二）打造深港合作“升级版”

深港合作已经从自发性合作转变为制度性合作，合作领域从经济领域扩展到社会、生活等领域，合作产业从制造业迈向服务业。因应这一发展趋势，在深港发展的新阶段，深港合作方式调整和提升的方向是引入“跨境治理”的理念，由“跨境合作”逐步转向“跨境治理”，进而打造深港合作“升级版”。

所谓跨境治理，就是涉事双方组建共同的组织机构或出台共同的法规，以协调和管理共同事务。在这方面，欧盟是可资借鉴的典范。欧盟区域政策发展的过程，是从区域协调发展机制转向区域治理，从政府管理逐渐转向合作治理的演进过程。欧盟因此发展出一种多层次、组织间网络状的区域治理模式，形成了纵横交错、公私结合的区域政策协调体系。在纵向上，欧盟形成了超国家、国家、跨境区域、地方等多个等级层次的区域协调机构，实现了各个层次的权利平衡和利益表达机制的畅通。在横向上，欧盟培育和发展出名目繁多的区域协调组织，如银行、行业协会、利益团体、政策联盟、公共舆论等利益相关者机构，在整个区域政策的制定、执行和反馈过程中担当重要的角色，日益彰显出公共部门、私营机构与第三部门的“合力”作用。在区域协作模式上，欧盟的区域协作模式分为问题区域模式、创新区域模式、流域治理模式和跨境合作模式。这使欧盟对区域不平衡发展的治理更具问题导向性。其中跨境合作模式大致有“两国一制”的跨国合作模式和跨省（州）、市的跨区协作模式，它一方面促进了行政区边缘区域的经济发展，另一方面又可以提升核心区域和

边缘区域的整体竞争力和“发展红利”。

借鉴欧盟的经验，深港跨境治理需要重点关注两个问题：第一是在以实现经济协调发展为目标的跨境合作中，探索组建共同的组织机构协调处理彼此有关的重大事务。第二是共同制定和出台跨境合作的政策法规，为跨境治理提供制度保障。目前深港合作会议是两地政府合作的主要平台，发挥了重要作用。但从所签署的合作协议来看，一是力度不够，有的只能说是“交流”，还谈不上合作；二是单向，除个别协议外，大部分是深圳对香港的单向开放；三是香港涉及或影响深圳的一些重大问题，深圳没有话事权。典型的例子是香港在新界的垃圾焚烧场对深圳的环境已经形成隐患，新界东北新发展区的未来发展也将对深圳的生态环境、消费市场、房地产市场造成影响，但深圳对此基本没有影响力。因此深港有必要争取国家支持，在跨境合作基础上探索深港跨境治理模式。

# B.4

# "三化一平台"构架下的深圳一流法治政府建设

谭 刚*

**摘 要：**

遵循十八届三中全会精神，深圳市提出以市场化、法治化、国际化和前海战略平台为重点的全局性改革部署。在"三化一平台"构架下，深圳建设一流法治政府应着力在提升城市治理体系和城市治理能力现代化、构建法治一流的制度型宜居城市、完善三大制度框架设计等方面有所突破。

**关键词：**

法治政府 "三化一平台" 深圳

## 一 从"三化一平台"角度看一流法治政府建设

遵循十八届三中全会《中共中央关于全面深化改革若干重大问题的决定》（以下简称《决定》）精神，2013年底召开的深圳市委五届十八次全会做出了以市场化、法治化、国际化和前海战略平台（以下简称"三化一平台"）为重点，牵引和带动全局改革的重要部署。[①] 其中，"市场化"就是按照使市场在资源配置中起"决定性作用"的新要求，通过加快政府职能的深刻变革，推动资源配置依据市场规则、市场价格、市场竞争进而实现效益最大化和效率最

---

* 谭刚，深圳市委党校深圳市社会主义学院副院长，研究员。

① 《以"三化一平台"带动全局改革，深圳市委全会明确面向2020年改革主攻方向》，《深圳特区报》2013年12月27日。

优化，加快形成企业自主经营、公平竞争，消费者自由选择、自主消费，商品和要素自由流动、平等交换的现代市场体系，率先构建更加完善的社会主义市场经济体制；“法治化”就是加快建设“一流法治城市”，确立法治在城市治理和社会管理中的基础性、规范性、保障性作用，积极推进城市治理体系和治理能力现代化，努力形成“安全有序可预期”的发展环境，使“一流法治”成为深圳最为显著、最为核心的竞争优势；“国际化”就是继续坚持以开放促改革，以国际化推动对外开放升级，以世界先进城市为标杆，以高水平开放带动发展方式、治理体系、制度规则、文化观念等方面的深刻变革，推动深圳从区域性国际化城市向“现代化国际化先进城市”迈进；“前海战略平台”则是把前海作为全面深化改革的战略平台，举全市之力打好“前海开发”攻坚战，率先营造法治化、国际化营商环境，使之成为最能体现“市场化、法治化、国际化”的城市板块，努力为全面深化改革“走出一条新路”。概括起来看，“三化一平台”明确了深圳改革开放的“主攻方向”，较好地将“发展目标”与“制度目标”结合起来，既是结合当前经济社会发展特征贯彻落实十八大、十八届三中全会和习近平总书记一系列重要讲话精神的重要体现和整体设计，又为深圳在新一轮改革开放中继续走在全国前列、为国家现代化发展做出更大贡献制定了行动框架和实施路径。

作为深圳面向2020年的全局性改革主攻方向，“三化一平台”密切关联、互为依托、相互叠加，有助于带动深圳在重要领域和关键环节改革上取得决定性成果，率先形成系统完备、科学规范、运行有效的制度体系。在“三化一平台”改革构架中，法治化既是利益多元格局下的最大“公约数”，也是全面深化改革的突破口，一流法治的建设意味着法治将在城市治理和社会管理中发挥基础性、规范性、保障性作用，标志着深圳在制度层面抢占新一轮发展战略制高点，因而成为深圳率先探索完善城市治理体系和治理能力现代化的关键环节。

进一步来分析，作为“三化一平台”改革构架中的“法治化”，必然离不开法治政府的内容，一流法治政府正是一流法治城市的重要组成部分。首先，从学理角度来分析，简单来说法治政府是依法组成并依法治理、依法行使行政权力的政府，一般具有依法治理、权力有限、责任重大、服务优先、注重效能、透明运作、廉洁施政等特点。从这个角度而言，建设法治政府就是要做到政府职权法授、运行程序法定、政府行为法限、政府责任法究。在西方国家，法治政府肇始于古希腊时期的古典法治理论，先后经历了从共和主义、民主主义、法治主义到服务主义的逻辑演进阶段；而在我国，则是在1997年十五大报告将法制建设目标由“法制国家”调整为“法治国家”之后，2004年国务院《全面推进依法行政实施纲要》首次正式提出建设法治政府，正式提出“经过十年左右坚持不懈的努力，基本实现建设法治政府”，自此之后，法治政府建设成为依法治国、建设中国特色社会主义法治国家的重要组成内容。

其次，从顶层制度安排的角度看，不论是十八大报告，还是十八届三中全会通过的《决定》，都明确提出法治政府建设的若干具体要求。例如，十八大报告提出要“更加注重发挥法治在国家治理和社会管理中的重要作用”，以“推进科学立法、严格执法、公正司法、全民守法”全面推进依法治国的战略部署，明确提出到2020年实现“依法治国基本方略全面落实，法治政府基本建成，司法公信力不断提高，人权得到切实尊重和保障”。十八届三中全会通过的《决定》提出“法治中国”理念，要求“必须坚持依法治国、依法执政、依法行政共同推进，坚持法治国家、法治政府、法治社会一体建设”，“必须切实转变政府职能，深化行政体制改革，建设法治政府和服务型政府”。在此之前，国务院已于2010年出台《关于加强法治政府建设的意见》，从提高依法行政意识和能力、加强和改进制度建设、坚持依法科学民主决策、严格规范公正文明执法、全面推进政务公开、强化行政监督和问责、依法化解社会矛盾纠纷等方面，提出了29条具体要求。

最后，从具体行动路径角度看，深圳市委提出的“三化一平台”的改革主攻框架也是立足于营造安全有序可预期的发展环境，着眼于发挥法治在城市治理和社会管理中的基础性、规范性、保障性作用，从着力推进立法机制创新、加快推进法治政府建设、深化司法体制机制改革三个方面提出若干举措。从这个角度来说，法治政府建设自然成为深圳法治化的重要构成内容，建设一流法治政府自然成为深圳建设一流法治城市的重要任务。

## 二 深圳一流法治政府建设的积极探索与进一步突破方向

深圳经济特区成立以来，一直重视法治政府建设工作，近年来更是积极打造高效、透明、廉洁的法治政府，在政府职能转变、行政审批制度改革、政府信息公开、法治政府指标体系建设和考评、完善政府依法决策机制等方面有所突破。概括而论，近年来深圳的积极探索主要表现在以下两个方面。

一是完善制度框架设计，总体部署一流法治城市建设。根据中央依法治国、广东省法治广东五年建设规划精神，深圳着力从总体上通过建设法治政府带动建设法治城市。2011 年，深圳根据中央依法治国的部署，为落实广东省确定深圳为珠三角法治城市创建先行试点城市的任务，召开依法治市工作会议，发布《关于贯彻〈法治广东建设五年规划（2011～2015）〉的实施意见》，出台《深圳市 2012 年依法治市工作要点》，提出在五年左右把深圳建成法治理念深入人心、地方法规规章健全、司法公正高效、市场运行开放有序、公共管理高效规范、社会环境安全稳定的社会主义法治模范城市，做到让一流的法治成为深圳经济特区新时期更为显著的城市特质，成为深圳最具竞争力的创新创业环境，成为建设现代化国际化先进城市的坚强保障。在贯彻落实十八届三中全会精神的过程中，深圳市委于 2013 年 11 月审议通过《深圳市加快建设一流法治城市工作实施方案》，12 月召开全市加快建设一流法治城市工作会议，明确提出把建设一流法治作为全面深化改革的“突破口”，不但体现了全面深化改革的魄力和决心，而且更凸显了长远眼光和智慧。

二是着力具体项目推进，在法治政府指标体系构建、政府信息公开等方面取得突破。在构建法治政府指标体系方面，2008 年深圳正式出台《深圳市建设法治政府指标体系》，以 2004 年国务院《全面推进依法行政实施纲要》为依据，针对法治政府的相关内容进行筛选、归纳、概括及总结，通过细化和量化法治政府的本质要求，形成 12 个大项 44 个子项 225 个细项，涵盖制度建设、主体管理、行为规范、监督救济四大块内容，涉及“行政决策法治化”

“公共财政管理与政府投资法治化”“行政审批法治化”“行政处罚法治化”“行政服务法治化”“政府信息公开法治化”等内容，2010 年纳入全市政府绩效考核体系，考核对象涵盖市政府各部门、各区。2012 年，“深圳市法治政府建设指标体系（试行）”获第二届“中国法治政府奖”①。此外，在中国政府网站绩效评估中，“深圳政府在线”分别获得第七届（2008）、第九届（2010 年）、第十届（2011 年）、第十一届（2012 年与其他城市并列）副省级城市第一名，尤其是 2010 ~2012 年实现“三连冠”，第八届（2009 年）和第十二届（2013 年）在副省级城市中排名第二。2013 年 11 月，深圳市被国家发改委等五部委联合评为全国首个“政务信息共享全国示范市”。

但必须正视的是，深圳法治政府建设虽然取得了不少可喜的成就，但离“一流法治城市”的目标还有相当大的差距，与中央“法治中国”建设的要求相比还有不少方面需要进一步改进。在 2014 年 1 月初公布的《中国法治政府评估报告（2013）》中，深圳法治政府建设得分 203.55，在全国 53 个具有地方立法权的城市（包括 4 个直辖市、27 个省会城市和 22 个较大市）中排名第 16 位（参见表 1）。

如果把深圳所获得的“中国法治政府奖”（2010 年）与“法治政府评估”排名（2013 年）结合起来分析，可以发现深圳法治政府建设存在制度设计相对领先、具体实施不具优势的落差：一方面，以法治政府指标体系为代表的制度设计有“具体、明晰、量化和可考核的指标”，在“搭建法治政府的基本架构”“描绘法治政府运行机制图”等方面“又一次以改革精神领风气之先”（引文为颁奖词）；另一方面在具体实施过程中则明显不足，尤其在“机构职能及组织领导、制度建设和行政决策、行政执法、政府信息公开、监督与问责、社会矛盾化解与行政争议解决、公众满意度”等方面（引文内为评估一级指标名称）存在改进和提升的空间，得分（203.55）仅为总分（300）的 2/3 左右（67.85%），不但与总分存在较大差距，与排名靠前的城市如广州（234.43）、上海（230.44）、北京（224.18）等相比也明显不足。概括而言，

① 其颁奖辞为：深圳“法治政府建设指标体系”，将法治政府建设分解为具体、明晰、量化和可考核的指标，不仅搭建了法治政府的基本架构，也描绘了一个法治政府的运行机制图。在法治政府建设实践中又一次以改革精神领风气之先。

深圳法治政府建设仍然存在政府与市场和社会关系有待厘清、行政机关工作人员依法行政意识和能力有待增强、立法质量有待提高、执法不严、裁量失当和选择性执法现象有待解决等问题。

**表1　2013年中国部分城市法治政府评估排序**

| 序号 | 城　市 | 总分 | 序号 | 城　市 | 总分 |
|---|---|---|---|---|---|
| 1 | 广　州 | 234.43 | 28 | 昆　明 | 190.83 |
| 2 | 上　海 | 230.44 | 29 | 沈　阳 | 186.62 |
| 3 | 北　京 | 224.18 | 30 | 武　汉 | 184.98 |
| 4 | 南　昌 | 222.75 | 31 | 珠　海 | 184.80 |
| 5 | 成　都 | 221.14 | 32 | 长　春 | 184.49 |
| 6 | 苏　州 | 214.86 | 33 | 无　锡 | 183.23 |
| 7 | 哈尔滨 | 214.83 | 34 | 淄　博 | 181.54 |
| 8 | 贵　阳 | 214.66 | 35 | 天　津 | 180.70 |
| 9 | 宁　波 | 214.40 | 36 | 海　口 | 180.02 |
| 10 | 南　京 | 214.17 | 37 | 鞍　山 | 178.15 |
| 11 | 杭　州 | 214.13 | 38 | 齐齐哈尔 | 175.66 |
| 12 | 重　庆 | 212.19 | 39 | 西　宁 | 172.23 |
| 13 | 长　沙 | 207.87 | 40 | 本　溪 | 171.52 |
| 14 | 大　连 | 206.14 | 41 | 石家庄 | 171.18 |
| 15 | 青　岛 | 204.54 | 42 | 呼和浩特 | 171.10 |
| 16 | 深　圳 | 203.55 | 43 | 洛　阳 | 170.53 |
| 17 | 济　南 | 202.56 | 44 | 抚　顺 | 169.39 |
| 18 | 厦　门 | 200.28 | 45 | 西　安 | 168.50 |
| 19 | 合　肥 | 199.56 | 46 | 太　原 | 157.30 |
| 20 | 兰　州 | 199.09 | 47 | 乌鲁木齐 | 155.65 |
| 21 | 南　宁 | 198.18 | 48 | 银　川 | 154.99 |
| 22 | 徐　州 | 197.16 | 49 | 大　同 | 150.04 |
| 23 | 福　州 | 197.06 | 50 | 邯　郸 | 146.39 |
| 24 | 淮　南 | 196.14 | 51 | 唐　山 | 145.16 |
| 25 | 郑　州 | 194.18 | 52 | 包　头 | 145.03 |
| 26 | 汕　头 | 193.98 | 53 | 拉　萨 | 125.76 |
| 27 | 吉　林 | 191.68 | | | |

资料来源：摘自人民网，《中国法治政府评估报告（2013）》，http://law.china.cn/features/2014-01/07/content_6595884.htm。

以2013年（第十二届）中国政府网站绩效评估报告来分析（见表2），可以看到“深圳政府在线”下滑到第2位，与排名第1位的青岛相比，在6个评估指标中有4项评分偏低，仅有新技术应用、重点服务2项占有一定优势。此外，从《中国城市政府公共服务能力评估报告（2013）》提供的数据来看（见表3），深圳不但在政府公共服务总体能力方面不具备竞争优势，而且在各分项指标方面也排名靠后。

**表2　2013年副省级城市政府网站评估结果**

| 排名 | 副省级城市 | 信息公开指数 | 民生领域服务指数 | 重点服务指数 | 互动交流指数 | 新技术应用指数 | 舆情引导指数 | 总分 |
|---|---|---|---|---|---|---|---|---|
| 1 | 青　岛 | 0.80 | 0.88 | 0.54 | 0.91 | 0.72 | 0.63 | 77.3 |
| 2 | 深　圳 | 0.74 | 0.82 | 0.62 | 0.83 | 0.86 | 0.57 | 76.2 |
| 3 | 广　州 | 0.76 | 0.82 | 0.57 | 0.93 | 0.63 | 0.62 | 74.3 |
| 4 | 厦　门 | 0.72 | 0.80 | 0.51 | 0.81 | 0.71 | 0.65 | 71.2 |
| 5 | 成　都 | 0.77 | 0.82 | 0.54 | 0.79 | 0.38 | 0.67 | 69.6 |
| 5 | 济　南 | 0.75 | 0.76 | 0.55 | 0.90 | 0.58 | 0.30 | 69.6 |
| 7 | 武　汉 | 0.71 | 0.76 | 0.47 | 0.88 | 0.40 | 0.67 | 66.8 |
| 8 | 西　安 | 0.75 | 0.74 | 0.51 | 0.85 | 0.37 | 0.60 | 66.4 |
| 9 | 南　京 | 0.72 | 0.81 | 0.49 | 0.79 | 0.33 | 0.45 | 66.0 |
| 10 | 大　连 | 0.59 | 0.62 | 0.46 | 0.90 | 0.38 | 0.50 | 59.4 |
| 11 | 宁　波 | 0.68 | 0.40 | 0.24 | 0.72 | 0.56 | 0.21 | 47.3 |
| 12 | 杭　州 | 0.68 | 0.44 | 0.24 | 0.59 | 0.32 | 0.10 | 43.8 |
| 12 | 哈尔滨 | 0.68 | 0.44 | 0.21 | 0.64 | 0.29 | 0.15 | 43.8 |
| 14 | 沈　阳 | 0.63 | 0.37 | 0.20 | 0.68 | 0.28 | 0.05 | 40.5 |
| 15 | 长　春 | 0.56 | 0.30 | 0.21 | 0.65 | 0.31 | 0.37 | 38.4 |

资料来源：http：//2013wzpg. cstc. org. cn/jxpg2013/zbg/pgbg_ detail. jsp？ id = 124568。

**表3　深圳在中国城市政府能力评估中的得分及排名**

| 指标 | 政府公共服务能力 | | 需求识别 | | 服务供给 | | 学习成长 | |
|---|---|---|---|---|---|---|---|---|
| | 得分 | 排名 | 得分 | 排名 | 得分 | 排名 | 得分 | 排名 |
| 深圳 | 77.63 | 6 | 28.7 | 14 | 72.8 | 7 | 9.755 | 18 |

资料来源：根据何艳玲主编《中国城市政府公共服务能力评估报告（2013）》整理，社会科学文献出版社，2013。

显然，按照“三化一平台”框架来推动深圳一流法治政府建设，必然要求按照十八届三中全会精神，一方面继续在依法执政、创新立法、法治政府建

设、社会领域法治化等方面积极探索创新，另一方面切实弥补包括但不限于上述评估所表现出来的各项短板，从而真正推动一流法治政府建设全面起步。

## 三　推进深圳一流法治政府建设的若干思考

"三化一平台"为深圳未来改革发展提供了系统性解决方案和具体实施路径。在此框架下，深圳法治政府建设要继续探索法治政府建设的新机制、新思路、新举措，坚持用法治眼光审视发展问题，用法治思维规划发展路径，用法治手段破解发展难题，用法治规范保障发展成果，近期着力在推进城市治理体系和城市治理能力现代化、构建法治一流的制度型宜居城市、完善制度框架设计等方面有所探索和突破。

首先，明确一流法治政府建设的目标在于推进城市治理体系和城市治理能力现代化。十八届三中全会通过的《决定》明确指出，"全面深化改革的总目标是完善和发展中国特色社会主义制度，推进国家治理体系和治理能力现代化"。对深圳而言，法治政府建设的关键在于推进城市治理体系和治理能力现代化。一方面，从城市治理体系现代化来说，法治政府所包括的政府，绝不仅仅只是作为行政机关的市政府及其组成部门，还应当包括作为执政党的党委、作为立法机关的人大、作为协商民主重要平台的政协，以及包括法院和监察院的司法体系。也就是说，上述五个方面共同构成城市治理体系，都应当属于法治政府所包括的范畴，一流法治政府建设应当涵盖各个方面。例如，从执政党依法执政能力建设来看，需要作为执政党的各级党委牢固树立法治观念，把推进党的建设制度化与法治政府建设有机结合起来，带头维护社会主义法制的统一、尊严、权威，自觉成为建设法治深圳的实践者、推动者、宣传者。又如作为权力机关的人大，则要有效发挥经济特区立法权和较大市的立法权的作用，着重把改革探索取得的成果转化为立法资源，为实现用法治规范保障改革发展成果发挥不可替代的作用。对于作为协商民主重要平台的政协而言，则应当并且可以在城市治理能力现代化所涉及的各个环节中发挥政治协商、参政议政和民主监督的积极作用。

另外，从城市治理能力现代化来说，法治政府要求从决策到执行及监督整个过程都必须按照法治化要求展开，探索构建内容协调、程序严密、配套完备、有效管用的制度体系，其重点在于科学决策、有序立法、依法行政、据法监督、规范执法等环节。例如，在依法行政方面需要进一步规范政府行为、进一步转变和优化政府职能、推进法治政府问责与绩效考评、深化行政综合执法改革、规范公共事项行政服务、推进行政服务法定化、加大政务信息公开力度等方面继续着手推进，真正让政府做到用法治眼光来审视和规划发展路径，用法治方式来破解发展瓶颈，用法治手段来保障发展成果。在公正司法方面应立足于把深圳建设成为全国法治社会的先行区、示范区和法治环境净地，深化司法体制和工作机制改革，合理配置司法职能，优化司法程序，规范司法行为，不断推进司法活动的透明度、公开化和规范化，建立公正、高效、权威的社会主义司法制度，加强权力监督制约从制度层面根除司法腐败，树立司法权威。

其次，积极探索建设法治一流的制度型宜居城市。如前所述，在深圳市确定的“三化一平台”改革框架中，“法治化”是全面深化改革的突破口，而法治政府建设则在法治化中具有突出的意义和作用。从这个角度来看，建设一流法治政府、推进一流法治城市，必然要求在制度层面抢占新一轮发展战略制高点，确保法治在城市治理和社会管理中发挥基础性、规范性、保障性作用，由此必然率先形成立足于先行制度体系、具有较高城市治理水平的制度型宜居城市。

在构建法治一流的制度型宜居城市过程中，深圳应当积极发挥特区立法权和较大市立法权的优势。一方面大力探索协商立法，完善和优化立法程序；另一方面全力推进把改革创新转化为立法实践，构建“改革试验—立法保障”机制链①。

从提高立法的民主化程度来看，在按“三化一平台”推进立法机制创新、探索人大主导和公众有序参与立法体制机制时，应当遵循十八届三中全会在《决定》中明确提出的“推进协商广泛多层制度化发展”目标，以及“深入开

① 参见谭刚《深圳新使命：继续走在全国现代化建设前列》，载张晓儒主编《深圳经济发展报告（2013）》，社会科学文献出版社，2013。

展立法协商、行政协商、民主协商、参政协商、社会协商”等要求，探索建立政协参与立法协商的制度性安排。在操作层面上，可以由市人大、市政府、市政协联合出台《深圳经济特区立法协商工作规程》，对人大立法、行政机关出台规范性规章等立法行为加以制度性规范，从而促进立法的科学化和民主化，探索形成政协委员参与立法的有效机制和程序。

从提高立法的质量水平来看，深圳应当着重探索建立改革创新与立法保障紧密结合的机制链。作为经济特区和综合配套改革试验区，深圳不但拥有宝贵的特区立法权，而且还有国家赋予的综合配套改革及若干单项改革的试验权，于 1992 年 7 月和 2000 年分别获得经济特区立法权和较大市立法权，具备了有助于构建一流法治城市的“改革试验 - 立法保障”机制链。实际上，深圳经济特区自建立 30 多年来，不但在经济领域大胆探索，形成多项重要制度创新，而且在依法执政、创新立法、法治政府建设、社会领域法治化等方面也进行了积极创新。这些改革创新通过立法程序，初步形成用法治规范保障改革发展成果的良好格局。据统计，截至 2013 年 11 月底，深圳共制定法规 213 项（现行有效 167 项）、政府规章 266 项（现行有效 162 项），成为全国地方立法最多的城市，各个领域基本做到有法可依。相比之下，深圳的立法质量仍然有待进一步提高，尤其需要加大立法创新力度，立足于特区立法权和综合配套改革试验区的改革创新实践，从丰富的改革试验中合理选择确定立法品种，构筑改革试验与立法保障之间的机制链，通过立法工作与改革创新有机连通和紧密衔接，构建系统完备、科学规范、运行有效的法律框架体系，率先建设法治一流的制度型宜居城市。

在探索形成“改革试验 - 立法保障”机制链时，应当积极培育以法律服务业为重点的社会民间力量。对此，可以考虑像支持高新科技等支柱产业和战略性新兴产业那样，进一步完善律师、公证、司法鉴定、仲裁等法律服务体系，积极营造有助于本土律师事务所成长的有利环境和支持性政策，进一步开放律师服务市场，拓展法律服务领域，规范法律服务市场，促进法律服务业规模化、产业化发展，引进港澳台地区和国际知名律师人才，引导本土律师队伍向专业化、集团化、国际化发展，加大法律服务购买范围与规模，提高律师服务业整体活力和竞争力，力争建成珠三角地区的法律服务中心乃至国际区域法律服务中心，为构建法治一流的制度型宜居城市培育法律服务力量。

最后，着力构建法治政府的三大制度框架。在“十二五”后期和“十三五”期间，要着力构建法治政府的三大制度框架。

一是按照一流法治城市的总体目标，参照国际先进城市的主要做法和具体经验，在“十二五”后期和“十三五”期初编制出台《深圳市法治政府建设规划纲要（2015～2020）》，形成深圳法治工作的“五年规划”，使之成为具有国际先进水平和深圳特色的一流法治政府建设发展规划和建设纲要。

二是按照十八届三中全会《决定》中关于推行政府及其工作部门“权力清单制度”、依法公开权力运行流程的精神，认真梳理2004年以来国务院先后发布的法治政府建设文件规定，以及散见于中央和省市文件中有关依法行政的原则、意见和要求，从而形成与《深圳市法治政府建设纲要（2015～2020）》相匹配的《深圳市法治政府建设文件汇编》，使之成为深圳市今后依法行政工作规范化、制度化的规范要求，使法治政府建设更具针对性、可操作性。

三是对2008年编制并获第二届中国法治政府奖的《深圳市法治政府建设指标体系（试行）》进行修订，根据5年来试行的情况完善指标体系，尽量把试行版本变为正式版本，切实发挥指标体系对于建设一流法治政府的引导作用。另外，运用修订完善并正式运行的法治政府建设指标，积极稳妥推进法治政府建设考评工作，并将法治政府建设考评纳入政府绩效考核范畴，条件成熟后加大法治政府建设考评在政府绩效考核中所占的比重，切实推动深圳一流法治政府建设，同时促进深圳法治政府建设在全国评估排名中稳定提升。

B.5

# 深圳民营经济发展现状分析与对策

周会祥　高 山*

**摘　要：**

深圳市经过30余年的快速发展，民营经济已经成为深圳经济体中最有活力、最积极、最具有竞争力的生力军，有力地推进了深圳经济社会的全面发展。为了进一步促进深圳民营经济的健康发展，本文结合实际调研资料，对当前深圳民营经济的发展现状以及存在的主要问题进行了归纳分析，并有针对性地提出了相应的对策和建议。

**关键词：**

深圳　民营经济　发展现状

深圳不断改革创新、先试先行的文化传统，是民营经济壮大发展的乐园。目前，无论从数量、质量看，还是从创新力、竞争力看，民营经济都成为深圳经济体中最大的亮点和特色。

## 一　深圳民营经济发展现状与特点

### （一）民营企业数量增长迅速

自2003年我国《中小企业促进法》和《中共深圳市委深圳市人民政府关于加快民营经济发展的意见》（深发〔2003〕5号）颁布实施后，深圳市民营企业进入了快速发展时期，企业数量增长迅速。2005～2012年，在深圳市登

* 周会祥，中共深圳市委党校统战教研部讲师；高山，中共深圳市委党校经济管理教研部讲师。

记注册的各类民营企业数量从15万家增长到43.5万家，年均增长4万余家。截至2012年底，全市非公有制经济单位数超过95万户，包括个体户50.4万户，民营企业43.5万户，外资企业3.7万户。其中，民营企业较2011年同期净增6.7万家，同比增加18.2%。

## （二）民营经济总量大幅攀升

全市民营企业增加值2012年达4959.36亿元，约占全市地区生产总值的38.3%，同比增长13.6%，增速高于全市总体水平3.6个百分点。其中，规模以上民营工业企业数量达5534家，实现销售收入3140亿元。[①] 2012年，深圳市民营企业外贸进出口高达1508亿美元，约占全市外贸进出口总额的32.3%，同比增长43%，其增速高于全市总体水平30个百分点。如图1、图2所示，民营经济的快速壮大和发展已经成为深圳经济发展事业中的重要组成部分。

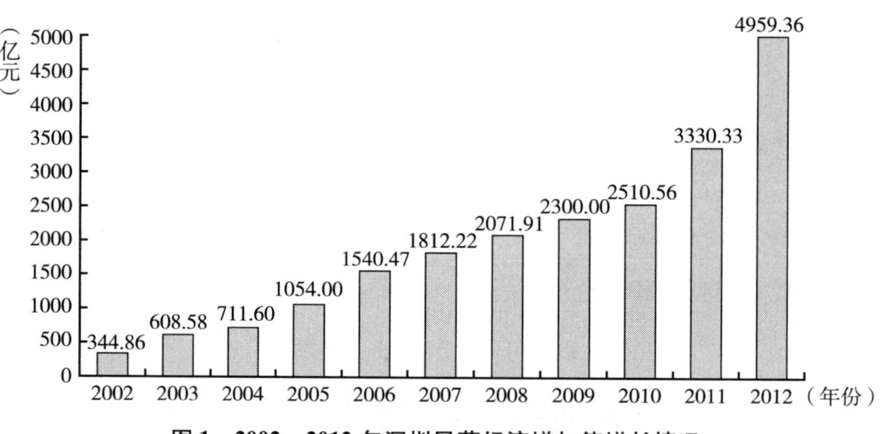


**图1　2002～2012年深圳民营经济增加值增长情况**

## （三）民营经济行业分布广泛

为了更好地鼓励、引导和支持民营经济的发展，深圳市在深化经济体制改革上大胆先试先行，逐步破除了对有关民营企业的行业准入限制，进一步放宽了

① 深圳市中小企业服务中心：《深圳年鉴（2013卷）》。

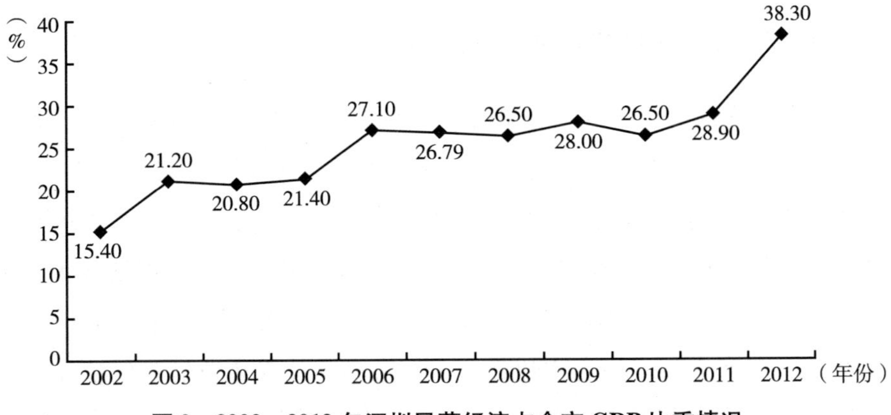


**图 2　2002～2012 年深圳民营经济占全市 GDP 比重情况**

民间资本发展的投资领域和空间。2013 年初，深圳市委统战部分别对来自福田、罗湖、南山、盐田、宝安、龙岗的 808 位民营企业家代表发放了问卷调查，回收有效问卷 506 份。调研结果显示，深圳市民营企业的发展已覆盖制造，批发零售，信息传输、计算机服务和软件业，交通运输、仓储物流，建筑，房地产，住宿、餐饮，教育、卫生、文体及娱乐业，物业管理，金融等多个行业，有效地整合和完善了产业链条，全方位提升了居民生活水平。

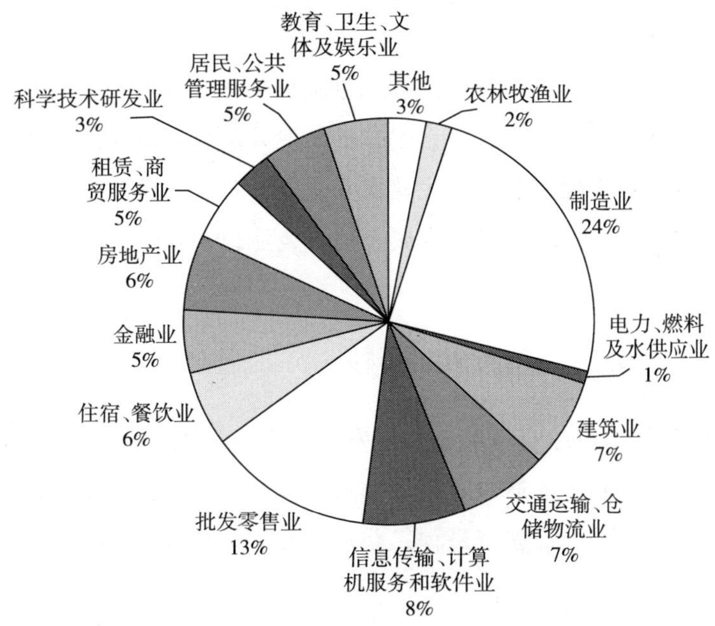


**图 3　参与调研民营企业家代表人士行业覆盖状况**

## （四）民营企业技术自主创新能力强

深圳市民营企业在经历了前期的代工生产和外贸代理初期阶段后，通过积极吸收国内外先进技术，逐步走上了自主研发、品牌创新的发展道路，其整体技术自主创新水平大大增强。据对2012年发展情况的统计，深圳市民营企业自主创新能力强主要表现在以下几个方面：一是科技研发经费投资较大。全市民营企业自筹科技经费投入高达454亿元，占全市科技经费投入总额的93.41%。二是高新技术型人才数量多。全市高新技术企业的长期从业人员数量为107.84万人，其中博士3795人，硕士8.7万人，大学本科30.49万人。三是知识产权产出成果丰硕。全市拥有自主知识产权的高新技术产品产值为7869亿元，约占全部高新技术产品产值的61%。截至2012年底，全市累计发明专利授权量53820件，有效发明专利52768件，居全国大中城市第二，仅次于北京。国外专利申请数量和质量也有较大提升，2012年PCT国际专利申请量达8024件，连续九年居全国第一。[①] 深圳许多民营企业通过不断自主研发、进军市场新兴产业，逐步发展成为支撑深圳经济发展的生力军，形成了一批如华为、中兴、腾讯、比亚迪、迈瑞、海瑞普、金蝶等具有较强国际影响力和市场竞争力的企业。

总结起来，深圳市民营企业的技术创新能力表现为“6个90%”：90%以上的创新型企业是本地民营企业，90%的研发人员都集中在民营企业，90%以上的重大科技项目发明专利出自民营龙头企业，90%的研发投入经费来自民营企业，90%以上的研发组织机构隶属于民营企业，90%以上的发明专利出自民营企业。

## （五）民营企业上市改制步伐快

自2004年深圳市政府《关于加强发展资本市场工作的意见》颁布实施以来，一大批优秀民营企业通过对销售模式、运营模式和融资模式进行大胆改制创新，大大加速了其上市融资进程，获得了显著的成效。截至2013年4月25

① 深圳市工商业联合会：《2013年深圳市民营经济统计分析报告》，2013年10月。

日，在境内外上市的深圳市民营企业累计达284家，其中境内上市企业189家，境外上市企业95家；在中小板市场上市的企业累计达69家，约占全国中小板上市企业总数的9.9%；在创业板市场上市的企业累计达41家，占全国创业板上市企业总数的11.5%，中小板、创业板上市企业总数连续6年居全国大中城市首位，民营经济参与融资的规模和速度也在逐步扩大。

### （六）民营经济社会贡献突出

2012年，深圳市民营企业纳税总额高达1541.6亿元，同比增长14.7%，占全市企业纳税总额的58.7%（2005～2012年全市民营企业纳税比重始终保持在50%以上），其中华为投资控股有限公司、万科企业股份有限公司纳税额分列全国民营企业纳税榜单第一和第二。同时，全市民营企业提供的就业岗位占全市就业岗位总数的80%以上，民营企业成为深圳市吸纳社会人口就业的主要渠道，特别是民营科技企业吸纳了大量的高素质劳动力和专业人才，是广大中青年队伍进行创业就业的重要平台。

深圳许多民营企业家代表在不断壮大与发展自身企业的同时，积极开展捐资助学、结对共建、扶贫等光彩事业和社会公益活动，践行社会责任。据调查显示：深圳市70%以上的民营企业家自创业以来都有参与公益捐赠的经历。如在2013年四川雅安地震抗震救灾活动中，全市民营企业捐款捐物约达1.59亿元，其中，由市工商联、市两新工委组织系统发动捐款捐物达1.29亿元。据深圳光彩事业促进会统计，2012年深圳市民营企业共参与光彩事业扶贫项目135个，投资总额高达226.4亿元；共参与捐赠项目870个，捐资总额高达9.821亿元，有力地帮扶了国内其他后进地区的发展。

## 二　深圳民营经济发展面临的主要问题

### （一）民营企业用地难问题

随着深圳经济社会的迅猛发展，深圳市产业用地的供求关系日趋紧张，在城市新增用地规模十分有限的情况下，许多中小型民营企业因为自身经济实力不足、成长阶段不同而无法获取必要的土地资源，用地难日益成为影响民营企业成长与规模扩张的瓶颈。其主要表现一是可供出让工业用地资源稀缺。根据市委统战部三年来对近300家非公有制领军企业的调研情况看，有接近三成的企业反映的困难为用地难，每年申请用地的企业数目都在200家以上，土地需求申报面积超过1000万平方米。2008年以来，深圳市《土地利用计划》规定每年新增工业用地出让面积为200万平方米，但实际安排面积平均为100万平方米，土地招拍挂出让情况如表1所示，仅能满足40家左右企业的用地需求。二是土地存量结构不合理。据相关统计，当前全市工业厂房面积逾2亿平方米，其中约1.7亿平方米属于农村集体经济用地，这些农村集体经济用地中约85%的厂房尚无合法产权手续，无法正常上市流转。三是土地资源配置政策建设滞后。深圳市先后于1999年3月和2009年6月两次发布实施了关于查处历史遗留违章建筑问题以及土地确权的重要政策，但由于确权申报的实际效果和相关配套政策不足，无法有效地规划和引导民营企业的用地市场需求。四是企业用地服务监管缺失。目前，在民营企业获得规划供给用地后，深圳缺乏对民营企业用地用房的后续监管和服务支持，许多中小型民营企业无法及时获得土地出让、出租等市场信息，难以长期享有专业高效的用地配套服务。

**表1　2008年至2013年7月深圳招拍挂出让工业用地情况**

单位：万平方米，个

| 时间 | 当年招拍挂出让工业用地 | 安排项目数 |
|---|---|---|
| 2008年 | 133.7 | 42 |
| 2009年 | 117.1 | 23 |
| 2010年 | 341.6 | 49 |
| 2011年 | 121.6 | 39 |
| 2012年 | 99.78 | 37 |
| 2013年1~7月 | 70.4 | 22 |

## （二）中小微民营企业融资难问题

中小企业融资难是一直伴随我国民营企业发展的问题，特别是对于中小微型民营企业来说，受自身经营规模的限制和当前金融服务管理体制改革的不健全，企业较难获得国有大型金融机构的信贷支持，加上证券市场中小板和创业板市场规模较小，中小企业融资参评门槛较高，较难从证券市场中获得直接融资。

当前融资存在的主要问题有：①民营企业的融资满足程度较低。截至2012年底，深圳全市中小企业贷款余额为7531.8亿元，约占全部贷款余额的30.5%，表明在信贷市场中以中小型企业为主体的民营经济获得的融资的比例还比较小。②民营企业信用担保体系建设有待完善。虽然深圳市2008年试点成立了“重点民营企业互保金贷款池”，在鼓励信用担保中介服务组织发展方面采取了一些新举措，但总体上说还不能有效地满足广大民营企业的实际需要。调查表明，在深圳市400家信用担保公司中，目前仅有10家左右资金运作情况良好，并与银行建立了紧密的联系，而真正从事融资担保业务的不多，大多集中于风险小、回报高的房地产交易中介业务上。③民营企业内源性融资不足。民营企业普遍具有资金积累不足、内部筹资有限等特点，而且税收负担重、设备折旧费率低等，因此内源性融资难以为继，只好寻求高利贷或其他民间融资渠道。④社会征信体系不完善。对于民营企业来讲，部分企业信用意识淡薄、不重视自身信誉维护，这也是难以获得银行贷款的主要原因之一。对于制度建设来说，缺乏完善的法律体系和有效的征信系统予以监督规范，存在缺乏权威性、信息分散和约束不严等问题。

### （三）公平竞争的市场环境问题

深圳作为我国改革开放的前沿阵地，在不断改革和完善有关非公经济健康发展的政策体制方面做了大量工作，极大地激发了民营经济的发展活力，但当前民营经济在项目审批、融资支持、税收优惠等环境性因素上与国有及外资企业相比还存在较大的劣势。

其主要表现是：①行政管理服务水平有待进一步提高。此次抽样调查显示，约有52.5%的人认为与公检法、工商税务部门最难进行沟通协调，当与政府部门发生“权利纠纷”时，更加倾向于请求上级组织、领导或私下协商解决。在2012年6月新“民间投资36条”实施细则出台后的政策效果评价上，民营企业总体上对市政府服务提供表示满意，但对产业政策和法治公正不太满意，产业政策和统治公正成为评价短板问题。②“玻璃门”现象依然存在。我国新的“非公经济36条”实施以后，某些行业的准入门槛理论上是敞开了，但事实上准入门槛依然存在，致使许多民营企业在行业进入、行政审批、要素利用、政策优惠等方面受到不同程度的歧视。商事登记制度改革实施后，给民营企业参与市场带来了一定便利，这既意味着政府工作重心的后移，同时也对企业自我管理和诚信建设带来了极大的考验。③社会服务支撑体系尚不完善。按照“政府扶持中介，中介服务企业”的政策理念和导向，为民营企业提供社会化服务的支撑体系还不健全、不完善。行业协会商会等社会自律性组织近年来虽得到了快速发展，但这些组织提供服务的能力还有待提升，其自我监管职责也难以落实到位，不能有效承接政府职能，其法律法规建设进程已经不能满足现实情况需要。

## （四）民营企业人才匮乏问题

2008年9月，深圳市提出了要到2015年率先建成国家创新型城市的战略目标，其有赖于本地高新技术产业、自主创新型产业的迅速发展，民营科技型企业是产业技术创新研发的投入主体，是承载实现该重要战略任务的主体力量。深圳作为一座移民型现代化大都市，企业人才供应基本靠外来流入，特别是对高层次技术人才需求还存在比较大的缺口，这给广大民营企业技术创新升级带来了严峻的挑战。

其具体表现是：①劳动密集型岗位员工缺口严重。随着深圳市城市化进程的不断推进，区域间资源竞争更加激烈，与内地其他主要城市相比，深圳土地资源的紧缺无形中推高了居民生存生活的成本，致使深圳市民营企业对不同层次员工的吸引力下降。②专业技术型、管理型人才缺乏。受深圳市发展起步较晚、教育机构以及社会管理资源稀缺等因素的影响，专业技术型、经营管理型等高层次专业技术人才供应不足成为严重制约深圳市民营经济健康发展的瓶颈。调查显示，绝大多数民营企业家代表认为企业开拓国内外市场的主要困难是缺少专业技能人才和经营管理人才，缺少人才是阻碍企业继续发展的短板。同时，许多企业也表示当前其核心技术水平为国内平均或先进水平，但离参与国际竞争尚存在较大的差距，迫切需要高层次技术人才的支持。

## 三　深圳进一步发展民营经济的若干对策与建议

### （一）继续深化投融资体制改革，切实解决中小微企业融资难题

通过创新金融服务，着重加大对民营中小微企业、实体经济的帮扶力度。商业银行服务收费应当公开，禁止对中小微企业贷款违规收取承诺费、资金管理费，严格限制收取财务顾问费、咨询费等费用。在政策上鼓励民营企业直接融资，建立“中小微企业融资担保中心”信用担保服务平台，帮助广大中小微企业解决融资难问题，扶持中小微企业健康发展。支持民间资本创建民营商业银行，考虑成立由民营企业参股并主要为民营中小微企业提供贷款服务的小额贷款公司。拓宽小额贷款公司融资渠道，允许向多家银行融资，支持通过金融资产交易所、银行机构、资产管理公司、信托投资公司和其他专门从事金融资产交易的机构进行资产转让融资，支持小额贷款公司之间同业拆借，支持通过发行债券等其他方式融资。适当扩大小额贷款公司最大股东或主要发起人持股比例，支持经营良好的小额贷款公司设立分支机构、挂牌上市，引导小金融机构增设服务网点。鼓励金融机构创新开发适合中小微企业的融资产品，支持采用知识产权、仓单、商铺经营权、商业信用保险单等质押标的的融资，使中小微企业更容易获取经营资金。

### （二）建立市级重点民营企业用地协调机制，构建集约化的土地利用空间

将有限的土地资源向战略性新兴产业、总部经济、先进制造业、优势传统产业等倾斜，以最大限度地满足产业发展的需要。促进产业结构调整，加快转变经济发展方式，通过国土规划引导体制机制的创新，建立全市“一盘棋”的产业空间体系，调动企业主动转型升级的积极性。根据《深圳市人民政府关于优化空间资源配置促进产业转型升级的意见》“1+6”号系列文件精神，以科创委、经贸委、发改委等市产业主管部门为主导，建立“预申请公布制度项目库”，秉承更加公开、公平的原则，按照市场化的运作方式吸引优质企

业进入项目库。以当前项目库开始启动实施为契机，在吸收国内先进经验的基础上，考虑由市委、市政府牵头搭建重点以及骨干民营企业的用地联席会议机制，将相关土地供应、楼宇出让、地价测算等信息在社会上予以公布，并通过与相关产业管理部门、行业协会、民营企业代表召开联席会议的方式，为民营企业提供通畅的土地供给信息沟通机制，这对优化国土资源配置、建设集约化的土地利用空间、缓解民营企业用地难题和提升政府服务水平具有极大的促进作用。

### （三）打破“玻璃门”，营造民营经济发展的公平竞争环境

经济环境状况会直接影响民营企业的健康发展，因此，需要加强环境治理，优化商事氛围，着力消除制约民营经济发展的环境障碍，以促进民营经济快速发展。

**1. 打破“玻璃门”准入门槛**

进一步优化市场准入的审批机制，减少政府干预环节，规范民间投资审批程序，消除原有制度性歧视。要探索建立网上预审制、一站式服务制、办理回执制、限时办结制等审批相关机制，切实提高审批效率、改善审批服务，取消各项不合理的限制条件或附加要求。建立民营企业准入的援助机制，在投资待遇同等化基础上加强政策扶持，清除民营企业准入的“弹簧门”障碍。建立公平、规范、透明的市场准入标准，在同等条件下适当优先考虑重点民营企业的投资项目。积极探索不同性质企业之间的合作形式，大力发展混合所有制经济，创新不同所有制经济相互融合发展的形式，形成国有资本、集体资本与民间资本共同投资的新格局，鼓励国有企业与民营企业相互交叉持股，在竞合关系中共生共荣，不断推进二者合作的规模和层级。

**2. 深化改革保障平等使用生产要素的权利**

在深化资本投融资体制改革的同时，构建各种所有制经济依法平等使用生产要素、公平参与市场竞争、同等受到法律保护的体制环境。全面落实民营企业平等获取投融资机会的政策措施，公开民间资本可以进入的法律法规未禁止行业和领域清单、准入标准和优惠扶持政策。把公平配置资源作为关键突破口，在土地使用权、基础设施建设经营权等重要资源配置上，与其他类型企业

一样对待民营企业。进一步完善有关鼓励民营经济参与交通运输、能源、水利、金融、教育和文化事业发展的配套政策。继续深化商事登记制度改革，试行注册资本“零首付”，允许延长出资期限。除高危和重污染行业外，允许前置许可要件不完备的企业先登记注册，一年内完善相关手续，不断下调准入门槛。支持民营企业进入政策许可的文化创意产业，从事出版发行、影视制作、演艺娱乐、文博会展、动漫游戏、网络服务等。建立民营经济维权中心，集中收集、协调、解决民营企业在创业、招商、发展中遇到的各种问题。在全市范围内进一步形成尊重企业家、尊重纳税人、尊重财富创造者和重商、亲商、安商、富商的浓厚氛围，始终坚持围绕发展经济这个中心，努力服务和引导民营经济的健康发展。

#### 3. 建立企业征信制度

征信制度是一种竞争力，要进一步整顿市场秩序，坚决制止各种不正当竞争和侵犯消费者权益的行为，严厉打击假冒伪劣、偷税漏税等违法经营活动，规范民营企业的经营行为和市场竞争秩序。加强对民营企业的劳资关系处理、安全生产、劳动保护、社会保险的监察管理，依法维护劳动者的合法权益。坚持质量立业、品牌兴企，鼓励企业进一步增强品牌意识、质量意识、标准化意识，努力创造出更多的名牌产品和驰名商标。加快民营企业征信制度建设，建立健全企业诚信档案体系、信用失范惩罚和警示机制、信用激励引导机制、信用保障机制，引导民营企业照章纳税、规范用工，诚实经营、公平竞争，以敦促广大民营企业提升自身信誉。

### （四）进一步构建服务型政府，完善促进民营企业不断壮大发展的服务支撑体系

#### 1. 继续提升对民营企业的管理服务层次

将提升民营经济的服务水平作为政府绩效考核的重要方面，通过政府专门服务机构和职能部门的综合协调作用，调动全市各部门共同服务民营企业的主动性和积极性，要继续做好对纳税“百强、百佳”民营企业和其他重点民营企业的“一站式”直通车服务，及时为民营企业提供便利的业务办理渠道和信息共享平台，以提高服务工作效率。

### 2. 加快公共服务创新平台建设

在积极构建服务型政府的进程中加强研究性“智库”建设，使“产学研”合作机制向“官产学研资介”合作机制延伸。搭建科研院所、大专院校与民营企业合作的桥梁，促进高等院校、科研院所、研发中心的科研成果向民营企业经营生产过程转移，使其转化为现实生产力，为广大民营企业新产品开发、试制、设备检验以及生产工艺改造等提供技术服务。同时，加大联合科技攻关力度，促进一批共性关键技术和瓶颈技术有偿或无偿共享，帮助非公企业降低科研开发和应用成本。在民营企业较为集中的电子制造、食品加工、建材等领域推行信息化改造，促进信息技术与研发、生产、营销、管理等环节的融合，提升企业经营管理效率。

### 3. 加强对民营企业的宣传推介服务

为帮助民营经济发展营造全社会共同关心支持的良好氛围，需要探索构建有效的宣传表彰机制，即政府相关产业主管部门需要与宣传职能部门建立常态化的沟通机制，指导、协调新闻部门加大宣传力度，引导社会舆论，深化社会对民营经济地位和作用的认识。通过新闻媒体、网络、论坛活动等载体，形成平面媒体、影视媒体、空间媒体、网络媒体等相结合的立体宣传网络，每年定期宣传民营经济发展领域的先进人物、企业转型升级案例、和谐企业、履行社会责任的典范，及时发现和宣传民营企业和企业家的创造性活动和社会公益活动，关注优秀企业所取得的创新成果和发展成就。对民营企业中为经济社会发展做出突出贡献的先进个人和集体，推荐评选全国、省、市级“五一劳动奖”、优秀中国特色社会主义事业建设者，对积极参与社会公益慈善活动、回馈社会者予以宣传表彰，以增强优秀民营企业家代表的荣誉感、归属感，调动民营企业践行和谐发展的主动性和积极性。

## （五）完善人才供给机制，塑造务实高效的企业人才成长环境

### 1. 加强人才引进和培育力度

民营企业的壮大发展离不开源源不断的优质人才供应，引进高层次专业技术人才成为众多民营企业的共同呼声。为了进一步支持民营企业做大做强，满足其选人用人需求，一方面需要加强对国内外高层次人才引进的力度，建立政

企长效沟通机制，鼓励民营企业人才参与申报深圳市专业技术人才认定，支持民营企业设立人才创业孵化基地，并享受深圳市各项创业资金的扶持；另一方面需要加大对现有民营企业人才队伍的教育培训力度，通过实施教育创新提升对民营企业家队伍、新一代民营企业家队伍、企业专业技术人才队伍思想认识以及职业能力素养的培训水平。

**2. 努力营造有利于民营企业人才成长的环境**

加大民营企业选人用人政策法规的制定和执行力度，提升为民营企业人才提供公共服务的水平，构建由多级政府性公共服务机构和社会性公共服务机构共同组成的公共服务体系。优化深圳市民营企业人才的生存生活环境，进一步完善和落实深圳市人才安居工程，使住房保障等优惠政策惠及民营企业中大量存在的“夹心层”中端人才，努力在全市范围内建立吸纳葆有民营企业中高端人才的体制环境，协助民营企业缓解进人难、用人难问题。

B.6

# 如何提高中产阶级的收入

杜 放 陈美丹*

**摘 要：**

“关注社会公平，缩小贫富差距”成为近年“两会”代表委员和老百姓一直关心的热点话题。如何使集中在少数人手中的财富回馈社会，以资助众多贫困群体？本文结合对深圳市民进行的问卷调查以及访谈反映的社会现实问题，参考国外过往的经验，从税收的角度就如何提高中层阶级的收入问题，有针对性地提出了相关的社会政策建议，以期供政府决策参考。

**关键词：**

中产阶级 税收 调研

## 一 引言

“关注社会公平，缩小贫富差距”成为近年来“两会”代表委员和老百姓关心的热点话题。于2013年下半年召开的十八届三中全会高度评价了十一届三中全会以来改革开放的成功实践和伟大成就，并对全面深化改革若干重大问题进行了研究，提出了新时期党领导全国各族人民进行的伟大革命仍是改革开放。在当前的国际环境下，实现中华民族的伟大复兴，从社会公平的角度来看，如何使集中在少数人手中的财富回馈社会，以资助众多贫困群体，是一个值得继续深入研究探讨的问题。

---

* 杜放，深圳职业技术学院教授；陈美丹，深圳职业技术学院。参加调研的还有：曾清萍、刘智健、黎耿昊。

2013 年 1～3 月我们主要针对中低阶层进行了问卷调查和访谈，问卷一共 60 份，主要在深圳市南山区的人流量比较集中的地方，比如留仙洞地铁站、西丽地铁站等。本文从不同的角度调查，去了解中低阶层对目前税收的满意程度以及如何才能满意。虽然调查问卷的调查覆盖率不高，但是我们进行了分层，对民工、教师、专业技术人员、行政管理人员、商业营销人员、店员、保险人员、业务员等都进行了调研，所以还是可以看出这部分人群对税收“扩中”主要的想法。

## 二 调查问卷分析

西方理论一般都把社会上拥有中等经济收入的人称为中产阶级。这一阶级主要由从事脑力劳动的行政管理人员、专业技术人员、商业营销人员以及职员、教师、店员、文秘等组成（见图 1）。

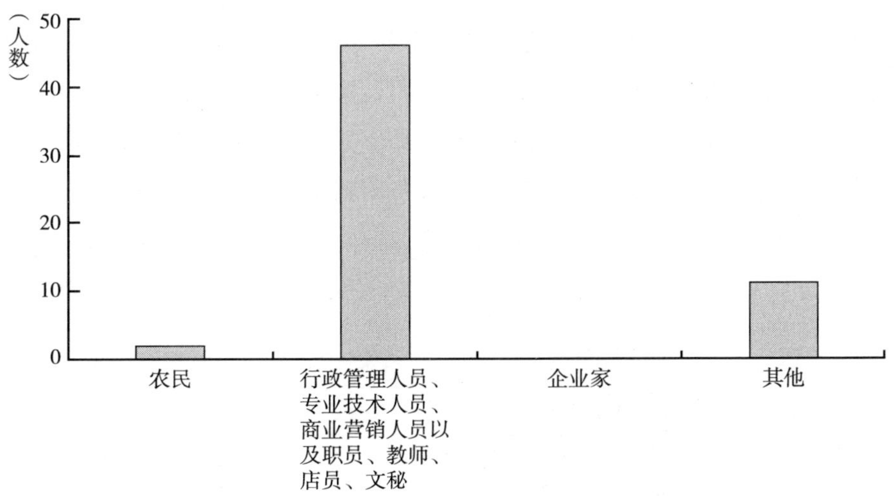


**图 1 工作范畴**

图 2 展示了我们所调查的对象年收入在 8 万元以下的有 37 人、年收入 8 万元到 20 万元的有 21 人、年收入 20 万元以上的有 1 人。在此次调查中大多数人年收入在 8 万元以下，故而发现，目前中产阶级划分的因素并不是十分的

清晰明了，随意性很大，会根据地域不同和时间不同而变化。但是由于本次问卷调查是一对一、逐步细致地进行的，所以根据现场的其他因素综合考虑，还是以中产阶级为主。

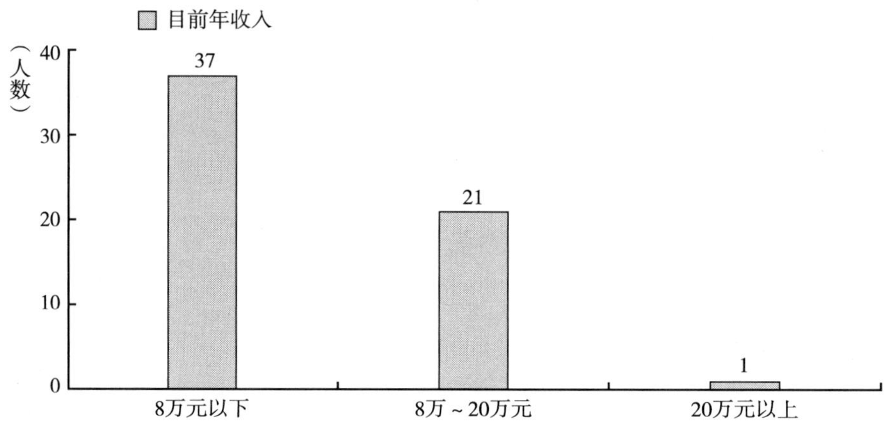


**图2　年收入情况**

由图3可以得知，在我们的调查对象中50%的人直观的想法就是希望政府能从有钱人的身上收取更多的税，36%的人持无所谓的态度，14%的人持不赞同的态度。也有少数人是考虑了环保等其他方面的因素，总体来说，可以从侧面反映出人们对财富差距十分不满，这是不利于社会和谐发展的。

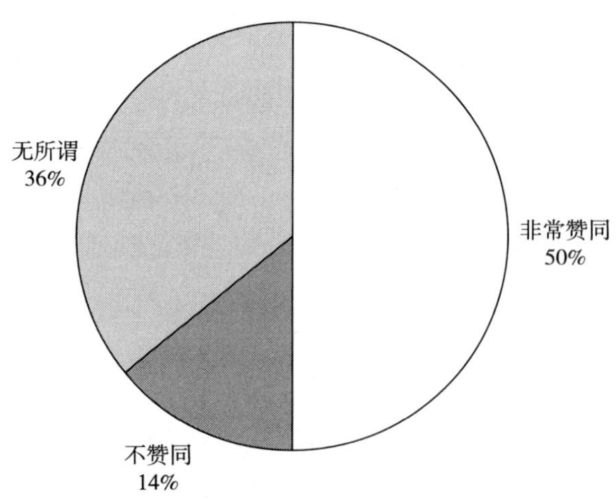


**图3　对奢侈品增加税收的看法**

所以可以从中分析出两个点：第一，目前社会上人们对财富差距不满，所以我们有理由去改变这个现状。第二，大部分人希望可以让高层阶级更多地承担一些社会义务，所以今后的措施也可以侧重于此。中国共产党第十八届中央委员会第三次全体会议指出紧紧围绕更好地保障和改善民生、促进社会公平正义深化社会体制改革，改革收入分配制度，促进共同富裕，推进社会领域的制度创新，推进基本公共服务均等会化，加快形成科学有效的社会治理体制，确保社会既充满活力又和谐有序。

这份问卷的切入点是征税标准，图 4 显示出 64% 的人对此不满，22% 的人对此表示无所谓，而这其中的 22% 大部分是低收入者，不在工资税收范围内，所以表示无所谓。所以目前大多数人都是不满征税标准的，但是原因并不明确，有待进一步探究。

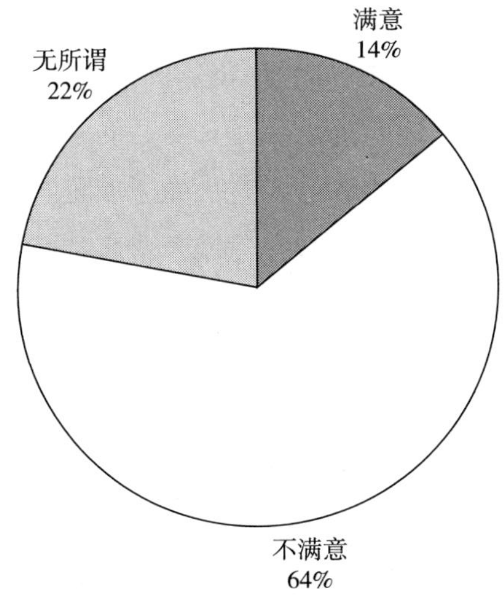


**图 4　对目前征税标准所持态度**

图 5 展示的是 81% 的人都认为自己所缴的税务与所得的社会服务不相符，12% 的人认为是相符合的，7% 的人持有无所谓的态度。目前社会上交通、医疗、教育等社会服务都还无法满足人们的需求，更有甚者怀疑自己所缴纳的税收资金流向，即政府用这部分税收资金究竟做了什么？所以从中也可以看出，税收的公开透明度十分重要。

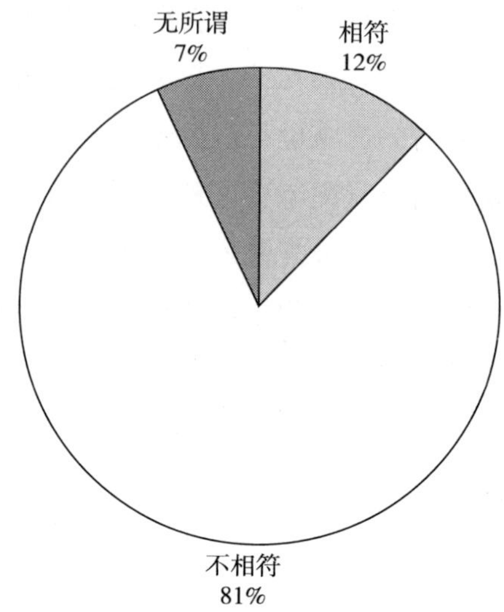


**图5　您认为自己所缴的税务与所得到的社会服务是否相符**

由图6可以得知，调查对象中的74%认为，如果社会服务到位了，也不会过多计较自己的税收了。26%的人还持有自己的态度，我们也进行了进一步的访问，被访问者表示，社会服务并不是去做了就足够了，我们还应该关注社会服务建设的是否合理，如果社会服务建设未落实在民生上，就不能达到很好的效果，人们还是想把钱把握在自己的手中，这样能够更快地满足自己的需求。

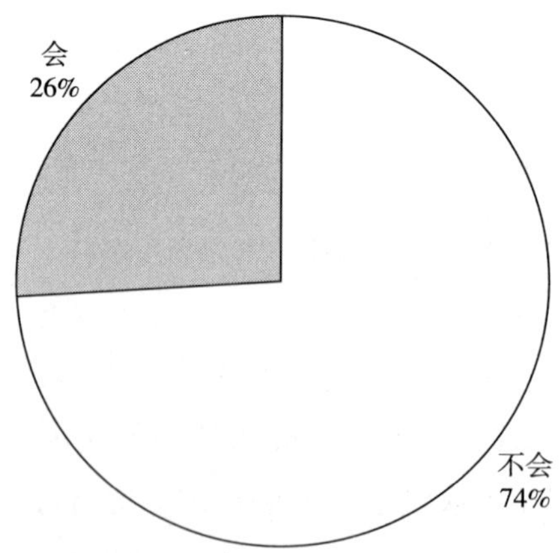


**图6　如果社会服务到位了，是否还会介意自己目前所缴的税收**

其实设计的这份问卷并不是一个创新，因为早在美国，这项调查就已经实行了，如美国以家庭为单位收税还可以申请退税等。根据这方面，图 7 显示：我们的调查对象 82% 赞同，但是 18% 不赞同，我们也进行了进一步的了解，他们表示在中国这个人口大国，如果这么做，很有可能不利于计划生育政策的坚持，所以并不是所有国外的政策都可以走入中国的“市场”，但是这不代表完全不行，我们要根据中国自己的国情进行修改，比如在这样的政策上可以加上一个限制条件，仅在独生子女家庭内实行。

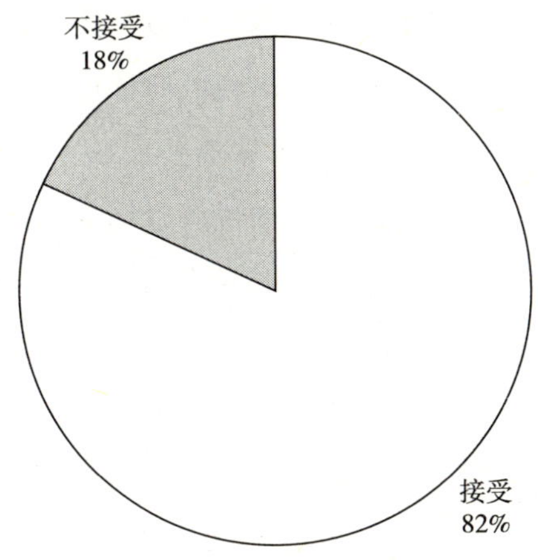


**图 7　将税收依据从工资方面转向生活方面是否能接受**

## 三　访谈分析

**1. 关于义务教育**

一位个体户反映，国家在义务教育方面的表现非常好，义务教育的年份日渐增加，但是一旦实施下来，花费的资金比起初非义务教育更多。这个个体户想反映的问题有两个，一个是国家规定模糊。义务教育和为学生减负本意是好的，但是有些人会借此为自己开课外兴趣班而采取行动，孩子们在学校里学习的内容日益被搬到了课外兴趣班里教授，这样的事情一方面达不到国家提高社会水平的目的，同时还让人们对国家出台的政策失望，这就不利于社会和谐；另一方面，国家义务教育本身是用纳税人的钱，为纳税人提供更好的教育服务，但是这样一来，纳税人的钱只会花得越来越多。所以这里我们建议应该对每次出台的政策进行细化，每一个部分都应该兼顾，并且出台前认真听取民众意见。另一个是，国家政策的落实需要法律法规的辅助，十三届三中全会通过了《中共中央关于建立社会主义市场经济体制若干问题的决定》，可以看到国家关注人民真正需求所采取的措施，该决定作为中国建立社会主义经济体制的总体规划，提出了八个方面的改革内容，其中就有收入分配和社会保障改革。

**2. 关于对公共服务的需求**

在进行社会服务访谈的时候，大多数受访者都表示希望可以在日常生活中得到纳税人应享受到的服务。更有人提出税收应该取之于民、用之于民，改善基本生活条件、医疗条件，健全公共（基础）设施，并且做到税收公开，呼应了问卷的调查，大家都希望自己所缴的税可以用来提高自己的生活质量。十八届三中全会提出财政是一个国家实现长治久安的制度保障，必须完善立法、明确事权、改革税制、稳定税负、透明预算、提高效率、建立财政制度，使中央和地方的积极性得到充分发挥，改进预算管理制度，完善税收制度，建立事权和支出责任相适应的制度。但是税收的公开透明到底要怎么样才能真正得到落实，这需要进行进一步的探究，就现阶段而言，税收的公开透明度是不够的。

**3. 关于社会保障体系**

在采访调查的过程当中，有一名教师表示应该继续扩大社会保障体系的覆盖面，他表示从户籍差别中他深深地体会到了其中的利弊。一是不断扩大基本养老保险面；二是不断完善失业保险制度；三是稳步推进基本医疗保险制度；四是逐步健全工伤生育保险。

**4. 关于工资收入**

企业工资增长机制应该得到重视和完善。一般情况下，我国私管企业的员工很多都是在一种比较“难堪”的环境中，比如说他们所处环境的物价在上涨，可是他们的工资却可以说是“闻风不动”，另外这个应该借助于《劳动法》，对关于职工获得薪酬的权利给予更好的保护，两者相辅相成，共同保护员工利益。那么员工工资的上涨也有利于“扩中”的实现。

**5. 关于对奢侈品增税**

在这次的访谈过程中，当我们向受访者问道："是否应该对奢侈品增加税收?"在受访者中有一位先生表示非常赞同这样的一种做法，在现阶段，他认为其实往往是有钱人才会经常去消费奢侈品，他们觉得奢侈品往往能够体现一个人在社会上的身份地位，所以说即使是增加了奢侈品税收，他们不会因为价格上涨而停止消费，相反他们仍然会去消费，并不会因为奢侈品增加税收，就去放弃自己的需求，因此，我们可以从侧面向富人增加税收。而另外一位阿姨却觉得不应该增加奢侈品的税收，因为如果一再增加税收的话，穷人就算想买一件奢侈品也会因为太贵而买不起，那么社会上的贫富差距也会越来越大。笔者认为，对奢侈品增加税收还是有必要的，我们可以通过增加奢侈品税收来缩小贫富差距。

**6. 关于计税主体**

有一位被调查者认为将税收依据从工资方面转向生活方面这项措施并没有想象中的那么可行，即在中国的特殊国情下是不可行的。在中国的计划生育政策下，许多普通家庭在生小孩时一般是选择只生一个小孩，那么如果真的是按孩子的数量来返还相应的税收的话，对于那些婚后只有一个孩子的中国式普通家庭来说是不公平的，而且从某种意义来说，这也是违背了计划生育这一项国家政策。因此，这个被调查者提出了要按平均人口数量来进行征税，这对于他们来说比较公平，也有利于计划生育政策的进一步落实。

**7. 关于物价**

在访谈的过程中，有人表示，在通货膨胀的今天，工资的增长速度是远远追不上物价的，虽然我们的生活水平在不断提高，但是随着物价的不断上升，手中拥有的货币与实际购买的物品却不成正比，因此，要想解决收入问题，必先稳定物价。可想而知，物价在当今社会所占的地位是无比重要的。

## 四　有关建议

**1. 稳定物价**

当物价不稳定的时候，首先受到影响的是中产阶级的人，而稳定物价是国家宏观调控的重要目标。访问中有位教师认为，“国家税务上应该补贴农业，虽然国家已经在做了，但是相对于现实社会，力度尚欠缺。当农业得到了补贴，种农作物的就等于得到了稳定”。十三届三中全会指出，全面深化的重点是经济体制改革，核心问题是处理好政府与市场的关系，让市场在资源配置中得以起决定性作用以及更好地发挥政府的作用，那么如果是从这个角度出发，国家对其他的同类商品都应该进行不同程度的补贴，充分地利用政府的“宏观调控”手段。

提高个人所得税起征点，降低工资外劳务收入的所得税率。目前个人所得税免征额为3000元，七成经济学家认为免征额设置过低，现在的个人所得税改革对收入分配的调节作用差，所以在个人所得税起征点上还是可以继续“有所作为”。此外，降低工资外劳务收入的所得税率也是一种提高收入的途径。工资外收入包括保险福利费用、劳务保护费用、未列入工资总额的各种劳动报酬、实物折款、财产性收入、转移性收入、其他收入（职工误餐补贴）。

**2. 完善法律法规**

有私营企业员工表示，作为一名私营企业员工，眼睁睁地看着物价长了，但是工资却没有什么增长，这表明国家的增长机制尚需继续完善，《劳动法》中规定的劳动者权利，比如取得劳动薪酬的权利、享有社会保险的福利权利等也需要完善，现在社会上职工的薪酬增长速度问题产生的影响跟每年多起拖欠职工薪酬的事件相比显得轻微，总之，对私营企业的监管力度应该加大。

**3. 完善基础设施**

继续完善医疗卫生条件、教育体系等。大多数人都表明自己所缴的税与所得到的社会服务不相符合，但是如果社会服务到位了，也就不会介意自己目前所缴的税金多少，那么社会服务的完善就显得重要了。如何让社会服务合理，用途公开透明，又是一个值得探讨的问题了。

**4. 税务公开透明**

在中国，大多数人都不知道自己所缴的税用到了何处，他们将自己辛辛苦苦所赚的薪酬上缴税收以期待得到好的社会服务，但是在这个过程中，太多的资金流向是普通老百姓所看不到的，所以会产生抗拒心理，这本身就不利于社会安定，有些中产阶级希望看到自己的钱用到了何处，对自己是否有利。他们将权利掌握在自己的手里，有利于社会安定，这也等于让他们觉得握在手里的钱，不只是能看到的那么一点点，而是更大的收益。

**5. 离婚税**

假离婚现象日益严重，只要房价上涨，房产税普及，就会有百万对夫妻假离婚。国家税务总局纳税服务司 2013 年 2 月 4 日表示，离婚分割房产出售所得须缴个人所得税。但只在转让房产时征收，也就是说不转让则不征收，存在税收漏洞，让逃税者有利可图。

加大执法力度，将国家政策落到实处。有个体户表示，国家家电下乡政策是好，但是到了商家的手里“味道”就不一样了，国家的本意得不到最好的收益。

高收入者偷逃税现象严重。高收入者是强势阶层，拥有很强的避税能力。高收入者为何“高逃税”？原因是高收入者除受当地政府保护外，纳税人和税收扣缴义务人员还联手偷逃税。目前，我国个人所得税税款 70% 以上是通过代扣代缴方式实现的。由于个人收入不透明、隐性化，税收机关很难掌握个人工资以外的灰色收入。而高收入者和扣缴义务人采取签订假合同、假协议、少报收入等手段，一起联手偷逃个人所得税；有的扣缴义务人故意隐瞒纳税人的收入，按虚假支付数额扣缴个人所得税；还有些扣缴义务人随意更改扣缴利率。有的地方政府对高收入单位包税或自定个人所得税政策；有的擅自提高工资薪金所得费用扣除标准，提高“起征点”；有的地方政府甚至对个人所得税先征后退。如果让高收入者个人所得税黑洞继续存在下去，就违背了个人所得税调节收入差别的初衷。因此，必须对高收入人群实施个人所得税监控，税法修订刻不容缓。第一，修订税法，提高起征点。制止地方政府对高收入者的保护，防止高收入者和扣缴人员联手偷逃税，严格规定征收起点。第二，建立个人收入调控体系，健全金融制度。中国社会的收入差距主要表现在灰色收入上。在英国、美国等国家有严格的金融体系，个人收入透明，逃税很困难，经济往来很少有现金交易，不是开支票就是通过银行转账。几乎所有的金钱往来都是置于银行监控之下。在中国，现金交易大量存在，为灰色收入大开方便之门，银行开户很容易，调查个人收入困难。第三，建立税务部门和各银行互通的网络体系。在国外，税务部门可以及时监控纳税人的收入情况，因为税务部门和各银行的网络体系是互相连通的，而我国各商业银行的网点尚未与政府部门连接，根据商业银行法，储户的存款信息还是保密的，不能公开。所以，税务部门要了解纳税人的收入情况，还存在一定的法律障碍。

房地产行业的逃税问题。房地产业偷逃税的主要手段有：第一，通过各种方式将合法收入转移或不记入营业收入。房地产开发企业通过与其他单位合作建房等方式以房换地不记收入，以商品房或门面抵工程款不记收入以及以收据收取车库、杂物房等售房款不记收入等偷逃税款。第二，通过土地评估增值虚增开发成本。建筑安装企业只要缴纳营业税及附加，在税务征收部门或发票管理部门的开票“窗口”就能开到发票，少数地方把建筑安装营业税及附加作为“引税”的重要渠道，这就为房地产开发企业偷逃企业所得税开了方便之门。例如，房地产开发商支付3.3%的营业税及附加就可以轻松偷逃25%的企业所得税。第三通过建筑安装公司、销售公司等关联企业进行偷逃税款。房地产开发企业在向集团化发展的新战略转移过程出现了新的偷逃税手段。第四，通过人为造成账务核算混乱进行偷逃税款。房地产开发公司将几个开发项目不易区分的成本混在一起，设置一个“共同费用”账户结转经营成本，并且根据收入情况利用“共同费用”账户随意调整达到其调减利润偷逃税款的目的。第五，利用“预提费用”账户虚增成本偷逃税款。我们要防范和治理房地产业偷逃税情况，首先要改革和完善房地产税制从源头上堵住房地产企业的偷逃税漏洞，税务部门应加强对房地产开发过程的监控，特别是加大对房地产开发工程的成本审核和票据的审核管理力度，同时，增加建筑安装企业工程成本的真实性和准确性，尽量防止利用假合同、假信息虚增成本的现象产生，从征管环节阻止税收流失。其次，为从根本上堵住税收流失的漏洞，房地产行业要建立良好的纳税秩序，地税部门除了应对各环节加强监控外，还应加大对偷逃税款行为的查处力度及惩处力度。对大案要案按照法律程序移送司法机关处置，对法人代表和财务人员追究其法律责任。完备的法律体系是保证国家正常运行的必要条件。目前，房地产行业已经成为拉动经济发展的重要力量和新的税源增长点。所以必须积极采取措施来防止房地产行业的逃税问题，加强宏观调控完善法律体系，扩大社会保障体系的覆盖面。

税收创新。从美国税法看，美国个人所得税可以扣除很多东西，年底有一次总算法，多缴的会退还给纳税人。退休的时候，国家每个月会给纳税者不少钱养老，这些钱可能比纳税人缴的税要多得多。并且，美国的税率是按照家庭来算的，美国个人所得税有单身申报、夫妻联合申报、丧偶家庭申报、夫妻单独申报及户主申报5种申报状态。如果你的收入要供孩子上学，要孝敬父母，那么就会考虑按多少人靠你的收入生活来算税。这样下来，你的税是很低的。打个比方，你一年挣12万元，这些钱如果都花在了扶养老人和抚育孩子上了，那么，有关部门就可以按不同标准，将部分所得税退还给你。再如在美国，若超过65岁或双目失明的已婚纳税人，可再增加年扣额950美元或1900美元；若超过65岁或双目失明的未婚纳税人，则可增加年扣除额1200美元或2400美元。总之，美国的税收更为人性化，以家庭为单位，有利于社会和谐，而中国的国情十分的复杂，现在只能根据这一制度针对中国的国情展开研究，可以据此提出诸多意见，对中国的现状进行改革，等中国有了建立这一制度的“沃土”，就可以进行“移植”。

## 参考文献

《十八届三中全会公报（全文）》，http：//wenku. baidu. com/link？url = - MnsJZBrqJOkZfGzqvzQB1ye43PKf7bTrZLMgNXd9 _ pprUmjrGXmWk0qmtM1KU3U06z26VFwU _ 0q5vBoJqSELB7p94MiZT5jyj4Aj_ BQqMi，2013。

顾瑞珍：《提高个人所得税起征点，有助于缩小贫富差距》，《新华每日》，http：//news. xinhuanet. com/mrdx/2005 - 03/07/content_ 2668558. htm，2005。

网易财经：《百名经济学家个人所得税改革大调查》，http：//money. 163. com/special/pitax_ 2011_ 100/，2011。

范琪：《房地产企业偷逃税问题及治理对策》，http：//www. chinaacc. com/new/287_ 292_ 201104/13wa184129691. shtml，2011。

# B.7

# 深圳公交的困境与出路

施佑生*

**摘 要：**

公交是伴随着近代城市发展起来的基础性产业，是现代城市的重要基础设施之一。深圳公交多年来按既往的运行模式经营，目前已遇到了发展的巨大瓶颈和困境，解决深圳公交当前的困境必须坚持两个原则，即市场化和企业化经营，票价要逐步实现市场化，最终取消补贴，企业要恢复经营的功能，减少和规范政府对企业经营活动的干预。

**关键词：**

深圳公交　困境　改革　出路

深圳公交，主要是深圳城市地面公交，自2008年起，政府实行了低票价和财政全额补贴的政策，到2012年，累计补贴已达到近百亿元。这个政策在促进公交的运营规模急剧扩大以后，已经出现了财政补贴难以为继的窘况。与此同时，公交运营机构的企业属性严重弱化，运营机制远离市场，形成了较低的运营效率和较大的资源浪费。深圳公交的管理运营机制亟待进一步改革。

## 一 理论认识上的误区

公交是伴随着近代城市发展起来的基础性产业，是现代城市的重要基础设施之一。城市是商品经济的产物，城市公交从出现起基本就是采取商业化运作

---

* 施佑生，深圳市公交集团监事会主席。

和管理的模式。在我国，即使在计划经济年代，社会普遍实行配给制和补贴制时，也没有对公交实行财政全额补贴，还是以企业的方式经营管理的，公交票价一直是全成本核算，企业有稳定的利润。在物质财富匮乏、社会普遍贫穷的年代，实行无财政补贴且有盈利的城市公交运营管理模式，并没有引起民生的困境和社会的矛盾，也没有出现需要政府给予救济、补助或管制的现象。

可是2008年前后，在我国经济经历了30年的改革开放，社会主义市场经济体制基本建立，社会财富大幅增加，城市民众收入水平基本达到小康标准时，一些城市的管理者却出现了一个错误的认识，把公交视作公益事业、民生事业，以改革的名义采取去市场化的措施，对公交实行低票价和财政全额补贴的政策。但是同样是对人员的运输，铁路、民航、船运和长途汽车为什么就不被定位为公益事业，就不被给予巨额的财政补贴？如果说公交涉及民生，那么市民的住房、穿衣和食品哪一项不涉及民生？有的可能比公交更重要。那些产业为什么都能够市场化，唯独公交就不能？显然，把公交定位为公益事业，然后实行财政全额补贴完全就是一个错误的认识！理由根本就不能成立。

城市公交涉及市民日常工作和生活，确实具有一定的公益性，主要是对那些特殊群体，如老人和残疾人士，或一些长期需要社会资助或救助的人士，给予适当的票价减免的优待，但不能因此把整个行业定位为公益性行业，对所有的乘客都实行补贴或救助。即使对那些特定对象的优待，也完全可以做到货币化并实行定量定人，根本无须采取对运营企业给予补贴的方式，“建糊涂账，吃大锅饭”。现代城市中的公交系统是社会的生产要素之一，根据统计数据，乘坐公交的群体主要是城市中各行各业的通勤人员，这些人都是生产者和劳动者，是创造财富的群体。按照商品经济的理论，生产者在劳动过程中，上下班乘坐交通工具的费用属于劳动力再生产费用，是劳动力价值的组成部分，雇主应该给予具有社会平均数的全额支付，这种给付可以计入其生产产品和服务的成本中，由消费者承担。如果雇主在工资中支付了相当于社会平均数的足额交通费用，可以鼓励劳动者在住家附近选择工作单位，或在工作单位附近选择住所，节省下来的交通费则可用于其他必需的消费，这样就会大大减少城市人口的不经济流动，使社会资源得到高效与节约的配置，商品的消费结构、价格结构和社会的分配制度也才能公平合理。如果雇主不足额给付劳动者乘坐交通工具的费用，而是由政府对市民乘坐公交实行全额补贴，包括其他类型的对劳动力价值给付不足的补贴，实质上是把公众的纳税转移补贴给了城市中千千万万的企事业单位的雇主，让他们具有了无须给够给足雇员们工资的空间，也形成了他们的利润来源之一，这正是30多年来许多城市劳动者工资水平始终不能与经济发展同步，甚至形成两极分化的原因之一。

理论认识上的误区会产生改革方向性的错误，所造成的损失不可弥补，难以挽回。

## 二 “成本规制”的困惑

2008年，深圳市对三家公交运营企业实行成本规制。基本的内容是：以三家公交企业2005年至2007年三年千车公里运营成本的平均数确定成本规制核算票价的基数，实际的票价低于这个基数的差额，由财政资金全额给予补助。同时对原平均约2.5元/人次的票价减为2元/人次。规制成本主要包括工资、油耗、修理费和经营管理费。三年的平均数可以在5%上下浮动，浮动限额内的成本由财政全额买单；超过浮动上限的成本企业自己消化，财政不予补贴；低于浮动下限5%的成本财政则按下限补足。同时财政按基数内的实际成本总额乘以6%给企业利润回报，实际上就是成本加利润减去当期营业收入以后的亏损由财政全额承担。

对这个规制，困惑之一是为什么政府对这个行业特别地关照，给这个行业中所有的企业6%的统一标准的成本利润率。现代社会经营城市公交的门槛越来越低，技术含量并不高，投资规模不需要多大，运营管理也没有特殊的难度。作为城市的一项重要公用事业，如果完全放开让具有经营能力和条件的企业都来经营公交的确不行，会形成恶性竞争造成社会资源配置的浪费，损害社会和公众的利益。但是完全垄断的公交经营也是不行的，会造成不公平的经营环境、低效率的运营效果和官僚化的服务质量，以及投资者的不当得利，对社会和市民福利的损害更大。公交这个行业的独特性在于：需要有适度的竞争和政府对它的有限制的和规范化的监管。

由于公交的这个独特性，产生了针对公交企业的特许经营的制度，即由政府提出公交服务的质量要求和价格，企业通过承诺服务质量竞争取得一定期限内的公交经营权，这个经营权可以是一个城市的，也可以是一个社区的，或者是一条线路的。企业经营达到了所承诺的服务条件以后，政府可以允许企业按不低于同期银行利率的资本利润率标准确定公交服务的票价，这就是公交企业特许经营权的主要内容。这里需要注意的是：第一，特许规定的资本利润率是最低标准的利润率，仅仅具有对公交企业经营考核和定价的作用。当价格确定以后如果企业在经营过程中通过提高效率和增收节支，或者所服务的乘客总量意外地超过预期，其所获得的实际利润率都是可以高于特许经营规定的资本利润率的。相反，如果企业经营管理不善，或者乘客总量意外地下降，其实际的所得可能远远低于特许经营的资本利润率，甚至发生亏损。尽管有特许经营资本利润率的规定，企业经营中的盈亏还是自行承担的，政府不可能给予保底，市民和消费者也不会为此买单。这样的特许经营才能既约束企业行为，又保障企业利益，才能是市场化基础上的特许经营，公平而且有效。第二，特许经营规定的利润率确定的基数是以投资者的所有者权益为标准的，是资本利润率，或者是净资产利润率，而不是成本利润率，这才是符合市场经济规律的公平公道的政策规定。因为企业经营是有代价的，需要投足资本金。只要达到政府提出的服务质量和要求，资本就应该获得不低于银行利率标准的投资回报，如果经营管理得好还可以获得更高的利润，这才是符合市场经济规律的特许经营。如果我们的特许经营走样了，一是假如企业经营管理水平与利润脱节，只要是按规定限额支出了成本，就一定有6%的投资回报，由政府给，几乎是旱涝保收，而且是按支出的成本来计算利润率的，成本越大利润的绝对额越多，这是鼓励企业扩大成本，鼓励企业做无本的生意。只要银行的利息率低于6%，企业就可以通过借贷的方式投入运营资金获得增量收益，无须追加资本金，经营规模就可以无限制地扩大。如果企业经营控制得好，成本降低了，获得的绝对利润额反而会降低。在这样的政策的引导下企业无疑会选择把成本规制的限额用够用足，这样企业的利益才会最大化。二是在这个规制下，即便企业经营管理得好，实际的投资利润率高于6%，也只能取得6%的利润率，不能得到更高的投资回报。

困惑之二是市场经济下企业的经营成本能不能由政府通过规制的方式来确定。成本是价值规律的核心内容，是企业经营中需要管控的一个重要指标。同样的企业，往往因为成本控制的不同会有迥然不同的经营结果。成本是企业经营和有效管理的重要手段，不同企业利用相同的成本往往可以做出不同的业绩，同样的成本在不同的时间，以不同的方式或在不同的地点支出，经营的结果可能也完全不同，怎样支出才能实现价值的最大化和最优化只有企业家们自己知道。成本的支出如果受到政府的规制，企业经营的效率和效果都会受到影响，有时可能还会造成较大的损失。成本还是一个不断变动的概念，一个是总体成本的不断变动，另一个是成本结构的变动，这都需要有经营能力的企业家根据市场的变化在经营过程中动态化地进行控制和调节，否则企业会失去机会和竞争力。成本的这些特点决定了一切商品和服务的成本只能由企业自己根据市场来确定，任何由外部帮助企业决定成本的做法都会使企业丧失经营的能动性，失去在市场中的竞争能力。

我国长期实行的计划经济体制之所以不成功，一个重要的原因就是由国家控制和决定企业的生产成本，一厢情愿地以为企业会严格地按照政府的计划意图组织生产和经营活动，结果把企业变成了一个执行单位和行政单位，造成了“吃大锅饭”，低效率和严重的资源配置浪费的现象。如果企业的成本政府可以进行规制，计划经济早就成功了，哪里还需要进行改革？一个不能自主决定自己生产成本的企业，经营的功能基本就废掉了，根本不能称为企业，也不可能成为市场经济的主体。所以经济体制改革的核心，就是要让企业成为市场的主体，能够自主决策、自主经营和自负盈亏。企业的成本只能由企业自己来控制和调整，承担盈亏责任的界限才能明确。对一些需要适当垄断或可能出现垄断经营的，但产品或服务又因涉及民生，价格需要适当限制的企业，政府和消费者可以依法进行成本和价格的听证，把不合理的成本剔除掉，让价格定得没有“水分”，补贴补得透明合理，限制企业不当得利，这才是正确的思路和做法，而不能采取规制的办法把成本全部由政府或消费者包揽下来。当然，在资产委托经营管理的体制下，特别是公交企业多数还是国有或国有控股的体制下，企业的经营者们并不会自觉地严格管控自己的成本，做假账、虚增成本或虚报盈亏的现象可能会发生，这正是私有制企业、民营企业和股份制企业比国有制企业管控得更好的重要原因。解决国有企业的这个问题我们只能通过股份制改造，建立现代企业法人制度，加强企业的财务审计等方式，形成多元的所有制结构和管控结构，从内部对经营者的行为进行监控和约束，而不能回到计划经济的思维上，从外部来帮助企业决策。

## 三 “成本规制”的后果

成本规制，使得公交企业的改革出现了方向上的错误，带来了一系列的后果。

一是财政补贴规模不断扩大，财政难以为继和不可持续。2008 年以前，深圳的公交票价平均 2.5 元/人次，政府没有任何补贴，企业经营有稳定的利润。2008 年政府实行成本规制，把票价降低到 2 元人次，当年财政的各项相关补贴就达到了 10.34 亿元，此后每年补贴不断上升，到 2012 年，财政补贴已超过 50 亿元，而且补贴规模还有继续增加之势。尽管深圳的财政比较富裕，但也已经难以为继。除了成本规制，政府对公交补贴的项目也开始增多，有油补、老年人乘车免费补、中小学学生半价补、深圳通刷卡优惠补等，合计每年政府要对三家公交企业补贴数十亿元。补贴高速增长和政府拨款程序的限制，使得补贴资金往往不能及时到位，经常发生拨付延期和拖欠现象。

二是企业经营规模不断扩大，经营风险开始增大。以巴士集团为例，2008 年以前巴士集团经营的公交车辆有 2000 多辆，到 2012 年规模扩大一倍以上，各种车辆达到 5813 辆，同期巴士集团的资本金却没有增加，维持在改制时的 10 亿元左右。由于每年有稳定的分红，规制时的利润几乎全部被分光，公司资本金中的股东权益几乎没有增加，同期银行的贷款却高速增长，负债率从 2008 年的 30% 左右增长到 2012 年的近 68%，几乎完全依靠贷款来扩大经营规模，融资成本的增加已成为企业的一项重要负担。

由于经营规模扩大，企业资金周转出现困难，日常的现金流几乎全部依赖财政补贴的预付款。企业经常因财政预拨款不能及时到位而拖欠油料商和其他供应商的货款。

三是企业运营机制僵化，几乎丧失了经营的功能。日常经营中多注重程序，不讲究效率。规制确定的千车公里消耗指标几乎都达到最高限制，规制中节约分成和奖励的规定形同虚设。企业没有增收节支的动力和权利，使得规模增大营业收入却不能同比例增长甚至有下降的趋势。企业把这个现象的原因归结为地铁的分流，而不是从内部查找原因和对策。僵化的成本规制结构和预算管理制度使得企业无法适应成本变动，由此导致一线员工工资水平长期低于行业和社会平均标准，且多年得不到合理调整已经引起了员工情绪的严重不满，影响了运营的质量和效率，也增大了员工的离心力和流失率，加大了企业管理的难度。

四是公交运营的效率逐年降低，资源浪费严重。公交规模扩大的后面隐藏着极大的资源浪费。车辆 8 年强制报废制度和过度的车容车貌要求，加大了企业的运营成本；超需求的平均 500 米站点覆盖率和一些需求不足甚至几乎无需求的线路设置，造成运营车辆过高的空驶率，资源浪费严重。有些线路单车一年的收入仅 5000 元左右，有的甚至低于 2000 元，而单车的运营成本一年则需要数十万元到三十多万元不等，这怎么能不造成严重的亏损？统一的低票价既不能约束不必要的公交出行，也不能起到调节和分流乘客的作用；车辆的空驶现象严重，载客率严重偏低。以深圳巴士集团 2012 年的数据为例，该集团经营市区内 324 条公交线路，年营运总里程 5.08 亿公里，日均行驶里程 139 万公里；年客运量 8.97 亿人次，日均客流 245 万人次；按 5813 辆车公交车计算，每车日均载客 421 人次，每条线路用车 18 台，每台车日均行驶里程 239.42 公里，按每条线路长约 20 公里计算，每车每天大约运营 12 趟次。每趟每车载客 35 人次，以 12 米客车额定载客 80 人计算载客率约 43%。根据公交运营的特点，我们假设 5813 辆车是按每天客流高峰期总量的需求配置的，那么扣除每车每天两次高峰满载，每车平峰的载客人数则下降到车均 26 人，载客率已降低为 32%，如果算上每条线路车辆中间下车和中途上车的客流，载客率可能更低。

与载客率相对的就是空载率，深圳巴士空驶率至少为 50%，非繁忙时段可能要达到 70% 以上。高峰期外大量的空车在路面行驶，消耗着宝贵的能源，制造着二氧化碳。

管理机制的僵化还造成了企业对线路优化和调整的困难。以 613 路公交为例，由于是支线小型车，一元一人次的票价和从石厦南经新洲路直达梅林一村总站的线路，载客率非常高，高峰期乘客经常坐不上车，低峰时段也非常拥挤。同样的起始地线路，还有一个390路和44路，均为大型车辆，2元人次的价格，但因为中间走的是S型的绕路，乘客非常少。如果把390路和613路对调，既可满足直行线上乘客的需求，也可解决绕行线上载客不足的运力浪费，估计至少可以节省一半以上的成本。这个想法笔者提过多次，但就是得不到解决，据说原因是公司无权擅自调整线路和运力。可见巴士集团的企业经营功能已经基本丧失。

## 四　出路与对策

针对深圳公交的困境，不同政府部门委托的专家机构给出了不同的解决方案。财政系统专家的方案，是建议把政府的补贴从间接补助改为直接补助，由财政直接补助到乘车的市民，并对深圳通刷卡实行实名制，以防运营企业冒领财政补贴。这个方案可能会改善市民对财政补贴的感受，让市民直接感受到政府的关爱，也可以促进企业增加营业收入，改善政府补贴不透明的问题。但是，这个建议没有解决财政补贴不合理和不可持续的问题。纳税人的资金为什么要对本来应该由市场承担的公交车成本给予补助，是因为政府钱多还是因为市民贫困？如果是政府钱多，补贴能否长期坚持，能坚持多久？倒不如学习香港、澳门，把多余的财政资金直接发给市民作为福利补贴，让市民自己选择是乘坐公交还是购买其他的生活必需品，这样资金的使用效益和效果可能更好，也更加公平。如果市民因贫困坐不起公交，那么2008年前的市民人均可支配收入并没有现在多，那时票价没有降低市民都能坐得起公交，怎么现在就坐不起了？财政资金对公交的补贴最终会补贴到谁的口袋？这些基本的疑问，方案都没有给予回答。如果补贴是为了发展公交，解决拥堵和过度的燃油引起的二氧化碳排放，那就更不以为然了。不管是哪种出行必须是有效出行，非有效出行政府不应该鼓励，否则拥堵和排放一点也不能减缓。实行有补贴的低票价却恰恰鼓励了市民的无效出行或无必要的出行，对谁都没有好处。况且财政的补贴方案并没有解决巨额资金补贴难以为继的问题，以现行数据测算，每人次财政补贴1元至1.5元，每年20亿人次的公交客流，财政还是要支出20亿到30亿元的资金，仍然是一笔庞大的开支。

交通主管部门也委托专家给出了解决困境的方案。这个方案提出改变现行的成本规制补贴方式，直接按每台车运营千公里的标准实行补贴。这个方案也没有解决补贴的不可持续和巨额的资源浪费问题，只能加大对企业考评和监管的难度，加大管理的成本。

解决深圳公交目前的困境必须坚持两个原则，即市场化方向的原则和企业化经营的原则，票价要逐步实现市场化，最终取消补贴，企业要恢复经营的功能，减少和规范政府对企业经营活动的干预。改革要实现三个目标，而且要快，不能久议不决，更不能再出现改革的方向性错误。三个目标：一是要实现对公交的补贴不能无限制地增长，要尽快封顶“止血”，再逐步地减少财政补贴，直到完全取消财政补贴，实现公交经营的市场化。二是不能因改革降低公交的服务质量和服务水平，如果因补贴减少引起公交线路和班次，让市民感到乘坐公交不方便了，会导致社会的不满，增加改革的难度。在目前公交资源过度浪费的情况下，贸然取消成本规制，减少财政补贴，可能还会引起企业大量减员增效，带来一系列新的问题。票价的市场化也需要有一段过渡期，虽然深圳市民的平均收入水平具有恢复市场价的承受力，但公交受益群体的底层化和普遍化，要求政府必须注重改变机制引起的社会感受，不能引起民怨民愤。三是实现和恢复公交企业经营功能的目标，通过改革从企业内部创造增收节支的动力，引导和发挥企业在成本控制和调解中的主导作用和积极作用，引导和发挥企业在线路优化和运营效率提高中的主动性和积极性，减少政府对公交经营活动的不适当干预，增强企业的活力和竞争力。

为实现这三个目标，本文提出如下建议。

（1）立即取消成本规章制度，以2012年成本规制的补贴总额为基数，实行补贴总额封顶包干的模式，每年逐步降低补贴额，争取三到五年完全取消财政补贴，恢复公交的市场票价。

（2）对公交运营成本实行听证制度，由财政财务专家、交通主管单位和市民组成公交成本听证委员会，每年进行一次公交票价听证，对企业报送的上年度经营成本实行社会监督和审核，并以此确定公交企业的市场票价，过渡期内政府只对市场票价和实际票价的差额部分实行补贴，按企业实际运营的公里数、载客量动态地给予结算，防止企业降低服务质量，减少运营里程，或大规模裁员增效，避免不当得利。

（3）成立国有公交管理总公司，由这个平台公司统一持有三家公交企业的国有股权，这个平台公司的职能是：考核公交企业的服务质量和效率，规划和调整公交线路，管理和建设属于政府的公交场站，建设统一的智能调度监控中心，实现全市统一的公交智能调度和考核，提高资源的整体利用效率。过渡期中封顶后的财政补贴统一由这个总公司根据对企业的考核情况实行分配，可以利用电子信息技术手段监控每台车的运营情况，减少空驶率和资源浪费。取消财政补贴后总公司的运营成本则在国有股权和场站的收益中列支，整体上实现公交企业的微利或无利运营。

（4）条件成熟时适当放开公交市场，对长期不能降低运营成本、不能改善服务质量的现有公交企业或公交线路，实行淘汰和重新招标制度，适当引进竞争机制，促使企业改善和提高公交经营和管理的水平。

# 宏观经济篇

Macro-economy Reports

## B.8

## 2013 年深圳市消费品市场运行特点与走势预测

杨新洪*

**摘　要：**

2013 年，在国内外经济复杂多变的环境中，深圳市消费品保持平稳增长，增速较 2013 年有所下滑，增速低于全国和广东省平均水平，其中各专业市场的大个体户经营发展依然是推动深圳市经济增长的主要力量之一。比较分析深圳市主要消费品及专业市场的运行情况，积极预测 2014 年深圳的基本走势，才能为动态调整相关产业政策提供研判依据。

**关键词：**

消费品市场　运行特点　走势预判

* 杨新洪，深圳市统计局高级统计师。

## 一 2013 年深圳市消费品市场运行情况和主要特点

2013 年，深圳市消费品市场面对复杂多变的国内外市场的挑战，平稳实现了两位数的增长。全年社会消费品零售总额达到 4433.59 亿元，同比增长 10.6%。

纵观其全年运行情况，主要特点有以下几个。

### （一）运行总体平稳，全年呈前低后高的走向

2013 年 1 月，由于春节节日因素的影响，增速较高；2 月，由于节后消费市场的降温，增速滑落至全年的最低点 7.9%；从 3 月到 5 月，消费市场始终保持不温不火的运行状态，增速在底部徘徊；从 6 月开始，市场开始发力进入反弹趋势，增速逐月回升，到 11 月实现了两位数的增长，并最终在 12 月出现全年的次高增速 10.6%。全年 12 个月零售总额都在 300 亿元以上，而进入第四季度总量开始扩大，10 月、11 月、12 月的零售总额均突破 400 亿元。具体走势如图 1 所示。

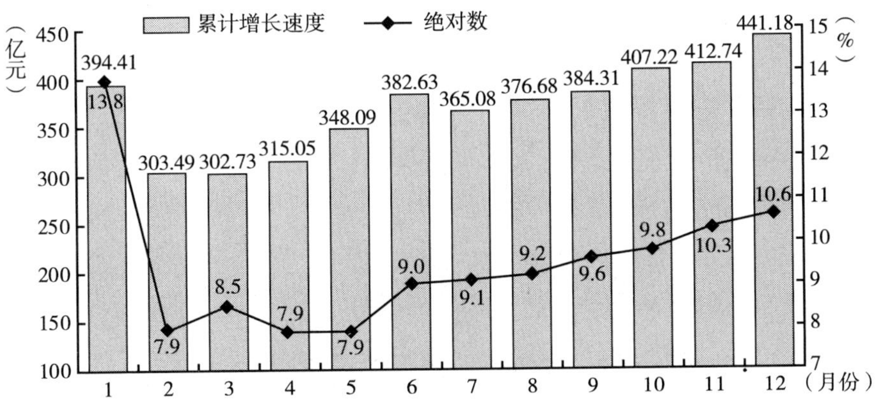


图 1　2013 年深圳市社会消费品零售总额分月走势

### （二）批发零售业零售额增长较快，住宿业零售额出现下降

2013 年，深圳市批发业和零售业分别完成 800.0 亿元和 3154.54 亿元，同

比增速分别为 11.7% 和 10.7%，均高于全市社会消费品零售总额的增速。批发业和零售业合计占社会消费品零售总额的比重为 89.2%，同比上升 1.2 个百分点。而住宿业则延续去年下降的趋势，全年完成零售额 34.71 亿元，同比下降 5.5%，下降幅度比上年高 3.5 个百分点。餐饮业完成零售额 444.35 亿元，同比增长 9.3%，略低于全市社会消费品零售总额的增速。具体社会消费品零售总额分行业增长及构成见表 1 和图 2。

**表 1　具体社会消费品零售总额分行业增长及构成表**

单位：%

| 行业 | 增长 | 所占比重 | 行业 | 增长 | 所占比重 |
|---|---|---|---|---|---|
| 批发业 | 11.7 | 18.0 | 餐饮业 | 9.3 | 10.0 |
| 零售业 | 10.7 | 71.2 | 合　计 | 10.6 | 100 |
| 住宿业 | -5.5 | 0.8 | | | |

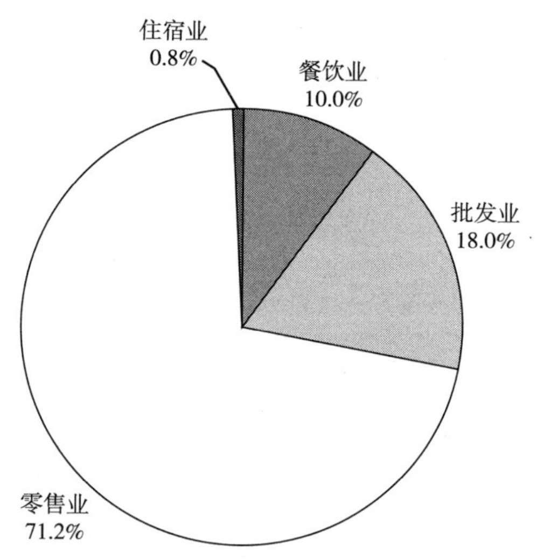


**图 2　具体社会消费品零售总额分行业增长及构成**

### （三）限额以上消费品单位（含企业和“大个体”）所占份额继续上升，结构进一步优化

近年来，由于全国统计制度的变化，各地专业市场“大个体”纳入限额以上调查统计对象，使得深圳市限额以上消费品单位的整体规模不断扩大。

2013年，深圳市限额以上单位共完成零售额3424.28亿元，增长11.2%，占社会消费品零售总额的77.2%，所占比重比上年同期大幅提高9个百分点。限额以下消费品单位共完成零售额1009.31亿元，同比增长10.1%，占社会消费品零售总额的22.8%。具体见图3。

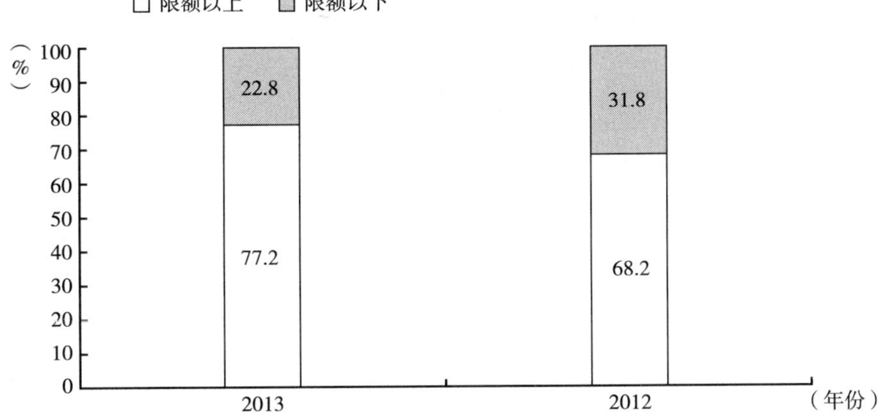


**图3　2012年和2013年限额以上、限额以下单位零售额所占比重**

## （四）分区域来看，中心区“商贸老大”的地位日益稳固，光明、坪山新区增长最为迅猛

作为深圳市的行政、经济和商务中心的福田区，限额以上批发和零售业企业最多，发展最快，所占的市场份额也最大。2013年全年，福田区社会消费品零售总额达1392.91亿元，占全市的比重为31.4%，在全省21个地级市中排名第五，其商贸强区的地位可见一斑；而光明、坪山两个新区活力最足，势头最猛，增速分别比全市平均增速高12个和7.4个百分点（见表2）。

## （五）保值消费成为消费亮点，汽车与基本生活类消费品出现恢复性增长

国际经济前景的不明朗加大了输入性通胀的预期，加上国内股票市场长期低迷、房地产限购，推动黄金、珠宝等保值增值类商品受到市场追捧。2013年金银珠宝类商品实现零售额80.57亿元，增长33.1%，增幅在25类商品中

**表 2　2013 年社会消费品零售总额分区数据**

单位：亿元，%

| 项　目 | 社消零总额 | 同比增长 | 占全市比重 |
|---|---|---|---|
| 罗湖区 | 924.4 | 10.7 | 20.8 |
| 福田区 | 1392.9 | 9.5 | 31.4 |
| 南山区 | 593.8 | 9.5 | 13.4 |
| 宝安区 | 903.5 | 12.0 | 20.4 |
| 其中：新宝安区 | 614.1 | 11.2 | 13.9 |
| 光明新区 | 86.6 | 22.6 | 2.0 |
| 龙华新区 | 202.9 | 10.6 | 4.6 |
| 龙岗区 | 565.7 | 12.1 | 12.8 |
| 其中：新龙岗区 | 475.5 | 11.6 | 10.7 |
| 坪山新区 | 54.2 | 18.0 | 1.2 |
| 大鹏新区 | 36.0 | 10.5 | 0.8 |
| 盐田区 | 53.3 | 10.0 | 1.2 |
| 全市合计 | 4433.6 | 10.6 | 100.0 |

排名第二。从 2012 年开始受“钓鱼岛事件”影响，日系车零售额大幅下降，全年拖累汽车零售整体下降 5.1%。2013 年以来，汽车销量逐月恢复，加上国内其他大中城市限购的影响，市民买车热情高涨。全年汽车类零售额 595.64 亿元，增长 17.3%，占社会消费品零售总额的比重达到 13.4%，举足轻重。

相比较而言，深圳市 2013 年常住人口达 1062 万人，其基本生活类消费则成为消费增长的稳定动力。2013 年，“食”类商品实现零售额 295.27 亿元，比上年增长 11.8%；“衣”类实现零售额 419.01 亿元，增长 18.9%；“衣”“食”类零售合计占社会消费品零售总额的 16.1%。可见，居民花在与生活密切相关的“衣”“食”类商品的刚性消费对整个消费市场的支撑作用依然较强，对消费市场的平稳发展起到了积极促进作用。

## 二　主要消费品中各专业市场的“大个体”数量稳步增长

2013 年，深圳市继续稳步推进“协会 + 大个体”统计调查，各专业市场

“大个体”数量稳步增长，全年纳入限额以上全市统计的“大个体”共3635家，同比增长45.8%，比全市限额以上企业法人多1035家，“大个体”在深圳市商贸经济增长中继续发挥重要作用。

### （一）各专业市场“大个体”的总体分布状况

2013年，深圳市共有17个行业协会（统计事务所）参与“大个体”的统计调查，其中批发和零售业有16个，餐饮业有1个。

从商品销售额增速看：深圳市保健业协会新增276家“大个体”，其商品销售额同比增长107.2%，为各协会最高；深圳市电子商会同比增长71.3%为次之；深圳市手机协会同比增长35.3%，位居第三；其他各行业协会增速均低于30%，而深圳市茶叶协会同比增长9.6%，为最低增速，但因其商品销售额总量较低，对全市商品销售额的影响微乎其微。

从商品零售额增速看：深圳市皮革协会同比增长97.6%，为最高增速；深圳市电子商会同比增长73.3%，为次之；深圳市钟表协会同比增长57.1%，位居第三；其他各行业协会增速均低于31%，其中深圳市电子行业协会同比增长7.1%，为最低增速，又因其零售额总量较大，全年152.7亿元，对全市社消零影响较大。

深圳市各行业协会统计调查“大个体”商品销售额和零售额可见表3。

**表3　2013年深圳市各行业协“大个体”商品销售额和零售额情况**

单位：亿元，%

| 单位名称 | 商品销售额 | 零售额 | 增速 | |
|---|---|---|---|---|
| | | | 商品销售额 | 零售额 |
| 保健协会 | 357.44 | 0.00 | 107.2 | — |
| 食品协会 | 76.60 | 11.91 | — | — |
| 大芬美术产业协会 | 104.61 | 104.61 | 26.9 | 26.9 |
| 电子商会 | 2000.50 | 79.34 | 71.3 | 73.3 |
| 电子行业协会 | 2210.49 | 152.71 | 15.2 | 7.1 |
| 茶叶协会 | 21.01 | 12.80 | 9.6 | 11.6 |
| 饭店业协会 | 178.95 | 0.00 | 24.1 | — |
| 索迪统计事务所 | 131.25 | 32.49 | 15.4 | 20.8 |
| 服务贸易协会 | 164.24 | 164.24 | 15.4 | 15.4 |

续表

| 单位名称 | 商品销售额 | 零售额 | 增速 | |
|---|---|---|---|---|
| | | | 商品销售额 | 零售额 |
| 精髓统计事务所 | 82.55 | 81.95 | 23.2 | 23.2 |
| 皮革协会 | 245.38 | 33.79 | 21.6 | 97.6 |
| 三联水晶玉石产业协会 | 25.00 | 24.83 | 22.8 | 22.0 |
| 手机协会 | 1495.58 | 204.42 | 35.3 | 9.1 |
| 水贝黄金珠宝协会 | 303.94 | 15.67 | 24.3 | 20.6 |
| 纬度统计事务所 | 44.16 | 13.77 | 28.2 | 24.6 |
| 钟表协会 | 195.06 | 25.19 | 26.2 | 57.1 |

## （二）各专业市场运行的主要特点

从整体数量看：2013 年全市共有 3635 家“大个体”纳入限额以上统计，其中批发业 1905 家、零售业 1425 家、餐饮业 305 家。具体分布见图 4。

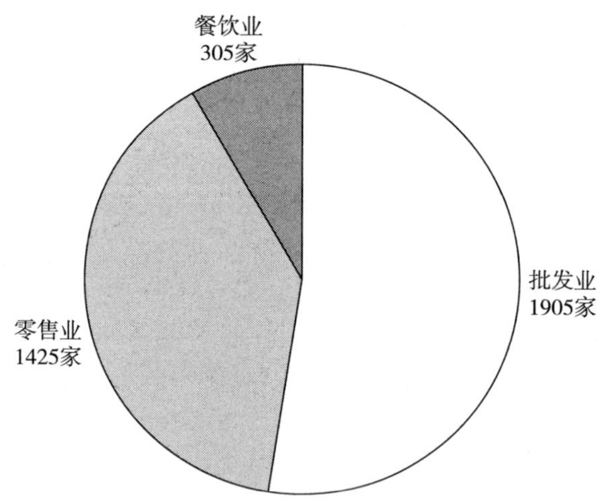


**图 4　2013 年专业市场“大个体”数量分布**

从社会消费品零售总额看：2013 年“大个体”实现总额 1163.77 亿元，同比增长 18.0%，高出全市社会消费品零售总额增速 7.4 个百分点，占全市社会消费品零售总额的比重为 26.2%。其中批发和零售业 979.04 亿元，同比增长 17.4%；餐饮业 184.73 亿元，同比增长 21.1%。

从商品销售额看：2013 年“大个体”实现商品销售 7492.45 亿元，同比增长 36.9%，高出全市商品销售额增速 13.7 个百分点，占全市商品销售额比重为 38.6%。其中批发业实现商品销售额 6591.90 亿元，同比增长 36.8%；零售业实现商品销售额 900.55 亿元，同比增长 37.2%。

从贡献率看：2013 年“大个体”批发和零售业现实社会消费品零售总额纯增量 144.96 亿元，对全市社会消费品零售总额的贡献率为 34.1%；现实商品销售额纯增量 2019.05 亿元，对全市商品销售额的贡献率高达 55.36%；餐饮业实现营业额纯增量 33.60 亿元，对全市餐饮业营业额的贡献率高达 71.1%。

从作用地位看：华强北电子专业市场“大个体”规模占主导地位。2013 年深圳市电子行业协会、电子商会、手机协会共有 352 家“大个体”的在华强北电子专业市场，从事电子元器件、电脑和配件及手机批发业务，共实现商品销售额 5706.57 亿元，同比增长 36.1%，占限额以上“大个体”的比重为 74.4%；实现零售额 436.46 亿元，同比增长 32.3%，占限额以上“大个体”的比重为 44.7%。华强北电子专业市场“大个体”经营规模普遍较大，2013 年平均每家“大个体”实现商品销售额 21.78 亿元、零售额 2.77 亿元。在深圳市百强限额以上单位（含大个体和法人）中，商品销售额百强中法人企业占 66 家，华强北电子专业市场“大个体”占到 34 家；零售额百强中法人企业 85 家，华强北电子专业市场“大个体”占 15 家；在商品销售额百强中，排名最后的华强北电子专业市场“大个体”新信达通信商户实现商品销售额 25.5 亿元；在零售额百强中，排名最后的华强北电子专业市场“大个体”晶鹏源电子商行也实现零售额 4.65 亿元。

同时，2013 年餐饮业受《关于改进工作作风、密切联系群众的八项规定》、国家缩减“三公经费”支出、H7N9 禽流感影响等，全国高端餐饮出现消费急剧下降的局面，全市限额以上企业法人数量同比下降 1.6%，在国家政策及经营环境的影响下，深圳市餐饮业逐渐由高端餐饮消费走向低端平民化，在此情况下的深圳市餐饮业中“大个体”经营情况，恰恰与企业法人经营形成反差，全市“大个体”实现餐费收入 184.73 亿元，同比增长

21.1%，对全市餐饮业社会消费品零售额的贡献率高达71.1%，将全市餐饮业社会消费品零售额的增速提高了6.9个百分点，“大个体”对餐饮业零售额的增长贡献巨大。

## 三 影响消费品市场的主要因素与未来展望

### （一）主要影响因素

**1. 经营成本不断增加，直接影响商贸企业效益**

2013年面向深圳市消费品市场的商贸企业，面临劳动力、资源、能源、资金等要素成本的上升问题，虽然企业一直致力于控制成本，减少费用支出，但相关人工成本等不断上升，以及各种物价上涨的压力，对企业的利润增长影响较大。

**2. 外贸需求减弱，影响消费品出口**

深圳作为外贸依存度比较高的城市，发达国家经济增速放缓、需求减弱对深圳市以出口为主的企业冲击很大，造成企业销售订单减少，直接影响企业的销售。

**3. 赴港购物便捷，当地消费受到冲击**

深圳市食品安全和产品质量问题仍时有发生，居民更愿意到商品质量更有保障的香港消费。大到奢侈品、数码产品，小到酱油、牛奶，市民都喜欢到香港购买，这在一定程度上影响了深圳市消费品市场的发展。

**4. 零售企业布局转移，分割消费品市场份额**

深圳市消费市场接近饱和，大型超市、商场密布，进一步发展空间不大，一些深圳大型连锁企业调整经营战略，转向二、三线城市布局销售消费品网络，抢占当地消费市场，也影响了深圳市消费品市场的发展。

### （二）2014年走势展望

深圳市消费品市场目前虽然面临国内外经济尚不明朗的大势，各种不确定的因素仍较多，但也应看到各种积极因素的存在。国家“十二五”规划明确

提出要加快转变经济发展方式，从以外需为主向以内需为主转变，构建扩大内需的长效机制。中央经济工作会议再次提出扩内需是2014 年经济工作的重点，消费增长成为关键因素之一。市委、市政府也出台相应鼓励支持商贸企业的政策，把扩大消费品市场作为实现经济转型的一个重要举措。

综合以上因素，展望2014 年深圳市消费品市场，预计将继续保持平稳发展趋势，增速与2013 年相比基本持平。

# B.9

# 2013年深圳物价形势分析及2014年展望

余红兵*

**摘　要：**

2013年以来，国际金融风险逐渐消退、市场信心稳步增强、世界经济复苏步伐加快，国内经济稳中向好、产业结构调整与产能过剩、输入性通胀压力较小等因素都抑制了物价的较快上扬。全年深圳居民消费价格总体温和上涨，工业生产者价格降幅稍有扩大。1～12月，CPI同比上涨2.7%，PPI同比下降2.1%。展望2014年，促成通胀的客观因素依然存在，物价调控工作的重点应在重视管理通胀预期的前提下，稳定“菜篮子”和“米袋子”等居民日常必需品供给的同时，关注“房租”和服务项目价格的大幅波动。

**关键词：**

深圳　物价形势　通胀预期

## 一　2013年物价运行基本特征

### （一）居民消费价格涨幅回落，物价总水平温和可控

2013年，深圳居民消费价格（CPI）同比上涨2.7%，涨幅同比回落0.1个百分点，比3.5%的调控目标低0.8个百分点，通胀压力明显降低。其中，

---

* 余红兵，国家统计局深圳调查队高级统计师。

食品价格上涨2.9%，非食品价格上涨2.6%；消费品价格上涨1.6%，服务项目价格上涨5.2%，涨幅较大；扣除食品、烟酒和能源价格后的核心CPI同比上涨2.9%，涨幅略高于物价总水平，反映了全年食品、烟酒和能源价格涨幅相对较小。从全年月度同比涨幅看，居民消费价格在温和上扬的基础上，总体呈“U”形发展，表现为前后高、中间低的特征；从月度环比看，居民消费价格波动相对较小，波动幅度区间为-0.5%~1%，并且每一次接近1%的上扬，都会在后续月份表现为下跌，表明价格走势比较温和，节奏相对舒缓（见表1）。

**表1　2013 年 1~12 月深圳居民消费价格涨幅**

单位：%

| 项目＼月份 | | 1月 | 2月 | 3月 | 4月 | 5月 | 6月 | 7月 | 8月 | 9月 | 10月 | 11月 | 12月 |
|---|---|---|---|---|---|---|---|---|---|---|---|---|---|
| CPI | 同比 | 0.5 | 0.9 | -0.5 | 0.8 | -0.5 | 0.3 | 0.4 | 0.6 | 1.0 | -0.4 | -0.5 | -0.5 |
| | 环比 | 2.3 | 3.3 | 1.8 | 2.3 | 1.8 | 2.6 | 2.4 | 2.5 | 3.7 | 3.5 | 3.3 | 3.2 |
| | 累计 | 2.3 | 2.8 | 2.4 | 2.4 | 2.3 | 2.3 | 2.4 | 2.4 | 2.5 | 2.6 | 2.7 | 2.7 |

## （二）八大类价格七涨一降，烟酒类消费明显降温

2013 年，在构成居民消费价格的八大类商品中，烟酒类价格下降1.2%，比上年同期（上涨3.7%）回落4.9个百分点，回落幅度较大，拉动居民消费价格总指数回落0.02个百分点。其余七类商品均呈上涨态势，其中，居住类价格上涨4.8%，涨幅最大；其次是娱乐教育文化用品及服务类价格，上涨3.3%，其中教育上涨7.5%，涨幅较大；食品类价格上涨2.9%；家庭设备用品及维修服务类、衣着类价格均上涨1.9%；医疗保健和个人用品类价格上涨1.8%；交通和通信类价格上涨0.2%（见表2）。

## （三）居住消费价格超越食品，成为 CPI 上行的主要动力

2013 年，居住类价格涨幅比上年同期（上涨1.6%）扩大3.2个百分点，约拉动总指数上涨1.04个百分点，对CPI上涨的贡献率为38.1%；食品类价

**表 2　2013 年深圳居民消费价格分类情况**

单位：%

| 项　目 | 增幅 |
|---|---|
| 居民消费价格总指数 | 2.7 |
| 一、食品 | 2.9 |
| #粮食 | 0.9 |
| 二、烟酒 | -1.2 |
| 三、衣着 | 1.9 |
| 四、家庭设备用品及维修服务 | 1.9 |
| #耐用消费品 | 0.1 |
| 五、医疗保健和个人用品 | 1.8 |
| #医疗保健 | 3.1 |
| 六、交通和通信 | 0.2 |
| #交通 | 0.8 |
| 七、娱乐教育文化用品及服务 | 3.3 |
| #教育 | 7.5 |
| 八、居住 | 4.8 |

格涨幅比上年同期（上涨4.5%）回落1.6个百分点，约拉动总指数上涨0.95个百分点，对CPI上涨的贡献率为34.8%；居住类价格上涨拉动CPI贡献率超过食品3.3个百分点，成为推动CPI上涨的最主要因素。另外，娱乐教育文化用品及服务类价格涨幅比上年同期（上涨2.0%）扩大1.3个百分点，约拉动总指数上涨0.37个百分点，对CPI上涨的贡献率为13.5%；家庭设备用品及维修服务类涨幅比上年同期（上涨3.2%）回落1.3个百分点，约拉动总指数上涨0.1个百分点，对CPI上涨的贡献率为3.7%（见图1）。

### （四）工业生产者价格持续下降，生产领域呈通缩特征

2013年，工业生产者出厂价格指数（PPI）同比连续12个月下降，生产领域通缩迹象明显。1～12月，PPI同比下降2.0%，下降幅度比上年同期扩大1.9个百分点。分类别看，生产资料价格同比下降2.0%，约拉动PPI同比下降1.57个百分点，生活资料价格同比下降1.9%，约拉动PPI下降0.43个百分点。分月度看，1月PPI同比下降0.3%，12月下降2.1%，全年前后降幅扩大1.8

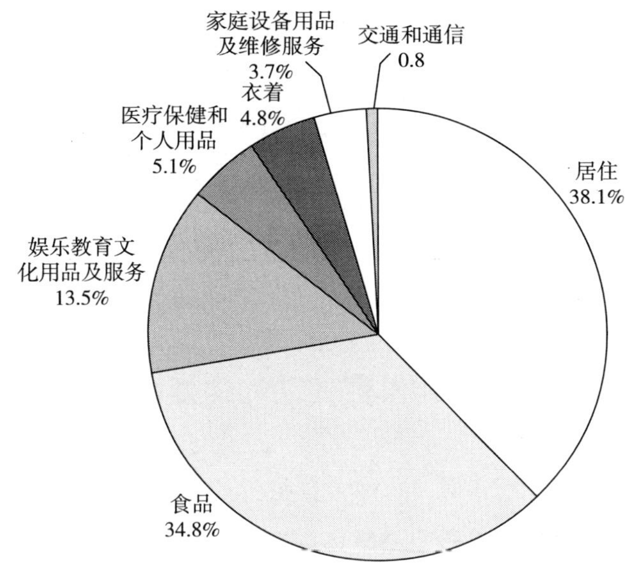


**图 1　构成 CPI 八大类商品贡献率从大到小分布情况**

注：部分指标如烟酒对 CPI 贡献率为 -0.7%，图上未做标注。

个百分点。从月度走势看，受国内产业转型和去库存化影响，PPI 环比表现出跌的月份多、涨的月份少，跌的幅度大、涨的幅度小的特征（见表 3）。

**表 3　2013 年 1～12 月工业生产者出厂价格涨幅**

单位：%

| 项目 | 月份 | 1月 | 2月 | 3月 | 4月 | 5月 | 6月 | 7月 | 8月 | 9月 | 10月 | 11月 | 12月 |
|---|---|---|---|---|---|---|---|---|---|---|---|---|---|
| PPI | 同比 | -0.3 | -1.0 | -1.6 | -2.2 | -2.3 | -2.5 | -2.6 | -2.9 | -2.6 | -2.3 | -1.8 | -2.1 |
| | 环比 | -0.2 | -0.3 | -0.3 | -0.4 | -0.5 | -0.2 | -0.4 | -0.4 | 0.3 | 0.2 | 0.2 | -0.2 |
| | 累计 | -0.3 | -0.6 | -0.9 | -1.3 | -1.5 | -1.6 | -1.8 | -1.9 | -2.0 | -2.0 | -2.0 | -2.0 |

2013 年，工业生产者购进价格指数（IPI）同样连续 12 个月呈下降态势，但降幅稍小。1～12 月，IPI 同比下降 1.7%，降幅比上年同期扩大 1.7 个百分点。其中降幅较大的燃料、动力类价格下降 4.9%，黑色金属材料类价格下降 4.6%，分别约拉动 IPI 回落 0.92 个和 0.29 个百分点；农副产品类和建筑材料及非金属类则分别上涨 3.4%、2.7%，分别约拉动 IPI 上涨 0.16 个和 0.10 个百分点。分月度看，各月 IPI 波动幅度区间小，大体呈水平线横向特征（见表 4）。

表4　2013年1~12月工业生产者购进价格涨幅

单位：%

| 项目＼月份 | | 1月 | 2月 | 3月 | 4月 | 5月 | 6月 | 7月 | 8月 | 9月 | 10月 | 11月 | 12月 |
|---|---|---|---|---|---|---|---|---|---|---|---|---|---|
| IPI | 同比 | -1.6 | -1.8 | -1.6 | -1.9 | -2.1 | -2.2 | -2.1 | -1.2 | -1.2 | -1.6 | -1.4 | -1.2 |
| | 环比 | -0.5 | 0.1 | 0.2 | -0.3 | -0.4 | -0.3 | -0.2 | 0.3 | -0.2 | 0.2 | 0.0 | -0.2 |
| | 累计 | -1.6 | -1.7 | -1.6 | -1.7 | -1.8 | -1.9 | -1.9 | -1.8 | -1.7 | -1.7 | -1.7 | -1.7 |

## 二　影响价格变动的主要因素

对于一个开放的经济体而言，除了自身所具有的一些典型特征之外，价格形势对国际和国内相关因素影响的敏感程度也非常高，从抑制和支撑2013年深圳物价的主要因素来看，表现在以下几方面。

### （一）抑制物价上涨的因素分析

**1. 全球大宗商品市场低迷，输入性通胀的压力较轻**

2013年，发达经济体稳步复苏和美联储退出量化宽松政策逐步明朗，市场对美元信心增强，随之而来的是全球大宗商品市场表现低迷，价格一路下滑，表现在全球大宗商品价格的RJ/CRB指数收盘于280.2点，比2012年下跌5%。其中黄金价格大幅下跌，全年跌幅接近28%，是近三十年来年度最大跌幅；有色金属随着需求的减少价格趋于平淡，谷物随着供应量的上升价格平缓下滑，仅原油价格有所上涨。对于尚对大宗商品有较多依赖的中国而言，其价格下跌对国内的输入性通胀的压力明显减轻。深圳是一个外向型依赖程度较高的城市，全球大宗商品价格下跌有利于缓解本地物价的上涨压力。

**2. 国内经济增速稳中趋平，物价上涨的需求压力较小**

2013年，全国国内生产总值增长7.7%，增幅和2012年基本持平，深圳全年生产总值增长10.5%，增速比2012年提高0.5个百分点，从长周期来看，经济发展总体进入结构性减速期，经济发展面临的产能过剩、地方政府债务增长过快和房地产泡沫风险依然较大，经济运行态势以稳定均衡为总基调。同

时，在经济结构转型和市场需求放缓的背景下，工业行业供需矛盾也很突出，部分主要行业产能利用率降低，工业制品价格上涨的需求压力不大，商品供过于求的局面对深圳物价上涨有较强抑制作用。

**3. 货币供应环境稳中有收，物价上涨的货币动力减少**

截至2013 年12 月，广义货币 M2 余额110.65 万亿元，同比增长13.6%，增幅分别比上月末和上年同期回落 0.3 个和 0.8 个百分点；狭义货币 M1 余额 33.73 万亿元，增长 9.3%；流通中货币 M0 余额 5.86 万亿元，增长 7.1%。虽然 M2 增速仍然明显高于 GDP 名义增速，但是新一届政府所推行的积极财政和稳健货币政策，对市场货币投放量的收缩之意已逐步显现，尤其是要求货币供应不仅要使表内稳健，表外也要适度合理，不再听任货币供应量的“野蛮”生长。同时积极财政政策也考虑了有效的节奏和力度。更为重要的是，本届政府领导层所推行的各项改革，开始逐步淡化 GDP 指标在政绩考量中的比重，“不能简单以国内生产总值增长率论英雄”，强调经济增长的质量，而这一执政理念在深圳早已推行多年，“深圳质量”早已深入人心，这些都为深圳货币投放的 GDP 速度因素找到了有效的减压方法，更减小了物价上涨的货币动力。

**4. 食品供应总量有保障，物价稳定运行的基础较牢**

2013 年，全国粮食总产量达到 60193 万吨，比上年增加 1236 万吨，增长 2.1%。其中，夏粮产量 13189 万吨，增长 1.5%；早稻产量 3407 万吨，增长 2.4%；秋粮产量 43597 万吨，增长 2.3%。油料产量 3531 万吨，增长 2.8%；糖料产量 13759 万吨，增长 2.0%。全年猪牛羊禽肉产量 8373 万吨，比上年增长 1.8%，其中猪肉产量 5493 万吨，增长 2.8%。生猪出栏 71557 万头，比上年增长 2.5%。全年禽蛋产量 2876 万吨，比上年增长 0.5%。粮食、油脂、肉禽及其制品等总体上保持增长，居民所需的各项主要食品供应相对充足，相较于前几年食品价格作为物价上涨的主要推手来看，2013 年食品价格，尤其是农产品价格上涨的供方因素大幅降低，为稳定深圳这样的一线城市物价提供了有利的物质保障基础。2013 年，深圳粮食、油脂和肉禽及其制品价格分别上涨 0.9%、1.6% 和 3.3%，涨幅相对温和。

**5. 高端政务消费萎缩，高端消费价格回落**

从 2012 年 12 月中共中央政治局会议通过关于改进党的工作作风、密切联系群众的“八项规定”开始，中共中央开始强势施行“廉政风暴”，并不断加码，到2013年底，共计出台了15个文件通知，以“严禁”“严查”的方式砍除公务消费的不当行为，推行厉行节约，反对浪费，反对奢侈之风。中央“禁令”戳破了公款消费、过度消费所致的价格虚高、市场过度供给等假象，高端政务消费萎缩，高端餐饮、白酒、酒店等行业全面遇冷，尤其是高端白酒价格持续走低，2013年深圳白酒价格同比下降6%。

### （二）支撑物价上涨的因素分析

**1. 通胀预期逐步增强**

根据中国人民银行在全国50个城市进行的2万户城镇储户问卷调查，2013年居民的通胀预期在逐步增强。调查数据显示：2013年第三季度居民物价满意指数为21.4%，比上季度回落0.4个百分点，未来物价预期指数为70.5%，比上季度提高3.7个百分点。到2013年第四季度，居民物价满意指数为20.5%，比上季度继续回落0.9个百分点。其中，61.6%的居民认为物价“高，难以接受”，比上季度上升1.8个百分点。居民未来物价预期指数为72.2%，比上季度继续提高1.7个百分点。其中，44.5%的居民预期下季度物价水平“上升”，41.5%的居民预期“基本不变”，4.4%的居民预期“下降”，9.6%的居民“看不准”。调查表明，2013年第三、四季度居民物价满意指数在不断下降，未来物价预期指数在不断上升，居民心理预期所形成的价格公共意识在很大程度上反映了价格的未来趋势，尤其是市场的恐慌心理通常也是通货膨胀预期形成的核心要素，会促进大量资金进入供应偏紧的产品市场，进而推高物价。所以，逐季提高的居民通胀预期是支撑物价上涨的关键因素。

**2. 劳动力成本稳步上升**

深圳最低工资标准从1992年的245元涨到了目前的1808元，年均增长9.5%，最近一次调整的增长幅度为13%，使得劳动力薪酬成本稳定增长。另外，针对深圳415家小微工业企业的调查显示，2013年，企业认为当前最为突出的问题是用工成本上升快，提及率达56.1%。被调查企业2013年1~11月应付职工薪酬同比增长1.2%，从业人员期末人数同比下降5.2%。其中，应付职工薪酬增长较快的行业主要包括印刷和记录媒介复制业、金属制品业，以及计算机通信和其他电子设备制造业等，同比分别增长 14.0%、11.7% 和 8.5%。与此同时，招工难问题依然长期存在，认为当前招工难是突出问题的企业达 21.9%，有招工需求的企业占 52.8%。更为关键的是，劳动力成本的上升也是推动各行业产品和服务价格上涨的最直接动力，将成为支撑深圳物价上涨的长期因素。

**3. 极端天气推高农民产品价格**

2013 年，深圳极端天气频发，相继受多个热带气旋的影响，尤其是台风"尤特""潭美""天兔"相继带来持续暴雨灾害，其间鲜菜价格都出现大幅上涨。以 8 月中旬"尤特""潭美"两轮台风为例，受深圳市持续暴雨、周边城市相继出现严重水灾的影响，外地蔬菜供应量减少 30% 左右，导致深圳蔬菜价格大幅上涨。监测显示：8 月 25 日（台风后）与 8 月 10 日（台风前）价格数据相比，受监测的 33 种蔬菜中，叶菜、瓜豆类价格涨幅较大，其中有 10 种蔬菜价格涨幅均超过 20%，如空心菜、苦瓜、茄子、豆角、黄瓜等分别上涨 55.1%、53.5%、42.3%、39.4%、37.5%。从全年来看，鲜菜价格上涨 10.7%，拉动总指数上涨 0.29 个百分点，甚至高于一些居民消费大类对 CPI 的贡献，鲜菜等农产品价格在极端天气条件下的大幅波动对深圳 CPI 的影响不容忽视。

**4. 翘尾因素相对较高**

作为影响物价水平的一个重要原因，翘尾因素是上期商品或者服务价格变动的滞后影响，所以，2013 年伊始，翘尾因素的影响就已成形。经测算，2012 年的翘尾因素推动 2013 年深圳 CPI 上涨 0.7 个百分点，新涨价因素拉动 CPI 上涨 2 个百分点，贡献率分别为 25.9% 和 74.1%，翘尾因素比上年同期高 0.4 个百分点，翘尾因素的升高成为支撑 2013 年深圳物价水平的另一个重要方面。

## 三　物价未来趋势基本判断

2013 年深圳物价水平的温和回落，是宏观经济从速度向质量转型、产业结构优化的客观反映和内在要求，是持续多年的资源价格持续上涨、大宗商品牛市后的周期性回归；燃料、原材料和动力价格的总体下降，生产资料价格在生产领域内逐步回归；工业消费品领域由于产业转型的大力推进，生产能力过剩问题将比以前更加严重，有利于缓解居民消费价格的上涨压力，而以前推动居民消费价格大幅波动的粮食或农产品价格上涨问题，也因全局性的粮食充足供应和地方政府的有效保障得到了规避。

展望新的一年，从外部因素来看，由于供应量的增加，以及新兴市场需求的减缓，大部分大宗商品将继续面临价格下调的压力，输入性通胀压力依然会较小。国内经济在新一轮深化改革措施的推进下，信贷和投资驱动增长模式所导致的失衡问题被高度关注，经济增长进一步放缓存在极大的可能，物价上涨的需求压力将会进一步减小。但另一方面，国内利率市场化改革的快速推进可能带来的资金价格波动，地方政府融资债务信用问题可能带来的危机，以及房地产价格泡沫破裂可能带来的冲击和极端天气的再次出现等，都将为 2014 年价格走势带来不确定性。从深圳的情况来看，由于土地、水、资源等供应的难以为继，以及环境和人口承载能力不断减弱，劳动力报酬持续增加、居住消费价格不断上涨，以及生活成本上升将是长期趋势，享受服务项目的价格会越来越高，这些为居民消费价格的上涨提供了强力支撑。工业生产者价格则不同，根据 PPI 调查产品权重与其在本地工业经济中的价值量成正比原则，深圳仅通信设备、计算机及其他电子设备制造业一个行业就占到 PPI 权数的近六成，而这个行业的产品基本遵循跟随技术创新周期变短价格下降的规律，这种特殊的工业产品结构造成了深圳工业生产者价格长期偏低的局面。

综合以上分析，考虑到一些不确定性因素对物价的影响，预计 2014 年深圳物价将呈适度上涨态势，涨幅比 2013 年有所扩大，全年 CPI 上涨 3.3% 左右，PPI 下降 1% 左右。

## 四　政策建议

### （一）控制货币供应，稳定居民心理通胀预期

根据货币数量学说的观点，一般物价水平取决于流通货币的数量，大量

的流动性显然对物价形成了潜在的上行压力。针对我国仍有较快经济发展速度的现实，深圳应在保持宏观经济政策的连续性和稳定性的前提下，严格控制货币供应增速，提高货币政策在居民心中的可信度，稳定居民通胀预期，增强居民对政府稳定物价的信心。同时，要确定一个通胀率的适当容忍界限，及时化解物价水平超过政府目标值后引发的市场恐慌，增强公共意识的预期管理。

### （二）提高居民消费水平，保持物价良性运行

近几年，深圳最终消费增长相对于固定资产投资、进出口的高速增长而言明显滞后，要保持价格的良性运行，应进一步提高居民消费水平，而提高居民消费水平的首要条件是提高居民收入水平。因而，首先，要调整收入分配政策，提高居民收入水平。多年来，深圳居民收入增长一直低于 GDP 和财政、税收的增长水平，深圳居民对社会经济成果分享的程度还非常低，一方面表现为居民分享经济发展成果的份额在下降：2012 年深圳人均可支配收入占人均 GDP 的比例比 2005 年下降了 2.3 个百分点；另一方面表现为深圳市人均可支配收入占人均 GDP 的比例落后，2012 年低于全国平均水平 10.5 个百分点，低于北京、上海 5.6 个和 11.1 个百分点。居民收入增长缓慢导致消费能力不足，最终消费增长也相对缓慢。所以，要采取有效措施，提高深圳居民对经济发展成果的分享程度。一是建立更加全面的社会保障体系，提高社会保障支付水平，保障低收入者和困难群体基本的生活消费。二是要提高政府公务员和企业职工的工资收入水平，建立薪酬增长和经济发展相匹配的增长机制。例如参照人均可支配收入增幅增加各阶层的工资收入，使普通收入阶层都能保持收入的合理增长。三是创造良好的居民消费环境，搭建完善的消费信贷体系，为购房、买车以及生活大额消费提供适当的税收优惠等，提高和刺激中等收入阶层的消费能力。

### （三）做好农产品流通管理，保障生活消费供给稳定

要把发挥市场作用与实施政策措施相结合，提高农产品生产能力和配套供应能力，稳定农产品价格。一是加快流通市场化管理改革，较好地解决农产品

“最后一公里”的问题，使农产品市场的价格能真实反映供求。二是加大对主要蔬菜品种种植和生猪养殖的补贴力度，建立极端天气下主要蔬菜供应的快速响应机制和相应的保险机制，保证深圳居民日常必需农产品供给的稳定。三是继续发挥便民平价流动车作用。近两年的实践证明，深圳推行的平价流动车较好实现了“农超对接”，降低了农产品流通成本，让深圳居民和农户都得到了实惠，为平抑农产品价格大幅波动起到了一定的作用。

另外，物价管理部门要加强市场价格监测管理，严厉查处和打击囤积居奇、垄断和哄抬物价行为，为市场物价稳定运行提供行政保障。

# B.10 2013 年深圳市财政资金运行状况与效用分析

杨 林*

**摘 要：**

本文对2013 年深圳市财政收入和支出总体状况进行了全面的梳理描述，翔实地分析了影响深圳市财政收入和支出的各个因素，并在此基础上，提出了促进深圳市财政收入和支出持续健康运行的一些有针对性的合理建议。

**关键词：**

深圳 财政运行 特点效用

## 一 全市财政收入的主要状况和特征分析

2013 年，面对复杂多变的国内外发展环境，深圳大力弘扬改革创新精神，积极创造科学发展的深圳质量，加快转型升级、创新驱动和绿色低碳发展步伐，全市经济运行稳中有升，质量效益持续提高，财政收入稳定增长，税源结构更趋均衡。深圳市全年全口径财政总收入 4818 亿元，比上年同期增长 7%，其中公共财政预算收入 1731.26 亿元，比上年同期增长 16.8%。在公共财政预算收入中，税收收入为 1498.40 亿元，占比接近 90%，其余为非税收入。

纵观深圳市财政全年收入情况，其主要特点有以下几个。

### （一）财政收入增速、规模协调发展，经济效益稳步提升

一是收入规模持续增加，税收规模连续 7 年在全国大中城市排名第三，且

---

* 杨林，深圳市审计局财政处主任科员，中国人民大学世界经济学博士。

与经济增长的弹性系数为1.1，比“十一五”期间降低0.57。二是支柱产业的支撑作用更强，高新技术、金融、物流和文化产业合计贡献税收571.58亿元，占总体税收的比重达四成。三是在收入持续稳定增加的同时，收入质量不断提高，深圳2013年每平方公里土地产生财税收入达7673万元，全年税收收入占地方公共财政收入的比重达到87%，均居内地大中城市前列；税收收入仍处于财政收入的主导地位，对财政收入增长的贡献率达85%，经济发展的质量和效益在财政收入上得到充分体现。

### （二）各税种收入比重调整优化，收入结构更趋均衡

在企业效益缓慢复苏、个人所得税起征点提高以及“营改增”政策实施等多重因素的叠加影响下，各税种收入比重有升有降。主要表现为：一是“营改增”政策的实施导致营业税收入占比与上年同期相比，下降3个百分点；二是2012年企业效益下滑严重，且2013年呈现缓慢复苏态势，导致企业所得税收入增长乏力，股息红利、全年一次性奖金项目个人所得税收入下降明显，两大税种收入占比分别下降1.07个和1.22个百分点；三是全年营业税、企业所得税、个人所得税、增值税收入占总税收的比重有升有降，税种结构得到进一步均衡和优化，具体情况如图1所示。

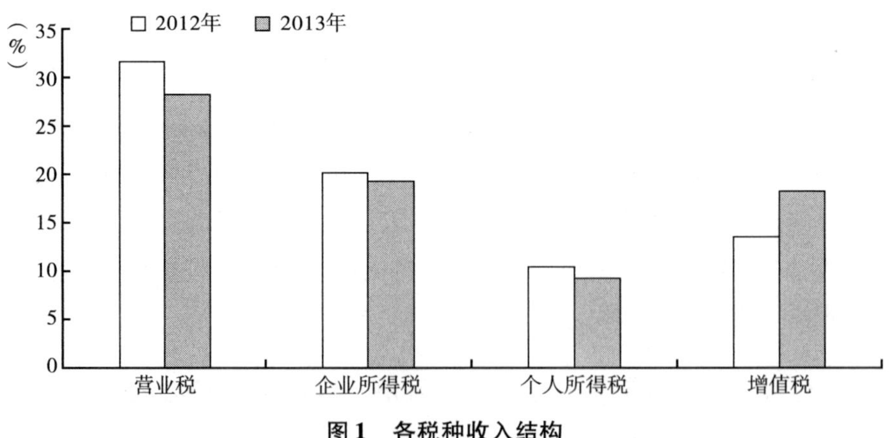


**图1　各税种收入结构**

在看到全年财政收入状况出现结构性改善的同时，也应看到一些主要税种收入增长呈现减弱态势。主要表现在以下几方面。

**1. 营业税收入增长缓慢**

2013 年全市营业税收入总额 423.22 亿元，受“营改增”政策的影响，同比仅增长 0.52%。其中：不动产营业税收入 104.47 亿元，同比增长 63.7%，增收 40.77 亿元，但比上半年增幅回落 42 个百分点；建筑业营业税收入 52.3 亿元，同比增长 20.06%，增收 8.74 亿元；金融保险业营业税收入 131.28 亿元，同比增长 16.05%，增收 18.16 亿元。

**2. 企业所得税收入呈现个位数增长**

2013 年全市企业所得税收入共 287.89 亿元，同比增长 6.73%，增收 18.16 亿元。从分行业看，企业所得税收入增长主要集中于房地产业、商务服务业、信息技术服务业、批发零售业，四个行业企业所得税收入同比分别增长 30.12%、24.6%、21.89% 和 9.02%，合计增收 27.74 亿元。

**3. 个人所得税收入出现下降**

2013 年全市个人所得税收入 138.47 亿元，同比下降 0.47%。从分项目看，股息红利项目收入 50.62 亿元，同比下降 35.2%，剔除华为不可比减收因素后仍下降 5.76%；财产转让项目收入 17.03 亿元，同比增长 76.26%，增收 7.37 亿元；个体工商户生产经营所得项目收入 5.64 亿元，同比增长 9%，增收 0.47 亿元。

### （三）第四轮财政体制运行平稳，各区财力进一步增强

第四轮市区财政体制实施以来运行平稳，各区财力可持续增长能力不断提高，与体制设计的预期目标基本相符。从市区收入看，市本级完成公共财政收入 1048.33 亿元，同比增长 19.3%；区级完成公共财政收入 682.94 亿元，增长 13.2%。第四轮市区财政体制将契税、土地增值税等有增长潜力的税种作为共享税，并将城建税这一税率大幅提高的税种继续由区专享，大幅提高了区级财政收入的可持续增长能力。分区域来看，原特区外各区累计完成财政收入 425.76 亿元，增长 16.8%，增幅较原特区内（7.8%）高 9 个百分点，占区级公共财政收入的比重（62.3%）比上年同期提高 4.3 个百分点，表明原特区外各区财力进一步增强。再加上国土收入分成体制和市政府投资向原特区外倾斜，都有力地促进了特区一体化和基本公共服务均等化。具体情况如表 1 所示。

表1　深圳市本级及各区财力情况对比

单位：亿元，%

| 单位及项目 | 2012年 | 2013年 | |
|---|---|---|---|
| | 总量 | 总量 | 同比增长 |
| 公共财政预算收入 | 1482.08 | 1731.26 | 16.8 |
| 市本级 | 879.02 | 1048.33 | 19.3 |
| 区级汇总 | 603.06 | 682.94 | 13.2 |
| 罗湖区 | 56.02 | 60.08 | 7.2 |
| 福田区 | 93.62 | 97.03 | 3.6 |
| 南山区 | 88.89 | 100.05 | 12.6 |
| 宝安区 | 178.81 | 216.55 | 21.1 |
| 龙岗区 | 130.62 | 140.73 | 7.7 |
| 盐田区 | 22.2 | 23.35 | 5.2 |
| 光明新区 | 18.33 | 25.94 | 41.5 |
| 坪山新区 | 14.57 | 19.19 | 31.7 |

## 二　全市财政总支出状况及效用分析

2013年，深圳全面贯彻实施积极的财政政策，充分发挥公共财政的职能作用，进一步优化财政支出结构，加快产业结构转型升级，促进经济发展与保障民生的支出相协调。深圳市全年公共财政预算支出1690.20亿元，其中一般公共服务支出148.03亿元，教育、医疗卫生、城乡社区事务等民生事项支出606.11亿元，支持经济和产业发展的科学技术、商业服务业事务和金融监管事务等支出132.85亿元，节能环保支出142.39亿元。具体情况如图2所示。

从总体分析来看，深圳市财政总支出的主要效用变化有如下几个特点。

### （一）加大保障民生的支出，加快推进基本公共服务均等化

2013年，深圳市用于教育、医疗卫生、社会保障和就业、住房保障等九大类民生事项的支出达到606.11亿元，同比增长17%。深圳市严格按照财政教育支出比例每年同口径提高1个百分点的政策，切实加大教育投入，主要包括新增南科大基建支出约2亿元，促进高等教育优质发展，加快建设普惠制幼

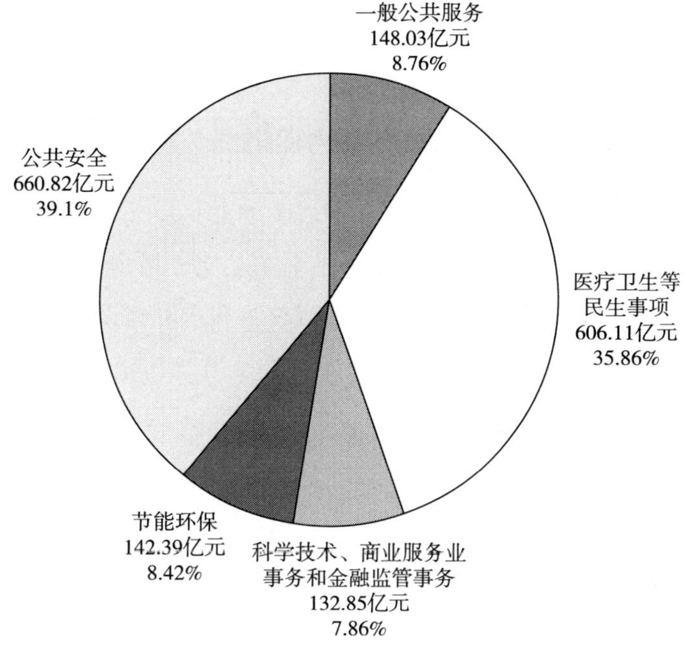


**图 2　2013 年深圳公共财政预算支出情况**

儿园，推动义务教育均衡发展等，继续扩大就业再就业投入，健全促进就业的政策措施，完善社会救助体系，重点解决困难群体的基本生活保障问题，不断提高社会保障水平；同时，加大公立医院的投入力度，上半年新增儿童医院、港大医院等新扩建医院开办经费 1 亿元，推进公共卫生重点项目，包括免费孕检婚检 1 亿元，基本公共卫生服务 2. 5 亿元，加大社区健康服务网络建设，不断提升医疗服务水平。

### （二）加大产业资金投入，突出财政政策与资金的引导作用

一方面，强化自主创新主导战略，促进支持经济和产业发展的科学技术、资源勘探电力信息事务、商业服务业事务和金融监管事务等项目的发展，累计投入 132. 85 亿元，主要是用于民营及中小企业、生物和互联网等各类项目发展。另一方面，坚持发展战略性新兴产业和支持传统产业转型升级双管齐下，充分发挥财政资金放大作用，着力解决企业融资难问题，推动低端企业清理淘汰、优势传统产业改造提升和加工贸易转型升级等重点工作；其中上半年金融

监管等事务支出已完成年初预算的79%，资源勘探电力信息事务等支出已完成年初预算的58.2%。

### （三）加强水环境治理力度，着力促进绿色低碳发展

深圳市积极贯彻落实中央水利工作的有关要求，加大水环境治理力度，多渠道筹集资金加大水利建设投入，2013年全年已完成节能环保类支出142.30亿元，其中上半年全市投入污水处理、河流整治和水利建设等支出21.4亿元，同比增长67.9%。同时，深圳还与国家发改委、财政部联合设立信息、生物、超材料、新能源等7只创业投资基金，为进一步推进节能减排，打造国际低碳城建设打下扎实基础。

## 三 影响全市财政收支情况的主要因素与建议思考

### （一）结构性减税继续影响税收收入，减负效应进一步扩大

“营改增”政策影响持续深化，从2013年上半年统计数据看，深圳共有14.1万户企业被纳入营改增试点范围，其中新增试点企业5.15万户，占整体试点企业户数的36.5%；累计完成“营改增”收入38.2亿元，试点纳税人减负面已持续上升至98.6%，试点纳税人累计减负约22.5亿元，加上非试点纳税人新增抵扣额减负约5.4亿元，合计减负27.9亿元，减税幅度达到46%。随着营改增试点改革的“扩围扩面”，税收征管抵扣链条逐步完善，预计试点纳税人减负效应还将进一步扩大，2014年税收收入会相应减少。

### （二）财政收入占GDP比重有所下滑，经济持续增长的基础尚不坚固

2013年全口径财政收入总量较2012年增长315亿元，但占GDP的比重由2012年的34.8%下滑至33.2%，减幅达1.6%。再加上前期房地产业和银行业税收高速增长不具可持续性，土地增值税、股权转让所得税等一次性增收效应也将逐渐被稀释，税收收入增速总体呈回落态势。

### （三）国库集中支付率较低，财政资金支出效用有待提高

部分专项资金支出进度较慢，支付率较低；国库集中支付占深圳全年支付款项（含预算内及基金）的比重不高，并且各级财政仍有大量的存量资金。上述行为在一定程度上削弱了财政资金的使用效益。

### （四）对 2014 年财政工作的几点建议思考

**1. 科学分析财政经济形势，加强经济监测预警分析**

一是密切关注国家财税政策改革，包括营改增试点“扩围扩面”、消费税政策调整和对部分小微企业实行税收优惠等，深入分析国家财税政策调整对深圳市财政收入和经济发展的影响，提早做出应对安排。二是加强与国税、地税、中国人民银行等部门的沟通协调，发挥财税库联席会议机制的作用，提高收入组织的计划性和可控性，确保完成全年财政收入任务。三是密切关注国际经济走势，找准经济运行中的突出问题和困难，提前做好各种应对准备，进一步提高宏观经济决策的针对性和预见性。

**2. 进一步优化支出结构，全面提升民生福利水平**

一方面严格落实压缩公务接待费、公务用车购置运行维护费和因公出国（境）费用的支出，提高国库集中支付率，加快专项资金支出进度，对尚未实施到位的预算单位及资金要制订计划，分期分项推进实施，以进一步规范财政支出行为，增强财政支出透明度。另一方面，大力发展教育医疗事业，推进南方科大、香港中文大学（深圳）、清华大学创新基地等高等院校建设，加快深圳中学、实验学校等改扩建项目建设；提高住房保障力度，抓紧出台公共租赁住房轮候办法，建立公共租赁住房轮候库；加大对食品安全违法行为的打击力度，强化安全生产“一岗双责”，防范重大、特大安全事故的发生，增强市民安全感。

**3. 继续深化财政体制改革，强化预算约束刚性**

按照市人大要求加快推进对政府全口径预决算的审查和监督工作，将公共财政预算、政府性基金预算、国有资本经营预算和社保基金预算四项预算送市人代会审议。预算编制要突出体现公共财政的公共性，优先保障教育、保障性住房、医疗卫生、社会保障和就业等民生支出，并做好财政预决算公开工作，进一步扩大公开范围、细化公开内容。同时，提高国库集中支付率，加快专项资金支出进度，争取最大限度地盘活财政存量资金，将盘活的存量资金优先用于稳增长、惠民生的重点领域和重点项目，充分发挥财政资金的使用效益。

B.11

# 深圳市服务贸易发展状况分析

王　峰*

**摘　要：**

中国开始进入服务贸易时代，服务贸易正逐步成为中国经济“转方式、调结构、促增长”的新引擎。近年来，深圳市服务贸易在国际金融危机后逆势上扬，增长速度高于货物贸易，结构不断优化，但与货物贸易的发展水平仍然存在巨大反差，并落后于上海和北京服务贸易的发展水平。深圳市服务贸易存在占对外贸易的比重过低、服务贸易相关法律制度缺失、统计制度不完善和管理体制缺乏效率等问题。本文最后提出应借鉴发达经济体的经验，在新形势下大力发展深圳市服务贸易。

**关键词：**

深圳市　服务贸易　服务贸易统计

## 一　引言：中国开始进入服务贸易时代

进入21世纪以来，国际服务贸易发展势头强劲。世界服务贸易发展速度超过货物贸易，新兴经济体服务贸易发展速度超过发达经济体，高附加值新兴服务贸易比重超过传统服务贸易。同时，通过商业存在形式实现的服务贸易超过跨境服务贸易，国际产业转移的重点从制造业领域向服务业领域转移。服务贸易在全球经济结构性调整中爆发出新的增长力，显现出新的发展态势，大力发展服务贸易将成为世界各国全面深度参与经济全球化的重要途径。

---

* 王峰，经济学博士，深圳大学经济学院国际经济与贸易系副教授。

根据《2013年世界贸易报告》，2012年世界服务贸易占货物与服务总贸易的19%，然而，这只是按照传统贸易核算方法（in gross terms），而不是按照增加值贸易核算方法（in value-added terms）。2011年6月，时任WTO总干事的帕斯卡·拉米在WTO和日本IDE－JETRO联合发布会——“贸易模式和东亚全球价值链”上提出，世界贸易模式由“货物贸易”向“任务贸易”（Task Trade）转变，倡导实行“增加值贸易核算”。增加值贸易核算方法侧重一国参与全球价值链中的真实增加值部分，弥补了以海关出入境数据作为统计基础的传统贸易核算方法的不足，并高度重视服务在国际贸易中的作用。2013年1月，OECD和WTO共同推出了第1版全球增加值贸易核算数据库。根据此数据库，2008年的全球服务出口，按照传统国际贸易核算占世界总出口的23%，而按照增加值贸易核算占世界总出口的45%。增加值数据库的颁布为全球服务贸易研究提供了有力的理论和技术支持。

2008年肇始于美国的国际金融危机和2011年爆发的欧洲债务危机，显著地削弱了中国两大货物贸易伙伴的购买力，深刻地冲击了高度依赖外需的中国经济。在货物贸易出口遭受挫折的形势下，服务贸易却逆势上扬，服务出口的增长在一定程度上弥补了货物出口的下滑，正成为中国摆脱当前外贸困境的突破口。2012年，中国服务业占国内生产总值的比重已和工业基本持平，服务贸易进出口总额达到4706亿美元，同比增长12.3%，超过世界平均增幅10.3个百分点，占世界服务贸易进出口总额的5.6%，同比提升0.5个百分点。中国服务贸易总量已仅次于美国和德国，成为世界第三大服务贸易国。与此相关的是，从2008～2012年间，中国承接离岸服务外包执行额年均增幅超过60%，占全球离岸外包市场的份额也由7.7%增长至27.7%。2012年中国签订服务外包合同金额达到613亿美元，跃升为全球第二大服务外包承接国。同时，根据《2012年度中国对外直接投资统计公报》，2012年，中国对外直接投资流量达到878亿美元，创下历史新高，首次跻身世界三大对外投资国。如此，以“商业存在”方式创造的中国服务贸易金额迅猛增长。中国的国际服务贸易地位得到了全面的提升，服务贸易正逐步成为中国经济“转方式、调结构、促增长”的新引擎。

中国新一轮的对外开放，主攻方向和重点领域就是服务贸易。2013年7

月，中美第五次战略经济对话，中国承诺按“负面清单”和“准入前国民待遇”等高标准条件展开下一轮中美投资协定谈判。同年9月29日，“中国（上海）自由贸易试验区”挂牌成立，它肩负着中国服务业对外开放的试验重任，被誉为中国的“第二次入世”。同年9月30日，中国政府正式宣布参加全球服务贸易协定（TiSA）谈判，此举意在倒逼国内服务贸易发展，通过服务业的发展促进经济转型升级。这一系列改革开放的重大举措，标志着中国服务贸易时代的到来。

深圳是中国改革开放的前沿阵地。2012年，深圳货物贸易进出口总额占广东省的47.4%，服务贸易进出口总额占广东省的68.2%；货物出口连续二十年位居全国大中城市首位；截至2013年底，深圳“走出去”涉及金额累计逾90亿美元，对外投资存量在全国大中城市排名第一。然而，深圳服务贸易严重落后于货物贸易的发展水平，也落后于上海和北京服务贸易的发展水平。

作为未来30年深圳的新增长极，前海担当了深圳开放型经济的桥头堡。2010年8月，《前海深港现代服务业合作区总体发展规划》获得国务院的批复，前海将被逐步建设成为粤港现代服务业创新合作示范区，在全面推进香港与内地服务业合作中发挥先导作用。至此，前海开发开放已上升为国家战略。2011年3月，前海开发被写入国家《国民经济和社会发展第十二个五年规划纲要》。前海深港现代服务业合作区定位为未来整个珠三角的“曼哈顿”，将重点发展创新金融、现代物流、总部经济、科技及专业服务、通信及媒体服务、商业服务六大领域。到2020年，前海将建成亚太地区重要的生产性服务业中心，在全球现代服务业领域发挥重要作用，成为世界服务贸易的重要基地。未来三十年，深圳也将进入服务贸易时代。

## 二　深圳市服务贸易发展现状

### （一）深圳市服务贸易发展规模

深圳市服务贸易在中国加入WTO之后开始快速发展，2007年进出口总额首次突破100亿美元。从表1可以看出，2007～2012年，深圳市服务贸易规模不断扩大，进出口总额增长了6倍。与国家层面的服务贸易连年赤字不同，深圳市服务贸易在过去几年里基本平衡，且大多数年份为顺差。与同期的货物贸易相比，服务贸易能够在国际金融危机冲击下逆势上扬。2009年，深圳市货物贸易出口下滑了近10%，而服务贸易出口却上升了12%；2010年，深圳市货物贸易出口反弹，增长26%，而服务贸易的出口反弹更大，增长87%。2012年，深圳市服务贸易出口增长40.9%，是出口整体增速的3.5倍。服务贸易占深圳市货物和服务进出口总额的比重不断攀升，2012年已达到13.47%。

**表1　2007～2012深圳市服务贸易与货物贸易**

单位：亿美元，%

| 年份 | 服务贸易 | | | | 货物贸易 | | | |
|---|---|---|---|---|---|---|---|---|
| | 进出口总额 | 出口额 | 进口额 | 贸易差额 | 进出口总额 | 出口额 | 进口额 | 服务贸易占对外贸易总额比重 |
| 2007 | 102.98 | 60.08 | 42.90 | 17.18 | 2875.34 | 1684.93 | 1190.41 | 3.46 |
| 2008 | 152.79 | 89.37 | 63.42 | 25.95 | 2999.55 | 1797.20 | 1202.35 | 4.85 |
| 2009 | 187.33 | 100.36 | 86.97 | 13.39 | 2701.63 | 1619.78 | 1081.85 | 6.48 |
| 2010 | 366.54 | 188.11 | 178.43 | 9.68 | 3467.50 | 2041.84 | 1425.66 | 9.56 |
| 2011 | 526.95 | 258.54 | 268.41 | -9.87 | 4140.94 | 2455.18 | 1685.76 | 11.29 |
| 2012 | 726.56 | 364.28 | 362.28 | 2.00 | 4667.90 | 2713.70 | 1954.20 | 13.47 |

资料来源：外汇管理局网站搜集整理、深圳市统计年鉴、深圳海关。

尽管深圳市服务贸易的抗危机能力很强，增长速度高于货物贸易，但与货物贸易的全国地位相比，深圳市服务贸易的发展严重滞后。2012年，深圳市货物进出口总值达4667.9亿美元，首次超过上海，跃居全国内地城市第一位；其中，出口总值2713.7亿美元，占全国的比重为13.2%，出口规模连续二十年居全国内地城市首位。与之形成极大反差的是，2012年深圳市服务贸易进出口总额位列上海和北京之后，居全国第三位。2012年上海服务贸易进口和出口均位居全国首位，进出口总额为1515.6亿美元，占全国的比重为30.8%；北京市服务贸易进出口总额为1000.2亿美元，占全国的比重为20.3%；深圳市服务贸易进出口总额为726.56亿元，不及上海的一半，占全国的比重为14.7%。

### （二）深圳市服务贸易结构分析

在服务贸易的行业结构方面，深圳市的出口和进口都比较集中（见表2）。2010～2012年，深圳市的服务出口主要集中在其他商业服务、运输、计算机和信息服务、保险和旅游五大项目，这五大项目占深圳市服务出口的96%以上。贸易结构的基础是产业结构。2012年深圳市三次产业结构为0.0∶44.3∶55.7，第三产业比重创历史新高，第三产业对经济增长的贡献率达到65.6%，比上年提高20个百分点。全年现代服务业占第三产业比重达68.0%，处于历史最高水平。产业结构升级带动深圳市服务贸易结构逐步优化，三年来，传统的运输和旅游项目所占比重不断下降，目前已降到10%以内；其他商业服务的比重不断上升，2012年达到深圳市服务贸易出口的85.75%，2013年上半年进一步提升到88.26%。其他商业服务主要包括法律、会计、管理咨询和公共关系、广告、展览、市场调研等子项目，提供了深圳市最主要的服务出口收入和

**表2　深圳市主要服务贸易行业**

单位：万美元，%

| 年份 | 服务出口 | | | 服务进口 | | |
|---|---|---|---|---|---|---|
| | 行业 | 金额 | 比重 | 行业 | 金额 | 比重 |
| 2010 | 其他商业服务 | 1386866 | 73.73 | 其他商业服务 | 1192704 | 66.84 |
| | 运输 | 338161 | 17.98 | 运输 | 297780 | 16.69 |
| | 计算机和信息服务 | 59001 | 3.14 | 旅游 | 154157 | 8.64 |
| | 保险 | 34545 | 1.84 | 专有权利使用费和特许费 | 76752 | 4.3 |
| | 旅游 | 27927 | 1.48 | 建筑、安装及劳务承包服务 | 22656 | 1.27 |
| 2011 | 其他商业服务 | 2019526 | 78.11 | 其他商业服务 | 2024318 | 75.42 |
| | 运输 | 334546 | 12.94 | 运输 | 309094 | 11.52 |
| | 计算机和信息服务 | 97100 | 3.76 | 旅游 | 174673 | 6.51 |
| | 保险 | 70215 | 2.72 | 专有权利使用费和特许费 | 93314 | 3.48 |
| | 旅游 | 29481 | 1.14 | 保险 | 28278 | 1.05 |
| 2012 | 其他商业服务 | 3123680 | 85.75 | 其他商业服务 | 2796119 | 77.18 |
| | 运输 | 318437 | 8.74 | 运输 | 365017 | 10.08 |
| | 计算机和信息服务 | 98254 | 2.7 | 旅游 | 218059 | 6.02 |
| | 保险 | 37965 | 1.04 | 专有权利使用费和特许费 | 151082 | 4.17 |
| | 旅游 | 32984 | 0.91 | 保险 | 35186 | 0.97 |

资料来源：外汇管理局网站搜集整理。

最大的服务顺差（2011 年例外）。在深圳服务出口中，还需要特别注意的是，新兴的计算机和信息服务出口值连年攀升，2012 年创造贸易盈余 8.67 亿美元，是仅次于其他商业服务的深圳第二大顺差来源，表现出很强的贸易竞争力，代表着在深圳未来的出口潜力。

在深圳服务进口中，第一大项目依然是其他商业服务，而且比重连年上升，目前占到深圳市服务进口的 75% 以上，2013 年上半年更是高达 81.7%。深圳市第二大服务进口项目是运输，但是它的比重连年下降，目前占深圳市服务进口的 10% 左右，并在 2012 年首次出现贸易逆差，达到 4.66 亿美元。旅游是深圳市第三大服务进口项目，其比重和运输一样连年下降，但它是深圳市最主要的服务逆差来源，逆差值也连年增加，2012 年达到 18.51 亿美元。深圳市第二大服务逆差来源，也是第四大服务进口项目是专有权利使用费和特许费，其进口额增长迅猛，3 年几乎增长了一倍，2012 年带来贸易逆差 14.8 亿美元。保险近些年来晋升为深圳主要的服务贸易项目，2010 ~ 2012 年保持连年的贸易顺差，贸易竞争力逐步增强。

与国家总体层面相比，深圳市服务贸易结构要优于国家总体水平。2012 年，传统服务依然占中国服务贸易的主导地位。运输和旅游在服务进出口总额中的占比达到 58.8%。其中，旅游进出口总额突破 1500 亿美元，居各类服务之首；运输进口总额达到 1247.7 亿美元，位居第二。与此同时，运输和旅游也是中国最主要的服务贸易逆差来源。2012 年，运输和旅游贸易逆差分别达到 469.5 亿美元和 519.5 亿美元。在国家层面上，以咨询、计算机和信息服务、广告宣传、金融服务为代表的新兴服务贸易出口快速增长，以金融、通信、专有权利使用费和特许费为代表的高附加值进口服务同样快速增长，然而，深圳的传统服务项目占比远低于国家总体水平，现代服务项目占比远高于国家总体水平。

### （三）深圳市服务贸易与美国的比较

根据 2013 年《美国总统经济报告》，美国是当今世界上最大的服务贸易出口国。2011 年，美国私人服务贸易出口超过 6000 亿美元，通过国外子公司的服务贸易额达到 1 万亿美元。总的算起来，美国公司的服务贸易额达到 1.7

万亿美元左右，几乎占了 GDP 的 11%。同时，服务出口占了美国总出口的 30%，服务进口占总进口的 15%。此外，根据 OECD 和 WTO 的联合研究，如果既考虑官方统计的直接服务出口，又考虑货物出口中作为中间投入的间接服务出口，那么美国有 60% 的出口价值可归属于服务部门。根据美国商务部经济分析局（BEA）发布的数据，2012 年，美国服务贸易出口 6493 亿美元，服务贸易进口 4425 亿美元，继续在世界上保持着最大的服务贸易顺差 2068 亿美元。服务贸易出口占 2012 年美国总出口的 29.4%。最新的行业数据显示（见图 1），其他私人服务、专有权利使用费和特许费两个现代服务业项目占 2011 年美国服务出口的 67%，传统的运输和旅游不及 30%。其他私人服务中，商业、专业和技术服务是第一大出口部门，占一半的比重，该部门包括：管理和咨询服务、研发服务、计算机和信息服务以及设备安装、维护和修理服务；其次是金融服务，占近 3 成的比重；最后是教育、保险和通信等。

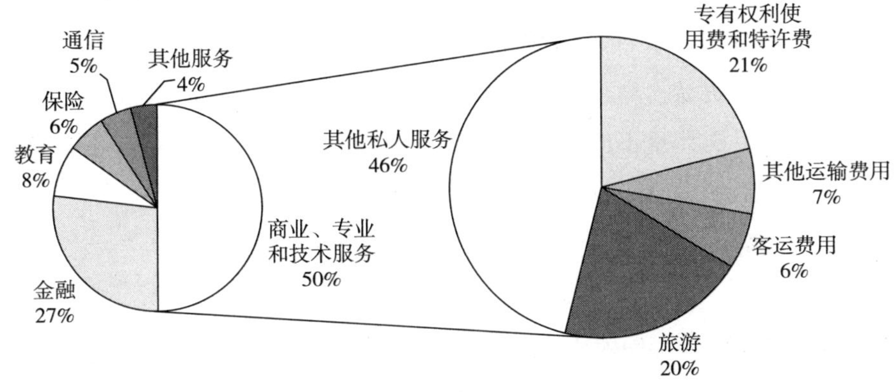


**图 1　2011 年美国服务出口**

资料来源：美国商务部经济分析局、国际贸易委员会。

尽管统计口径不完全一致，我们仍然可以看出，美国服务出口结构比较多元化，许多技术和知识密集型的高附加值新兴服务在世界市场上占主导地位，比如商业、专业和技术服务、专有权利使用费和特许费、金融、教育和保险等服务；而传统的旅游项目同样成熟与发达，为美国带来了不菲的出口收入。深圳的专有权利使用费和特许费主要还是依赖进口，自主创新的能力有待进一步加强；同时，旅游和运输等传统项目的出口潜力尚待进一步挖掘。

## 三　深圳服务贸易发展中存在的问题

### （一）对外贸易中服务贸易比重过低

深圳市对外贸易中，重货物轻服务的现象非常明显。深圳市服务贸易占对外贸易的比重近两年才刚刚达到10%，依然低于世界平均20%的水平。在国内城市中，深圳落后于北京和上海。根据外管局北京分局的统计数据，2013年上半年，北京市服务贸易出口额达295.78亿美元，而同期货物贸易出口额为304亿美元，服务贸易的地位已经能够和货物贸易相媲美，几乎各占“半壁江山”。根据外管局上海分局的统计数据，2013年上半年，上海服务贸易进出口总额达到784.5亿美元，占同期上海对外贸易总额的比重达到27.5%。相比之下，2013年上半年，深圳市服务贸易进出口总额为411.25亿美元，货物贸易进出口总额高达3013亿美元，服务贸易与货物贸易发展严重失衡，服务贸易占对外贸易总额的比重仅为12%。深圳市服务贸易规模与货物贸易的发展严重不匹配，服务贸易未能充分分享货物贸易增长带来的利益。

### （二）服务贸易相关法律制度缺失

中国至今还没有一部关于服务贸易的全国性法规，虽然在《对外贸易法》中有所涉及，但并不系统和完整。同时，《中国入世议定书》中做出的承诺具有较强的概括性，有些承诺与WTO的规定并不相符，导致国内政策在面对国际法规和《中国入世议定书》时无所适从，在国际服务贸易争端中处于明显的劣势地位。在发达经济体中，美国国会于1985年通过了《国际投资和服务贸易调查法》，授权美国商务部经济分析局（BEA）为美国服务贸易的首要统计机构和首要发布机构，并授权BEA进行各行业服务交易的强制性调查以及国际直接投资的强制性调查，从而保障了美国服务贸易统计工作的顺利进行。中国香港则根据《普查及统计条例》（第316章）及其附属法例搜集服务贸易统计数据，这是香港服务贸易统计领域最重要的法例。深圳市缺失服务贸易的法律保障，使服务贸易的促进力度受到抑制，深圳市遭遇的服务贸易摩擦也开始增多。

## （三）服务贸易统计制度不完善

目前世界上对国际服务贸易的统计来源于两个标准。一个是国际货币基金组织（IMF）1993年编制的《国际收支手册》第五版，它按照居民与非居民来划分交易性质，只统计跨境交易和部分境外消费，简称BOP统计，全球大多数国家都按此标准编制本国的服务贸易进出口统计数据；另一个是世界贸易组织（WTO）在《服务贸易总协定》（GATS）中对服务贸易的界定，它更倾向于按国民原则来区分交易属性，它不仅包括跨境交易，还包括境外消费、商业存在和自然人流动所引起的贸易额。其中商业存在统计是一个难点，它是指对通过跨国投资而确立的外国附属机构所提供的服务贸易（Foreign Affiliates Trade，简称FAT）的统计。而自然人移动统计，因其范围难以界定以及可行的统计指标有限，仅作为服务贸易统计的次要组成部分。

2006年我国长期缺位的服务贸易统计开始筹建统计制度，2007年推出了中国的第一版《国际服务贸易统计制度》。商务部在2006年12月28日首次按照世界贸易组织的标准发布中国服务贸易统计数据——《中国服务贸易发展报告2006》，该报告首次按照国别地区、行业分类对中国服务贸易数据进行分析，首次发布了非金融内向FATS（外国附属机构）统计数据和自然人移动统计数据。同时，服务外包对中国来说也完全属于新兴产业，自2006年商务部正式启动促进服务外包产业发展的“千百十工程”后，国家才首次提出服务外包的概念。因此，我国的服务贸易统计仍然处于起步探索阶段。深圳市服务贸易统计当前有如下几个突出的问题。

**1. 统计指标不够细化**

深圳市服务贸易的跨境交易主要基于国际收支平衡表经常项目下的服务往来项目，以IMF推荐《国际收支手册》第五版的分类进行数据收集。目前深圳市服务贸易划分为11个项目，分别为：与运输有关的服务项目，旅游项目，通信服务项目，建筑、安装及劳务承包服务项目，保险项目，金融服务项目，计算机和信息服务项目，专有权利使用费和特许费项目，体育、文化和娱乐服务项目，别处未提及的政府服务项目和其他商业服务项目。近些年来深圳市服务贸易70%以上发生在“其他商业服务”项目中，该项目又包括法律、会计、管理咨询和公共关系、广告、展览、市场调研等子项目，一些详细的分类还需要进一步确定，这些子项目的数据将对深圳市的服务贸易研究和政府政策制订提供非常有益的信息，然而，目前对这些子项目的申报、统计和分析工作还相当薄弱。

**2. 间接申报制度难以反映深圳服务贸易的全貌**

目前深圳市服务贸易统计采用的是银行代客跨境收支间接申报制度，居民个人的服务交易无须直接申报，非居民在深圳市内的服务交易不需申报。因深圳市毗邻香港，人员流动量大，跨境交易频繁，现有的统计制度可能会造成大量服务贸易漏报。对此，深圳市服务贸易协会对2013年上半年深圳的旅游出口进行了一次实地调查，得出了非常有研究价值的结论。深圳市服务贸易协会利用入境外籍游客人数、停留天数及人均消费金额，推算出2013年1~6月深圳市旅游服务出口可能为50.26亿美元，是同期外管局统计数据1.84亿美元的27倍！根据深圳市文体旅游局提供的数据，2013年1~6月香港过夜游客人数为425.1万人次，一日游游客人数为917.67万人次；国外过夜游客人数为73.85万人次，一日游游客人数为17.86万人次；其他地区游客（澳门、台湾）过夜人数为21.33万人次。如此频繁的出入境人数，尤其是“自由行”带动的深港两地旅游消费的剧增，都为深圳市服务贸易统计带来了挑战。

**3. 附属机构销售统计步履维艰**

附属机构销售统计（FATS）就是对在中国的外国公司和在外国的中国公司的服务销售情况进行统计。FATS十分重要，它是WTO成员进行服务贸易谈判和检查履约责任的依据，目前多数国家的服务贸易统计都在朝着这一方向转变。但在我国，该项统计制度尚未完全建立起来，主要是因为缺乏完整的外资企业财务报表。在华外资企业的财务数据在每年一度的“六部门联合年检”中有一部分，但指标太简单，信息量不够；而中国在境外直接投资企业的财务报表中，与服务贸易相关的数据也极其匮乏。由于缺乏内向型FATS和外向型FATS销售额中的货物与服务分组数据，使得附属机构统计的核心指标“服务

销售额”数据缺失，相关部门只能根据典型资料推算，这是目前中国服务贸易统计中的严重短板。深圳市的服务贸易统计也存在同样的问题。

### （四）服务贸易管理体制缺乏效率

深圳市服务贸易管理分块化的现象明显，没有统一的战略部署，缺乏服务贸易统计归口管理部门。国际收支平衡表的编制与外商投资企业调查分散在不同的部门，不利于统筹设计调查指标和综合利用数据。而在美国，这些都是由BEA一个部门完成的，BEA的核心职能包括：编纂美国国民经济账户、国际收支平衡表、投入产出账户，管理美国跨国公司及外国在美国跨国公司信息系统。同时，在旅游、运输、金融、电信、软件等深圳主要服务领域都有各自的主管部门，部门之间缺乏强有力的协调机制，使服务贸易统计和管理缺乏效率。

## 四　大力发展深圳市服务贸易的建议

中国经济开始进入服务贸易时代。深圳市的服务贸易发展严重落后于货物贸易，与上海、北京服务贸易的差距也在拉大。十八届三中全会以后，深圳需要抢抓国家全面深化改革开放和全球性贸易协定达成的重大机遇，发挥好前海对外开放的战略平台作用，大力发展服务贸易，全面提高开放型经济的质量和水平。

### （一）深入贯彻党的十八届三中全会精神，促进服务贸易管理体制改革

十八届三中全会确立了“市场在资源配置中起决定性作用”和“更好发挥政府作用”方针，将对服务业的改革产生深远的影响。加入WTO之后，中国的产品市场基本开放了，但要素市场的开放度有限，一些行业甚至还存在高度的保护和垄断；也就是WTO促使中国的货物贸易基本开放了，但服务贸易的开放仍步履缓慢。十八届三中全会使中国经济进入了重要转折关头，服务业的深度市场化改革将从此起航。十八届三中全会提出“扩大金融业对内对外

开放”“放宽投资准入”“选择若干具备条件地方发展自由贸易园（港）区”等决定，将进一步促进国际国内要素有序自由流动，带动中国服务贸易的开放和发展。深圳作为改革开放的前沿城市，为继续保持“窗口”的作用，必须深入贯彻十八届三中全会精神，改变政府干预市场过多的固有利益格局，打破服务市场与服务行业的行政性垄断，降低外资、民资进入服务业和服务贸易领域的门槛，建立有利于服务贸易发展的政策环境和市场秩序。同时，政府还需建立权威的服务贸易管理机构，给予服务贸易行业税收减免和信贷优惠政策，以壮大深圳市服务贸易规模，推动开放型经济发展模式战略升级。

### （二）建立服务贸易统计制度，健全服务贸易法律法规体系

完整、准确的服务贸易数据不仅为政府的政策制定、贸易谈判提供依据，而且为企业开展市场调查和进行出口决策提供重要的信息。国家“十二五”规划提出要修订《对外贸易法》，推动出台《服务贸易促进条例》。深圳需借鉴发达经济体的经验，高度重视对服务贸易统计的研究，出台促进服务贸易发展的指导性文件，制定顺应新形势的服务贸易统计法规，并进一步完善服务贸易相关行业的法律制度。

**1. 认真落实新《国际收支统计申报办法》，提升深圳市服务贸易统计水平**

为了适应国际收支交易规模不断扩大，交易内容、交易类型、交易方式日益多样化的新形势，解决当前国际收支运行不确定性因素增多的新问题，满足国际货币基金组织2009年发布的《国际收支和国际投资头寸手册》（第六版）的新要求，2013年11月22日国务院总理李克强签署国务院第642号令，公布《国务院关于修改〈国际收支统计申报办法〉的决定》，自2014年1月1日起施行。新《国际收支统计申报办法》包括将国际收支统计范围扩大至“中国居民对外金融资产、负债状况”，申报主体扩大至非中国居民，增加对“提供登记结算、托管等服务的机构”的申报要求，增加对“拥有对外金融资产、负债的中国居民个人”申报义务等重大修订，是我国健全国际收支统计体系的重要举措。深圳市需认真贯彻落实新《国际收支统计申报办法》，全面提升本市对外金融资产、负债及交易的统计水平，同时加强宣传，让申报主体和社会公众了解自身义务，提升本市的服务贸易统计水平。

**2. 立足区域特色，重视对深港服务贸易的统计**

深圳市服务贸易统计应依据国际规则，立足区域特色，学习和借鉴上海、北京、香港的服务贸易统计方法，完善服务贸易统计指标体系，尤其是应充分利用 CEPA，拓展服务贸易专项统计领域，在传统统计工作上进行创新，可选取对深港间影响较大的旅游、运输、金融等主要服务贸易项目进行抽样调查，以弥补 BOP 数据信息量的不足。

## （三）支持服务贸易重点产业，促进服务外包企业升级

《深圳市开展国家服务业综合改革试点实施方案（2011 ~ 2015 年）》指出，深圳市将根据市场主导、集聚发展、开放创新、高端发展、重点带动的原则，重点发展生产性服务业，做强创新金融、总部经济、现代物流、服务外包、商贸会展以及高端旅游等现代服务业。“十二五”期间，深圳市还要抢抓新一轮国际服务外包产业转移机遇，坚持离岸外包与在岸外包相结合，重点发展信息技术外包服务、技术性业务流程外包服务、技术性知识流程外包服务等与本市经济发展水平相适应的服务外包业务，打造特色鲜明、配套完善的服务外包集聚区，不断提高本市服务外包产业规模和服务水平。要努力培育以国际知名的软件研发与信息技术服务外包基地、国内领先的供应链管理与采购外包中心、金融后台服务交付中心、研发服务和设计外包中心等“一个基地三个中心”为特色的国际服务外包先进城市。同时，在进一步扩大服务业对外开放的同时，培育深圳市服务贸易品牌，有序引导深圳服务贸易企业“走出去”，逐步实现从“深圳制造”到“深圳服务”的转型升级、从“深圳速度”到“深圳质量”的战略跨越。

## 参考文献

黄建忠、吴超：《国际服务贸易摩擦研究：现状、特征与成因》，《国际贸易问题》2013 年第 9 期。

徐作林：《深圳对外贸易结构变化和对外贸易发展趋势》，《国际商贸》2012 年 8 月。

《美国服务贸易统计及对我国的启示》，国研网，2013 年 3 月 22 日。

# B.12

# 2013年深圳地方税收情况及现代税收管理模式探索

刘 红*

**摘 要：**

本文阐述了2013年深圳地方税收的增长情况及其特点，介绍了深圳地税构建的以风险为导向的现代税收管理模式，即以组织收入为中心，以大征管体制、信息管税、传导反馈机制“三位一体”为主线，推进风险管理实践。并在分析2014年收入形势的基础上，明确2014年的工作重点。

**关键词：**

税收 征管 经济

2013年深圳宏观经济运行仍缺乏持续强劲的增长动力，地方税收增长面临较大压力：一是经济回升基础还不稳固，经济完全走出低谷可能需要较长时间；二是房地产、证券等部分行业经济指标不容乐观，行业税收增长仍存在较大不确定性；三是国家出台一系列结构性减税政策，加快推进营改增试点工作，税收收入受到影响；四是税收收入在高基数基础上实现高增长的难度不断加大，以前年度的挖潜堵漏实现了收入增长，但也垫高了收入基数。2013年是全面贯彻党的十八大精神的开局之年，也是深圳地税全面深化“创一流”之年。深圳地税坚持以组织收入为中心，以服务转型升级为主题，以巩固、完善、提升实践成果为原则，探索构建以风险管理为导向的税源管理新模式，建立传导反馈机制，圆满完成各项税收任务，实现了经济税收的协调发展。

---

* 刘红，深圳市地税局主任科员。

## 一 2013 年深圳地方税收情况分析

2013 年，深圳地税共组织各项收入 1561. 39 亿元，同比增长 4. 59%，增收 68. 59 亿元。其中，组织税收收入 1462. 72 亿元，同比增长 4. 11%，增收 57. 7 亿元（见图 1），剔除“营改增”因素后，可比增长 12. 7%，税收规模在全国大中城市中排名第三。税收收入中，中央级收入 416. 19 亿元，同比下降 0. 52%，减收 2. 16 亿元；地方级收入 1046. 53 亿元，同比增长 6. 07%，增收 59. 86 亿元，可比增长 18. 3%，地方级收入占全市公共财政预算收入的比重为 60. 5%，完成了市政府下达的年度税收任务。

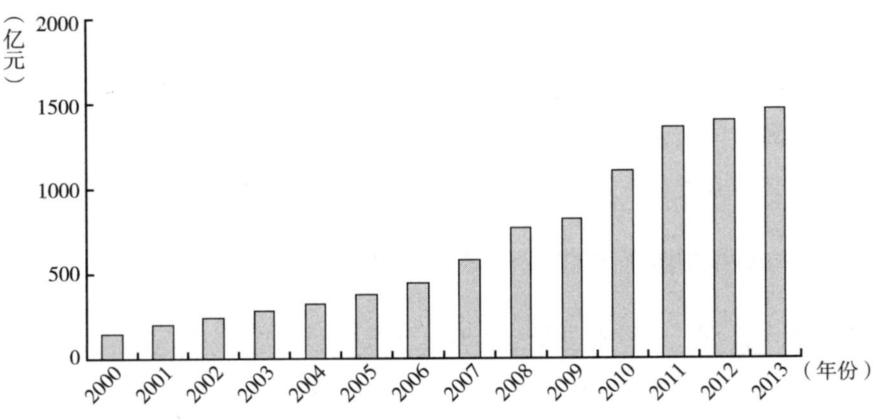


**图 1 2000～2013 年深圳地税组织税收收入**

资料来源：深圳地税年鉴和公布数据。

2013 年深圳地方税收收入具有以下特点。

### （一）税收增速、结构、产出效率全面协调，深圳发展质量更高

一是经济税收增长更加协调，税收规模持续增加，连续 7 年在全国大中城市排名第三，税收收入与经济增长的弹性系数为 1. 1，比“十一五”期间降低 0. 57。二是税种结构更趋均衡，营业税、企业所得税、个人所得税、财产行为税的比例分别为 28. 7%、23%、23. 4%、25%。三是支柱产业的支撑作用更

强，高新技术、金融、物流和文化产业合计贡献税收571.6亿元，占总体税收的比重达四成。四是税源分布更广，全年有税申报的户数为41.6万户，比上年增加4.5万户；百万以上纳税大户共9261户，税源覆盖11类526个行业细项，行业集中度比上年下降0.02。五是单位税收产出更高，每百元GDP的地税产出达10.2元，比全国平均水平高2元；每平方公里土地产出的地税收入达0.73亿元，居大中城市首位。

### （二）产业税收呈现“三高一低”，转型升级竞争力更强

一是第二、第三产业税收分别为341.4亿元和1120.5亿元，三次产业税收之比为0.05∶23.34∶76.61，第三产业税收比全国地税平均水平高7.7个百分点，分别比江苏、浙江、广东（不含深圳）和天津高10.3个、7.1个、5.6个百分点和2.2个百分点。二是先进制造业实现税收168.7亿元，占第二产业税收的比重为49.4%，比全国平均水平高26个百分点。三是现代服务业实现税收875.8亿元，占总体税收的比重达59.9%，比全国平均水平高5.4个百分点。四是房地产税收占总体税收的比重为22.2%，比全国平均水平低7.3个百分点。

### （三）战略性新兴产业减负增效，创新发展驱动力更足

六大战略性新兴产业贡献税收136.9亿元，可比增长12%，“营改增”转移至国税部门的增值税为14.36亿元，为企业直接减负7.1亿元。同时，“营改增”政策实施后不断释放的改革红利，对战略性新兴产业发展的深层次促进作用逐步显现。一是产业转型升级步伐不断加快，“营改增”后企业购进的原材料和固定资产税额可以抵扣，激励了企业加大投资再生产，试点纳税人购进固定资产进项税抵扣额达30.8亿元（战略性新兴产业占比近30%）。二是产业发展速度明显提高，战略性新兴产业的资产总额和营业收入分别增长11%和16.8%，其中，互联网、新一代信息技术产业的营业收入增幅均超过20%。三是企业效益得到有效提升，互联网和新一代信息技术产业的利润总额合计增长28.1%，龙头企业腾讯科技、海思半导体、普联技术等公司的利润分别比上年增加17.9亿元、12.8亿元和7.9亿元。互联网产业税收57.5亿元，可比增长18.2%；新一代信息技术产业税收72.3亿元，可比增长

12.8%；生物医药产业税收 20.2 亿元，增长 4.6%；新能源产业税收 16.9 亿元，可比增长 3%；新材料产业税收 7.4 亿元，受国际光伏市场产能过剩的影响，下降 12%；文化创意产业税收 53.1 亿元，可比增长 20.6%。

### （四）各税种收入比重有升有降，收入结构更趋均衡

在结构性减税、企业效益缓慢复苏以及推进风险管理等多重因素的叠加影响下，流转税、所得税和财产行为税的收入比重呈现出新的变化：一是“营改增”政策的实施导致第一大税种营业税收入占比下降 1.05 个百分点；二是 2012 年企业效益下滑严重，且 2013 年呈现缓慢复苏态势，导致企业所得税收入增长乏力，股息红利、全年一次性奖金项目个人所得税收入减收明显，两大税种收入占比分别下降 0.96 个百分点和 1.16 个百分点；三是随着社会财富的不断积累和经济活动行为的日益频繁，财行税税源得到迅速扩张，同时，通过大力推进信息管税实践，征管性因素也有力地促进了财行税收入的增长，财行税收入占比提高 3.16 个百分点。全年营业税、企业所得税、个人所得税、财产行为税收入的比例分别为 28.7%、23%、23.4%、25%，税种收入结构更趋均衡（见图 1）。

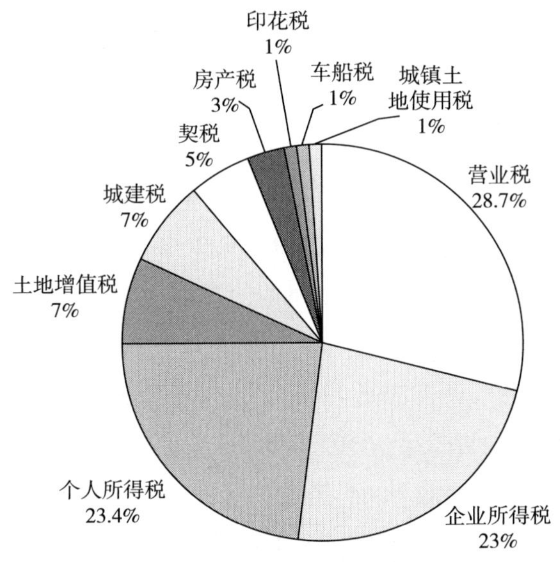


**图 2　2013 年深圳地税各税种收入构成**

资料来源：深圳地税年鉴和公布数据。

（1）营业税收入419.07亿元，同比增长0.43%，增收1.8亿元。其中：销售不动产营业税收入104.47亿元，同比增长63.7%，增收40.77亿元，但比上半年增幅回落42个百分点；建筑业营业税收入52.3亿元，同比增长20.06%，增收8.74亿元；金融保险业营业税收入131.28亿元，同比增长16.05%，增收18.16亿元。其中，银行业收入96.45亿元，同比增长16.29%，增收13.51亿元；证券业收入16.37亿元，同比增长26.3%，增收3.41亿元；保险业收入9.23亿元，同比下降16.52%，减收1.83亿元。“营改增”政策影响逐步深入，交通运输业仅剩铁路运输收入3.25亿元，同比下降86.67%，减收21.13亿元；服务业收入105.02亿元，同比下降31.05%，减收47.29亿元。

（2）企业所得税收入335.97亿元，同比下降0.05%，减收0.18亿元。分行业看，企业所得税收入增长主要集中在房地产业、商务服务业、信息技术服务业、批发零售业，四个行业企业所得税收入同比分别增长30.12%、24.6%、21.89%和9.02%，合计增收27.74亿元；受企业成本上升和外需下降等不利因素的影响，交通运输业、制造业企业所得税收入同比分别下降29.67%和14.79%，合计减收23.4亿元；受核电公司机组检修的不可比减收影响，电气水产供业企业所得税收入同比下降23.53%，减收4.4亿元。

（3）个人所得税收入341.94亿元，同比下降0.81%，减收2.8亿元。分项目看，工薪项目收入250.9亿元，同比增长5.64%；股息红利项目收入50.62亿元，同比下降35.2%，剔除华为不可比减收因素后仍下降5.76%；财产转让项目收入17.03亿元，同比增长76.26%，增收7.37亿元；个体工商户生产经营所得项目收入5.64亿元，同比增长9%，增收0.47亿元；劳务报酬所得项目收入5亿元，同比增长23.59%，增收0.95亿元。

（4）地方“七税”收入365.73亿元，同比增长19.19%，增收58.88亿元，对整体税收增长的贡献率达102.05%。其中：土地增值税收入107.06亿元，同比增长6.61%，增收6.64亿元；城建税收入98.01亿元，同比增长15.41%，增收13.09亿元；契税收入80.81亿元，同比增长58.43%，增收29.8亿元；房产税收入38.44亿元，同比增长17.1%，增收5.61亿元；印花税收入20.84亿元，同比增长2.61%，增收0.53亿元；车船税收入11.62亿

元，同比增长 26.25%，增收 2.42 亿元；城镇土地使用税收入 8.95 亿元，同比增长 9.76%，增收 0.8 亿元。

### （五）纳税主体开放多元，税源内生增长潜力更大

一是民营经济快速发展。全市共有民营企业 67 万户，比上年增加 16 万户，实现税收 925.6 亿元，同比增长 8%，占总体税收的比重达 63.3%。二是大中小微企业多元平衡。大型企业和中小微企业分别贡献税收 706.4 亿元和 756.3 亿元，所占比重分别为 48.3% 和 51.7%。三是“走出去”和“请进来”企业同步发展。深圳 345 家“走出去”重点企业承接国际劳务，贡献税收 66.4 亿元；境外企业在深圳进行股权投资等应税行为，贡献税收 34 亿元，其中，企业所得税 27.2 亿元。四是总部经济和上市公司相互融合。深圳认定的首批 65 家总部企业近七成是上市公司，贡献税收 233.4 亿元，占总体税收的比重为 16%；全市 184 家上市公司贡献税收 108 亿元。五是商事制度改革助推税源猛增。全年新增纳税人 22.2 万户，比上年增长 71%，贡献税收 10.3 亿元，增长 32.4%。

### （六）辖区税收结构互补，产业空间布局更优

罗湖、福田两区第三产业优势突出，税收总量分别为 228.2 亿元和 449.3 亿元，第三产业税收所占比重达 90%。南山区大力发展高新技术产业，实现税收 290.8 亿元，高新技术产业税收占比 21.6%；其中，前海片区现代服务业加快聚集，新增企业 2509 户，实现税收 12.1 亿元。宝安、龙岗两区力推工业转型，分别实现税收 141.7 亿元和 177.4 亿元。盐田区港口物流和旅游业协调发展，税收总量超 29 亿元。四大功能新区成为新的产业税收增长极，龙华、光明、坪山、大鹏新区合计贡献税收 146 亿元，增幅达 13.3%，比平均增幅高 9.2 个百分点。2013 年深圳地税税收分辖区构成如图 3 所示。

### （七）税收服务转型升级实现多维拓展，服务内涵更加丰富

全年为纳税人减免各项税收 110.8 亿元，受惠企业 8.2 万户次、个体工商户 16.2 万户，服务内涵实现三个方面的拓展：一是重点服务对象从战略性新

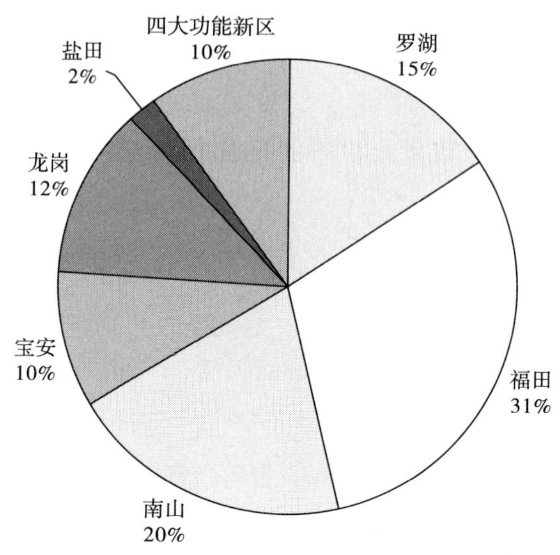


**图3　2013年深圳地税税收分辖区构成**

注：四大功能新区是指：龙华、光明、坪山、大鹏新区。
资料来源：深圳地税年鉴和公布数据。

兴产业向中小微企业拓展，落实提高营业税起征点等17项优惠政策，对17.8万户小微企业和个体工商户减免营业税2.4亿元，对2294户小微企业减免所得税508万元；二是服务领域从扶持产业发展向改善民生拓展，将改善民生等5项优惠政策纳入考核范围，在医疗、教育、养老、改善居住条件等领域减免税收10.7亿元；三是服务方式从广泛宣传辅导向分类定向推送政策拓展，全程跟踪4540户重点企业，对应享而未享的企业实行政策定向推送，对高新技术企业专项辅导8类40项政策，落实研发费用加计扣除、高新技术和重点软件低税率政策减免税收83.6亿元，同比提高30.8%。此外，全力推进“营改增”改革试点，19万户纳税人累计减税39.7亿元，减税幅度达32.9%。

## 二　探索构建以风险为导向的现代税收管理模式

2013年，深圳地税克服了政策调整的重大影响，实现了税收的平稳增长，一方面得益于深圳宏观经济稳中趋升和转型升级步伐的加快，增强了整体税源

的可持续发展能力；另一方面得益于深圳地税以组织收入为中心，以大征管体制、信息管税和风险管理传导反馈机制“三位一体”为主线，巩固、完善、提升实践成果，打造符合生产力发展要求的税收征管体制和税收服务机制，积极探索构建以风险为导向的现代税收管理模式，对税收的稳定增长起到了重要的促进作用。

### （一）加强收入统筹管理，使组织收入工作得到巩固完善

一是对 9226 户百万元以上重点税源监控企业和 1626 户战略性新兴产业的重点监控企业，按月实施动态监控，及时了解税源异动原因。二是及早分解落实收入任务，按月跟踪辖区收入完成进度，重点加强关键时间节点的收入监控，把握好组织收入工作的重点和力度。三是加强部门协调联动，完善计统部门统筹协调工作，促使征管、税政、稽查、税源管理等部门积极参与，促进基层局重点落实组织收入工作联动机制，不定期召开收入形势分析会，研判经济税收形势，形成组织收入工作合力。四是加强收入的动态预测，在对税源实施跟踪调研的基础之上，及时开展收入测算，并相应地调整组织收入应对方案，保障税收的平稳增长。

### （二）深化大征管体制改革，使组织收入工作推进得到充分保障

一是整合征管前端业务，统一规范 16 类 238 项业务，建立以全职能窗口为主的办税模式，节约人力 20%，办税平均提速 40%。二是提供多元化纳税服务，丰富电子税务局的功能，电子税务局开户总数达 55.4 万；建设上线纳税服务平台，建成移动税务局，提供 10 类掌上服务。三是形成税务稽查集约模式，强化管查联动，组织检查企业 1381 户，同比增长 142%，查补收入 8.2 亿元；发出稽查建议反馈书 90 份，调增 11 家个体户纳税定额，追缴入库税款 383 万元；开展打击假发票专项行动 4 次，查获地税假发票 22 万份。

### （三）加强信息管税，使组织收入能力得到有效提高

一是以信息化推动税收管理和服务模式创新，建设 105 个项目，完成“征、管、服”三大平台开发，形成更完整的系统架构。丰富缴税渠道，在全

国首批推广使用横联 POS 刷卡缴税，率先开发上线银行卡网上缴税。依托风险管理系统，形成以信息管税为特征的税源管理新模式。二是以数据分析驱动日常管理，推进两税比对，城建税收入同比增长 15.41%；强化重点行业的数据比对，会缴企业所得税 112.7 亿元；筛查分析 9.8 万条股权变更登记数据，查补税款 3.4 亿元；开展新办企业实收资本等印花税申报监控以及房产原值比对分析，补税 1313 万元；强化居民企业与非居民企业的协同管理，补税 1.6 亿元；完成对某现代服务企业的转让定价调整，补税 3.7 亿元；落实两级评估机制，评估补税 3 亿元。三是以外部信息互联推进基础管理，与保险机构联网，实现“先税后险、见税出单”，车船税增长 26.3%；与国土部门实现信息交互，完善存量房交易税收征管，增加个人所得税 5.3 亿元；委托国税代征共管双定个体户税款，与国税共享专业市场税源信息，实现精确到户、动态掌握；与法院“查控网”联网，拓宽获取纳税人财产信息的渠道。

### （四）建立传导反馈机制，使组织收入风险管理形成完整的工作闭环

一是建立和推送与收入相关的风险任务和指标。建立 7 类 103 项指标，下发 6 类指标共 1.4 万户次任务。二是有效开展风险应对。基层局成立专项小组，集中应对高风险任务，风险任务应对率达 94%。三是推动完善税收管理工作链条整合。在传导反馈机制下，税源管理职级进一步做实，相关处室成为征管链条的一环；基层风险管理职责更加明晰，通过传导反馈的任务管理方式，基层税源管理的水平逐步提升。

## 三　2014 年收入形势分析

2014 年，十八届三中全会对全面深化改革的部署，中央经济工作会议对经济结构战略性调整的要求，都给深圳经济税收发展带来了难得的机遇。但在当前宏观经济保持弱复苏态势以及结构性减税政策的导向下，2014 年深圳地方税收组织收入工作也面临诸多挑战。

一是国际经济缓慢复苏以及人民币升值、企业外迁等多重因素削弱了深圳

整体经济的回升动力。2013 年以来，美国、日本、欧元区的经济形势均出现了好转迹象，但新的经济增长点并未出现，增长动力依然不足。而新兴经济体受资本外流、通胀高企、财政和金融风险上升等问题的困扰，经济增速普遍下滑。在此背景下，深圳重点企业的国际市场拓展将受到一定程度的制约，特别是 2013 年人民币兑美元累计升值幅度超过 3%，对外贸出口企业的效益增长造成了较大的负面影响；同时，受制于原材料和用工成本的加大，深圳部分外商投资企业加速向东南亚等地转移，也进一步削弱了深圳整体经济的回升动力。

二是投资、消费的增长受到诸多因素的制约，经济整体缺乏持续强劲的增长动力。尽管 2013 年深圳宏观经济呈现稳中趋升的态势，但影子银行、地方融资平台治理等问题使政府主导的固定资产投资需求受到资金供给等因素的制约，并且企业利润下降也导致民间的技改投资与重大项目投资不足。同时，高房价挤出了部分居民的其他消费开支，影响居民实际消费能力，政府严格控制三公消费，也造成部分高端消费和集团消费的回落，家电、汽车等传统消费增速放缓，新的消费热点尚未形成。2013 年 1～11 月居民消费者零售总额同比增长 10.3%，比上年增幅回落 5.5 个百分点。综合来看，当前深圳经济整体仍缺乏持续强劲的增长动力，预计 2014 年仍将保持相对平稳的发展态势。

三是房地产业税收贡献度将明显降低，部分重点行业税收增长存在较大的不确定性。在“国五条”的政策刺激下，2013 年房地产业税收实现了 24.56% 的快速增长，其中，营业税增长 64%、契税增长 58.4%。但从 8 月开始，房地产税收持续下降，12 月累计增幅比上半年回落 42 个百分点。按照目前的趋势，2014 年房地产业税收将回落至平稳增长，对总体税收增长的贡献度将明显降低。同时，2014 年深圳最低工资标准调高到 1808 元/月，年均涨幅超过 13%，企业劳动力成本、用地成本、融资成本的不断攀升，导致劳动密集型企业的效益状况普遍不佳，制造业、批发零售业等重点行业的税收增长存在较大不确定性。

四是结构性减税政策实施将直接减少深圳地方税收。2014 年“营改增”试点范围扩大至铁路运输和邮政服务业，预计直接减少税收约 5 亿元；2013 年 8 月 1 日起实行的营改增双扩围预计因翘尾减收 3000 万元，小微企业起征

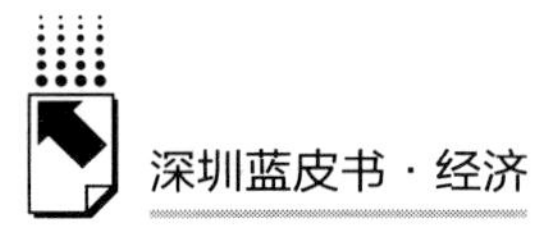


点上调政策预计因翘尾减收5000万元。此外，目前“营改增”试点纳税人已将近20万户，主要集中在税收增长潜力较大的现代服务业，政策实施在减少税收存量的同时，也对税收增量产生了较大的影响。而且，中央还会实施包括扩大小型微利企业所得税优惠范围等减税政策，将会直接减少深圳地方税收。

## 四 2014年工作重点

### （一）强化组织收入，确保税收持续稳定增长

加强收入管理和分析预测，完善组织收入工作机制，强化对重点税源企业和战略性新兴产业的监控。强化各税种管理，继续做好“两税”比对，加强对高收入者的个人所得税管理，开展房产税、城镇土地使用税“以地控税”试点。加强反避税工作，强化对跨国公司的监控。加大税务稽查力度，加强内外协作配合。

### （二）强化改革创新，推进现代税收管理实践

深化征管模式改革，继续推进大征管、信息管税、传导反馈机制“三位一体”实践。落实国家关于税制改革的部署，做好改革的前瞻性研究和推进落实工作。深化行政审批制度改革，精简行政审批事项，简化涉税事项办理流程和环节。深化商事登记制度改革，积极探索“三证合一”。

### （三）强化税收服务，助力经济社会发展和产业转型升级

深化产业税收分析，探索研究地税部门的经济税源景气指数，继续按季向市委市政府报送高质量的产业分析报告。加大对企业的服务力度，抓好前海税收优惠政策落实。完善纳税人需求分析响应机制，制订大企业管理和服务方案，推进纳税人信用体系建设。

### （四）强化队伍建设，打造作风硬、素质高的地税队伍

巩固党的群众路线教育实践活动成果，加大整改方案的落实力度。健全干

部管理体系，推进基层骨干人才队伍和市局高层次人才队伍建设。狠抓税收业务培训，壮大信息管税人才队伍。加强党风廉政建设，进一步完善政风行风建设，建立电子廉政教育基地。

2014 年，是深圳地税进一步弘扬创新精神、深入推进改革实践的一年，也是深圳地税创一流工作向纵深发展的一年。深圳地税将在正确研判和把握形势的基础上，继续以组织收入为中心，以服务转型升级为主题，以大征管、信息管税、传导反馈机制“三位一体”为主线，坚持改革创新，加大信息化应用力度，强化传导反馈机制，推进风险管理实践，为深圳经济社会健康发展做出新的贡献。

# 行业分析篇

Industry Reports

## B.13 深圳市六大战略性新兴产业发展情况分析

李俊文*

**摘 要：**

本文全面介绍了近5年来深圳六大战略性新兴产业发展的基本情况与特点：规模大、增长快、增加值率高、对经济增长贡献突出、行业集中度大、区域集聚效应明显、行业发展不平衡等。

**关键词：**

战略性新兴产业　增加值率　区域集聚

战略性新兴产业是以重大技术突破和重大发展需求为基础，对经济社会全局和长远发展具有重大引领带动作用，是知识技术密集、物质资源消耗少、成

* 李俊文，深圳市统计局。

长潜力大、综合效益好的产业。战略性新兴产业代表着当今世界科技创新和产业发展的方向，是新兴科技和新兴产业的深度融合，具有战略性、全局性、创新性、关联性、动态性、风险性等特点。

现阶段我国重点发展的战略性新兴产业主要包括节能环保、新一代信息技术、生物、高端装备制造、新能源、新材料和新能源汽车七大产业。在国家战略的引导下，我国诸多省市积极结合各地实际，积极部署战略性新兴产业发展。广东省把高端新型电子信息产业、新能源汽车产业、半导体照明产业、生物产业、高端装备制造产业、节能环保产业、新能源产业、新材料产业八大产业作为战略性新兴产业。深圳市自2008年始提出大力发展战略性新兴产业以来，结合自身产业基础，选择生物、互联网、新一代信息技术、新能源、新材料、文化创意六大产业作为战略性新兴产业。战略性新兴产业结构高端化、技术高端化、产品功能高端化、技术创新能力和技术力量整合能力强，已呈现环保化、融合化、高端化、集聚化、国际化等趋势。

2009～2013年的统计数据表明：深圳市六大战略性新兴产业增加值总量逐年扩大，速度大幅增长，占GDP的比重持续上升，新一代信息技术和文化创意产业是其主体，产业区域集群效应突出，增加值率明显高于同行业水平和广东全省的数值，与此同时，骨干企业的龙头地位十分明显，涌现出了一批全国乃至全球知名企业。战略性新兴产业成为深圳“有质量的稳定增长和可持续的全面发展”的助推器，推动科技进步的主力军，在深圳国民经济中具有举足轻重的地位。

## 一　规模大：六大战略性新兴产业增加值有望突破5000亿元

2009年至2013年9月深圳六大战略性新兴产业增加值为15777.16亿元。其中2009年2215.03亿元，2010年2760.40亿元，2011年3259.21亿元，2012年3878.22亿元，2013年1～9月3664.30亿元，2013年全年有望突破5000亿元，将超过2005年深圳的GDP（4950.91亿元）水平。据此，2009～2013年，5年内深圳六大战略性新兴产业增加值累计可望达到17112.86亿元，总量将超过深圳2013年全年GDP的（预计为1.45万亿元）水平。

从分年度增长额来看，2010～2013年深圳六大战略性新兴产业分别比上年增加545.37亿元、498.81亿元、619.01亿元、1121.78亿元。经过5年的培育，自2013年以来，深圳市六大战略性新兴产业呈加速增长之势，在深圳国民经济中发挥着越来越重要的作用（见表1和图1）。

**表1　2009～2013年深圳市六大战略性新兴产业规模情况**

单位：亿元

| 指标名称 | 2009年 | 2010年 | 2011年 | 2012年 | 2013年 | |
|---|---|---|---|---|---|---|
| | | | | | （预计） | 其中1～9月 |
| 六大产业合计 | 2215.03 | 2760.40 | 3259.21 | 3878.22 | 5000.00 | 3664.30 |
| 比上年同期增加 | — | 545.37 | 498.81 | 619.01 | 1121.78 | 520.03 |

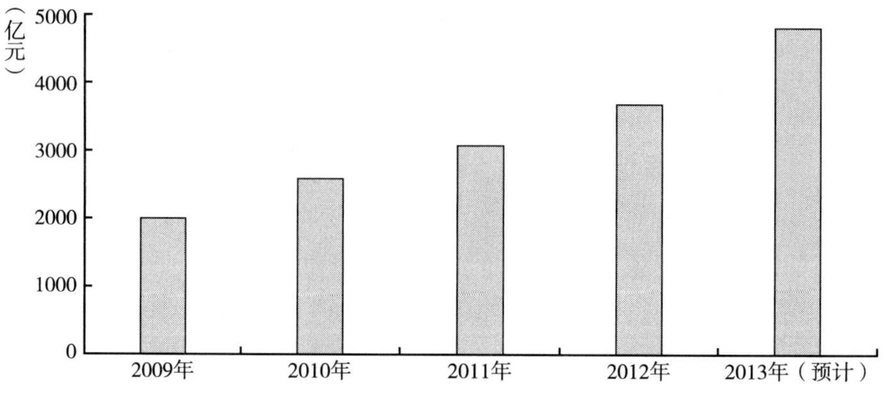


**图1　2009～2013年深圳市六大战略性新兴产业规模情况**

## 二　增长快：年均增长速度超过20%

2009～2012年，深圳六大战略性新兴产业年均增长20.5%。其中，增速最高的是互联网产业，高达41.8%。其次为：新能源产业27.7%，文化创意产业25.9%，新材料产业24.4%，新一代信息技术产业13.9%，生物产业12.8%。

2013年1～9月，深圳六大战略性新兴产业在上年基数较大的前提下，仍然达到16.5%的增幅，增速高于同期GDP 6.8个百分点（见表2和图2）。

表 2　2010 ~ 2012 年深圳市六大战略性新兴产业增加值现价分年增长幅度

单位：%

| 指标名称 | 年均增长率 | 2010 年 | 2011 年 | 2012 年 |
|---|---|---|---|---|
| 互联网产业 | 41.8 | 29.6 | 79.4 | 22.6 |
| 新能源产业 | 27.7 | 41.6 | 26.9 | 15.9 |
| 文化创意产业 | 25.9 | 26.0 | 26.7 | 25.0 |
| 新材料产业 | 24.4 | 46.1 | 20.5 | 9.4 |
| 新一代信息技术产业 | 13.9 | 21.9 | 4.1 | 16.5 |
| 生物产业 | 12.8 | 1.1 | 21.3 | 17.2 |
| 六大产业合计 | 20.5 | 24.6 | 18.1 | 19.0 |

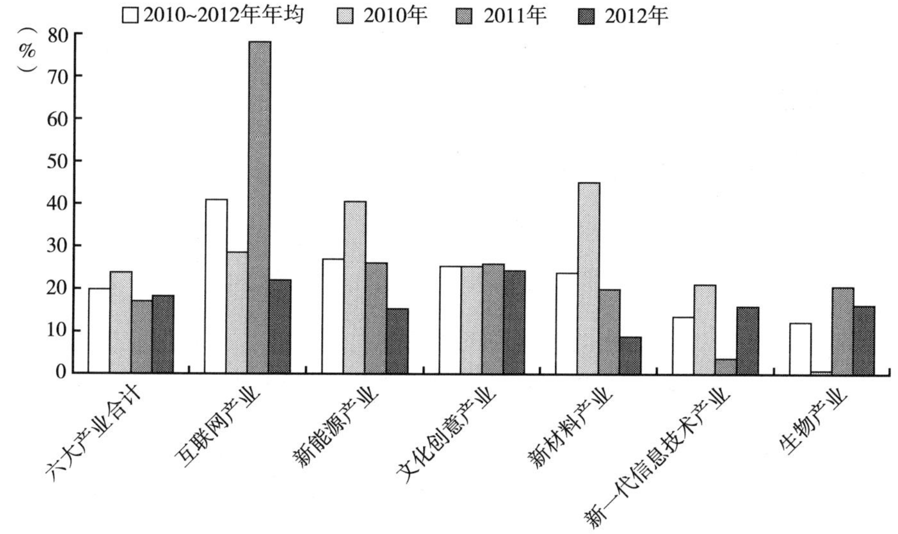


图 2　2010 ~ 2012 年深圳市六大战略性新兴产业增加值现价分年增长幅度

## 三　对 GDP 的贡献十分突出

一是占 GDP 的比重大，占比超过三成，而且近年来呈快速上升之势。2009 ~ 2011 年深圳六大战略性新兴产业增加值占 GDP 的比重为 27.0% ~ 28.3%；2012 年则增至 3878.22 亿元，占 GDP 的比重达 29.9%；2013 年 1 ~ 9 月深圳六大战略性新兴产业增加值达 3664.3 亿元，占 GDP 的比重猛增至 36.3%（见表 3 和图 3）。

**表3　深圳市六大战略性新兴产业增加值占GDP比重情况**

单位：亿元，%

| 指标名称 | 全市总计 | 2009年 | 2010年 | 2011年 | 2012年 | 2013年1～9月 |
|---|---|---|---|---|---|---|
| 六大产业增加值 | 15777.16 | 2215.03 | 2760.40 | 3259.21 | 3878.22 | 3664.30 |
| GDP(按现价) | 52321.76 | 8201.32 | 9581.51 | 11505.53 | 12950.06 | 10083.34 |
| 占GDP比重 | 30.2 | 27.0 | 28.8 | 28.3 | 29.9 | 36.3 |

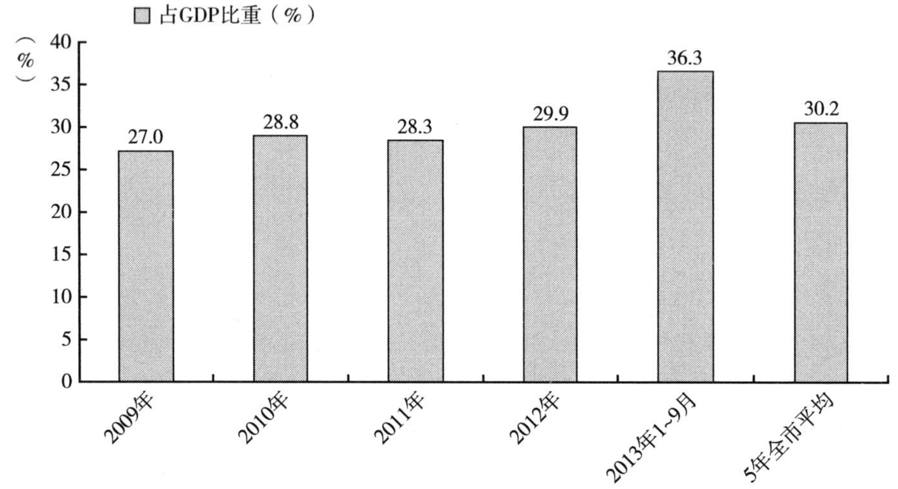


**图3　深圳市六大战略性新兴产业增加值占GDP比重**

二是平均增长幅度快。2009～2012年，深圳六大战略性新兴产业增加值平均增幅20.5%，而同期GDP（现价）增幅为16.4%，规模以上工业增加值为14.2%，六大战略性新兴产业增加值平均增幅分别高于同期GDP和规模以上工业增加值4.1个百分点和6.3个百分点；2013年1～9月，深圳六大战略性新兴产业增加值同比增长16.5%，分别高于同期GDP和规模以上工业增加值6个百分点和10.6个百分点（见表4和图4、图5）。

**表4　深圳市新兴产业增加值、GDP、工业增加值增长速度对比情况**

单位：%

| 指标名称 | 2010年 | 2011年 | 2012年 | 2009～2012年平均增长幅度 | 2013年1～9月同比增长 |
|---|---|---|---|---|---|
| 六大新兴产业增加值环比增长 | 24.6 | 18.1 | 19.0 | 20.5 | 16.5 |
| GDP(现价)环比增长 | 16.8 | 20.1 | 12.6 | 16.4 | 10.5 |
| 工业增加值(规模以上)环比增长 | 17.8 | 18.0 | 7.2 | 14.2 | 5.9 |

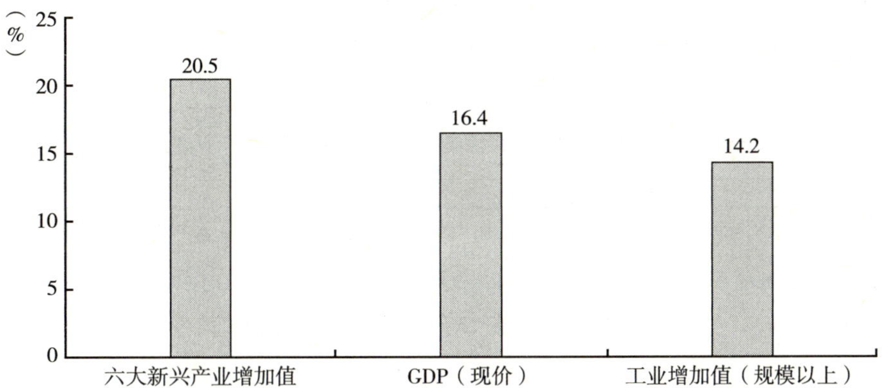


**图4　2009～2012年新兴产业增加值、GDP、工业增加值平均增长幅度**

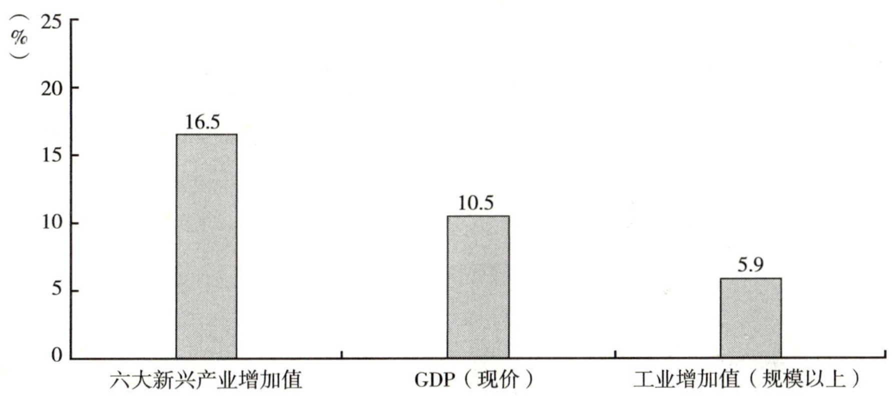


**图5　2013年1～9月新兴产业增加值、GDP、工业增加值增长幅度**

## 四　新一代信息技术和文化创意产业占六大战略性新兴产业产值比重超过七成

从2009年至2013年9月止，深圳六大战略性新兴产业增加值为15777.16亿元，其中新一代信息技术7137.89亿元，占45.2%；文化创意产业4384.0亿元，占27.8%；互联网产业1319.17亿元，占8.4%；新能源产业1136.24亿元，占7.2%；新材料产业966.36亿元，占6.1%；生物产业833.50亿元，占5.3%。新一代信息技术和文化创意产业合计11521.89亿元，占六大战略性新兴产业产值的73%（见表5和图6）。

**表5　2009年至2013年1~9月深圳市六大战略性新兴产业增加值构成**

单位：亿元，%

| 指标名称 | 名次 | 合计 | 比重 |
| --- | --- | --- | --- |
| 新一代信息技术 | 1 | 7137.89 | 45.2 |
| 文化创意产业 | 2 | 4384.00 | 27.8 |
| 互联网产业 | 3 | 1319.17 | 8.4 |
| 新能源产业 | 4 | 1136.24 | 7.2 |
| 新材料产业 | 5 | 966.36 | 6.1 |
| 生物产业 | 6 | 833.50 | 5.3 |
| 六大战略性新兴产业合计 | — | 15777.16 | 100.0 |

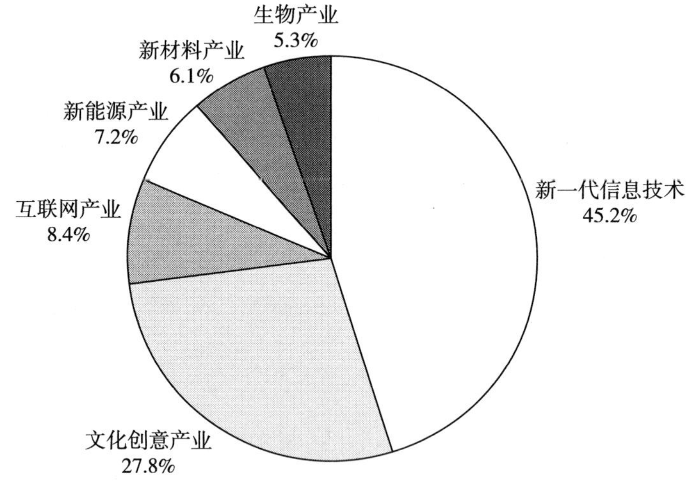


**图6　2009年至2013年1~9月深圳市六大战略性新兴产业增加值构成**

## 五　六大战略性新业产业内部结构变化趋势差异明显

一是互联网产业规模快速壮大，所占比重持续上升；二是生物产业增长水

平低于全市平均水平，值得关注。建议采取有效措施充分利用深圳国际基因库建设的机遇，推动生物产业加快发展。

## 六　战略性新兴产业的区域集聚效应明显，南山和龙岗两区的增加值占全市六成以上

2013 年 1 ~ 9 月，深圳生物、新能源、互联网、新材料、新一代信息技术五大战略性新兴产业（不包括文化创意产业）实现增加值 2652. 30 亿元，其中南山区为 941. 71 亿元，占 35. 5%；龙岗区为 664. 31 亿元，占 25. 0%。南山和龙岗两区合计为 1606. 02 亿元，占 60. 5%。其次为：福田区 312. 49 亿元，占 11. 8%；宝安区 224. 42 亿元，占 8. 5%；大鹏新区 175. 82 亿元，占 6. 6%；坪山新区 126. 2 亿元，占 4. 8%；龙华新区 92. 51 亿元，占 3. 5%；光明新区 91. 43 亿元，占 3. 4%；罗湖区 18. 32 亿元，占 0. 7%；盐田区 5. 09 亿元，占 0. 2%（见表 6 和图 7）。

**表 6　2013 年 1 ~ 9 月深圳市五大战略性新兴产业增加值分区构成**

单位：亿元，%

| 地　　区 | 名次 | 增加值 | 比重 |
|---|---|---|---|
| 南 山 区 | 1 | 941. 71 | 35. 5 |
| 龙 岗 区 | 2 | 664. 31 | 25. 0 |
| 福 田 区 | 3 | 312. 49 | 11. 8 |
| 宝 安 区 | 4 | 224. 42 | 8. 5 |
| 大鹏新区 | 5 | 175. 82 | 6. 6 |
| 坪山新区 | 6 | 126. 20 | 4. 8 |
| 龙华新区 | 7 | 92. 51 | 3. 5 |
| 光明新区 | 8 | 91. 43 | 3. 4 |
| 罗 湖 区 | 9 | 18. 32 | 0. 7 |
| 盐 田 区 | 10 | 5. 09 | 0. 2 |
| 合　　计 | — | 2652. 30 | 100. 0 |

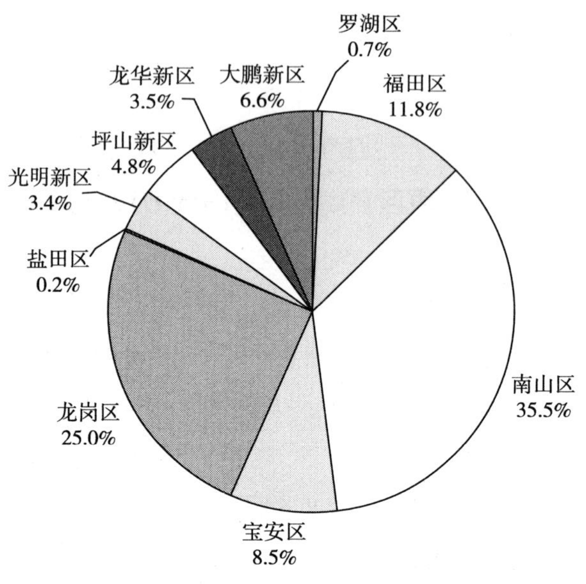


**图7　2013年1~9月深圳市五大战略性新兴产业增加值分区构成**

## 七　位于前10名的龙头企业骨干地位十分突出

统计表明，2013年1~9月深圳五大战略性新兴产业（不包括文化创意产业）实现增加值2652.3亿元，其中位于前10名的企业依次为：华为技术有限公司、中兴通讯股份有限公司、腾讯科技（深圳）有限公司、中国移动通信集团广东有限公司深圳分公司、中国电信股份有限公司深圳分公司、中广核工程有限公司、鸿富锦精密工业（深圳）有限公司、宇龙计算机通信科技（深圳）有限公司、深圳市比亚迪汽车有限公司、深圳市腾讯计算机系统有限公司，这10大企业累计增加值1493.16亿元，占全市的56.3%，其中每个单位的增加值为30亿~600亿元，第1名与第10名企业增加值相差20倍左右。从产业来看，各产业前10名企业占该产业的比重最大的为新一代信息技术，高达83.9%；其余为新能源79.0%、互联网70.6%、新材料45.2%、生物产业38.5%（见表7和图8）。

**表7　2013年1~9月深圳市五大战略性新兴产业前十名企业情况**

单位：亿元，%

| 指标名称 | 前十名企业合计 | 各产业增加值合计 | 占各自产业合计中的比重 | 占五大产业合计中的比重 |
|---|---|---|---|---|
| 新一代信息技术产业 | 1353.57 | 1614.23 | 83.9 | 51.0 |
| 互联网产业 | 270.99 | 383.76 | 70.6 | 10.2 |
| 新能源产业 | 194.24 | 245.88 | 79.0 | 7.3 |
| 新材料产业 | 109.24 | 241.89 | 45.2 | 4.1 |
| 生物产业 | 64.08 | 166.54 | 38.5 | 2.4 |
| 五大产业 | 1493.16 | 2652.3 | — | 56.3 |

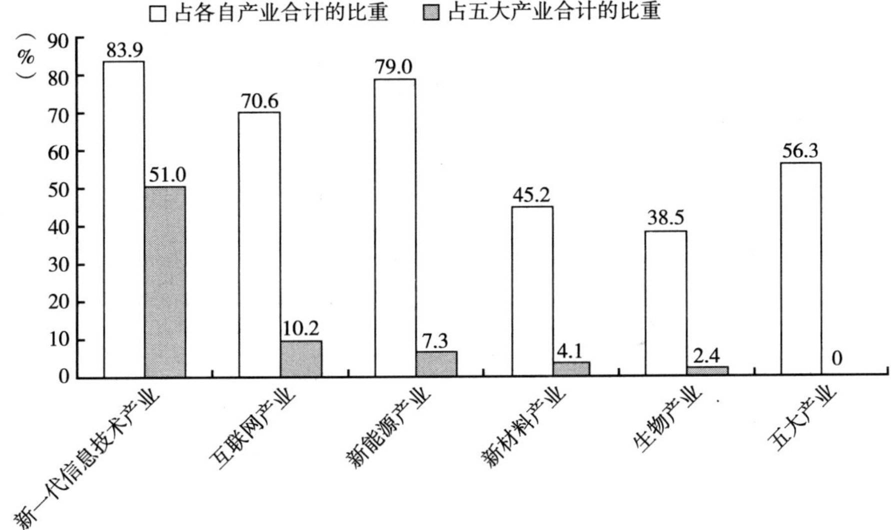


**图8　2013年1~9月深圳市五大战略性新兴产业前十名企业情况**

## 八　增加值率明显高于全市同行业和省相关产业水平

一是从六大新兴产业内部结构来看，2013年上半年深圳新兴产业增加值率平均达28.7%。其中，新一代信息技术产业最高，达31.6%；其余依次为：新能源产业29.9%、互联网产业28.5%、文化创意产业27.5%、生物产业25.2%、新材料产业21.9%（见表8和图9）。

**表 8　2013 年上半年深圳市六大战略性新兴产业增加值率情况**

单位：亿元

| 指标名称 | 增加值率名次 | 增加值 | 总产出 | 增加值率(%) |
|---|---|---|---|---|
| | ① | ② | ③ | ②/③ |
| 新一代信息技术产业 | 1 | 979.61 | 3101.26 | 31.6 |
| 新能源产业 | 2 | 151.74 | 506.80 | 29.9 |
| 互联网产业(发改委口径) | 3 | 284.36 | 996.78 | 28.5 |
| 文化创意产业 | 4 | 647.00 | 2349.75 | 27.5 |
| 生物产业 | 5 | 106.84 | 424.77 | 25.2 |
| 新材料产业 | 6 | 164.81 | 753.85 | 21.9 |
| 合　计 | | 2334.36 | 8133.21 | 28.7 |

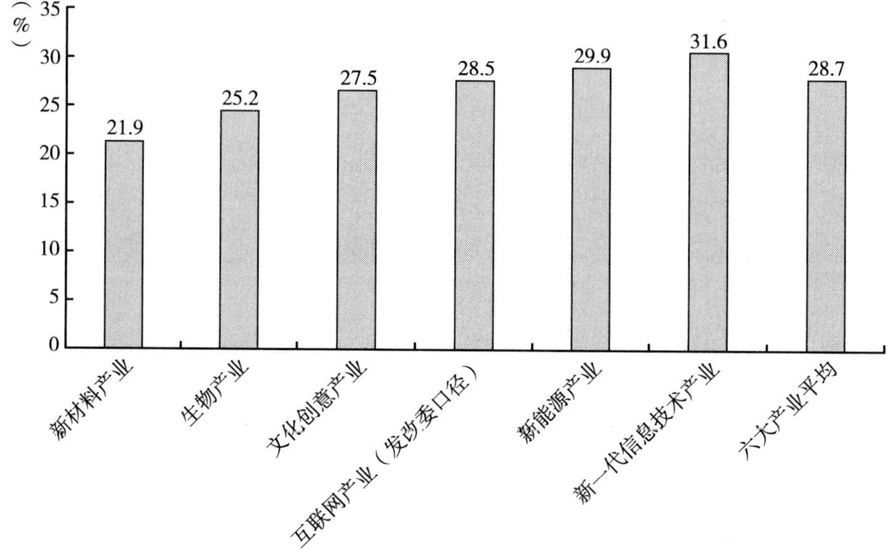


**图 9　2013 年上半年深圳市六大战略性新兴产业增加值率**

二是从国民经济各行业来看，2013 年上半年深圳六大新兴产业增加值率中工业为 28.3%，批发零售业为 16.4%，服务业为 39.6%，分别高出全市工业、批发零售业、服务业 3 个百分点、9.9 个百分点和 9.8 个百分点。其中在服务业中的新一代信息技术产业和文化创意产业的增加值率分别高达 55.9% 和 43.2%（见表 9 和图 10）。

三是从广东全省来看，据广东省统计局的统计资料，2012 年广东省规模以上八大战略性新兴产业（高端新型电子信息产业、新能源汽车产业、半导体照明产业、生物产业、高端装备制造产业、节能环保产业、新能源产业、新

**表9　2013年上半年深圳市六大战略性新兴产业增加值率构成情况**

单位：%

| 指标名称 | 三大行业平均 | 工业 | 批发零售业 | 服务业 |
|---|---|---|---|---|
| 新一代信息技术产业 | 31.6 | 29.9 | 17.3 | 55.9 |
| 新能源产业 | 29.9 | 29.9 | | |
| 互联网产业(发改委口径) | 28.5 | 18.7 | 22.1 | 32.7 |
| 文化创意产业 | 27.5 | 29.3 | 16.6 | 43.2 |
| 生物产业 | 25.2 | 30.8 | 13.0 | 34.2 |
| 新材料产业 | 21.9 | 21.8 | 24.6 | 21.9 |
| 六大产业平均 | 28.7 | 28.3 | 16.4 | 39.6 |
| 全市平均 | 18.5 | 25.3 | 6.5 | 29.8 |
| 六大产业比全市增减(+/-) | 10.2 | 3.0 | 9.9 | 9.8 |

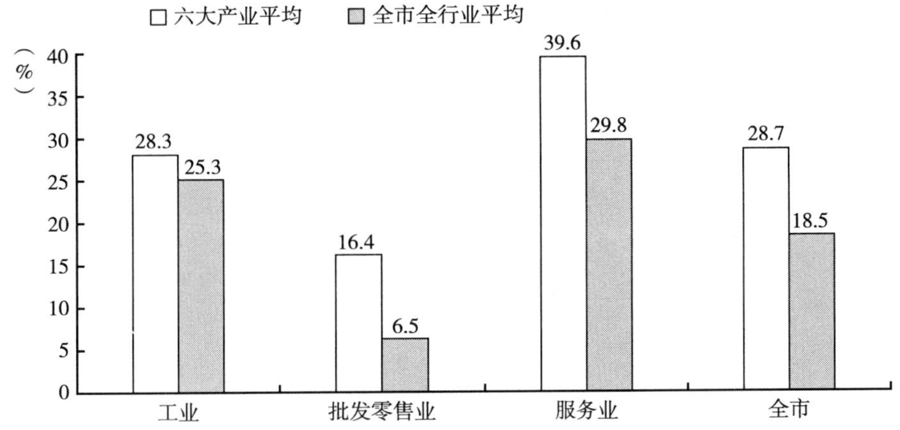


**图10　2013年上半年深圳市三大行业与全市增加值率对比**

材料产业）增加值率为23.6%，明显低于深圳六大战略性新兴产业中工业企业28.3%的水平，这从另一个侧面说明深圳战略性新兴产业的含金量高于全省4.7个百分点（尽管口径不一样，但仍可作一定的参考）。

## 九　为打造“科技之城”奠定了基础

战略性新兴产业的发展，有力地促进了深圳科学技术活动的开展和繁荣。统计表明：①深圳大中型工业企业从事科技活动的人员由2009年的16.20万人增至2012年的25.70万人，平均增长16.6%；②大中型工业企业科技项目经费内部支出由2009年的309.70亿元增至2012年的530.09亿元，平均增长19.6%，其中R&D经费支出由2009年的240.29亿元增至2012年的438.98亿元，年均增长22.2%；③全市专利申请总量由2009年的42279件增至2012年的73130件，年均增长20.0%，其中发明专利申请量由2009年的20520件增至2012年的31075件，年均增长14.8%；④全市专利授权总量由2009年的25894件增至2012年的48662件，年均增长23.4%。六大战略性新兴产业与深圳科技活动同呼吸、共繁荣，为打造深圳科技之城奠定了基础（见表10和图11）。

**表10　2009~2012年深圳市大中型工业企业科技活动情况**

| 项　目 | 2009年 | 2010年 | 2011年 | 2012年 | 年均增长(%) |
|---|---|---|---|---|---|
| 一、企业活动人员(万人) | 16.20 | 22.60 | 21.89 | 25.70 | 16.6 |
| 二、科技项目经费内部支出(亿元) | 309.70 | 395.41 | 464.58 | 530.09 | 19.6 |
| 其中:R&D经费支出(亿元) | 240.29 | 301.49 | 372.57 | 438.98 | 22.2 |
| 三、全市专利申请总量(件) | 42279 | 49430 | 63522 | 73130 | 20.0 |
| 其中:发明专利申请量(件) | 20520 | 23956 | 28823 | 31075 | 14.8 |
| 四、全市专利授权总量(件) | 25894 | 34951 | 39363 | 48662 | 23.4 |

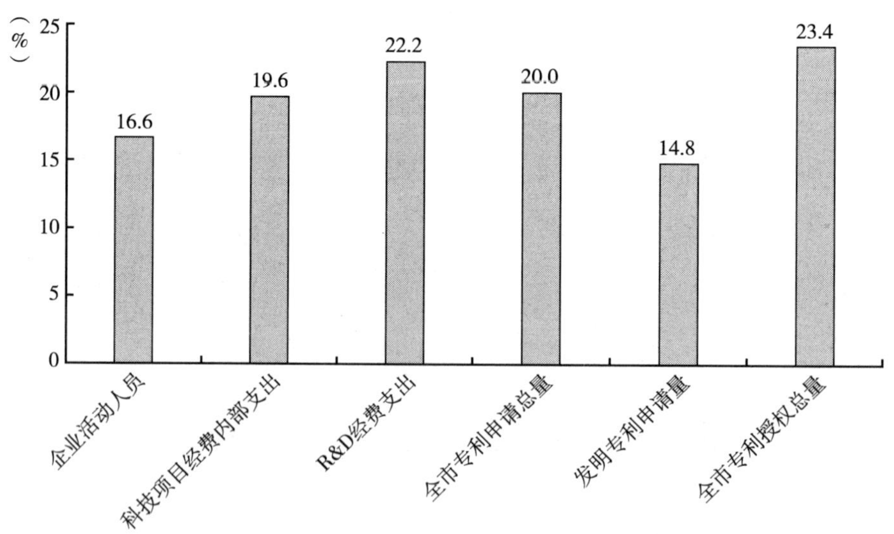


**图11　2009~2012年深圳市大中型工业企业科技活动主要指标平均增长幅度**

B.14

# 深圳市生命健康产业情况调查与发展探讨

李俊文*

**摘　要：**

本文介绍了深圳生命健康产业的构成与发展的特点，如产业扩张快、占 GDP 比重稳步上升、行业集中度大、效益高、以生物产业为主导等，并提出了促进该产业发展的若干建议。

**关键词：**

生命健康产业　集聚效应　效益

## 一　调查的基本情况

这里的“生命健康产业”是指包括生命信息、高端医疗、健康管理、照护康复、养生保健、健身休闲等领域的生命健康服务业以及为其提供支撑的生命信息设备、数字化健康设备和产品、养老康复设备、新型保健品、健身休闲用品等生命健康制造业。为更好地了解深圳生命健康产业企业的发展情况，为党政领导及有关部门提供决策依据，2013 年，深圳市统计局对现有统计名录库中掌握的规模以上的 138 家生命健康企业进行了调查，调查结果表明：深圳生命健康产业规模不断扩大，占 GDP 的比重稳步上升，制造业和生物产业是其主体，生命信息产业发展最快；与此同时，产业效益不断提高，涌现了一批龙头企业。

* 李俊文，深圳市统计局。

### （一）产业规模不断扩大，主要指标年均增速超过20%

近年来，深圳生命健康产业发展较快。据统计，2012年深圳生命健康产业规模以上的企业138家，全部从业人员7.59万人；总资产866.28亿元，与2010年相比，年均增长32%；营业收入551.18亿元，年均增长21.5%；利润总额87.16亿元，年均增长25.7%；增加值173.52亿元，年均增长27.8%（见表1和图1）。

**表1　2010～2012年深圳市生命健康产业主要指标情况**

单位：亿元，%

| 指标名称 | 2012年 | 2010年 | 年均增长 |
|---|---|---|---|
| 营业收入 | 551.18 | 373.56 | 21.5 |
| 利润总额 | 87.16 | 55.20 | 25.7 |
| 增加值 | 173.52 | 106.19 | 27.8 |
| 资产总计 | 866.28 | 496.84 | 32.0 |

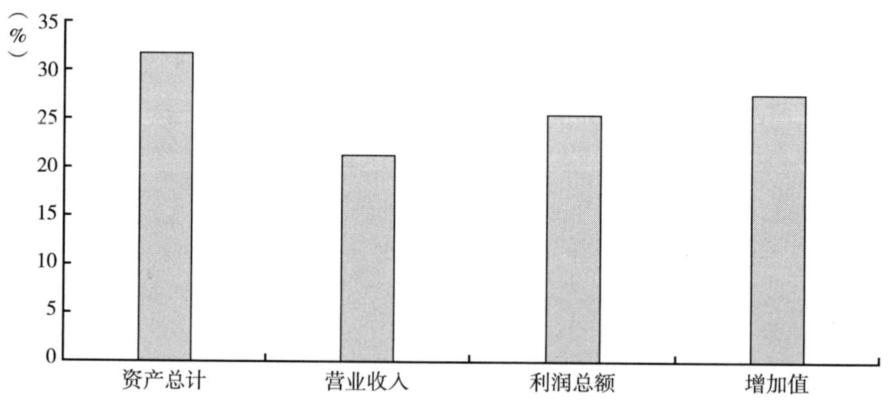


**图1　2010～2012年深圳市生命健康产业主要指标年均增长速度**

### （二）对GDP的贡献不断扩大，占其比重稳步上升

2010～2012年，深圳生命健康产业实现增加值分别为106.19亿元、133.16亿元和173.52亿元，环比分别增长25.4%和30.3%，与同期GDP

（现价）增速20.1%和12.6%相比，分别高出5.3个百分点和17.7个百分点。占GDP的比重则由2010年的1.11%，稳步上升到2012年的1.34%（见表2）。

**表2 2010～2012年深圳市生命健康产业产值占GDP比重情况**

单位：亿元，%

| 指标名称 | | 2010年 | 2011年 | 2012年 |
|---|---|---|---|---|
| 生命健康 | 绝对值 | 106.19 | 133.16 | 173.52 |
| | 环比增长 | | 25.4 | 30.3 |
| GDP（按现价） | 绝对值 | 9581.51 | 11505.53 | 12950.08 |
| | 环比增长 | | 20.1 | 12.6 |
| 占GDP比重 | | 1.11 | 1.16 | 1.34 |

## （三）制造业不仅贡献大，而且发展最快

按行业划分，2012年深圳生命健康产业实现增加值173.52亿元。其中制造业143.26亿元，占82.5%；商业21.83亿元，占12.6%；服务业8.43亿元，占4.9%。

从发展速度来看，2012年与2010年相比，深圳生命健康产业年均增长27.8%，其中制造业增长33.7%，其次是商业10.7%，最后为服务业1.3%。可见，深圳生命健康产业以制造业为主，不仅绝对额大，而且发展速度高；相反，服务业不仅规模小，所占比重低，而且发展速度低，这从另一方面说明深圳生命健康产业在服务业领域有着更大发展空间（见表3和图2）。

**表3 2012年深圳市生命健康产业增加值分行业情况**

单位：亿元，%

| 指标名称 | 名次 | 绝对值 | 比重 | 年均增长 |
|---|---|---|---|---|
| 制造业 | 1 | 143.26 | 82.5 | 33.7 |
| 商　业 | 2 | 21.83 | 12.6 | 10.7 |
| 服务业 | 3 | 8.43 | 4.9 | 1.3 |
| 合　计 | — | 173.52 | 100.0 | 27.8 |

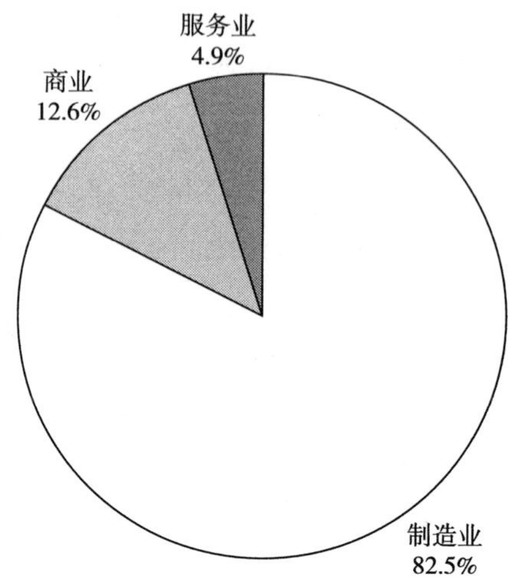


**图 2　2012 年深圳市生命健康产业增加值情况**

## （四）生物产业占六成以上，生命信息年均增长速度超过 60%

从领域来看，2012 年深圳生命健康产业增加值达 173.52 亿元，其中生物产业 114.85 亿元，占 66.2%；保健食品 11.51 亿元，占 6.6%；化妆品 4.74 亿元，占 2.7%；健康休闲 2.10 亿元，占 1.2%；健康管理 1.17 亿元，占 0.7%；高端医疗 0.36 亿元，占 0.2%；生命信息 0.33 亿元，占 0.2%；其他 38.46 亿元，占 22.2%（见表 4 和图 3）。

**表 4　2012 年深圳市生命健康产业增加值分领域构成情况**

单位：亿元，%

| 指标名称 | 比重排名 | 绝对值 | 比重 |
|---|---|---|---|
| 生物产业 | 1 | 114.85 | 66.2 |
| 保健食品 | 3 | 11.51 | 6.6 |
| 化 妆 品 | 4 | 4.74 | 2.7 |
| 健康休闲 | 5 | 2.10 | 1.2 |
| 健康管理 | 6 | 1.17 | 0.7 |
| 高端医疗 | 7 | 0.36 | 0.2 |
| 生命信息 | 8 | 0.33 | 0.2 |
| 其　　他 | 2 | 38.46 | 22.2 |
| 合　　计 | — | 173.52 | 100.0 |

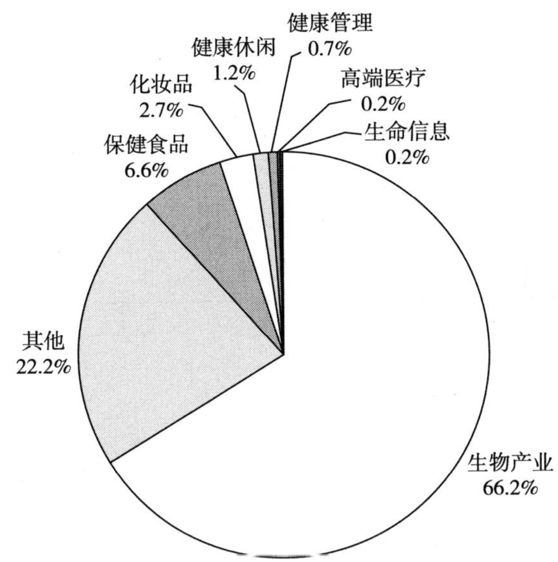


**图 3　2012 年深圳市生命健康产业增加值分领域构成**

从近三年的年均增长速度来看，2012 年与 2010 年相比，全市生命健康产业增加值年均增速 27.8%，其中最高的为生命信息产业 61.2%，其次为化妆品 53.9%、保健食品 53.5%、生物产业 34.5%、高端医疗 26.8%、健康休闲 -8.2%、健康管理 -13.3%、其他 11.0%（见表 5 和图 4）。

**表 5　2010～2012 年深圳市生命健康产业增加值分领域年均增长情况**

单位：亿元，%

| 指标名称 | 年均增长排名 | 绝对值 | 年均增长 |
| --- | --- | --- | --- |
| 生命信息 | 1 | 0.33 | 61.2 |
| 化 妆 品 | 2 | 4.74 | 53.9 |
| 保健食品 | 3 | 11.51 | 53.5 |
| 生物产业 | 4 | 114.85 | 34.5 |
| 高端医疗 | 5 | 0.36 | 26.8 |
| 健康休闲 | 8 | 2.10 | -8.2 |
| 健康管理 | 7 | 1.17 | -13.3 |
| 其　　他 | 6 | 38.46 | 11.0 |
| 合　　计 | — | 173.52 | 27.8 |

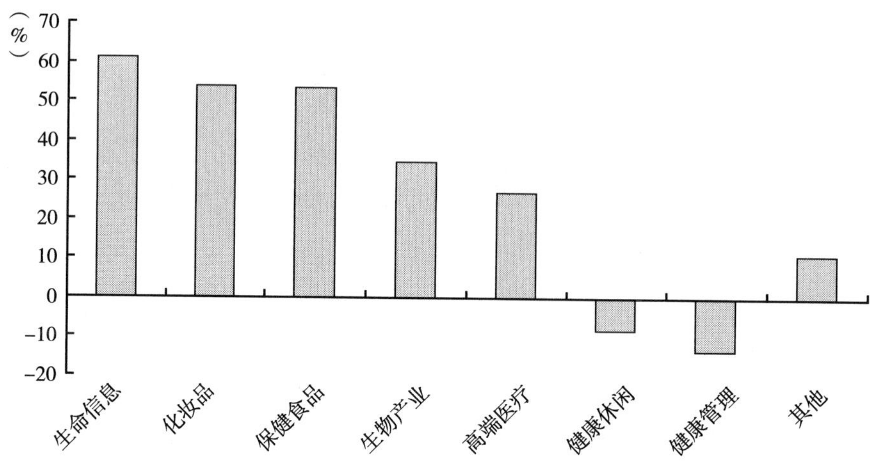


**图4　2010～2012年深圳市生命健康产业增加值分领域年均增长情况**

## （五）龙头企业涌现，聚集效应明显

2012年，深圳138家生命健康企业中，营业收入超10亿元的企业有16家，营业收入达342.69亿元，占62.2%；其资产总额460.09亿元，占53.1%；利润总额57.10亿元，占65.5%；增加值105.09亿元，占60.6%；年均从业人员3.01万人，占39.7%（见表6和图5）。

**表6　2012年深圳市生命健康产业主要指标情况**

| 指标名称 | 企业数（个） | 总资产（亿元） | 营业收入（亿元） | 利润总额（亿元） | 增加值（亿元） | 从业人员（万人） |
|---|---|---|---|---|---|---|
| 全市总计 | 138 | 866.28 | 551.18 | 87.16 | 173.52 | 7.59 |
| 营业收入超10亿元企业合计 | 16 | 460.09 | 342.69 | 57.10 | 105.09 | 3.01 |
| 比重(%) | 11.6 | 53.1 | 62.2 | 65.5 | 60.6 | 39.7 |

其中营业收入位于前十名的企业依次为：深圳迈瑞生物医疗电子股份有限公司、深圳华润三九医药贸易有限公司、新美亚电子（深圳）有限公司、伟创力科技（深圳）有限公司、深圳海王药业有限公司、国药集团一致药业股份有限公司、三九医药股份有限公司（本部）、深圳信立泰药业股份有限公司、深圳市海普瑞药业股份有限公司、深圳市康哲药业有限公司。

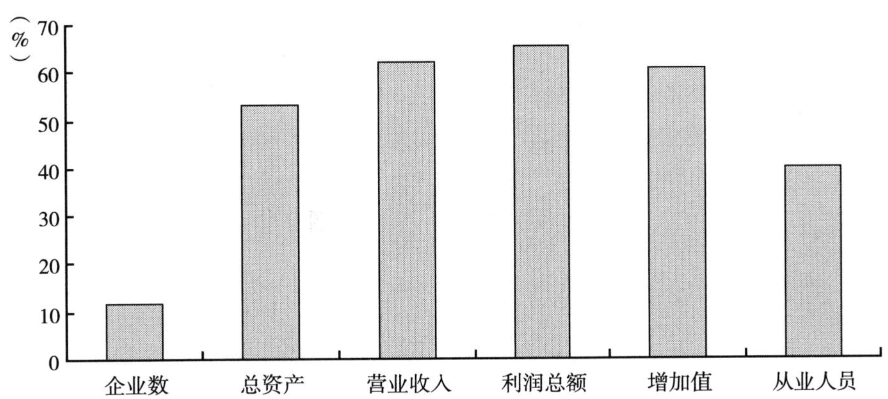


**图5　2012 年深圳市生命健康产业 16 家营业收入超 10 亿元企业主要指标情况**

### （六）产业效益有较大提高

2010 ~2012 年，深圳生命健康产业主要经济指标有着长足发展，效益有较大提高。突出表现在：一是人均增加值 2012 年达 22. 87 万元，比 2010 年的 16. 6 万元年均增长 17. 4%；二是人均利润总额 2012 年达 11. 49 万元，年均增长 15. 4%；三是人均营业收入 2012 年达 72. 66 万元，年均增长 11. 5%。与此同时，利润率由 2010 年的 14. 8% 提高到 2012 年的 15. 8%，增加值率由 2010 年的 16. 6% 提高到 2012 年的 22. 87%，表明经济效益有较大提高。

## 二　发展政策与举措探讨

**1. 提高认识，加强领导**

各级领导要提高对发展生命健康产业重要性的认识，要从贯彻落实党的群众路线教育实践活动、落实科学发展观、提高深圳质量高度出发，深刻认识发展生命健康产业的重要意义，增强责任感和紧迫感，强化生命健康产业研究、管理、协调机构的职能，对全市性的生命健康产业发展情况的调查研究，组织制定深圳市生命健康产业发展规划及实施方案，整合深圳发改委、科创委、经信委、财政委、卫人委等部门的职能，积极监督并推动生命健康产业发展。

**2. 锐意改革，开拓创新**

借鉴国际成熟的管理体系与符合国际标准的质量认证体系，开展新型医学检测技术和生物治疗技术的临床研究与应用，争取国家有关部门的支持，放宽境外医、护等专业人士在深圳的执业许可，积极试点“医师多点执业”等；进一步推动将民办医疗机构纳入医保定点服务范围。争取国家相关部门对大型医疗设备、检测设备等进口给予快速审批、关税减免等支持。率先建立健全生命健康产业的行业监管体系。探索将健康检测、健康促进等服务纳入医保覆盖范围，支持发展商业健康保险，推动深圳医疗保障制度率先向健康保障制度转变。

**3. 多元投资，多种经营**

制定配套政策，适当给予放开、优惠的扶植政策，鼓励多元投资机制和多种经营方式，鼓励非生命健康企业和境外资金投入生命健康产业。调整财政投入结构和投入方式，适当增加用于扶持生命健康产业发展的政策性专项投入，加强对公共生命健康服务体系建设的硬性和软性投入；鼓励组建各类生命健康产业基金组织、生命健康投资公司，形成多元化投资主体的新格局。积极探索社会力量对生命健康产业捐赠的新途径，完善鼓励社会力量对生命健康产业捐赠的办法。

**4. 积极打造“一核、两区、多中心”的产业布局**

“一核”，依托深圳国际生物谷，重点发展生命信息、高端医疗、健康管理等产业，打造深圳生命健康产业发展的核心引擎。“两区”，在前海深港现代服务业合作区引进一批国内外生命健康企业和机构总部，打造生命健康产业总部集聚区；在深圳国际低碳城规划布局一批生命健康设备与产品的研发及产业化项目，推进生命健康服务示范应用，打造绿色低碳生命健康城。“多中心”，结合城市规划和功能布局，对接市民需求，科学布局一批内容丰富、层次多样、各具特色的生命健康产业服务和制造中心。

**5. 大力加强生命健康产业人才队伍的建设**

深圳市生命健康产业能否有大发展、能否提供高水平的产品和服务，关键在于能否利用一批高素质的人才队伍。因此，各级领导要牢固树立人才是第一资源的观念，重视生命健康产业人才的成长，营造良好的人才发展环境，优化

人才资源配置，促进人才集聚，鼓励人才脱颖而出。无论政府还是企业，必须千方百计地挖掘人才、引进人才，借“外脑”带出一批本地人才，尽早将生命健康产业发展人才纳入深圳人才管理体系，这是发展生命健康产业的根本所在。

**6. 加强法制建设，努力提供发展生命健康产业的良好环境**

充分运用法律和政策手段解决生命健康体制改革和生命健康产业发展中出现的新问题、新情况。要在进一步完善现有法规和规章的基础上，重点对新出现的生命健康业态、生命健康产业中介机构的动作等制定新的法规和规章。要在国家有关法律的基础上，充分利用特区立法权，参照世界经济活动共同遵守的游戏规则，建立一些法规，便于同国际活动接轨。建立公开、透明、平等、规范的生命健康产业准入制度；在土地利用总体规划中统筹考虑生命健康产业发展的用地保障；积极引导和保障生命健康消费的可持续发展；要充分利用广播电视、平面媒体及互联网等深入开展健康知识的宣传教育，在全社会形成重视和促进健康的良好氛围；建立和健全生命健康统计制度，积极搞好产业统计这一基础工作，为推动深圳生命健康产业的持续快速高质量发展创造良好环境。

B.15

# 深圳互联网金融发展现状与政策研究*

黄少军

**摘　要：**

近年来，互联网金融的迅速发展、不断深入，使得各种金融业态、各个金融机构均感受到了其带来的冲击，但同时也带来了巨大的发展机遇。深圳具有良好的互联网和金融产业发展的基础，未来应在加强自律管理、推动产业联盟、争取放松管制、风险防范控制等方面积极努力，打造领先的互联网金融生态系统，推动行业快速发展。

**关键词：**

互联网金融　深圳　优势和潜力

近年来，互联网金融迅速发展、不断深入，各种金融业态、各个金融机构均感受到了其带来的冲击，但同时也带来了各种机遇。深圳具有良好的互联网和金融产业发展的基础。互联网与通信技术产业是深圳的支柱产业之一，拥有腾讯、中兴通讯等很多行业龙头企业；在多层次资本市场和财富管理等领域具备较强的产业基础，同时，前海正在打造财富管理中心，并已吸引很多境内外知名财富管理机构入驻。深圳在互联网金融时代具有跨越式发展的独特优势和较大潜力。

## 一　互联网金融的概念

根据《辞海》，“金融”指“货币资金的融通。一般指与货币流通与银行

* 本文感谢“深圳市推进互联网金融发展研究”课题组成员提供的支持。

信用有关的一切活动，主要通过银行的各种业务来实现。例如货币的发行、流通和回笼，存款的吸收和提取，贷款的发放和收回，国内外汇兑的往来，以及资本主义制度下贴现市场和证券市场的活动等，均属于金融的范畴”。这种列举法的定义反映了金融本身的复杂性。新《韦氏大辞典》把“finance”定义为“the system that includes the circulation of money, the granting of credit, the making of investment, and the provision of banking facilities”。这个定义是比较全面和广泛的。由此，我们认为，互联网金融即“通过互联网技术，在线实现货币流通、信用交易、投资及其衍生业务的金融活动”。按照这个定义，传统金融业务通过互联网技术而改变实现形态，也可算互联网金融。就本文而言，所谓“互联网金融”指第三方在线支付、众筹（P2P 借贷、股权众筹）、电商供应链金融以及其他（包括传统金融业务中）以互联网为载体、具有创新模式和独立业务形态的金融活动。

## 二 我国互联网金融的发展现状与前景

互联网金融发展十分迅速，并且商业形式多种多样。本文仅就规模较大、创新模式清晰的互联网支付、众筹、电商供应链金融和保险、证券等金融互联网进行分析。

### （一）我国互联网金融发展现状

#### 1. 互联网支付

在互联网支付领域，最典型的代表是美国 PayPal。PayPal 成立于 1998 年，2002 年总支付额 21 亿美元，到 2011 年达到 913 亿美元，年均增长 52%。美国互联网支付交易金额从 2003 年的 551 亿美元增长至 2012 年的 2255 亿美元，占到美国社会全部零售额的 5.2%。

在我国，根据艾瑞市场咨询公司的数据，2001 年互联网支付规模为 9 亿元，2013 年前三季度约 3.5 万亿元。互联网第三方支付行业整体正逐渐步入稳定增长的成熟发展阶段，并向移动端迅速转移。

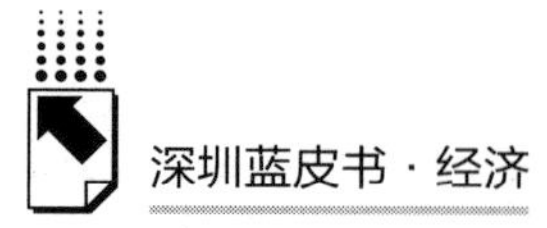


**2. 众筹：互联网借贷与融资**

与传统融资方式相比，参与众筹的融资者目标往往是多重的，不仅包括融资，通常还包括通过众筹获得投资者在技术和管理上的帮助以及通过与投资者的互动使生产出来的产品更好地适应市场需要。投资者参与众筹的目标也是多种多样的：有的不要求任何回报；有的通过与融资者的积极互动，享受参与创新的过程；还有的是为了获得经济上的回报，如以较低价格获得产品，或通过参股共享项目成功回报。

最早的众筹网站是 2006 年成立于荷兰阿姆斯特丹的音乐众筹平台 Sellaband。第一家综合性众筹平台是注册在美国纽约的 Kickstarter，该网站在 2009 年一上线就受到了外界的追捧，此后，众筹开始在全球范围内快速发展。众筹行业站点 Crowdsourcing. org 站点目录显示，全球活跃的众筹网站有 2225 个，覆盖全球超过 90% 以上的国家。据研究机构 Massolution 估计，2013 年众筹平台筹集资金总额将达到 51 亿美元。

在我国，借贷众筹发展速度最高，且通常与 P2P 借贷平台相联系。除此之外，众筹模式目前仍处于萌芽阶段，平台不多，用户规模普遍较小。我国第一家众筹网站“点名时间”于 2011 年 7 月正式上线。此后，包括追梦网、淘梦网、众筹网等在内的一批同类网站先后成立。

在我国，公募型股权众筹面临《证券法》《公司法》的法律障碍，故公募型股权众筹平台并不存在，但和美国一样，也出现了私募型股权众筹平台。比较典型的是天使汇、大家投等。“天使汇”2011 年底上线，已有 800 位认证投资人。“大家投”是一家深圳本土的众筹网站，2013 年开始有股权众筹业务，截至目前，“大家投”网站上已经有两个项目获得共 130 万元的融资额。

**3. 电商供应链金融**

为电商提供供应链金融服务的互联网金融模式创新的时间较短，美国 Kabbage 公司于 2009 年成立，2010 年 4 月网站才上线。该公司为电商中不符合银行贷款条件的店铺提供营运资金，主要借助拥有专利的计算方法，结合各店铺的历史数据，在产品上架而尚未出售之前做出是否向其提供流动资金及授信额度的决策。目前，Kabbage 的服务遍及 eBay、亚马逊、雅虎、Etsy、Shopify、Magento 等电子商务平台，服务网店达 3 万家。

阿里巴巴小额贷款虽然是小额贷款公司，但从业务形态看，它本质上是一种供应链金融，是国内电商供应链金融的典型代表，目前包括京东商城、财付通、苏宁电器等都在向这个领域发展。2010 年 6 月，阿里巴巴小额贷款公司成立，向其母公司网络商户提供短期贷款；截至 2013 年 4 月 30 日，阿里巴巴小额贷款累计获贷客户数 24.03 万户，累计发放贷款 803.08 万笔，累计发放金额 810.23 亿元。

**4. 互联网证券及财富管理**

目前在我国部分大型券商中，利用网络和手机等线上渠道进行的交易量已经占到总交易量的99%，其中通过手机移动终端完成的交易量占到了20%以上。

（1）我国互联网证券业务发展。目前证券公司发展互联网金融的模式大致分为两类：一是将传统业务的运营嫁接到互联网、移动互联网上；二是基于互联网、移动互联网本身的特质创新设计金融服务功能和业务种类。由于处于发展初期，互联网证券业务主要通过网上开户、证券交易通道、资讯及金融产品网上销售等提供专属化服务。一些 IT 企业对于互联网证券经纪业务由于牌照的限制以及证券公司准入条件的限制，仍处于观望阶段。

（2）财富管理业务。利用互联网开展财富管理产品销售业务的主要模式包括：①基金公司电子商务。②网络商店。利用第三方电子商务平台的用户基础开展基金产品销售是近两年来市场普遍关注并已开始探索的渠道之一，目前已有数十家基金公司入驻淘宝理财频道。③电商与基金销售机构深度合作。典型的如淘宝与天弘基金合作的“余额宝”产品将基金公司的基金直销系统内置到支付宝网站中；独立第三方销售机构众禄基金与腾讯合作的“众禄现金宝”产品，可实现代销的 44 只货币基金全部“T+0”赎回等。④移动互联与金融社区模式。如华夏等基金公司通过微信公众账号开展推介、基金资料查询及基金销售业务。⑤专业财富管理网站。这些财富管理网站以资讯为平台，形成客户黏性，进而实现金融产品销售。

**5. 互联网保险**

从 1997 年新华人寿签发第一张网络保单开始，我国互联网保险发展持续加速，2012 年业务规模达到 190 亿元。目前，已有 27 家寿险公司、16 家产险公司开展网络保险业务，有45家保险中介机构具备网络保险销售资格。已出现专门针对互联网活动的保险产品。如华泰产险为淘宝网卖家开发的“退货运费险”，单日保费收入超过1500万元。阳光产险于2011年7月推出“网游账号装备保险”，是全球首款针对网络游戏的虚拟财产保险。

我国互联网保险平台主要分为三大类型：一是保险公司自建网站，主要推销自家险种，如平安官网、泰康在线等；二是独立的保险网站平台，不属于任何保险公司，但也提供保险服务，如易保、Orisk等；三是如阿里、腾讯、京东等第三方平台，保险公司通过自建店铺或者由第三方代为销售。

### （二）互联网金融产业发展前景

#### 1. 互联网金融产业具有较大发展空间

随着互联网技术的发展和电子商务应用范围的日益广泛，越来越多的经济活动通过网络交易完成。2012年，我国电子商务市场的交易额达到8.02万亿元，占GDP总额的15.4%。其中网络零售额超过1.3万亿元，同比增长67.5%，占2012年社会消费品零售总额的6.3%，同社会零售总额相比，增长空间巨大。

商务活动的增加必然推动金融需求的增长。我国目前仅1/3的网民采用在线支付，无论市场规模还是参与人数都还有增长空间。在众筹融资领域，我国P2P借贷规模仅230亿元，私募股权的众筹融资几乎是空白，与近10万亿的民间融资规模还有很大距离。在电商供应链金融方面，阿里巴巴小额贷款的累计规模不到1000亿元，与未来接近20万亿元的电子商务规模相比十分弱小，成长空间巨大。艾瑞咨询《2012~2013年中国保险销售电商化研究报告》显示，2012年中国保险电子商务市场在线保费收入规模达到39.6亿元，年增长123.8%。2012年我国保险电子商务市场规模仅占当年全部保费收入的0.3%，远低于全球平均水平。国内网络销售保险产品未来增长潜力巨大。其他在金融产品的销售、创新方面，还会涌现各种各样的商业模式与行业机会。

#### 2. 互联网金融是解决中小微企业融资困境的一种途径

中小企业融资难是一个世界性的难题。我国有中小企业4200万家，银行提供融资的小微客户只有100万家，覆盖率不足3%。

2013年8月央行在第二季度货币政策执行报告中指出，互联网金融具有透

明度高、参与广泛、中间成本低、支付便捷、信用数据更为丰富和信息处理效率更高等优势；博鳌亚洲论坛2013年年会报告《小微企业融资发展报告：中国现状及亚洲实践》，也认为互联网金融是解决小微企业金融问题的重要途径。

**3. 社会生活的互联网化必将改变金融商业模式**

在互联网技术的推动下，传统行业商业模式和人们的社会生活方式日新月异。根据中国互联网络信息中心的报告显示，截至2012年底，中国网民规模已达到5.64亿人，手机网民数量为4.2亿人，网络购物用户规模达到2.42亿人。社会生活的互联网化成为不可阻挡的潮流。

从过往看，互联网极大地改变了人们社会交往的方式和范围，个人消费、娱乐、社交习惯也发生着越来越深刻的变化，图书、音乐、商品零售等传统行业的运行方式也在不断改变。传统金融机构的作用是担当信用交易的中介、分散信用交易的风险，其目的就是通过专业化手段降低信用交易成本。互联网技术不仅可以处理海量数据、聚集长尾效应，还能将金融中介的部分功能模型化，这些都能大大降低信用交易的成本。当互联网金融处理信用交易的成本降低到传统金融机构的优势消失的时候，互联网金融将呈现爆发式增长，并在其优势确定的领域替代传统金融机构。

**4. 中国在互联网金融领域相对于美国有后发优势**

中国人口结构相对年轻，对新生的互联网商业模式接受程度高，电子商务和移动互联网技术在中国具有后发优势。中国人的信息消费逐步成为一种习惯。同时中国还处在经济快速发展和财富积累阶段，对金融服务的需求旺盛，而美国等发达国家金融已经充分市场化和高度发达，相比较而言，中国人对互联网金融的接受程度将会比美国更高，在互联网金融方面将具有后发优势。

**5. 民营资本参与金融将进一步提升互联网金融的活力**

在十八届三中全会“市场起决定性作用”和鼓励民营资本进入垄断行业的总体改革框架下，民营资本将在金融体系中发挥越来越重要的作用，推动互联网金融行业市场化，提高行业的活跃度。

## 三　深圳市互联网金融的发展现状与存在问题

深圳互联网金融凭借其在通信、互联网和财富管理领域的优势地位，已经

走在全国前列。但与北京、杭州、上海等地相比，还存在政府鼓励和政策推动略显不足以及征信系统不完备等不少问题。

### （一）深圳市互联网金融发展现状

总体来看，深圳市互联网金融发展处于全国领先水平。在金融互联网领域，招商银行、平安保险、国信证券在金融互联网化方面无疑走在全国的前列。在互联网金融方面，深圳市在互联网支付、互联网借贷、股权众筹、互联网财富管理等均处于前三名以内的第一梯队。

一是互联网支付发展居前，移动支付相对落后。深圳互联网支付仅财付通一家发展较好，市场占有率第二，但总量上比上海稍少；从总的市场占有率看，深圳排名第三。在移动支付方面，阿里巴巴的支付宝钱包在移动互联网支付细分市场中占据 75% 的市场份额，腾讯财付通为 5.8%，市场份额暂时落后。

二是互联网借贷发展居全国第一梯队。根据一财研究院提供的数据显示，深圳 25 家平台 2013 年预计成交额约 105 亿元，占全国的成交额为 30% ~ 50%。

三是股权众筹创新力强，奖赏众筹相对落后。2013 年是我国股权众筹的起步之年，全国范围内，拥有较为知名股权众筹平台的除了北京就是深圳。尽管深圳的“大家投”尚处于发展的初期阶段，但平台业务规则、业务流程已经建立，且率先在众筹业中引入银行作为众筹资金托管方。奖赏众筹是除借贷众筹外我国众筹平台的主要模式，在这一领域，深圳几乎是空白。

四是互联网证券业务陆续开展。互联网证券业务陆续开展，但集中在标准化产品的销售方面。①经纪业务。自非现场开户实施以来，截至 2013 年 9 月 30 日，14 家深圳辖区证券公司网上绝大多数已经开通此项业务。其中，非现场开户数占新增账户百分比在 5% 以下的有 8 家，在 5% ~10% 的有 2 家，在 10% ~20% 的有 4 家。②金融产品销售。仅一家证券公司（长城证券）和第三方电商平台（腾讯拍拍）合作。2013 年 9 月底，国信、中信、长城在已经建成的网上交易平台销售的各类金融产品占销售总规模的 90% 以上。③投资顾问。国信证券、长城证券等公司通过自身的网上商城销售投资顾问产品。但目前客户数量不够，仅在规划起步阶段。

五是互联网财富管理业务初具规模。截至2013年9月底，除了2013年成立的红塔红土基金公司和前海开源基金公司外，其他经营地在深圳的14家基金公司全部在公司官网进行基金销售，其中大多数公司都在和电商平台或互联网第三方销售机构合作，少部分公司已经通过手机或App进行移动终端的销售。通过互联网直销基金的规模普遍没有超过本公司基金销售总规模的4%。在产品创新上，目前只有4家基金公司开发了类似“余额宝”的货币基金，其中南方基金的“活期宝”规模最大，已接近40亿元。

### （二）深圳市互联网金融发展存在的问题

互联网金融作为一种新型业态，业务模式还在探索之中，市场规模还较小，监管相对宽松。但正由于监管尚处于空白区，进入门槛、业务开展方式、政府政策支持等都存在盲区和风险点。行业发展急需自律、规范和适度提高准入条件，以防止可能引发的风险。

（1）众筹模式存在的问题最大。行业发展初期经营状况极不稳定。从有统计的25家P2P企业经营绩效来看，20家处于正常经营状态，也出现了部分风险事件，2家已经倒闭，4家出现提现经营困难问题，1家出现提现延迟问题。多数P2P借贷企业都承诺保本和较高利率放贷，与非法集资和高利贷等国家禁止的金融活动类似，合法性存在疑虑。也有个别公司利用监管空白，违规发行理财产品，甚至触碰“非法吸收公众存款”“非法集资”的底线。众筹的资金缺乏第三方托管渠道，贷后资金用途难以监管，容易导致欺诈和资金抽逃问题，且在资金安全性无法保证的情况下，容易产生流动性危机。

（2）征信系统不完备，融资人资产和财务真实状况不明，互联网金融业务发展受限。一是人民银行征信系统管理较严，互联网金融企业还不能接入该系统，同时该系统内容较为简单，不能满足融资审核条件；二是征信系统割离，每个企业都需自建系统，浪费社会资源；三是传统金融机构数据处理能力不足，大量数据的价值没有能够很好地发挥作用，中小微企业和低端个人金融服务得不到满足。

（3）传统金融机构对互联网金融发展重视不够。如深圳辖区仍有不少证券公司未建立网上交易平台或网上商城，未通过互联网从事经纪、投资顾问及金融产品销售业务。而且目前辖区仅有长城证券与腾讯合作进行投资顾问业务及金融产品的销售。与电商平台或第三方支付平台合作的基金公司也主要仅限于大中型基金公司。

（4）产业链各环节割离。互联网企业、金融机构各自为政的情绪较浓。深圳较大的互联网机构，如腾讯等，将自身定位于电子商务平台和第三方支付机构，未能像阿里巴巴一样发展金融业务，或积极与本土券商或基金公司进行深层次的金融业务合作，间接影响了辖区互联网证券及财富管理业务的做大做强。

（5）创新能力落后于上海、浙江等地。一是新型互联网理财机构数量较少。目前较为出名且业务规模较大的互联网理财机构，均未注册在深圳辖区。二是互联网基金产品创新不足。辖区基金公司与电商平台或银行合作发行的互联网货币基金，与国内第一支货币基金“余额宝”相比首先在规模上相对较小，其次是仅都停留在理财层面，没有支付消费功能。三是创新政策环境落后。如上海国泰君安证券接入中国人民银行大额支付系统，突破传统证券账户功能限制在该超级账户下的问题，可挂钩数只子账户。而深圳券商尚处于筹备或观望阶段。

（6）存在多种风险因素。一是信息安全风险。例如，在缺乏明确的准入门槛和监管规定的情况下，互联网金融企业与证券经营机构盲目合作，易产生创新业务模式下的信息安全隐患，进而造成支付、交易、结算风险，给客户带来资金损失。另外，互联网保险对网络、信息系统和数据的依赖程度很高，面临特殊的信息安全风险。二是身份认证风险。在互联网金融领域，确保第三方提供的客户身份验证真实有效存在一定的风险。三是非法洗钱风险。四是销售适用性及误导宣传的风险。由于通过互联网销售采取的是远程的方式，因此可能存在无法有效执行销售适用性原则的违规风险。

## 四　深圳市推进互联网金融发展的目标思路与政策建议

未来深圳应在加强自律管理、推动产业联盟、争取放松管制、风险防范控制等方面积极努力，打造领先的互联网金融生态系统，推动行业快速发展。

## （一）深圳市发展互联网金融的优势分析

**1. 深圳具有发展互联网金融的产业链优势**

深圳在通信技术、互联网、多层次资本市场、财富管理等多个与互联网金融相关的领域具备全国领先优势。互联网与通信技术产业是深圳的支柱产业之一，拥有腾讯、中兴通讯等很多行业龙头企业。深圳还拥有前海股权交易中心、招商银行、平安保险、国信证券等创新能力较强的金融机构，在电子商务的人才、系统和经验方面具备一定的积累。深圳是国内创业投资、股权投资最发达、最活跃的地区，已经形成了风险投资行业的集群效应，基金数量和管理资本总额均占全国的1/3，培育出的中小板、创业板上市企业数量居全国前列。

**2. 深圳有前海深港现代服务业合作区先行先试的政策优势和开展跨境业务的便利**

前海是落实CEPA安排、支持香港巩固和提升国际金融中心地位的重要环节，是我国金融业对外开放试验示范窗口和跨境人民币业务的创新试验区。利用这一政策和地理优势，引进香港和其他境内外金融机构的先进经验，通过在财富管理销售业务方面的先行先试，推动有特色的互联网金融发展。

**3. 深圳具有开拓创新的理念优势**

深圳市政府对新兴产业、创新性企业一直高度重视，2013年初专门出台了《深圳市支持金融业发展若干规定实施细则的补充规定》，加大政策创新力度，释放改革红利，对互联网金融的发展也一直密切关注和积极支持。随着十八届三中全会深化改革方案的积极推进，金融领域市场化改革路线清晰，为深圳互联网金融的发展提供了良好的政策环境和制度保障。

**4. 深圳的人口构成为互联网金融的发展提供了有利的条件**

一方面，新兴移民城市的特点决定了深圳有着更为强烈的创业氛围，更多的人有创业的想法；另一方面，深圳有着庞大的网民数量，且网民年龄结构更偏年轻，20～40岁的网民占全部网民的60%左右。网民中在职和高收入人群较多，学生群体较少，年轻且有经济能力的网民更容易接受互联网金融的理念，更可能成为互联网金融的参与者。

## （二）深圳市互联网金融发展的近期目标

深圳市应抓住机遇，通过政策推进和市场孵化，力争三年内打造有规模效应的互联网金融产业链，使互联网金融交易规模达到1.5万亿元，形成较为成熟的网络银行、众筹融资、电商供应链金融和在线理财等行业，吸引一批、培育壮大一批本土互联网金融企业和新型金融机构，提升深圳的全国金融中心城市地位。

根据深圳金融业发展规划和国家互联网产业发展“十二五规划”，结合互联网金融发展趋势，到2015年深圳市互联网金融交易规模达到1.5万亿元，初步构建互联网金融产业体系。

一是形成一定的产业规模。根据商务部《促进电子商务应用的实施意见》，到2015年我国电子商务交易额将达到18万亿元，占社会商品零售总额的10%以上；中国电子商务研究中心预测，到2015年，我国第三方互联网支付交易规模将接近14万亿元，移动支付交易规模达到7000亿元。2012年深圳市中小微企业贷款约1.1万亿元，2015年将增长到1.5万亿元。在此背景下，到2015年，深圳市互联网金融交易额可达1.5万亿元①，形成一定的产业规模。

二是初步构建体系完整、业态匹配的互联网金融产业体系。近三年，重点发展在线支付、电商供应链金融、网络银行与清算、信贷众筹、网上财富管理和互联网保险等新兴业态。到2015年，互联网支付规模达到6000亿元，电商供应链金融规模达到4000亿元，网络银行与清算规模1500亿元，信贷众筹交易规模500亿元，网上财富管理与互联网保险产品销售规模1000亿元，其他1000亿元。

三是培育一批成熟的互联网金融企业，发展5～10家全国行业龙头企业。通过政策优惠、市场培育、行业自律与规范等手段，抓住互联网金融快速增长阶段的机遇，扶持创新、创业型互联网金融企业成长，推动互联网金融企业在国内外资本市场的融资上市，发展全国行业龙头企业。

四是产生良好的社会效应，激发金融业创新，提高社会资金使用效率。贯

① 假定深圳市在互联网支付、电商供应链领域的全国市场占有率为30%，网络信贷或P2P信贷占中小微企业贷款10%。

彻十八届三中全会发挥“市场决定性作用”的精神，顺应资金市场化等金融体系改革趋势，通过发展互联网金融，扩大公众投资渠道，普惠民生，激发金融业发展创新，提高社会资金使用效率。

### （三）对深圳市推动互联网金融发展的政策建议

**1. 设立互联网金融产业园，构建互联网金融产业链联盟**

由政府推动建立互联网金融基础孵化园或平台。在前海或者南山科技园划出专门区域或者写字楼，打造互联网金融产业园区和生态链条，吸引企业入驻，政府相关部门为企业提供高效便捷的准入服务。创新园区管理模式。在园区由政府提供基础 IT 设施和开发环境，推动有创业激情和理想的团队创业。鼓励设立或吸引更多的互联网配套服务公司入驻互联网金融产业园区，为互联网金融企业提供配套的金融后台服务，如数据存储及备份企业、大数据分析公司、销售结算服务公司等，形成互联网上下游产业链条。

构建互联网金融产业链联盟。推动深圳本地通信业、互联网企业和银行、券商、基金和保险公司等金融机构间的合作直至战略联盟和并购，实现优势互补，快速占领互联网金融的业务先机；成立移动互联网产业基金，推动手机厂商和银行等金融机构的进一步合作；引导商业银行、信托基金等金融机构与互联网金融企业合作，探索第三方资金托管模式，加强资金监管。

**2. 建立区域性征信示范体系，打造信用信息登记与交换平台**

大力推进新一轮社会公共信用体系建设：①成立（或责成）专门机构，负责社会信用体系建设与管理工作，充分统筹公共信用资源、泛金融信用资源、以互联网技术为依托的社会信用资源。②继续完善现有的个人和企业信用系统，建立真实、全面、科学、动态的征信平台，推进信用产品可交易化，构建互联网金融发展基础设施。由市政府成立专门小组，协调推进、建立全市统一的公共信息管理系统，这一系统应向互联网金融企业开放端口。③推进信用服务市场发展。可初步考虑成立互联网金融征信公司，建立互联网金融信用信息平台。

**3. 拓宽互联网企业进入金融领域的渠道**

引导和支持更多有实力的高新技术和互联网企业发起或参与设立创新型互

联网金融服务机构和平台公司；支持民营互联网企业加快转型步伐，设立民营金融控股集团、财务公司、小额贷款公司、融资担保公司以及互联网金融交易要素平台等新型组织机构，进一步畅通民间资本的投资渠道。

**4. 加大对互联网金融企业的金融支持力度**

支持保险机构创新与互联网金融特点相适应的履约保证保险或其他担保模式；配合国家的养老、健康发展战略，鼓励发展网络健康险；鼓励证券、基金期货类机构加大与互联网金融的创新合作，拓宽理财产品的销售渠道；加大对互联网金融企业上市、并购的支持力度，鼓励更多符合条件的优质企业上市、再融资；支持通过前海股权交易中心、金融资产交易所发行中小企业私募债，通过资产证券化等方式拓宽融资规模，更好地发挥多层次资本市场的资源配置功能。

先行试点，对支付、融资等金融服务按照金额大小、风险程度实行分层管理，对小额且低风险业务，监管手段要相对宽松，以客户体验优先、兼顾安全性为考量，推动传统金融向互联网金融转型。

促进中国人民银行、外汇管理局及深圳证监局等各部门的协调配合，支持在前海设立跨境投资产品网上交易平台，与香港金融机构直接对接，为投资者提供跨境投资产品的认购、赎回等交易服务和有一定封闭期的投资产品（如有锁定期的专户产品等）的交易渠道。

**5. 设立互联网金融引导基金、专项奖励基金和风险补偿基金**

发挥政府引导基金的杠杆作用，吸引社会资本共同参与发起设立互联网金融产业投资基金，扶持互联网金融企业、特别是新业态金融企业的发展，加快培育龙头企业。

设立专项奖励基金或金融创新基金；鼓励金融机构推出受金融业界和金融消费者肯定的重大创新产品、技术和服务，经认定后给予一次性奖励；对企业高管和核心骨干人力资源成本形成的相关贡献给予奖励。

鉴于互联网金融处于行业发展初期，风险相对较大，为减缓其对整体社会经济的冲击，建议设立互联网金融专项补偿资金，制定实施细则，对互联网金融发展过程中出现的风险事件进行补偿。

**6. 组织行业协会，制定行业规范，进行自律监管合作**

成立深圳互联网金融同业公会，职能是制定行业经营规范、推动行业自律、出台行业标准，对新兴商业模式的项目审查、风控架构、数据报送、合格投资者制度和信息披露进行规范；组织行业内企业和金融市场发达的国外优秀金融企业、业内专家进行经验交流，引导业界碰撞观点，集思广益，相互学习，促进合作，推进创新商业模式的发展；启动高端论坛活动，促进行业发展。

政府组织相关部门加强对互联网金融的监督管理、风险预警及处置工作，依法打击以互联网金融平台名义进行的各类非法集资和非法吸存活动，维护行业的健康发展。

**7. 加大招商与宣传力度，利用前海的政策优势，进一步吸引异地互联网企业设立创新性互联网金融业务平台**

吸引如京东商城、阿里巴巴、东方财富、恒生电子等在前海设立基金服务机构，形成产业聚集效应。

鼓励设立或吸引更多的互联网配套服务公司入驻前海，为互联网金融企业提供配套的金融后台服务，如数据存储及备份企业、大数据分析公司、销售结算服务公司等。

**8. 给予互联网金融企业一定的补贴和优惠措施**

对区域内具备独立法人资格的互联网金融企业提供金融创新资金支持。鼓励与支持各类机构搭建互联网平台，开展电子商务创新业务，转变营销模式；鼓励互联网金融企业在区域内购（租）房，购买自用办公用房从事互联网金融业务，经认定后可以享受购房补贴和租金补贴；经认定符合条件的互联网金融企业可享受一次性开办补贴。

加大对互联网金融龙头企业的支持力度。对区域经济发展做出重大贡献或在国际国内具有较高影响力的互联网金融龙头企业，给予特殊优惠政策；支持面向互联网金融企业的孵化机构发展，根据其服务能力、管理面积、孵化企业数量和效果等情况，给予资金补贴。

提高互联网金融服务民生及中小微企业发展的能力。鼓励金融机构建立面向中小微企业的线上、线下多层次服务体系，在融资规模、周期、成本等方面提供更具有针对性和灵活性的服务，提升融资效率；金融机构通过互联网模式切实降低中小微企业融资成本的，按相应额度给予一定补贴；对互联网金融企业前两年利润、增加值、营业收入所做的相关贡献给予扶持。

**9. 设立互联网金融学术研究机构，加强人才培养和引进**

联合国内知名院校共同开办深圳互联网金融研究院，为政策监管和产业发展提供研究支持；开展互联网金融产业理论研究，探索创新发展路径；开展互联网金融行业标准研究，推动研究成果转化。

联合南科大、深大和大学城其他机构，对口对接各金融机构，加强数据挖掘、征信制度、互联网法学、电商营销等领域的人才培养；支持互联网金融重点企业享受人才服务政策，包括高端人才落户、医疗、子女教育、人事档案管理、职称评定、社会保障手续办理等专业化服务；推荐符合条件的企业高管和核心骨干参加“千人计划”、领军人才等方面的选拔。

**10. 建立互联网金融中介服务体系，进一步优化政府服务环境**

营造良好的互联网金融发展生态环境；发挥会计、法律、信用评级、担保、咨询等专业服务机构的优势，不断完善和优化互联网金融专业服务体系。

建立有关部门共同参加的互联网金融联动工作机制，建立金融监管部门和行业主管部门的沟通会商机制；支持符合条件的互联网金融企业获得各类行业的准入许可；支持互联网金融产业基地企业申报国家服务业综合改革试点区项目，鼓励企业承担相关产业平台建设任务；提供互联网金融企业在发展过程中需要的行政支持和协调服务，从搭建服务平台、创新服务方式等方面加强组织实施。

B.16

# 深圳市2013年工业商贸和信息化运行情况

胡小剑*

**摘 要：**

本文对2013年深圳市工业、外贸、内贸、利用外资、对外合作、电力以及信息化的运行情况进行了分析，指出了当前深圳主要面临制造业外迁和综合成本上涨等主要问题，并对2014年深圳工业商贸经济的走势进行了预测。

**关键词：**

工业　外贸　社会消费品零售总额　信息化

2013年深圳工业商贸经济呈现质量向好、结构趋优的运行态势：工业增加值和社会消费品零售总额增速不断回升，城市商贸对外辐射力不断增强；服务贸易进出口额增长快于货物贸易；服务业外资占合同外资比重超80%，工业产品内销比重首次超50%，需求结构双优化；宽带网络和移动互联高速增长。

**表1　2013年深圳市经济贸易主要经济指标**

| 指标名称 | 12月 | 1~12月 | 累计增速(%) |
|---|---|---|---|
| 一、本地生产总值(亿元) | | 14500.23 | 10.5 |
| 二、规模以上工业增加值(亿元) | 573.9 | 5695.0 | 9.6 |
| 三、货物贸易进出口总额(亿美元) | 471.5 | 5373.6 | 15.1 |
| 其中：出口总额(亿美元) | 282.2 | 3057.2 | 12.7 |
| 进口总额(亿美元) | 189.3 | 2316.4 | 18.5 |

* 胡小剑，深圳市经济贸易和信息化委员会主任科员。

续表

| 指标名称 | 12 月 | 1～12 月 | 累计增速(%) |
|---|---|---|---|
| 四、服务贸易进出口总额(亿美元) | | 768 | 26.9 |
| 其中:出口总额(亿美元) | | 426 | 21.7 |
| 进口总额(亿美元) | | 342 | 31.5 |
| 五、外商直接投资项目(个) | 167 | 2056 | -15.3 |
| 合同外资(亿美元) | 12.1 | 67 | 7 |
| 实际利用外资(亿美元) | 2.15 | 54.68 | 4.6 |
| 六、新设境外企业和机构(个) | 59 | 700 | 28.9 |
| 中方协议投资额(亿美元) | 4.84 | 21.94 | -1.5 |
| 实际投资额(亿美元) | 2.99 | 24 | 14.8 |
| 对外承包工程和劳务合作合同额(亿美元) | | 231.93 | 25.1 |
| 对外承包工程和劳务合作营业额(亿美元) | | 222.08 | 45.3 |
| 六、社会消费品零售总额(亿元) | 441.2 | 4433.6 | 10.6 |
| 七、供电量(亿千瓦时) | 56.51 | 721.16 | 1.1 |
| 最高负荷(万千瓦) | 1034.26 | 1403.79 | 1.4 |

## 一 当前深圳工业商贸和信息化运行的主要特点

### （一）工业经济增速回升，企业效益较好

2013 年，全市实现规模以上工业增加值 5695 亿元，同比增长 9.6%，高于 2012 年增速（7.3%）2.3 个百分点，分别高于前三季度增速（8.6%）、上半年增速（8.7%）和一季度增速（7%）1 个、0.9 个和 2.6 个百分点。与全国和全省增速相比较，2013 年深圳规模以上工业增加值增速低于全国（9.7%）0.1 个百分点，但高出全省增速（8.7%）0.9 个百分点；与全省主要城市相比，分别低于广州（10.2%）、东莞（11.3%）、佛山（12.7%）0.6 个、1.7 个和 3.1 个百分点。2013 年全市规模以上工业实现总产值 22177.9 亿元，同比增长 6.6%，较上半年增速（5.6%）回升 1 个百分点。

**1. 部分重点工业行业快速增长**

一是高增加值率的电子信息产业增速较高，是拉动工业经济增长的主要力量。2013 年，深圳电子信息产业实现规模以上工业增加值 3159.5 亿元，占规

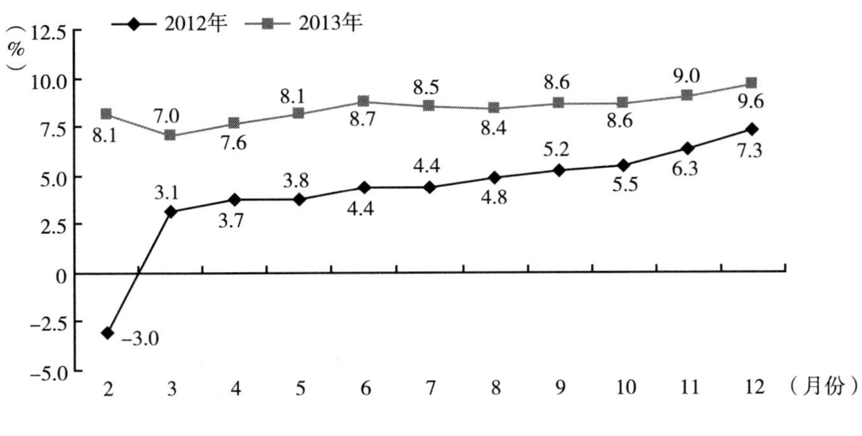


**图1　深圳市工业增加值累计增速**

模以上工业增加值的55.48%，同比增长12.8%，高于全市工业整体增速3.2个百分点，对全市工业增长的贡献率达70%。其中通信设备制造业（2013年增加值率为36.97%，全市工业平均增加值率仅为25.68%）增长迅速，2013年共完成工业增加值2167.2亿元，同比增长23%。手机智能化、大屏化和4G通信网络建设是拉动深圳电子信息产业快速增长的主要因素。

二是机械制造业增加值增速持续回升。2013年，深圳机械装备行业实现规模以上工业增加值893.24亿元，占规模以上工业增加值的15.68%，同比增长6.7%，分别高于前三季度增速（4.3%）、上半年增速（5.9%）和第一季度增速（4%）2.4个、0.8个和2.7个百分点。其中，汽车产业增速较大，实现规模以上工业增加值138.45亿元，同比增长27.5%。

三是石油开采业增速持续回落。由于缺乏新油井投产和旧油井老化，2012年第四季度投产的新油田对石油开采业增长的拉动作用逐步减弱。2013年深圳石油开采业实现规模以上工业增加值431.46亿元，同比增长12.5%，较前三季度增速（18.2%）和上半年增速（29.6%）分别回落5.7个和17.1个百分点。

四是电力行业增加值跌幅收窄。受省网电力供应充足、岭澳核电机组检修等因素的影响，2013年，全市电力行业实现规模以上工业增加值238.71亿元，同比下降0.8%，但跌幅较前三季度（-2.3%）、上半年（-5.4%）和一季度（-5.7%）分别收窄1.5个、4.6个和4.9个百分点。

五是服装等传统行业增加值实现正增长。2013年，深圳服装、皮革、家具、印刷和玩具产业合计实现规模以上工业增加值404.12亿元，同比增长1.2%，较第三季度增速（-1.3%）和上半年增速（-0.5%）分别回升2.5个和1.7个百分点。其中皮革和制鞋行业增加值降幅较大，同比下降9.8%。产业转型升级是传统产业增加值增速较低的主要原因。

**表2　2013年1～12月主要工业行业增长**

单位：亿元，%

| 行　业 | 增加值 | 比重 | 增速 |
|---|---|---|---|
| 电子信息产业 | 3159.50 | 55.48 | 12.8 |
| 机械装备制造业 | 893.24 | 15.68 | 6.7 |
| 其中:汽车制造业 | 138.45 | 2.43 | 27.5 |
| 其他设备制造业 | 29.83 | 0.52 | 21.5 |
| 通用设备制造业 | 112.49 | 1.98 | 9.2 |
| 专用设备制造业 | 144.28 | 2.53 | 3.4 |
| 电气器械和器材制造业 | 305.79 | 5.37 | 2.8 |
| 仪器仪表制造业 | 77.26 | 1.36 | 1.1 |
| 金属制品业 | 85.14 | 1.49 | -3.1 |
| 石油开采业 | 431.46 | 7.58 | 12.5 |
| 电力行业 | 238.71 | 4.19 | -0.8 |
| 传统优势行业 | 404.12 | 7.10 | 1.2 |
| 其他行业 | 567.96 | 9.97 | 6.4 |
| 合　计 | 5695.0 | 100 | 9.6 |

**2. 工业百强企业增长较快，带动工业经济快速增长**

2013年，深圳工业百强企业实现规模以上工业增加值3327.7亿元，占全市规模以上工业增加值的比重为58.4%，同比增长11.8%，较上半年增速（8.7%）高出3.1个百分点，高于全市规模以上工业增加值2.2个百分点；实现规模以上工业总产值12501.8亿元，占全市规模以上工业总产值的比重为56.4%，同比增长6.3%，较上半年增速（5.5%）高出0.8个百分点。

**3. 工业利润大幅提升**

受上年基数较低的影响，2013年深圳规模以上工业企业利润总额1284.29

亿元，同比增长18.2%，较2012年增速（-5.2%）高出23.4个百分点；管理费用1289.98亿元，同比增长8.8%；财务费用176.98亿元，同比增长10.9%；上缴税金628.66亿元，同比增长15.2%；亏损企业的亏损额101.4亿元，同比下降3.4%。

**4. 工业产品内销比重提高，增速大幅领先外销增速**

2013年，全市规模以上工业产品销售额21774.5亿元，同比增长3.2%。其中，工业产品内销11009.3亿元，内销率达到50.6%，但较2012年的比重（48.1%）提高2.5个百分点。工业产品内销额同比增长8.6%，高于外销增速（-1.8%）10.4个百分点。

**5. 制造业PMI指数继续回升，连续10个月位于荣枯线以上**

2013年12月，深圳市制造业PMI指数为51.8%，较11月回升0.4个百分点，已经连续10个月处于荣枯线以上。供给和需求回升是拉动制造业PMI指数回升的主要因素：12月生产指数为54.6%，较上月提高0.8个百分点；新订单指数54.5%，较上月提高0.7个百分点；配送时间指数较上月上升0.1个百分点，从业人员指数较上月回落0.3个百分点，原材料库存指数与上月持平。

## （二）货物贸易增速高于全省、全国，出口额实现“21连冠”

2013年，深圳外贸进出口（海关总署和商务部通常将“外贸进出口”代指“货物贸易”）5373.6亿美元，分别占全国和全省的12.9%和49.2%，同比增长15.1%，分别高于全国和全省平均增速7.5个和4.2个百分点。其中，出口3057.2亿美元，同比增长12.7%，连续第21次蝉联全国大中城市出口额第一名，分别占全国和全省的13.8%和48%；进口2316.4亿美元，同比增长18.5%，分别占全国和全省的11.9%和50.9%。

**表3 2013年深圳市外贸进出口情况**

单位：亿美元，%

| 地区 | 进出口额 | 出口额 | 进口额 | 增速 | | |
|---|---|---|---|---|---|---|
| | | | | 进出口 | 出口 | 进口 |
| 广东 | 10915.7 | 6364.0 | 4551.7 | 10.9 | 10.9 | 11.0 |
| 深圳 | 5373.6 | 3057.2 | 2316.4 | 15.1 | 12.7 | 18.5 |
| 全国 | 41603.3 | 22100.4 | 19502.9 | 7.6 | 7.9 | 7.3 |

**1. 贸易方式结构优化，一般贸易出口增速不断提高，加工贸易结构持续优化，保税仓储转口货物出口增幅大幅回落**

2013 年，深圳一般贸易进出口 1473.2 亿美元，同比增长 12.1%，其中一般贸易出口 809.6 亿美元，同比增长 6.6%，较前三季度增速提高 3.7 个百分点。2013 年，加工贸易出口 1360.3 亿美元，同比下降 5.5%，较前三季度降幅提高 2.1 个百分点。其中进料加工出口 1284.8 亿美元，同比下降 2.2%；来料加工出口 75.5 亿美元，同比下降 39.7%，来料加工占加工贸易的比重较前三季度下降 0.3 个百分点。2013 年深圳保税区仓储转口货物进出口额 1406.4 亿美元，同比增长 88.3%，较上半年增速（437.2%）回落 348.9 个百分点；剔除保税区仓储转口货物后，深圳外贸进出口 3967.2 亿美元，同比增长 1.1%。

**2. 对欧美等主要市场的出口继续好转，对多数新兴市场国家的出口表现尚好**

2013 年，深圳对香港地区出口 1809.4 亿美元，同比增长 23.6%，占全市出口额的比重为 59.2%。对美国出口 296.3 亿美元，同比下降 4.1%，较前三季度降幅收窄 1.8 个百分点；对欧盟出口 267.3 亿美元，同比增长 5.1%，较前三季度增速提高 4.2 个百分点；对东盟出口 161.1 亿美元，同比下降 4.2%，较前三季度降幅收窄 4.8 个百分点；对日本出口 85.5 亿美元，同比下降 4.7%，较前三季度降幅收窄 1.5 个百分点。

在对新兴市场出口方面，2013 年深圳对俄罗斯出口 27.8 亿美元，同比增长 3%，比前三季度加快 10 个百分点；对巴西出口 24.9 亿美元，同比增长 8.7%；对阿联酋出口 24.6 亿美元，同比增长 13.4%；对墨西哥出口 22.1 亿美元，同比增长 23.5%；但是，对非洲出口 51.8 亿美元，同比下降 5.3%；对印度出口 31.5 亿美元，同比下降 8.8%。

**3. 机电高新产品出口优于整体，劳动密集型商品出口有所好转**

2013 年，深圳机电产品出口 2347.7 亿美元，同比增长 18%，高于全市平均增速 5.3 个百分点，占全市出口的 76.8%，较上年比重（73.2%）提升了 3.6 个百分点。高新技术产品出口 1690.2 亿美元，同比增长 19.7%，占全市出口的 55.3%，较 2012 年比重（52%）提升了 3.3 个百分点。传统劳动密集型商品（纺织服装、家具、箱包、鞋类、塑料制品、玩具）合计出口额 266.9 亿美元，同比增长 3.7%，较前三季度增速提高 1.1 个百分点。

**4. 出口主体持续优化，私营企业出口高速增长，外资企业出口占比下降**

2013年，深圳私营企业出口1231.9亿美元，同比增长32.5%，占全市出口的比重为40.3%。外资企业出口1458.7亿美元，同比增长4.1%，外资企业出口所占比重从2012年的51.7%回落至47.7%；国有企业出口265.2亿美元，同比下降6.8%，占全市出口的比重为8.7%。

## （三）服务贸易进出口快速增长

2013年，深圳服务贸易进出口总额768亿美元，在全国大中城市位列第三，同比增长25.9%，高于货物贸易进出口增速10.8个百分点。其中出口426亿美元，同比增长21.7%，高于货物贸易出口增速9个百分点；进口342亿美元，同比增长31.5%，高于货物贸易进口增速13个百分点。

**1. 计算机和信息服务业增长较快，服务贸易的技术含量进一步提高**

2013年，旅游服务业、运输服务业、计算机和信息服务业是深圳服务贸易的前三大行业，技术含量高的计算机和信息服务业发展速度较大。2013年，旅游服务业实现服务贸易进出口额255亿美元，同比增长20.6%，占全市服务贸易总额的比重为33.2%；运输服务业实现服务贸易进出口额156.2亿美元，同比增长15.8%，占全市服务贸易总额的比重为20.3%；计算机和信息服务业实现进出口总额119.02亿美元，同比增长53.7%。

**2. 服务外包业务发展较好，进一步促进了深圳产业的专业化程度的提升**

2013年，深圳共签订承接服务外包合同金额38.5亿美元，同比增长30.0%；执行金额30.0亿美元，同比增长31.3%。

**3. 技术进出口额高速增长，进一步拉动了深圳产业的技术升级**

据商务部统计，2013年，深圳技术进出口合同金额为43.56亿美元，同比增长67.5%。其中：技术进口合同金额37.38亿美元，同比增长50.2%；技术出口合同金额为6.18亿美元，同比增长4.5倍。技术进口集中度较高，华为、腾讯、中兴等前10位企业的进口额34.1亿美元，占全市的比重为90.1%；自美国引进技术合同金额18.77亿美元，占全市的比重为50.2%。

## （四）合同外资和实际利用外资继续保持正增长

2013年，全市新批外商直接投资项目2056个，同比下降15.3%；吸收合同外资67亿美元，同比增长7%；实际使用外资54.68亿美元，同比增长4.6%。截至2013年12月底，深圳历年累计批准外商直接投资项目50453个，累计合同外资金额995.78亿美元，累计实际使用外资金额652.15亿美元。

**1. 前海成为外商投资热点**

2013年，共新批168家企业入驻前海，7家企业增资，合计共引进合同外资25.95亿美元，占全市合同外资的38.7%。前海项目主要集中于租赁和商务服务业以及金融业。其中，租赁和商务服务业新设外资企业62家，4家外资企业增资，吸收合同外资10.82亿美元；金融业新设外资企业62家，3家增资，吸收合同外资10.3亿美元。

**2. 外商投资结构不断“优化”**

2013年，第三产业合同外资54.67亿美元，同比增长43.3%，占全市合同外资的81.6%，比重较上年同期大幅增长20.7个百分点；第三产业实际使用外资35.6亿美元，同比增长4.5%，占全市实际利用外资的比重为65.1%。

## （五）实际对外投资、对外工程和劳务合作快速增长

2013年，全市经核准新设境外投资企业（机构）700家，同比增长28.9%；核准协议投资总额22.25亿美元，同比下降21.6%；核准中方协议投资额21.94亿美元，同比下降1.5%，实际投资额24亿美元，同比增长14.8%。协议投资额、中方协议投资额和实际投资额分别占全省比重的33.9%、41.9%和47.7%。

2013年，全市累计派出劳务人员数119人，对外承包工程累计新签合同额231.93亿美元，同比增长25.1%，分别占全省和全国的98%和13.5%；完成营业额为222.07亿美元，同比增长45.3%，分别占全省和全国的比重为97.1%和16.2%。

## （六）社会消费品零售总额增速回升，商贸流通业规模不断壮大

2013年，全市社会消费品零售总额为4433.6亿元，同比增长10.6%，较前三季度、上半年和第一季度增速分别回升1个、1.6个和2.1个百分点，但低于2012年增速（16.5%）5.9个百分点。2013年，全市批发零售业和住宿

餐饮业合计实现增加值 2035.2 亿元，同比增长 12.4%，高于同期 GDP 增速 1.9 个百分点。

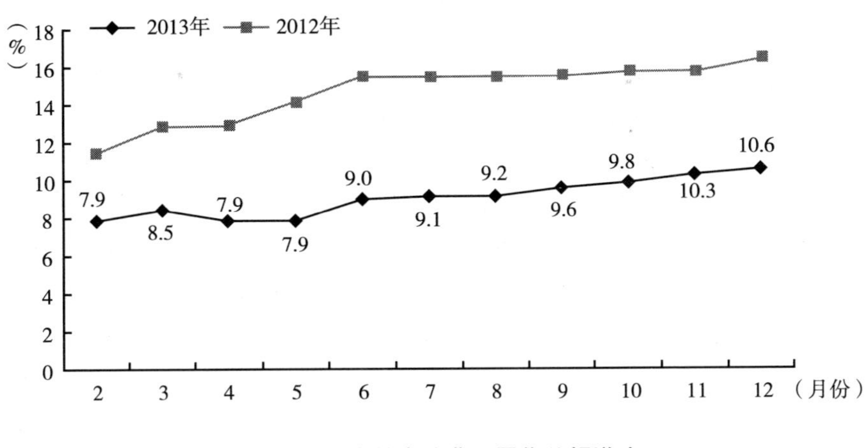


**图 2　深圳市社会消费品零售总额增速**

**1. 剔除统计制度变更因素后，2013 年社会消费品零售总额增速与 2012 年增速持平**

2013 年，大个体户的社会消费品零售总额合计 1171.1 亿元，同比增长 18%，低于 2012 年增速（75.5%）57.5 个百分点；剔除大个体户后，深圳社会消费品零售总额为 3262.5 亿元，同比增长 8.2%，与 2012 年增速持平。

**2. 商品销售总额继续保持高速增长，商品对外辐射力进一步加强**

2013 年，深圳商品销售总额 19393.3 亿元，同比增长 23.2%，高于 2012 年增速 1.1 个百分点。其中，商品批发总额 15438.8 亿元，同比增长 26.1%，高于商品零售总额增速（10.9%）15.2 个百分点，批发总额占商品销售总额的比重为 79.6%，较 2012 年的比重提高 3.7 个百分点。深圳商品的对外辐射力进一步增强，深圳中心城市的地位进一步确立。

**3. 电子商务交易额高速增长，新型商贸模式快速成长**

根据深圳市电商服务中心的统计数据，2013 年全市电子商务交易额预计达到 9500 亿元，同比增长约 51%；网络购物金额预计达到 590 亿元，同比增长约 12%，网络购物金额已相当于社会消费品零售总额的 13.3%。

**4. 会展业规模不断壮大，为企业产品展示提供专业平台**

2013年，深圳会展业保持平稳发展，全年举办会展活动102场，展览总面积282万平方米，展览面积同比增长6.8%。

## （七）网络带宽和移动互联高速增长，智慧城市建设成果显著

2013年，全市城域网出口带宽1948.2G，同比增长65.5%，家庭宽带用户数276.5万户，同比增长61%，其中光纤宽带用户数44.2万户，同比增长171%；3G/4G无线上网用户数668.5万户，同比增长109.6%；互联网普及率、家庭宽带普及率和无线宽带网络覆盖率分别达到84.2%、83.1%和87.7%，蝉联国内“最互联网城市”称号。

2013年，全市实现软件业务收入3314亿元，同比增长20.6%，高于工业产值增速（6.6%）14个百分点。其中，软件开发收入1166亿元，同比增长15.9%；信息系统集成服务收入597亿元，同比增长25.9%；信息技术咨询服务收入65亿元，同比增长19.3%；数据处理和存储服务收入400亿元，同比增长18.6%；嵌入式系统软件收入1063亿元，同比增长23.9%；集成电路设计收入23亿元，同比增长28.6%。

## （八）供电量增速稳步回升

2013年，全市电力最高负荷1403.79万千瓦，同比增长1.4%；全市供电量721.16亿千瓦时，同比增长1.1%，分别较前三季度和上半年增速提高0.6个百分点和1个百分点，但低于2012年增速（3.9%）2.8个百分点。天气宜爽（寒季偏暖、夏季偏凉）、产业结构优化和节能降耗是2013年供电量增速相对较低的主要原因。

2013年，全社会用电量729.8亿千瓦时，同比增长1.3%。其中，第一产业用电2.2亿千瓦时，同比增长0.9%；第二产业用电446.6亿千瓦时，同比增长3.5%（其中工业用电438.3亿千瓦时，同比增长3.4%）；第三产业用电176.9亿千瓦时，同比下降3.6%，低于2012年增速（3.8%）7.4个百分点；城乡居民生活用电103.9亿千瓦时，同比增长0.8%，低于2012年增速（16.7%）15.9个百分点。

## 二　当前深圳工业商贸经济面临的问题与困难

### （一）企业综合成本上涨过快

一是住房价格快速上涨。2013 年，深圳新建商品住宅销售价格同比上涨 20.3%，为近年来的最高增速。二是人力成本上涨。受“人口红利”效应减弱、房价上涨、劳动者权益增加等因素影响，深圳人力成本上涨较快。据市经贸信息委对 125 家企业的问卷调查，2013 年 51.2% 的企业工资增幅为 10% 左右，23.2% 的企业工资涨幅为 10% ~20%。自 2014 年 2 月以来，深圳最低工资标准将提高 13%，达到 1808 元/月。三是资金成本上涨。受利率市场化等因素的影响，2013 年深圳工业企业财务费用同比上涨 10.9%。四是原材料成本上涨。据市经贸信息委对 125 家企业的问卷调查，56.7% 的企业原材料成本上涨。

### （二）制造业外迁可能进一步加剧

受产业用地空间不足，住房价格快速上涨，劳动力成本大幅增加，以及其他城市的配套日渐完善，东南亚国家对投资的吸引力快速提高等因素的影响，深圳制造业外迁趋势更加明显。

### （三）工业投资不足

受制造业外迁和工业新增重大项目较少等因素的影响，2013 年全市完成工业投资额 377.3 亿元，同比下降 22.4%，低于同期全市固定资产投资增速（14%）36.4 个百分点，低于同期全国增速（17.8%）40.2 个百分点。工业投资不足将进一步抑制深圳工业增长的后劲。

### （四）石油开采业增速将持续回落

2013 年，石油开采业工业增加值同比增长 12.5%，分别较前三季度（18.6%）和上半年（29.6%）增速回落 6.1 个和 17.1 个百分点。由于现有油气井的老化和中海油在珠海设立独立法人的子公司，2014 年中海油深圳公司的产量可能较 2013 年下降 6.5%。

### （五）人民币升值带来巨大压力

截至 12 月 31 日，2013 年人民币兑美元同比升值 3.1%。据市经贸信息委对 125 家企业的问卷调查，79.2% 的企业表示只能承受 1% 左右的人民币升值幅度，其中 49.6% 的企业表示只能承受 1% 以下的升值幅度。

### （六）社会消费品零售额增速难以显著回升

由于经济增速放缓、投资渠道窄压缩了私人部门的财富效应，全国、全省没有整体性扩内需政策，居民消费能力扩大空间有限，加上大个体、限额以下商业企业的最高增速受国家统计制度的限制，以及快速增长的网络购物难以有效纳入统计等因素的影响持续，社会消费品零售总额增速短期内难以显著回升。

## 三　2014 年主要指标预测

### （一）工业增加值增速可能较 2013 年有所回落

2014 年，预计深圳电子信息产业将保持相对较高增速，机械行业继续中低速增长，电力行业增速由负转正。但是，深圳工业经济在经过 30 多年的快速发展后，已进入一个相对平缓的增长期，全市产业结构进入了“退二进三”的优化调整期。可能影响 2014 年工业整体增速的有以下几个因素。

一是石油开采业对工业增长的贡献将大幅下降。2013 年，石油开采业增速约 12.5%，拉动当年工业增加值增长 0.9 个百分点；根据中海油总公司的生产排程，2014 年深圳分公司产量将较 2013 年下降 6.5%，拉动当年工业增加值下降 0.5 个百分点。石油开采业对工业增长的贡献可能较 2013 年降低 1.4 个百分点。

二是产业转移将继续拉低深圳工业的增速。富士康贵州产业园已于 2013 年 10 月开工，预计 2014 年 6 月将开始投产；中集集团耗资 180 亿元

在东莞建厂，建成后计划将其集装箱总部转移到东莞；先进微电子 2013 年 11 月已经将在盐田的部分工厂迁至惠州，产能外迁将进一步拉低深圳工业的增速。

三是华星光电增速将显著下降。华星光电量产对 2013 年形成的新增工业产值约 80 亿元，但由于二期试产时间为 2015 年 4 月，华星光电在 2014 年的新增工业产值大幅降低。虽然，长安汽车量产幅度可能加大，但 2014 年产量可能仅为 2 万台左右，新增工业产值仅为 40 亿元左右。华星光电和长安汽车合计降低 2014 年深圳市工业增速 0. 2 个百分点。

四是 4G 放号因素对电子信息产业的拉动作用已在 2013 年提前体现。运营商在 4G 正式放号前，早已开展 4G 网络建设；预计 2014 年华为、中兴等公司增速将较 2013 年有所下滑。

综合上述因素，我们预计 2014 年规模以上工业增加值增速将较 2013 年下降 1 个百分点以上，增速下降为 8. 5% 左右。

## （二）外贸进出口可能负增长

一是融资性贸易管制将至少影响 2014 年外贸进出口额 800 亿美元。2013 年，深圳保税区仓储货物进出口额 1406. 4 亿美元，较 2012 年增加 659. 5 美元，考虑到融资性贸易在 2012 年已存在的事实（2012 年保税区仓储货物进出口额较 2011 年同期增加 411. 1 美元），预计 2013 年 5 月后逐步强化的融资性贸易管控措施将导致 2014 年保税区仓储货物进出口额减少 800 亿美元以上。

二是重点企业外迁将严重影响外贸增速。受深圳生产制造成本快速上涨的影响，富士康等公司将继续向贵州等地转移产能，2014 年富士康集团在深圳的外贸进出口额将继续下滑。

三是一般贸易增长将被加工贸易下滑抵消。2013 年，深圳一般贸易进出口额 1473. 5 亿美元，同比增长 12. 1%；加工贸易进出口额 2255. 4 亿美元，同比下降 5. 8%；二者合计进出口额 3728. 9 亿美元，仅微增 0. 6%。2014 年，一般贸易和加工贸易将延续 2013 年的发展态势。

综上所述，由于 2013 年融资性贸易基数较大，一般贸易的增长难以填补融资性贸易数据的缺失，因此 2014 年深圳外贸进出口额难以排除负增长的可能性。

### （三）社会消费品零售总额增速与 2013 年基本持平

经过前几年的高速增长，城市居民人口难以快速增长，深圳社会消费品零售总额已经有较大的基数，已进入相对的平稳期，以后难再保持大幅增长。预计 2014 年社会消费品零售总额增速与 2013 年增速基本持平。

# B.17

# 深圳物流业发展形势分析

刘国宏*

**摘　要：**

伴随着人类经济活动的演变，物流逐步从社会分工体系中独立出来，成为一种重要的产业形态，并且其产业功能不断随着经济社会的发展而升级。深圳物流业正是适应了深圳经济社会发展的需要，以市场为导向、以企业为主体而得以迅速发展，在产业认知、模式创新、行业政策等多个领域开创了全国物流业发展之先河。当前，深圳经济转型升级不断加快，深圳物流市场出现了"二元"分化格局，高增值服务的高端物流市场和强竞争性的基础性物流服务市场并存，行业内和行业间开展供应链整合优化的趋势显现。对此，深圳物流产业政策应顺应物流产业功能升级和市场"二元"结构演化的趋势，顺势而为、因势利导，加快深圳物流业创新发展，使之继续成为引领全国物流业发展的"风向标"。

**关键词：**

物流产业功能　物流市场结构　物流产业政策

深圳经济特区成立以来，为满足"大进大出"的外向型经济发展的市场需求，深圳物流业由小到大发展起来。深圳出台了全国第一部物流业发展规划、第一部物流业发展政策文件，推出了第一个物流与供应链上市企业，创办了第一个物流与供应链行业展会等，实现了国内物流领域的多项第一，逐步成

* 刘国宏，综合开发研究院（中国·深圳）。

为全市国民经济的重要支柱性产业。

然而，步入21世纪的第二个十年，全球经济格局发生深刻变化，西方国家受国际金融危机的冲击，消费市场需求的增速大大放缓；我国加快经济发展方式转变，打造经济“升级版”和扩大内需成为经济发展长期战略；深圳外向型经济体系加快向开放性经济体系转变，传统的大规模定制加工模式正在转向小批量、多批次的个性化生产模式，对传统的物流组织方式、物流服务内容等提出了更高要求。与此同时，深圳物流业的产业功能、市场结构、产业绩效以及产业政策均在发生明显变化，这将有可能成为引领全国物流业未来发展的新风向标。

## 一 发展环境：产业功能不断升级

人们对物流的认识大致划分为物资运输、物流配送、综合物流和供应链管理四个阶段。第一阶段，物流就是物资运输，只是联系不同社会环节或产业环节的一个方式，并没有形成单独的概念，并对之开展系统研究。人类从最原始的生活、生产活动就产生了物资运输需求，原始人需要把采集和狩猎到的食物运回居住的洞穴并加以储存，我国古代就有“兵马未动、粮草先行”的军事作战方针。第二阶段，物流就是物流配送，以保障产品销售流通，主要克服需求与供给之间的时空隔离。1915年美国营销学者阿伽·萧提出物流配送（Physical Distribution）概念，配合企业产品销售，将产成品送到消费者手中的过程。其出现的原因是当时发达国家的市场环境已由卖方市场转变为买方市场，生产企业必须把更多的注意力集中到产品销售和流通环节。第三阶段，物流就是综合物流（Integrated Logistics）服务，即在信息化环境下实施全过程多目标的整合优化。综合物流概念源于美国“二战”军队后勤管理，迎合了美国“二战”后现代跨国公司的兴起以及以现代信息技术为支撑的全球性生产与销售业务网络的发展要求，物流不仅包括了产成品的向外流动，而且涵盖了原材料、零部件的内向流动，零库存（JIT）、全面质量管理（TQM）等先进的管理方法陆续出现。第四阶段，物流步入供应链管理时代，即以商品流通过程中企业间的合作，更加系统地提高物流效益。以2005年美国物流管理协会

（Council of Logistics Management，CLM）更名为供应链管理协会（Council of Supply Chain Management Professionals，CSCMP）为标志，物流不再是单个企业的作业系统，而是成为跨企业的协同作业系统。

**表1　物流思想的演变理论基础及内容、特征**

| 物流思想 | 基础理论 | 内容 | 主要特征 |
|---|---|---|---|
| 物资运输 | — | 不同部门分散管理 | 保障不同环节的联接 |
| 物流配送（Physical Distribution） | 隔离理论 | 作为成本部门核算，克服需求与供给之间的时空隔离 | 保障产品销售的流通 |
| 综合物流（Integrated Logistics） | 到达理论 | 分析控制物流成本，实施商品到顾客的全过程整合优化 | 提高营销服务水平，增强竞争能力 |
| 供应链管理（SCM） | 战略联合 | 基于供应链，建立“双赢”的合作关系 | 建立有效的分工合作关系 |

我国直到21世纪初才确定将物流业作为重要战略产业加快发展。2004年国家发展改革委等九部门联合印发了《关于促进我国现代物流业发展的意见》（发改运行〔2004〕1617号），这是中央政府明确物流的产业地位及发展方向的一份纲领性文件，至今仍是各相关部门制定物流政策的依据。2005年，经国务院同意，我国建立了由国家发展改革委牵头，商务部、铁道部、交通部等13个国务院部门和2个行业协会组成的全国现代物流工作部际联席会议。2006年，我国《国民经济和社会发展第十一个五年规划纲要》明确提出“大力发展现代物流业”，物流产业的地位在国家层面得到确立。2009年，国务院印发了《物流业调整和振兴规划》（国发〔2009〕8号），这是唯一的服务业调整和振兴规划。2011年我国《国民经济和社会发展第十二个五年规划纲要》明确提出现代物流业为四大生产性服务业之一，同年国务院办公厅印发《关于促进物流业健康发展政策措施的意见》（国办发〔2011〕38号，即促进物流业发展“国八条”意见）。

然而，我国对物流业的思想认识大体仍处在物流配送阶段，至多为综合物流阶段。美国物流管理协会（CLM）对物流的定义为，物流是供应链管理的一部分，是以满足客户要求为目的，对货物、服务和相关信息在产出地和消费地之间，实现高效且经济地正向和反向的流动和存储所进行的计划、执行和控制的过程。欧洲物流协会（ELA）对物流的定义为，物流是在一个系统内对人员或商品的运输、安排及与此相关的支持活动的计划、执行与控制，以达到特定的目的。根据2001年《中华人民共和国国家标准物流术语》（GB/T18354—2001），我国对物流的定义为，根据实际需要，将运输、储存、装卸、搬运、包装、流通加工、配送、信息处理等基本功能实施有机结合。按照《国务院关于印发物流业调整和振兴规划的通知》（国发〔2009〕8号），物流业是融合运输业、仓储业、货代业和信息业等的复合型服务产业，是国民经济的重要组成部分，涉及领域广，吸纳就业人数多，促进生产、拉动消费的作用大，在促进产业结构调整、转变经济发展方式和增强国民经济竞争力等方面发挥着重要作用。从以上定义可以看出，西方发达国家强调物流管理和物流控制，而我国仍侧重物流操作和产业融合。这与我国经济所处的发展阶段密切相关。处于全球产业分工链高端环节的发达国家通过物流管理和控制来保障自身利润和维系产业链生态，而处于全球产业链中低端环节的发展中国家，物流仅仅是自身融入全球分工体系和占领市场的不可或缺的环节而已。

深圳物流业与深圳外向型加工业相伴而生，以企业为主、以市场为导向，始终走在了全国物流业发展的前列。1979年以蛇口港区开工建设深圳第一个3000吨级泊位作为深圳物流业的开端标志，三十多年来深圳物流业一直服务于深圳经济的高速发展，随着蛇口港、盐田港、妈湾港、赤湾港以及深圳机场等大型物流基础设施的兴建，一批运输企业、仓储企业、货代企业涌现出来，实现了由传统运输到物流管理再到现代物流的不断跃升。2000年，深圳市委三次党代会正式确定现代物流业为深圳第三大支柱产业，并在当年编制了国内第一部物流规划《深圳市“十五”及2015年现代物流业发展规划》。2002年，市政府印发《关于加快发展深圳现代物流业的若干意见》（深府〔2002〕174号），随后港航、空港、物流等系列资金扶持办法相继制定和实施，极大地推动了深圳现代物流业的进一步发展，顺丰速运、腾邦物流等一批重点物流企业快速成长。2011年，由深圳市交通运输委牵头编制的《深圳市现代物流业发展“十二五”规划》提出要依托海陆空铁综合交通优势，大力发展高端物流业，努力把深圳建设成为具有国际资源配置功能和国际商务营运功能的全球物流枢纽城市、具有产业支撑功能和民生服务功能的全国优秀物流服务都市、亚太地区重要多式联运中心和供应链管理中心以及与香港共同建设国际航运中心。深圳物流业依托供应链优化组合和合理配置，逐步从服务产业发展转向带动产业发展转变。深圳市物流业发展历程如图 1 所示。

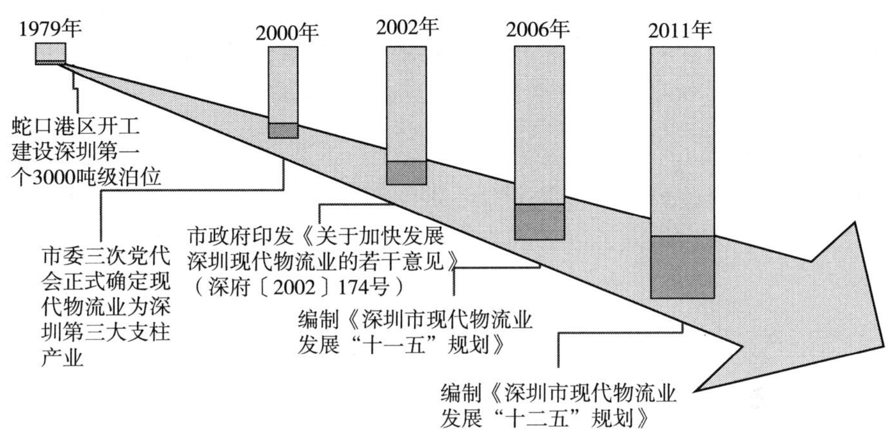


**图 1　深圳物流业发展历程**

至今，由交通运输部与深圳市政府联合主办的“中国（深圳）国际物流与交通运输博览会”，已成功举办 8 届，已成为规模仅次于德国慕尼黑物流展的世界第二大物流运输类展会。2013 年，深圳物博会秉承“专业化、国际化、品牌化、实效化”的办展宗旨，以“智物流、兴产业、畅交通、优生活”为主题，设立了 12 大展区，开展 9 大专题活动及 10 余场高端论坛。展览面积 5.4 万平方米，会集了来自全球 39 个国家的参展企业及机构 500 多家，占总参展商数量的 38%，其中包括 10 多个国家的政府展团，吸引了 67 个国家的专业观众 8.7 万人次。

2013 年阿里巴巴集团、银泰集团联合复星集团、富春控股、中国邮政集团、中国邮政 EMS、顺丰集团、“三通一达”（申通、圆通、中通、韵达）、宅急送等在深圳组建的“菜鸟网络科技有限公司”，计划首期投资 1000 亿元，打造遍布全国的开放式、社会化物流基础设施，深圳物流业供应链整合优化的帷幕徐徐拉开。

## 二　发展现状：市场结构出现分化

SCP（Structure-Conduct-Performance）分析范式是当前广泛用于分析产业

发展的重要产业组织理论，研究基于市场竞争和规模经济的资源优化配置方法。现代SCP理论框架主要逻辑为：市场结构与市场行为相互作用，市场结构影响企业的行为，企业又通过自己的行为改变着市场结构；市场结构与企业行为的交互作用决定着市场绩效；政府规制对市场结构具有塑造作用，可以通过规制塑造一种竞争性的市场结构（例如通过放松进入规制，同时对进入的企业数量进行控制），结合市场竞争机制的作用，实现预期的市场结构；政府规制也可以直接对影响行业绩效的市场行为进行规制，以达到预期的经济绩效；企业行为和经济绩效又会对规制政策形成反馈（见图2）。

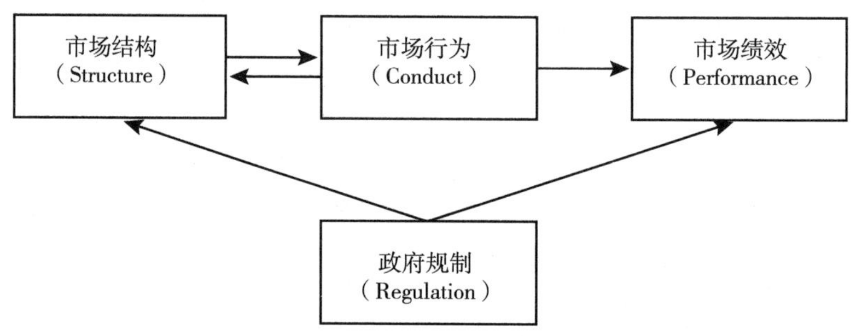


**图2　SCP理论分析范式**

## （一）深圳物流市场结构

### 1. 市场集中度

根据中国物流企业百强排行榜及深圳物流业年度总评榜，2011年深圳物流企业收入最高的为顺丰速运（集团）有限公司，营业收入达151.70亿元，当年深圳物流总产出为2879.38亿元，则$CR_1$为5.27%。由于统计数据缺乏，本文增加深圳已上市的三家物流企业——怡亚通、飞马国际、华鹏飞的营业收入，作为测算$CR_4$的数据来源。

**表2　2011年深圳物流业市场集中度**

单位：%

| 指标 | $CR_1$ | $CR_4$ |
|---|---|---|
| 2011年 | 5.27 | 11.5 |

根据 Bain 产业结构衡量标准，深圳物流市场为低度集中市场。目前深圳物流企业多达 14800 多家，但绝大多数为技术、规模均比较落后的中小企业，根据《深圳企业年鉴》数据，中小型物流企业占物流企业总数的 99%。而深圳市经济普查数据显示，2008 年全市规模以上中小物流企业全年营业收入达 332.36 亿元，仅占当年深圳物流总产出的 18.03%。而大型、高端物流企业虽然占总物流企业的少数，但大型物流企业却占据了深圳物流总产出的 80% 以上，这反映了深圳物流市场结构呈现明显的“二元结构”。

——高端物流市场。借助地理优势及政策扶持，深圳拥有一批以顺丰、怡亚通、腾邦、越海等为代表的现代化、规模化、品牌化物流领军企业，但这些高端企业不到深圳物流企业总数的 1.5%。高端物流企业以现代信息技术和物流技术为支撑，大多都能够同时提供多种形态的专业化、综合化的整体物流服务，拥有配送中心或者物流基地，其管理水平、服务水平、技术装备、信息系统和人员素质不仅代表深圳物流业的发展水平，甚至在很多方面位居中国物流业的领头羊位置，其产值和利润总额均在深圳物流产业中占主要地位，成为深圳国民经济的支柱产业。

——中低端物流市场。中低端物流市场中企业占据深圳物流企业的大多数，其中中型物流企业为具有一定规模的运输、仓储和快递企业，具备提供单一或几种传统物流服务的能力。小型物流企业，大多只有简单的物流设施、设备，管理水平低，缺乏自有信息系统，只能提供简单的物流服务。

**2. 市场壁垒**

从深圳物流市场壁垒看，低端物流市场进入壁垒低，吸引了大量潜在进入者首先进入该市场，“一台车辆、一个司机、一部电话”就可称为一个物流公司。但由于购置车辆、租赁场地等专用性强、退出壁垒高，使得该市场易进难出、过度竞争。深圳高端物流市场进入壁垒高，新企业想进入该市场，必须突破人才、技术、服务、资金以及顾客网络等一系列壁垒限制，该市场难进难出、竞争不充分。

**3. 服务差异**

仓储保管、装卸搬运、货运代理、干线运输等传统物流业务，仍是深圳物流企业的主营业务，其所占比重分别为 61.8%、52.9%、47.1% 和 38.2%，而现

表 3　深圳物流产业市场壁垒

| 壁垒类型 | 高端物流 | 低端物流 |
| --- | --- | --- |
| 绝对成本壁垒 | 高 | 较低 |
| 资本要求壁垒 | 高 | 较低 |
| 规模经济壁垒 | 较高 | 高 |
| 政策法规壁垒 | 低 | 低 |
| 专业人才壁垒 | 高 | 低 |

代物流业务中的物流咨询服务和供应链管理分别占 23.5% 和 20.6%。深圳物流企业业务仍主要集中在基础物流服务上，业务同质化现象明显，而高附加值业务虽得到一定程度上的发展但所占比例仍然较低。大量物流企业提供同质的低端物流服务，导致深圳物流市场竞争加剧。

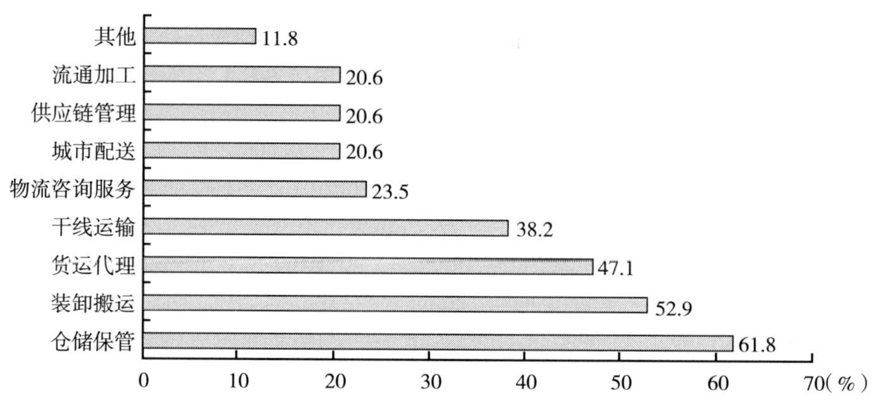


图 3　深圳物流企业主营业务

资料来源：华东交通大学 2009 年调查数据。

**4. 主要结论**

深圳物流行业呈现“二元结构”且面临不同的市场壁垒，大企业不断增加的同时，小企业以更高的速度进入该行业；物流服务多集中在低端物流服务方面，同质化现象严重。由此导致物流市场规模不断扩大，但充斥了众多的中小物流企业低水平无序竞争，供应链管理等高附加值物流服务所占比例较小，物流的专业化程度仍不高、服务内容有限。

## （二）深圳物流市场行为

### 1. 企业定价行为

从企业定价行为来看，深圳低端物流市场的企业大多采用成本加成定价法以维系生存，高端物流市场上少数大企业占据了大部分市场份额，可灵活采取市场需求定价策略，价格竞争并不明显。

### 2. 企业组织行为

深圳物流市场需求快速增长适合通过同行业合作实现产业资源的优化配置和优势互补。67.74%的深圳物流企业已通过签订合同来加强业内合作，拓展服务能力和提高服务效率，而没有合作的物流企业只占9.68%，说明深圳物流企业已经意识到合作的重要性，并通过同业间的合作来延伸服务范围、增强服务能力（见图4）。深圳物流企业与同行企业签署合作合同的期限，主要以短期年度合同为主，比例超过50%。而长期合同仅占13.33%，说明深圳物流企业间仍缺乏长期战略合作。

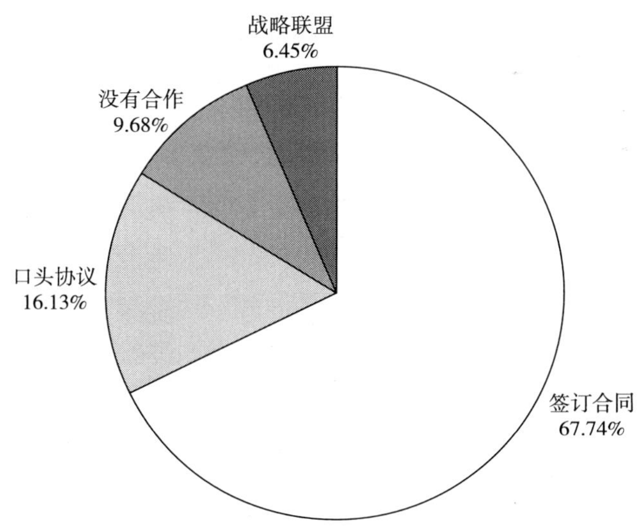


**图4　深圳物流企业间合作形式**

资料来源：华东交通大学2009年调查数据。

## （三）深圳物流市场绩效

从宏观数据看，近年来深圳物流业增加值实现快速、平稳增长，2012 年达 1279. 56 亿元，年均增长 14. 36%，物流业增加值占 GDP 的比重持续增长，由 2004 年的 9. 0% 上涨至 2012 年的 9. 9%，高于同期全国 GDP 增速 3 个百分点（见图 5）。物流总费用占 GDP 的比重持续降低，由 2004 年的 15. 5% 下降为 2012 年的 14. 3%，低于同期全国的比重 3. 8 个百分点，但仍远高于发达国家 8% ~10% 的平均水平（见图 6）。

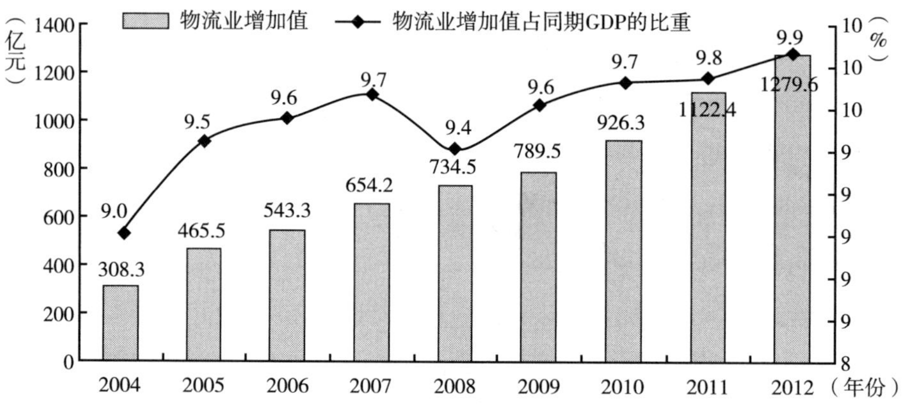


**图 5　2004 ~2012 年深圳物流业增加值**

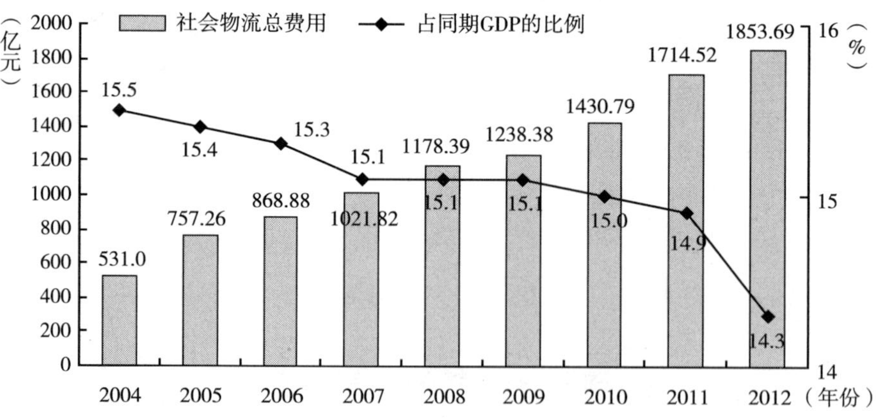


**图 6　2004 ~2012 年深圳社会物流总费用**

从微观数据看，2011 年深圳重点物流企业主营业务利润率（5.92%）略高于全国平均水平（5.32%），而深圳上市物流企业主营业务利润率6.45%①，略高于深圳重点物流企业的平均水平。这表明深圳高端物流市场已展现了诱人的盈利空间，但尚未形成带动低端物流市场发展、改变“二元结构”的显著势差。

## （四）深圳物流市场规制

为促进现代物流业发展，深圳市政府 2002 年率先颁布了《关于加快深圳现代物流业发展的若干意见》，明确提出了促进现代物流业发展的项目认定、投资立项、用地优惠等政策。之后相继出台《深圳市“十五”及 2015 年现代物流业发展规划》《深圳市现代物流业发展“十一五”规划》《深圳市贯彻实施国家〈物流业调整和振兴规划〉方案（2009～2012 年）》《深圳市现代物流业发展“十二五”规划》等在内的促进现代物流业发展的规划政策。同时制定了包括《深圳市现代物流业发展专项资金管理暂行办法》《深圳港航产业发展财政资助资金管理暂行办法》《深圳航空业财政奖励资金管理暂行办法》《深圳市道路集装箱运输行业财政资助管理暂行办法》《深圳市物流项目建设用地控制标准》《深圳市关于支持物流企业应对金融危机的专项资金措施》《深圳市重点物流企业认定管理暂行办法》《深圳市现代物流项目认定暂定办法》等专项资金管理办法及相应扶持政策，全方位支持现代物流产业发展壮大。2013 年正式发布《深圳市现代物流业发展专项资金管理办法》，整合原物流业、港航业、航空业、道路集装箱运输业专项资金或资助内容。

从深圳物流市场“二元结构”看，政府规制应顺应企业主体、市场导向的发展大势，加快由以扶持重点企业、重点项目为主向营造改变“二元结构”的市场环境转变，鼓励产业资本运作和物流资源整合，积极降低中低端市场退出壁垒，同时采取促进物流公共信息平台建设、强化专业物流人才引进等措

① 深圳重点物流企业主营业务利润率数据来自深圳市物流与供应链管理协会对深圳市 49 家重点物流企业的调查结果，全国物流企业平均利润率来自国家发改委和南开大学现代物流研究中心主编的《中国现代物流发展报告（2012 年）》，深圳上市物流企业主营业务利润率由怡亚通、飞马、华鹏飞三家上市物流企业公报数据计算得到。

施，降低高端物流市场进入壁垒。

从深圳物流市场的市场绩效看，深圳物流专项资金扶持政策有助于诱导物流企业向高端物流市场发展，但应更多地引入和采取市场化手段，采用金融机构的杠杆作用放大有限的财政扶持资金，使之发挥更大的发展导向作用。

## 三　产业政策：顺势而为、因势利导

按照深圳物流业发展的新形势和新要求，政府产业政策应顺应物流产业功能升级和市场“二元结构”演化的趋势，因势利导地促进物流业转型升级和高端化发展。

### （一）强化物流生产组织功能

顺应深圳城市发展、产业转移和环境变化，构筑高效运作可循环的现代物流体系，强化区域性乃至全球性的生产组织功能，促进深圳国家经济中心城市和国家创新型城市建设。一是利用深圳国际化城市和深港合作优势，积极发展涉外金融服务、贸易服务、信息服务、货代服务以及法律、会计、咨询、商事调解与仲裁等服务，吸引国内外企业供应链管理中心以及采购、分拨和配送中心集聚。二是加快引导供应链管理企业集聚和创新发展，提升对供应链的控制力，提高供应链的竞争力，带动珠三角地区外向加工型产业的转型发展。三是利用深圳的总部经济政策，培育一批新兴领域的现代物流总部企业，吸引国内外知名物流企业设立区域性物流总部。四是加快海港业务转型升级和空港业务的全面发展，在保持一定规模的货物吞吐量基础上，提升国际航运航空服务能力，提高对重要生产要素资源的配置水平。

### （二）鼓励物流产业的资本整合

顺应深圳物流业发展的阶段特征，支持物流企业资本运作和产业整合，促进资源的更优配置，提升物流资源利用效率，提高经济运行效率。一是针对深圳低端物流市场多、小、散、弱的企业现状，鼓励物流企业通过参股、控股、兼并、联合、合资、合作等多种形式进行资产重组，培育一批服务水平高、国际竞争力强的大型现代物流企业。二是鼓励物流企业加强联盟合作，创新合作方式和服务模式，优化资源配置，提高服务水平，积极推进物流业发展方式转变。三是鼓励大型制造、商贸企业开展社会物流资源整合，组建第三方物流企业，同时鼓励大型物流企业拓展采购、商贸和生产组织等领域的供应链管理业务。四是鼓励制造、商贸企业利用社会化物流服务或开放专用物流资源，发展共同配送，降低配送成本，提高配送效率。

### （三）提升物流运作硬件条件

构筑完备的物流软硬件设施，合理布局物流通道、物流节点和信息平台，科学统筹公路、铁路、海港、空港、场站等协调发展，为物流业转型升级营造良好的硬件条件。一是优化物流通道建设，进一步促进公路、铁路、航空、航运通道的网络化建设，形成层次分明、高效快捷的物流运输网络，实现海陆空铁运输方式的无缝衔接。二是加快全市海港、空港、物流园区、货运场站等重要物流节点基础设施建设，提升节点综合服务功能，大力拓展物流增值业务，加快物流业转型升级。三是利用物联网、云计算等技术手段因势利导，加强信息化建设，强化信息资源整合与共享，发挥信息作为物流中枢神经的重要作用，提升物流服务的整体水平。

### （四）优化调整物流规制政策

发挥市场在资源配置中的决定性作用，优化和调整现行的物流规制政策，以优化市场环境，保障公平有序的市场竞争，促进具有市场竞争力的物流企业做强做大。一是维护物流市场秩序，密切行业主管部门和执法部门的联系，严厉打击各种不正当竞争和违法经营行为。二是构建行业诚信环境，制定物流信息披露管理制度，曝光破坏市场秩序的企业或个人。发挥物流平台企业和行业协会的作用，建设物流诚信体系。三是优化物流通行环境，按照定时性、协同性原则，科学实施交通流量管理及物流和配送节点建设，促进干线运输与城区配送功能的高效转换。四是强化物流市场管理，放宽物流金融、信息服务、保税物流等领域的行业准入资格限制，促进物流企业的自主经营和高端拓展。加强对城市物流车辆及设施污染物的排放规制，支持使用环保节能物流车辆和设施。支持建立物流车辆、设施、设备交易市场，加快物流专用设备交易流转，降低物流行业退出门槛。五是创新引导政策，丰富专项资金资助、贴息、奖励等资助的方式，探索与金融中介机构的联合运作，实施金融中介杠杆贷款、企业融资杠杆担保等，挖掘专项资金的资金放大效应（见图7）。

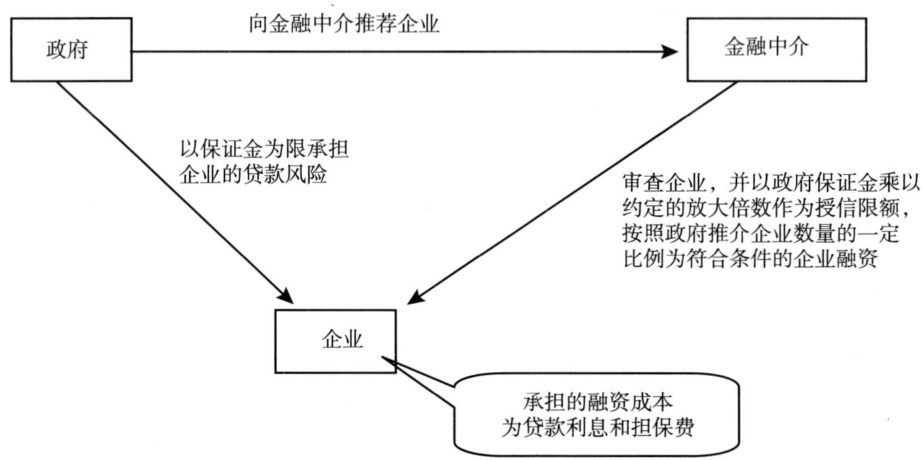


**图7　金融中介杠杆贷款操作方式**

B.18

# 2013年深圳房地产市场形势分析

王 锋*

**摘 要：**

本文介绍了2013年深圳市房地产市场的运行情况及其特点，分析了当前楼市调控政策和深圳市房地产市场形势，并对2014年的走势进行了判断和预测。

**关键词：**

房地产 投资 供应 需求

## 一 2013年深圳房地产市场运行情况分析

### （一）2013年深圳房地产市场运行情况

一是房地产开发投资稳定增长，商品住宅新开工面积同比增幅超过六成。2013年，全市房地产累计开发投资完成额为887.71亿元，同比增长20.5%。其中，住宅累计开发投资完成594.10亿元，同比增长25.2%，占比为66.9%；商品房累计新开工面积为1366.40万平方米，同比增长50.9%。其中，住宅新开工面积为910.13万平方米，同比增长62.0%，占比为66.6%。

二是市场供应稳步增长，商品住宅新批准预售面积增长明显。2013年，全市商品房累计批准预售面积和套数分别为776.66万平方米和79822套，同比分别增长19.2%和17.8%；其中，商品住宅累计批准预售面积和套数分别

* 王锋，深圳市房地产研究中心。

为 608.43 万平方米和 65152 套，同比分别增长 20.5% 和 18.8%。特别是下半年增长明显，10 月和 12 月商品住宅面积都超过 80 万平方米（见图 1）。

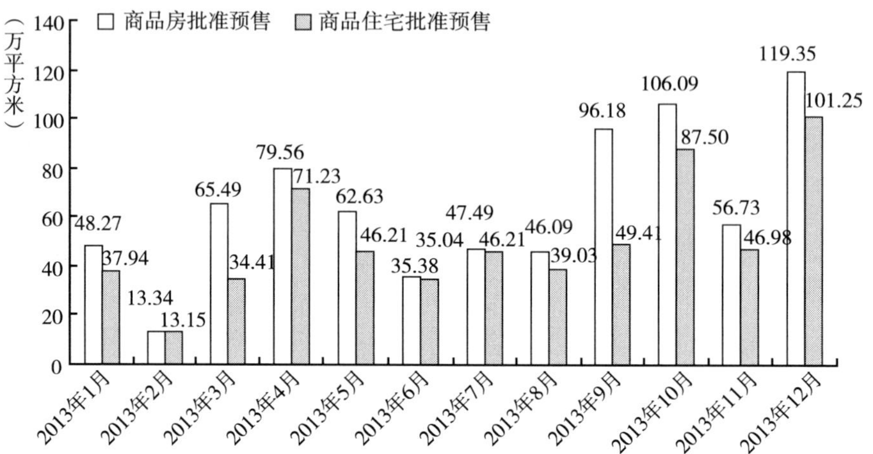


**图 1　2013 年全市各月商品房和商品住宅新批准预售面积走势**

三是新建商品住宅成交市场持续旺盛，全年成交面积同比增幅超过两成。2013 年，全市新建商品房累计成交面积和套数分别为 527.60 万平方米和 56768 套，同比分别增长 31.0% 和 27.6%；其中，新建商品住宅累计成交面积和套数分别为 437.63 万平方米和 47691 套，同比分别增长 21.2% 和增长 20.5%（见图 2）。

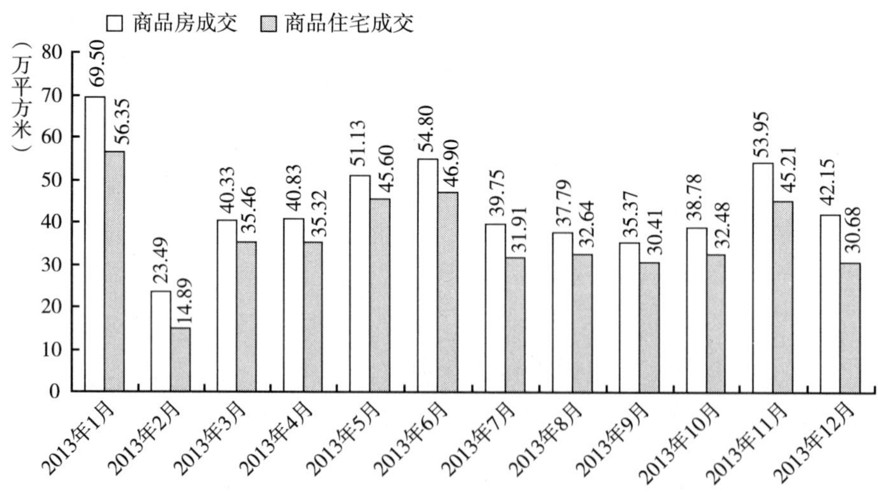


**图 2　2013 年全市各月新建商品房和商品住宅成交面积走势**

四是新房价格在下半年有所回落。根据深圳房地产信息系统数据，2013 年深圳新建商品住宅均价总体呈现先涨后跌态势，上半年呈现上涨态势，7 月份开始回落。2013 年 6 月，全市新建商品住宅简单平均价格达到 24000 元/平方米，是当年的最高水平，7 月简单均价回落到 22584 元/平方米，此后各月价格均实现连续环比下跌。

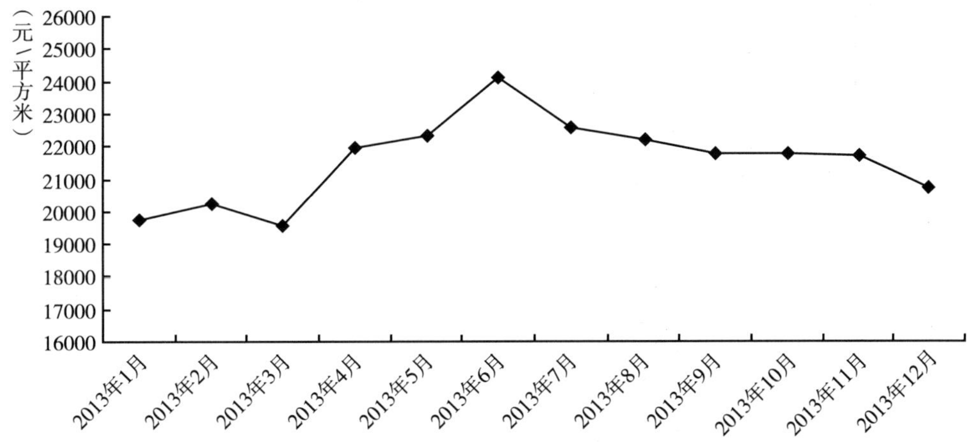


**图 3　2013 年各月新建商品住宅简单平均价格**

五是二手住宅成交持续回暖，全市成交面积同比增幅超过五成。2013 年，全市二手房累计成交面积和套数分别为 850. 54 万平方米和 94652 套，同比分别增长 43. 6% 和 47. 1%；其中，二手住宅累计成交面积和套数分别为 727. 10 万平方米和 86335 套，同比分别增长 55. 2% 和 54. 6%。从 2013 年走势来看，深圳二手房在 3 月和 4 月成交规模较高，3 月突破 100 万平方米，从 5 月开始，走势平稳，单月成交量维持在 60 万 ~70 万平方米的水平。

## （二）近年来深圳市房地产市场运行特点

一是房地产开发投资连续四年增长，对经济的拉动作用不断提升。近年来，深圳房地产开发投资呈现不断增长态势，2011 年房地产开发投资总额接近 600 亿元，同比增长近三成。2011 ~2013 年，深圳房地产开发投资总额同比增长率连续三年超过 20%，2013 年达到 877. 71 亿元。2013 年，全市固定资

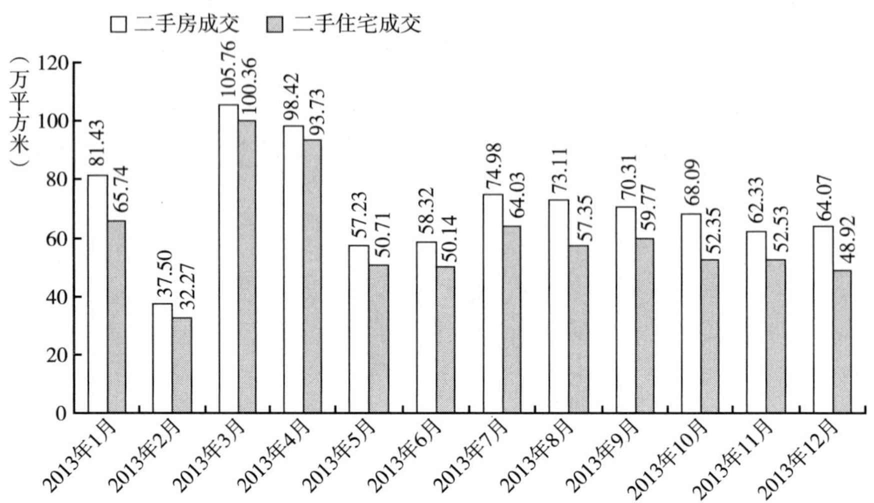


**图4　2013 年全市各月二手房和二手住房成交面积走势**

产总投资完成 2501.01 亿元，同比增长 14.0%，房地产开发投资同比增速比固定资产投资高出 6.5 个百分点，占同期固定资产总投资的比重达到 35.5%，是 2006 年以来同期的最高水平，房地产开发投资对拉动经济增长的作用不断提升。此外，与北京、上海和广州比较，全市前 11 个月的房地产开发投资同比增速领先于其他三个城市，分别比北京、上海和广州高出 10.7 个、0.4 个和 1.6 个百分点（见图5）。

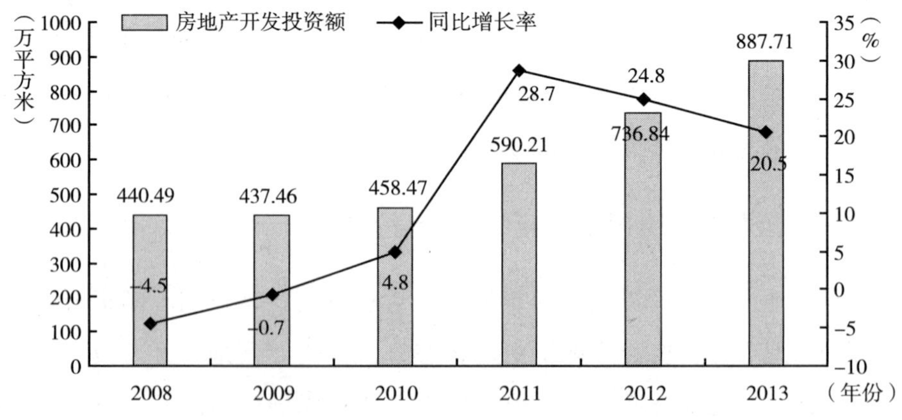


**图5　深圳市近 6 年来全市房地产开发投资走势**

二是住房用地供应增长明显。土地资源紧缺是深圳房地产市场面临的主要挑战，由于深圳人口呈现年轻化特征，住房需求旺盛，住房供求矛盾在短期内难以缓解。为了缓解住房供求矛盾和房价上涨压力，2013 年深圳市加大住房用地供应力度，全年累计供应住宅用地面积 200.69 公顷，比前 5 年平均供应量（约 148 公顷）增加 35.6%，为住房供应提供了有力保障。

三是住房开工和供应规模快速增长，住房供求矛盾得到缓解。2013 年，深圳市通过简化住房项目新开工和新盘入市的审批程序、加快审批节奏，增大市场供应规模，缓解房价上涨预期，满足居民住房需求。新建商品住宅新开工面积从 2010 年的 355 万平方米持续回升到 2012 年的 562 万平方米，批准预售面积从 2010 的 393 万平方米回升到 2012 年的 503 万平方米。在连续两年高基数的基础上，2013 年，深圳新建商品住宅新开工面积达到了 910.13 万平方米，同比增长 62.0%；全年商品住宅累计批准预售面积达到 608.43 万平方米，同比增长 20.5%。商品住宅批准预售面积连续两年回升，同比增速也处在较高的水平，2013 年总面积大于前四年，突破 600 万平方米，创近 5 年来的新高（见图 6）。

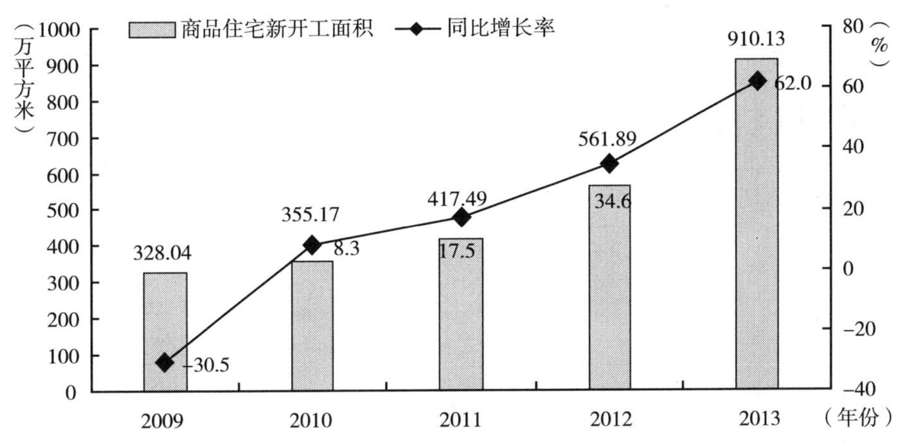


**图 6　2009 年以来深圳各年商品住房新开工情况**

四是市场成交旺盛，新建商品住宅和二手住宅成交量均实现快速增长（见图 7、图 8）。2012 年以来，全国楼市逐步回暖，深圳新建商品住宅需求持

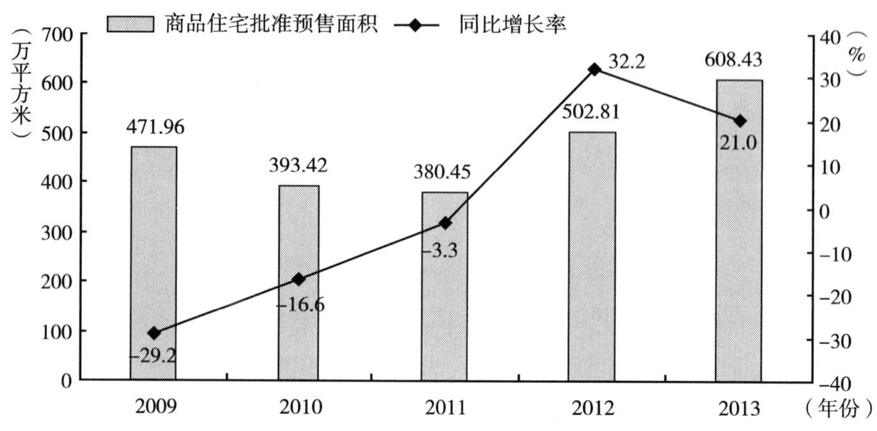


**图7　2009 年以来各年商品住房批准预售情况**

续回升，2013 年全市成交面积是2010 年以来的最高水平，同比增幅也超过两成。二手住宅方面，受2013 年2 月国务院发布新“国五条”的影响，二手置业者纷纷抢搭政策末班车，恐慌入市，3 月多个城市迎来二手房过户高峰，深圳在3 月的二手住宅成交面积突破100 万平方米，创2011 年以来的单月成交新高。二手住宅成交面积自2010 年以来连续下降，2013 年二手住宅成交面积突破700 万平方米，同比增幅超过五成，二手住房需求也处在逐步回暖过程中（见图9）。

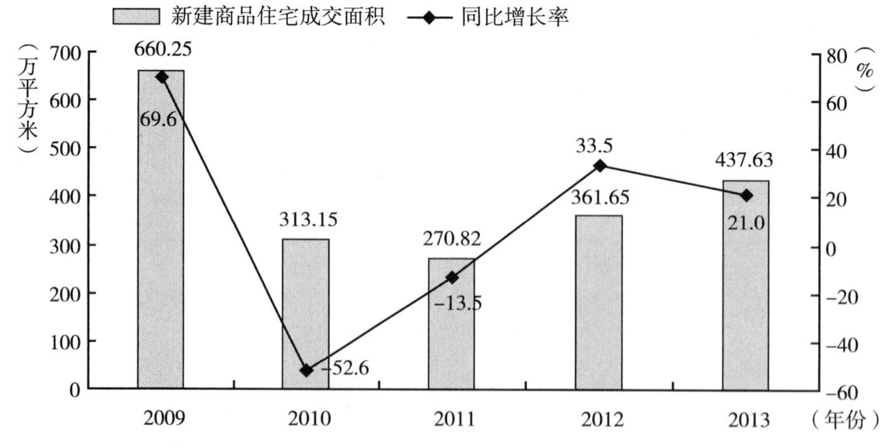


**图8　2009 年以来各年新建商品住宅成交情况**

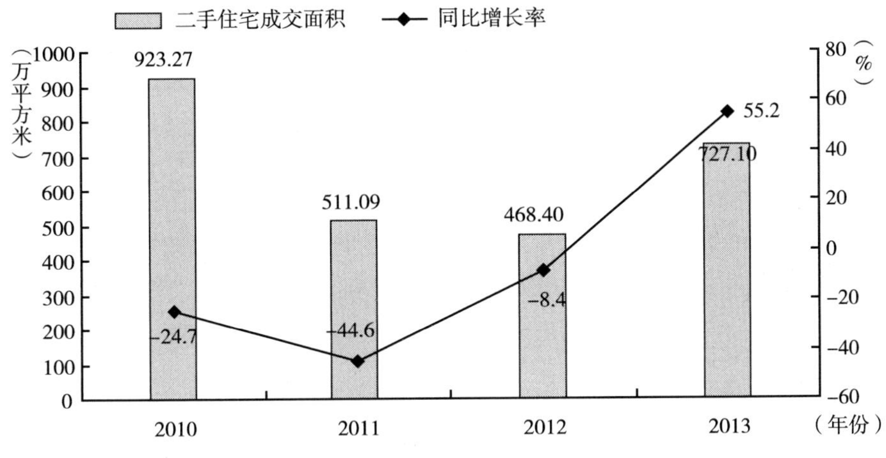


**图 9　2010 年以来各年二手住宅成交情况**

## 二　当前房地产市场形势分析和未来走势判断

### （一）当前房地产市场形势分析

2013 年以来，全国房地产市场调控政策基调维持在不放松状态。从全国楼市走势来看，房价延续了 2012 年下半年以来不断上升的态势，房地产市场持续回暖。2 月，根据统计局公布的 70 个大中城市的房价数据，无论从房价上涨城市数目来看，还是从新房价格环比涨幅来看，均创有数据以来的新高。在此形势之下，2 月 20 日，国务院发布了新“国五条”；3 月 1 日，国务院办公厅又发布了“新国五条”实施细则［《关于继续做好房地产市场调控工作的通知》国办发（2013）17 号］，要求各城市统一限购政策、二手房个人所得税按 20% 严格征收、提高二套房按揭贷款首付比例和利率，房地产调控限购限贷限价力度再度升级。

2013 年，深圳市在继续严格实施限购、限贷政策的基础上，3 月 31 日出台深府办〔2013〕12 号文件，提出了包括房价控制目标在内的有关楼市调控的八项措施。10 月，针对全市房地产市场出现的新变化，深圳再次加大调控力度，召开了房地产市场调控联席会议，并发布加强房地产调控工作的八项工作措施（简称“深八条”），核心是在年初确定的住房用地供应总量应不低于过去5年平均实际供应量的基础上，再增加20%；贷款购买第二套住房的家庭，首付款比例由此前的不低于60%提高到不低于70%。

尽管2013年深圳市严格执行中央以及各级政府部门的楼市调控政策，但在全国楼市回暖的背景下，全市房地产市场呈现供需两旺的态势，房价面临较大的上涨压力。首先，深圳市住房供求矛盾突出，并在未来较长的时间内仍难以缓解。深圳市作为全国经济中心城市的辐射作用不断加强，实际住房需求一直较大，在未来城市群的新型城镇化发展趋势下，深圳人口、资源和资金的流入还会持续增加，住房需求仍然比较突出。特别是，由于人口结构年轻化、投资创业氛围浓厚、适龄购房人群占总人口比重高等因素的作用，包括首次置业需求和改善性需求在内的住房有效需求规模非常大，长期内居高不下。在土地资源的限制下，深圳市住房供应的规模有限，相对于住房需求来说，市场供求关系的紧张局面将会在长期内存在。其次，近年来，尽管深圳市严格执行限购、限贷等各项楼市调控政策，住房投资和投机性需求得到有效的抑制，首次购房占比达到了86.2%。此外，深圳市住房市场的合理需求非常旺盛，而深圳存量住房尽管超过4亿平方米，但接近一半是原农村私房和违法建筑，真正满足住房消费升级的商品住房仅占20%左右，在未来改善型需求发力的情况下，供给端将难以及时跟上，这种需求需要通过长周期的城市更新来满足，住房供应成本可能会增加，房价上涨压力也较大。最后，2013年市场看涨的预期进一步推高了房价。2013年以来，全国多地楼市成交量回升，“新地王”“日光盘”频频出现，深圳前海也出现了“地王”，对部分购房者的心理产生较大冲击。此外，2013年初“新国五条”落地效果低于预期，而社会各界都在渲染构建楼市调控长效机制、退出行政性干预措施的调控思路走向，导致了2010年限购政策实施以来累积观望的部分需求开始释放，市场看涨预期加强，而房价上涨也回应了这种预期，进一步加快了购房者入市的步伐，造成“预期上涨—需求增加—房价上涨—预期实现—需求增加”的循环。

### （二）未来深圳市房地产市场走势判断

2013年12月，在全国住房城乡建设工作会议上，住房城乡建设部部长姜

伟新在部署明年工作时明确表示，2014 年要保持调控政策的连续性和稳定性，执行好既有调控措施，房价上涨过快的城市要从严落实差别化住房信贷税收和住房限购政策。此外，他还指出楼市调控更要注重分类指导，可以预计未来调控政策在继续完善长效机制的同时，地方政府政策将越来越分化，北上广深等一线城市还将坚持既有的调控政策，这与探索市场化调控方向的总体路径并不相冲突，因为市场化是大方向、长远方向和全局性的。

新一届政府着力推进长效机制建设完善。从新一届政府执政以来的表现看，中央关注房价是从房地产泡沫、金融风险、老百姓住房问题和住房保障等角度考虑的，但中央更关心的是通过建立完善长效机制保障市场健康。中长期来看，不动产统一登记、财产公示等制度的出台、住房保障模式的变革（如一线城市探索实施共有产权住房，并扩大共有产权住房的规模和覆盖面），房地产税一体化改革方案的进一步推进，将促进长效机制的建立和完善，促使房地产业和市场发展更加健康。在全面深化改革的大背景下，房地产业也必将迎来更加市场化的机遇和挑战，市场供需关系将更趋良性，2014 年乃至中长期内房地产市场环境将不断变化，市场有望逐渐回归基本属性。

短期来看，市场化改革和长效机制的建立不可能一蹴而就，是一个渐进的、前者消后者长的过程。在一线城市房价大趋势上仍然上涨的背景下，难以期待限购、限贷政策的放松，现有的行政化调控手段很难在短期内退出，这也是构建长效机制的先决条件。但是，不同城市房地产市场运行差异化的趋势也日趋明显，其调控政策趋向也会继续差别化。深圳作为全国四个一线城市之一，是房地产市场调控的热点城市，房价上涨面临较大压力，预计 2014 年房地产市场调控将继续从紧，但调控的自主权会加大，从而调控的思路和策略也可能会出现一些调整。

为了缓解楼市供求紧张的局面，近年来深圳加大城市更新和土地整备，努力推进原特区外轨道交通等公共服务配套设施建设，实现特区内外公共服务均等化，将高度集中在原特区内的住房需求向原特区外转移，极力推动住房市场供应，加大普通商品住房和保障性住房的用地供应规模，2013 年全市累计供应住宅用地面积比前 5 年平均供应量增长近四成。这些措施的实施对于增加住房有效供应起到了积极的作用，2013 年全市住房供应规模快速扩大，商品住宅新开工面积同比增长幅度超过了六成，商品住宅新批准预售面积创近五年来的新高。同时，在2013年深圳楼市回暖刺激下，开发商加大开发力度，2014年开发项目将继续增多，对于缓解供求矛盾有促进作用。此外，深圳市为切实解决低收入居民住房困难的问题，继续加强保障性安居工程建设，保障性住房供应将不断增加。

未来，建议探索城市更新建设安居型商品住房，同时适当提高轨道交通上盖住宅物业、存量更新住房的容积率，加大存量工业用地转居住功能用地的改造力度，并做好相关各方利益的平衡工作；加快推进安居型商品住房发展规划出台，并将其作为未来新增住房供应的主体之一，解决城市常住居民住房拥有的诉求，这才能缓解房地产市场调控的舆论压力；以公共服务均等化为原则，做好公共服务设施发展规划，加大原特区外交通、教育、医疗、休闲娱乐等公共服务配套设施建设和供应的力度，平衡各区域房地产市场发展的格局，提高单位土地的利用效率；大力发展住房租赁市场和公共租赁住房，实施住房租金监测和管制，保护承租双方的合法、正当权益，构建完善的、多层次的住房供应体系；完善住房价格统计和监测体系、构建多层次住房价格发布体系，细化价格监测的区域和频率，引导市场预期和居民置业，完善市场调控的数据信息基础。

# 专题研讨篇

Special Topics

# 深圳市幸福导向型产业发展研究

查振祥

**摘　要：**

近年来，深圳致力于发展“幸福导向型产业”，在医疗健康服务、社会养老、智慧化社会管理服务、公共文化和体育、休闲旅游、互联网和电子商务、餐饮酒店业、低碳环保等产业领域取得了长足发展，但也存在一些需要解决的问题，下一步需要从政策支持、产业谋划、产业集聚、创新、资金支持、外部合作等方面深入推进“幸福导向型产业”的发展和提升。

**关键词：**

幸福导向型产业　发展　提升

幸福导向型产业，是指以满足人由生存到发展的多元幸福诉求为导向，以健康、绿色、时尚、智慧为特征的新兴产业。这类产业主要包括医疗健康服务、社会养老、智慧化社会管理服务、公共文化和体育、休闲旅游、互联网和电子商务、餐饮酒店业、低碳环保等。发展“幸福导向型产业”是对“唯GDP”政绩观的重大突破，什么能够让人民幸福，我们就发展什么，这将产业与幸福联系在一起，将“物”与“人”结合起来，这体现了发展产业的目的是为了人民幸福。

## 一 深圳幸福导向型产业发展现状

近年来，深圳幸福导向型产业发展很快，目前在以下各个领域已经形成较好的发展局面。

**1. 健康服务业发展迅速**

近年来，深圳加大力度发展社会健康服务、高端现代医疗服务业和卫生技术服务业，加快构筑多层次的健康卫生服务体系，满足人民群众不断增长的卫生健康服务需求。

深圳市境内拥有23家市属高端医疗机构，54家区属高端医疗机构，民营医院68家，包括社康中心在内的各类医疗机构2500多个，全市医疗机构床位总数达25万张，卫生专业技术人员达到7万人左右，为深圳高端现代医疗服务业和卫生技术服务业增添了重要力量。

深圳市区两级综合性医院近年来按照“加强学科、注重内涵、科学管理、提高绩效”的发展思路，扩展规模、发展专科、突出特色、深化内涵、优化流程。医疗业务量包括年诊疗人次、出入院人次、病床使用率逐年上升，医疗水平、服务质量显著提升。市区两级中医院按照“中医办院、继承传统、规范管理、突出特色”的发展思路，坚持以中医医疗为主体，以中医药科研教育、预防、康复、保健及中医药产业化为支撑，运用“治未病”理论，培育优势特色专科，推广中医适宜技术，扩大基础设施建设规模，提升中医药服务能力，医疗水平也得到显著提升。市区两级妇幼保健院按照“突出保健、拓展功能、完善临床、提高水平”的发展思路，向妇幼卫生督导中心、产程监护中心、产前监测中心、妇科微创技术治疗中心、儿童医学保健中心、新生儿护理抢救中心、特色专科专病门诊方向发展，拓展规模，强化内涵，年诊疗人次、出入院人次增长迅速，其中市妇幼保健院临床部业务达到饱和状态。市区两级慢性病防治院按照“突出防控、强化专科、防治结合、协调发展”的发展思路，近年来加强机构、网络和机制建设，明确职能，调整设置，优化结构，突出特色，提升能力，结控、精防管理水平明显提高，专科门诊量也大幅增长，成为慢性病业务指导、管理、防治中心和慢性病防治专业技术人员培训中心。市区两级社康中心建成了一支高素质的社区卫生服务队伍，社康中心全面推行药品零加成以及收支两条线管理，按照“不分隶属、全面覆盖”的原则，全面建成“分片负责、分类转诊”的片区责任制双向转诊体系，逐步实现社区首诊制和以全民医保为核心的分级医疗制度。各区境内的民营医疗和卫生服务机构，为深圳健康服务业也提供了重要补充。

**2. 社会养老服务体系正在形成**

随着我们国家快速步入老龄化社会，社区里的老人越来越多，养老服务的需求越来越大，在深圳，一个立体、适度普惠型的社会养老服务体系正在形成。深圳市目前市区两级公办的全日制养老院有30多个，但加上民办全日制养老院和社区股份合作公司举办的全日制养老院后，数目就很多。仅福田区就有13个全日制养老院，拥有床位数近3000张。主办者包括政府、企业和股份合作公司。

深圳市福田区福利中心老人颐养院是福田区民政局下属的福利事业单位，创办于1995年8月，由福田区委、区政府与深圳市民政局共同投资兴建。占地面积5000平方米，建筑面积9855平方米，中心大厦为东、西五层，南、北七层的连廊式建筑。位于环境优美、空气清新的香蜜湖高尔夫球场南侧，滨河大道与新沙西路交汇处，交通十分便利。2005年1月，荣获深圳市“园林式、花园式”单位；2006年2月，被广东省民政厅命名为“省二级养老服务机构”。福利中心床位达200张，主要接受离退休、自费托养老人及福田辖区深户孤寡老人，面向社会向老年人提供“老有所养、老有所为、老有所乐、老有所学”的全方位服务，中心根据老年人的健康状况、生活自理能力分为：自理区、半护理区、全护理区和特护理区。区内有三人房、两人房、家庭套房共101间，房内配有电热水器、空调、数字电视、请护仪和独立卫生间等，院内有绿树成荫、鸟语花香的中心花园，生活设备齐全、布局合理是老人们颐养天年的好地方。中心设有医务室、康复治疗室、健身房、棋牌室、乒乓球室、桌球室、卡拉 OK 室、多功能活动厅、文艺活动室、图书馆等配套设施，是一座集老人住宿、康复、健身、娱乐为一体的现代老人颐养院。

除了全日制养老院外，各个社区正在逐步建设老人日间照料中心，为社区内生活不能完全自理或日常生活需要一定照料的老年人提供日间托养服务。规模较大的园东社区老人日间照料中心占地近 2000 平方米，这个中心自 2010 年建成运营以来已经接待服务老人 2 万多人次。

**3. 智慧社区建设工作得到发展**

随着信息技术服务和电子商务的发展，深圳各个社区正在加强“智慧社区”建设，突出信息化与社会民生服务相适应，以信息化提高人民群众生活品质。智慧社区包括智能家居、智慧楼宇及智能控制、智慧养老服务、社区安防等方面。

（1）智慧物业管理：深圳的高档社区众多，很多社区根据智慧化社区的特点，对电梯管理、保安巡逻、远程抄表、自动喷淋等相关社区物业进行智能化管理，实现了社区各独立应用子系统的融合，方便集中运营管理。近几年，深圳的社区盗窃案发生率迅速下降，与社区闭路监控管理、门禁系统、电梯管理、保安巡逻系统的作用密不可分。

（2）电子商务服务：深圳的社区电子商务服务发达，消费者可以在网上购物、商户可以在网上进行交易和在线电子支付，社区居民无须出门即可无阻碍地完成绝大部分生活必需品的采购。深圳的很多社区服务中心专门为业主开设了代收快递业务，便于业主白天上班或出差期间网购产品的送达。

（3）智慧养老服务：“智慧养老”的模式适应以家庭自我照顾为主的养老方式，可以为以家庭自我照顾为主的老人提供通过拨打服务热线就可以订午餐、送外卖服务，服务内容还包括上门解决生活难题、随时提供紧急救助、通过电话问候的方式给予精神上的慰藉等。这种“接单”上门服务业务在深圳发展很快。一些高档家庭正在建设为老年人服务的远程监控平台，利用高科技物联网手段，及时予以关注和帮助。不少老人家中已经安装了“一键通”电话座机或手机，老人有不适时按下一个键就能接通中心平台，工作人员可马上赶赴现场抢救。

（4）智能家居：智能家居是以建筑物为载体，把信息化手段引入生活领域，提供高科技化的居住环境。深圳的社区绝大部分家庭都实现了宽带上网，接通了有线电视。很多家庭安装了信息家电，通过 QQ 系统与在海外读书的子女或亲友在电脑视屏上面对面通话。。

**4. 社会文化和公共体育产业促民生幸福**

深圳市提出“文化立市”战略，文化被看成构成民生幸福的重要内容。“文化立市”战略包括打造“博物馆之城”“图书馆之城”“钢琴之城”“公共艺术之城”。深圳是全国公共图书馆密集的城市，每 1.5 万人就拥有一个图书馆，全市已经建成 638 座公共图书馆。文化馆、站和文化活动室、文化广场也分布广泛。有市属文化馆、区属文化馆、街道文化站、社区文化活动室、社区文化广场、各类主题文化墙。基层社区图书室分布广泛，华富街道莲花二村社区图书室面积达到 200 多平方米、拥有近百种报纸杂志。

深圳市拥有大运体育中心、深圳体育馆、深圳湾体育中心、福田体育公园等众多体育场馆。2011 年第 26 届世界大学生运动会的成功举办使深圳体育事业实现了飞跃式的发展，仅“十一五”期间，深圳新建了大运中心、深圳湾体育中心、大学城体育中心等 22 个重大体育设施；维修改造了深圳体育馆、市游泳跳水馆、罗湖体育馆等 36 个大型场馆。大运中心、深圳湾体育中心等城市标志性体育设施的兴建，大幅提升了深圳承办国内外大型赛事和文体活动的能力。目前全市共有公共体育设施面积（不含高尔夫球场）1200 万平方米，人均 1.16 平方米，在全国处于领先水平。近年来，深圳公园体育、绿道体育、广场体育、社区体育、体育培训服务和竞赛表演业得到发展，深圳各个体育场馆扩大了公共体育场馆免费开放的范围和时间，体育活动正在从“传统体育”向“民生体育”转变。

**5. 住房保障体系得到发展**

深圳市近年来加大住房保障投入，努力满足社会各阶层的基本住房需求，初步建立起多层次、多形式的住房保障体系。

深圳“十一五”住房规划中计划提供 14 万套保障性住房中，其中 11.4 万套为公共租赁住房，2.6 万套是经济适用房，实际建成保障性住房 16.9 万套，比计划增加了 20.7%，全市低保家庭均已享受了廉租住房保障。“十二五”期间深圳计划筹建保障性住房 24 万套，比“十一五”期间增加 10 万套，总建筑面积达到1616万平方米。目前深圳基本形成了以《深圳市保障性住房条例》为核心的住房保障政策法规框架体系。

深圳市区两级创新了保障房建设体制机制，在建的很多保障房项目都调动了民间资本进入，政府出政策，企业出地出资组织建设开发，实现了保增长、惠民生的多赢效果。

**6. 互联网和电子商务产业发展规模全国领先**

深圳互联网产业规模居全国前列，互联网产业规模约占全国的1/7。著名企业有腾讯、迅雷、融创天下、中青宝、芒果网、中农网、宜搜等。深圳市政府2009年出台《深圳互联网产业振兴发展规划》，给深圳的互联网企业注入了巨大的发展动力。目前腾讯已成为全球领先的互联网明星企业。宜搜凭借独有的移动搜索技术成为国内最大的中文移动搜索引擎；芒果网整合港中旅资源，中期期货网连续6年成交量、成交额排名全国第一；中青宝网成为国内首家A股上市的网游公司。

深圳电子商务产业发展迅速。目前，深圳市重点行业电子商务链初具规模，企业经常性应用第三方电子商务服务，金融、支付、跨境等电子商务优势领域逐渐形成产业聚集效应，为辖区内电子商务健康快速发展奠定了坚实基础。深圳市腾邦国际票务股份有限公司是一家拟登创业板的企业，它依托电子商务，专注商旅服务，整合了高科技产业与传统商旅行业，建立了以电子支付为支撑的电子商务模式，业务网络已经覆盖全球。

从2013年开始，深圳市民到深圳公安机关办港澳通行证等证件开始实现免交纸质材料，这是公安系统试点建立群众办证电子档案给市民带来的便利。公安机关依托网络化、智能化手段，打造便民化电子商务高效率服务平台。

**7. 旅游业快速发展**

深圳的各项旅游经济指标居全国大中城市前列。2012年，深圳市接待游客总人数超过9000万人次，入境过夜游客超过1000万人次，旅游总收入超过800亿元。深圳入境过夜游客人次占全国20.6%，连续多年居全国大中城市第一，旅游外汇收入连续多年稳居全国大中城市第四，旅游业总收入居全国前八位。深圳旅游行业食、住、行、游、娱、购六要素配备齐全，日臻完善。全市拥有适应需要的各种档次的宾馆酒店300多家，其中星级酒店100家；拥有旅店、招待所近600家；拥有旅行社50多家。目前，深圳已有东部华侨城、大小梅沙海滨浴场、锦绣中华、世界之窗、民俗文化村、未来时代、欢乐谷以及青青世界、野生动物园、银湖旅游度假村、香蜜湖旅游度假村、仙湖植物园、小梅沙海滨旅游中心、观澜湖高尔夫乡村俱乐部等旅游景区，这些各具特色的旅游景点每年都吸引着大批的海内外游客前往参观。

2013年伊始，深圳市政府发布了《深圳市人民政府关于促进旅游业更好更快发展的意见》（下文简称《意见》），把生态文明建设放在突出地位，努力建设美丽深圳，同时提出依靠现代服务业和战略性新兴产业拉动内需。旅游工作在建立生态文明制度，健全生态环境保护的体制机制，服务民生、促进就业、拉动消费需求的进程中承担着重要职责。《意见》提出：下一步深圳要创新发展模式，大力推动“旅游+文化”“旅游+科技”的深层次融合；培育新的增长点，通过大鹏新区的旅游开发和前海深港旅游合作，打造旅游发展新优势；提升拓展现有旅游资源的潜力，打造华侨城、大小梅沙片区的旅游产业集聚区；挖掘文化、历史等资源的潜力，支持特色文化街区建设；创新有旅游价值的古村落的开发，鼓励社会资金、知名文物复兴设计机构参与古村落、历史街区保护，支持结合文化遗产保护的旅游开发模式；转变旅游发展方式，打造低碳的产业运行体系，实施旅游节水、节能和减排工程，鼓励各区对符合低碳绿色旅游标准，创建低碳、绿色饭店和景区达标的企业进行奖励，加强宣传，倡导节约、低碳的旅游消费模式，形成合理消费、节约消费的社会风尚。

“十二五”期间，深圳围绕“建设具有重要国际影响力的旅游目的地，把旅游业发展成为新兴的支柱产业”这一目标，深圳将进一步突出集约化、规模化发展，进一步突出低碳、生态与环保，进一步创新体制、机制，进一步突出民生需求，完善公共服务，进一步加强市场监管，提升旅游服务质量。

**8. 餐饮业特色化发展**

近年来，随着餐饮业的发展和市场竞争的加剧，深圳餐饮企业加快了从传统的经营模式向现代经营模式的转变，限额以上餐饮法人单位都在逐年增加，大型餐饮企业在进行现代企业制度改造的基础上重视品牌经营，不断做大做强，涌现出一批如“面点王”“永和大王”等民营餐饮企业的著名品牌，成为引领深圳餐饮经济的排头兵。以肯德基、麦当劳为代表的西式快餐迅速扩张，并出现了一大批西点房、咖啡厅、酒吧等餐饮场所。餐饮业已逐步形成高、中、低多档次并存，中餐、西餐兼有，正餐、快餐互补，特色经营和品牌连锁共同发展的良好局面，极大地满足了不同消费层次的需求。

“白领套餐”是深圳餐饮业的一大特色。位于深圳中心区的 CBD 聚集了大量的总部机构，总部机构是商务白领的聚集地。深圳中心区的 CBD 聚集了 10 万商务白领在此工作。由于进驻这些写字楼的大多是豪华酒楼，不能解决商务白领的中午用餐问题，少有的几家快餐店在午餐时间也都人满为患。为了解决商务白领就餐难的问题，深圳市有关部门联系有一定规模、条件成熟的大中型餐饮企业，在深圳中心区的 CBD 周围辟出专门区域来经营，配备了可外送的“白领套餐”，这是深圳市一大创新举措。目前，“白领套餐”经营范围已经扩大到深圳东门片区、华强北片、深南路片区、中心城片区以及东海片区。

**9. 积极发展餐厨垃圾和生活垃圾处理产业**

规范处理餐厨垃圾和生活垃圾，逐步建立和完善覆盖全市的餐厨垃圾管理网络，严控餐厨垃圾流向，对餐厨垃圾进行统一收集、清运和规范化处理，保障饮食安全，是一个重要的幸福民生项目。深圳市近年来的垃圾生产量随着人口的增长而快速增长，年均增幅约为 8%，每天生活垃圾处理量已达 14400 吨。现有垃圾处理设施严重不足，深圳市各地的填埋场已严重超负荷运行，因而垃圾尚未实现 100% 无害化处理，对环境造成一定的影响。新建垃圾处理设施选址非常困难，因为垃圾处理设施属于“避邻设施”，选址的周边居民反对意见很大，导致近年来垃圾处理设施建设举步维艰。为此，深圳市正在推动以垃圾减量分类为突破口的垃圾管理方式的变革。2012 年 7 月 24 日，深圳市政府正式印发《深圳市“十二五”城市生活垃圾减量分类工作实施方案》，确定在政府机关、企事业单位、学校和居民小区等创建 500 个示范单位（小区），政府机关、企事业单位、学校、酒店、商场、居民小区等公共区域按照标准配置垃圾分类投放、收集设施。

餐厨垃圾是垃圾处理工作的难点，尤其是“地沟油”问题，涉及食品安全，事关人民群众的生命健康，深圳在这方面虽然没有发现恶劣案件，但问题一直存在，特别是前几年取消了餐厨垃圾管理行政许可制度以后，全市餐厨垃圾收集基本处于无序状态，存在不少隐患。启动垃圾减量分类工作能有力遏制“地沟油”的生产。

深圳市还正在进一步完善全市再生资源回收网点，避免出现后端处置“大锅烩”局面，使垃圾分类工作流于形式而达不到应有的目的。

## 二　深圳幸福导向型产业发展存在的主要问题

幸福导向型产业是惠民事业，目前一些领域还远远供不应求，如全日制养老院和医院。公立全日制养老院数量远远不够，排队进入要几年的时间。公立医院每天人满为患，看病难现象长期得不到解决。

由于近年来中国内地经济发展和20世纪70年代末开始的计划生育效果显现，深圳各类幸福导向型产业出现劳动力短缺现象，酒店餐饮业尤为严重，几乎每家酒店餐饮业都存在劳动力短缺的现象。医院、养老院护理人员也严重缺乏。家庭保姆和小区保安更难招聘。目前这些行业从业人员的人均工资福利普遍很低，个人发展空间有限。人员的变动直接影响了产品质量和服务质量，进而影响了产业的竞争力和发展。

幸福导向型产业属于新兴产业，金融机构缺乏认识，存在企业贷款难、融资难的问题，尤其在中小企业中这个问题比较突出。政府支持的资金分散在各个部门手里，不能集中统筹。虽然各产业主管部门对专项资金的使用有大致的分工，但由于各部门只分管自身的工作导致无法无缝衔接和聚焦。

幸福导向型产业属于新兴产业，很多中国企业在知识产权的成果方面严重不足，对品牌形象、外观设计、软件等新型知识产权特征认识不足，因而无法实现对它们的有效管理和保护，一些软件开发成果难以申报知识产权保护。

深圳幸福导向型产业在推广应用方面力度显得不够，通过市场应用来拉动产业发展的工作力度不够，也很难涉及政府采购。此外，酒店餐饮业还有市场垄断、分割等问题，公共文化体育事业宣传推广也不够。

## 三　加快深圳幸福导向型产业发展的对策

### 1. 政策引导，社会参与

推进幸福导向型产业发展，需要注重探索创新，把握幸福导向型产业资源环境代价小、可持续发展、幸福感强等特点，紧跟形势发展变化，创新发展思路，因地制宜，与时俱进探索产业发展新模式，积极培育新产业和新业态。建议政府有关主管部门结合国家和广东省培育现代服务业等的相关优惠政策，围绕产业重点领域，设立重大专项，划拨专项资金优先予以支持，推动“幸福导向型”产业成为深圳经济的新增长极。另外，要鼓励社会力量投入幸福导向型产业，发展民营养老机构和医疗机构，去除民营养老机构和医疗机构在社保卡使用方面的一些制约因素。

**2. 加强谋划，推进产业发展**

在遵循产业发展规律的前提下，贴近人民群众的幸福需求、幸福感受去谋划和发展产业，要把人民群众的幸福感受作为推进产业发展最为核心的要素和条件，让产业发展回归人的自身需求。不仅要发展衣、食、住、行、用等实体产业，还要注重发展文化创意产业，如传媒、电影、动漫、歌剧、文艺等产业，为市民提供与物质产品同等丰富的文化产品供给，让市民物质上与精神上同等幸福。坚持绿色发展，着力扩大内需，重点提升幸福导向型产业的发展质量、效益和可持续发展能力。以创新驱动带动新一轮产业发展。把握幸福导向型产业资源环境代价小、可持续发展、幸福感强等特点，紧跟形势发展变化，创新发展思路，因地制宜，与时俱进探索产业发展新模式，积极培育新产业和新业态。强调统筹协调，与目前深圳市重点推进的产业相互衔接，与珠三角规划纲要、“十二五”规划纲要、现代产业体系、服务业发展“十二五”规划以及主体功能区规划等重点规划相衔接，并在原有基础上实现创新和发展。建立各相关部门共同参与的工作协调机制，推动产业融合发展，实现互利共赢，确保幸福导向型产业持续健康发展。

**3. 打造“幸福导向型”产业园区，体验基地与研发中心，强化创新配套设施建设**

加快推进“幸福导向型”新兴产业的集聚发展，打造具有国际影响的产业基地。“幸福导向型”产业基地要发展与之配套的设计、研发、制作、交易、展览、孵化、知识产权保护、资质认证、培训、评估、物流等专门服务，逐渐形成一条完整的产业链，形成集生产、交易、培训、旅游等为一体的产业圈。探索建立“幸福导向型”产业体验基地与研发中心，推动智慧、低碳技术率先示范应用，促进“幸福导向型”新业态和新技术加速发展。

**4. 鼓励企业自主创新，满足高层次的幸福生活需求**

扶持幸福文化与高新科技深度融合的高端个性化产品研发。坚持“文化+科技”的发展方向，从深度和广度上促进创意产业的高速发展。政府对高技术企业自主开发的“幸福导向型”创新产品提供首购或订购支持，在政府引导下，拓宽“幸福导向型”产业的市场空间。

**5. 建立和完善“幸福导向型”产业投融资体系**

鼓励风险投资引导基金投入“幸福导向型”产业，重点加大对研发前端的资金支持，鼓励金融机构针对“幸福导向型”新业态开发金融创新产品，如知识产权质押贷款方式等。扶持“幸福导向型”产业领域中小企业的发展，争取各类金融机构对中小企业提供信贷支持。

**6. 加强宣传引导**

加强产业宣传引导，动员全社会力量广泛参与，营造有利于实施幸福导向型产业行动计划的良好社会氛围。建立多层次、多渠道、多角度的总结分析研究体系，及时总结推广成功经验，探索新的发展模式和产业培育点，形成推动工作的长效机制。

# B.20

# 利用区域贸易安排推动深圳外贸发展研究

深圳市社会科学院课题组

**摘　要：**

本文全面分析了国际上“区域贸易安排”的最新动态以及中国实施自由贸易区战略的最新进展，系统地梳理了建立自由贸易区对中国经济影响的研究成果。在此基础上，运用“全球贸易分析模型（GTAP）”对自由贸易区的建立对深圳经济的影响进行了实证研究，并对如何利用区域贸易安排推动深圳外贸发展提出了对策建议。

**关键词：**

区域贸易安排　深圳外贸　自由贸易区

## 一　区域贸易安排最新动态

区域贸易安排（RTA）是一些国家或实体间的优惠贸易安排。根据成员国之间经济一体化的紧密程度和各成员国让渡国家自主决策权力的多少，可将区域贸易安排分为五种类型：自由贸易区、关税同盟、共同市场、经济联盟和完全的经济一体化。自由贸易区的经济一体化程度较低，是最常见的区域贸易安排类型。

随着区域经济合作的浪潮席卷全球，世界各国之间的区域贸易安排不断增多。1990 年，向 WTO 通告的各种贸易互惠协定为 40 个，之后的短短二十年时间里该数值增长了十倍之多。截至 2012 年 1 月 15 日，向 GATT/WTO 通知

备案的区域贸易协定总计511个，生效的有319个。

区域贸易安排之所以发展迅猛，有以下几个方面的原因：一是经济利益动因。区域贸易安排削弱了成员国之间的贸易壁垒，有利于区域内部商品及服务贸易的开展，保障本国对其他成员国市场的准入，能够更好地维护自身利益，对吸引外资，发展本国经济有着积极的促进作用。二是政治、安全方面的考虑。签订区域贸易协定不仅可以减少国与国之间的冲突，营造一个安定和平的发展环境，为相关国家建立地缘政治联盟奠定了基础；还可以增强相关国家的国际地位，增强其在国际谈判中的话语权。三是区域贸易安排成员数量较少，谈判较为简单，因此一些国家为了尽快发展本国经济而更热衷于区域贸易协定的谈判。

## 二　中国实施自由贸易区战略的最新进展

中国的自由贸易区战略虽然起步较晚，但发展非常迅速。目前，中国正与五大洲的37个国家和地区建设16个自由贸易区，其中协议已经生效的有11个（且都是2000年之后签订的），正在谈判的有5个。

从地理位置上看，中国80%以上的自由贸易区是与周边国家共同建立的，地缘性强，并有向拉美、欧洲和非洲辐射的趋势。从国别结构上看，中国的自由贸易区伙伴主要是发展中国家。从协议内容上看，中国签订的自由贸易区协定涉及货物贸易的条款较详细具体，涉及服务贸易、技术合作、投资、金融等领域的条款较少。同时，中国一些自由贸易区协定内容显现出了从货物贸易逐步向其他领域扩展的趋势。从战略意图上看，中国建设自由贸易区有经济与政治方面的多重考虑。

中国实施自由贸易区战略，既有经济利益方面的考虑，又有政治外交方面的原因。从经济利益来看，中国实施自由贸易区战略能够保障能源和原材料的进口，满足本国经济发展的需求；能够为中国创造良好的对外贸易环境，保障中国的出口市场安全。从政治外交来看，中国实施自由贸易区战略是为了“睦邻友好”，营造有利于发展的国际环境。

## 三　中国实施自由贸易区战略对中国经济的影响

根据经济学理论，建立自由贸易区的经济效应有静态效应和动态效应两个方面。

从静态上看，建立自由贸易区有贸易创造和贸易转移两个效应。由于 FTA 成员国之间相互取消了关税和与关税具有同等效力的其他贸易壁垒，不仅造成了成员国之间的贸易规模扩大和福利水平提高（贸易创造效应），而且使得成员国之间的贸易替代了一部分成员国与非成员国之间的贸易，贸易方向发生转变（贸易转移效应）。

从动态上看，自由贸易区战略主要包括大市场效应、竞争效应、引进外资效应等。各成员国之间取消贸易壁垒后，不仅可以向成员国企业提供较大规模或者容量的市场，给企业创造了实现生产“规模经济”的效果（大市场效应），而且还使各成员国的垄断企业在一个较大的市场中变成了竞争企业，企业为了自身生存必须改进技术，扩大生产规模，力争实现在共同体市场范围内的规模经济，占领整个市场（竞争效应）。此外，非成员国企业为了抵消一体化组织“对内自由，对外保护”的不利影响，愿意将企业设立在一体化组织成员国内部，这样就带来了引进外资效应。

静态效应（贸易创造和贸易转移）比较容易测算，动态效应难以准确预估。因此，大多数文献都将研究重点放在了静态效应的测算上，主要包括对总体贸易的影响和对具体贸易部门的影响。

通过对中国主要贸易伙伴和主要贸易产品的分析可以得出结论：对中国经济影响较大的区域贸易安排为中国—东盟自由贸易区协定、CEPA、ECFA 以及尚未签订的中韩和中日韩自由贸易区协定。

### 1. 中国—东盟自由贸易区协定

中国—东盟自由贸易区协定对中国总体贸易的影响主要包括贸易创造效应和贸易转移效应。中国和东盟的双边贸易具有很强的相似性，这种水平的贸易分工将会使双方产业内贸易在自由贸易区内得到加强，从而增强自由贸易区的贸易创造效应。而中国与东盟之间产业结构和竞争力水平的相似，导致贸易国

别和贸易商品类型的雷同。这种贸易结构表明中国和东盟彼此很难代替各自与发达国家之间的贸易往来，因此，中国和东盟之间的贸易转移效应不明显。据研究，中国—东盟自由贸易区的建立将使中国农产品进出口增长36%；工业品进口增长29.55%，出口增长约23%；服务出口减少、进口小幅增加。

**2. CEPA**

CEPA的签订对中国内地总体贸易的影响不大，对香港贸易的影响较大。这是因为内地和香港的贸易总量在内地对外贸易中占的比重较小，不足以对内地对外贸易产生重大影响。由于香港和内地之间的贸易以加工贸易为主，许多产品不涉及关税，香港由于其自身制造业欠发达，原产地产品对内地出口较少。据分析，CEPA的签署使内地出口到香港的农产品数量显著增加，而香港出口到内地的农产品数量不确定。CEPA对香港和内地之间服务贸易的开展产生了较大的影响。

**3. ECFA**

从贸易量上来看，ECFA的签订对台湾的影响远远大于对内地的影响。这是因为中国内地是台湾商品的最主要的出口目的地，而内地由于贸易伙伴众多，贸易规模较大，对台湾地区的出口额占总出口额的比重不大。但是，从双边贸易额增长的比重来看，ECFA产生了巨大的贸易创造效应。ECFA项下贸易额占两岸贸易总额的14.9%，2011年3月，两岸贸易额环比增长53.2%。此外，ECFA的签订有利于内地的产业升级，台资企业带来了新技术和新设备，对于内地一些竞争力较弱的产业发展有巨大的推动作用。

在ECFA的早期收获项目中，内地并未要求台湾开放农产品市场，因此，内地的农产品尚未能自由进入台湾市场。但是，在农产品方面，台湾争取到将18种农渔产品列入早期收获项目清单，未来出口内地时，可以享受免关税政策。现阶段，双方农产品贸易持续稳定增长，台湾出口到内地的农产品数量增长较快，但不会对内地市场产生冲击。在第二产业中，ECFA涉及的产品主要是初级产品和原材料，而制成品较少。因此，ECFA对促进两岸制成品贸易的作用有限。ECFA的谈判将继续进行，若对高技术产品的谈判取得实质性进展，两岸制造业的贸易额将大幅度增加。服务业的开放，同CEPA对内地服务业的影响相比，ECFA影响较小，但是内地仍然能够通过两岸之间的服务贸易

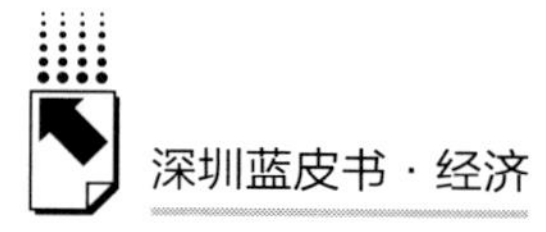


学习到先进的技术和管理经验，对提升内地服务业水平有一定的促进作用。

**4. 中韩自由贸易区协定**

中韩自由贸易区协定给中国带来的效益一直是学界比较关注的问题。韩国是中国对外贸易的重要伙伴国。现阶段，中韩双方在诸多领域仍然存在贸易壁垒，自由贸易区的建立将使双边贸易显著增长，并使中韩双方对自由贸易区外其他国家的出口额下降，但总出口额将增加。从产品结构上看，中国受韩国技术贸易壁垒影响较大的是农产品、畜产品、水产品、食品及食品添加剂等，其中新鲜水果和部分肉产品尚不能正常对韩国出口。一旦中韩自由贸易区建立，中国的农产品将大量涌入韩国市场。中国和韩国在制成品贸易中主要以产业间贸易为主，产业内贸易也以垂直型分工为主，中国处于产业链的低端。中韩自由贸易区的建立将使两国产业内贸易不断加深，有利于中国在技术溢出的作用下掌握先进技术，优化产业结构。但是，中韩自由贸易区的建立也将使中国的汽车行业，造纸、印刷、出版行业及石油加工及炼焦行业受到冲击。中韩自由贸易区建立后，中国可以加深同韩国在服务业方面的交流，特别是在金融、投资和航运等方面的交流，促进本国相关领域的发展。

**5. 中日韩自由贸易区协定**

中日韩三国在亚洲乃至世界占有重要的经济地位。据分析，中日韩三国在自然资源、劳动力资源、产业结构和市场结构等方面都有很强的互补性，因此三国相互之间的贸易量很大。中国可以利用三国建立自由贸易区的机会取长补短，促进本国贸易发展。中日韩自由贸易区的建立将对中国产生巨大的贸易创造效益。

一旦中日韩自由贸易区建立，中国的农产品在日韩市场上享受免税待遇，那么中国出口到两国的农产品将大幅增加，同时，中国从两国进口的加工性农产品比重也将上涨。中日韩三国在制造业上既存在产业间贸易，也存在产业内贸易。根据各国经济发展水平来看，中国具有比较优势的产业主要集中在初级产品和低技术产品上，日韩的优势产业主要集中在中高技术产品上，中国从日韩进口的产品主要是电子通信设备、医疗精密仪器、汽车、专用机械设备等；向日韩出口的产品主要是塑料、金属制品、服装等。中日韩自由贸易区的建立将使中国同日韩在大多数产品上的贸易规模扩大，同时通过学习先进技术逐步

同日韩缩小差距，使产业间贸易向产业内贸易转移。另外，中日韩自由贸易区建立后，中国将更多地从日韩进口现代服务业，对中国本土服务业发展起到激励作用。

**6. 其他自由贸易区协定**

其他自由贸易区协定对中国也产生了不同程度的福利影响，但是总体来看影响不大。

小结：总体来看，中国自由贸易区战略的实施过程中，既会产生贸易创造效应，也会产生贸易转移效应，但是贸易创造效应大于贸易转移效应，总体福利提高。

从产业层面来看，中国出口的产品大部分集中在机电产品和纺织品上，由于中国劳动力资源丰富，因此劳动密集型的产品在贸易自由化后具有竞争优势。但是中国的高新技术产业发展不足，在产业链中只能处于加工制造的较低层次。中国内地同韩国、日本、中国香港、中国台湾、新加坡等周边国家（地区）在机电类产品中产业内贸易额数量巨大，中国内地处于该类产品垂直贸易分工的“世界工厂”地位。另外，自由贸易区战略使中国进口结构多元化，给消费者带来了福利的增加。

当然，中国自由贸易区战略也面临诸多问题。首先，中国市场的开放使国内许多产业受到来自外部竞争者的冲击，许多中小企业惨遭淘汰。其次，中国产业升级速度跟不上经济发展速度，贸易自由化给中国劳动密集型产业带来的短期利润可能使其失去产业升级的积极性。最后，中国的自由贸易区战略使中国市场同其他国家市场紧密相连，各种不确定因素使市场风险增大。

## 四　中国自由贸易区战略对深圳的经济影响

### （一）深圳对外贸易发展现状

深圳是一个外向型城市，进出口贸易额占全国比重较大，2011 年深圳全市进出口货物总额 4141 亿美元，占全国比重达 11.38%。

从商品类别上看，机电产品、纺织服装、家具、塑料制品等是深圳进出口贸易的主要商品。在深圳的主要贸易伙伴中，双边贸易额排在前三位的国家与地区依次是中国香港、美国和中国台湾，与它们的贸易额占深圳对外贸易总额的40%以上。此外，日本、韩国、新加坡、马来西亚等国也是深圳重要的贸易伙伴。从对外贸易方式上看，深圳加工贸易占据主导地位，加工贸易出口额占出口总额的近六成，加工贸易在进口贸易额中约占50%。在深圳的各类企业中，三资企业成了深圳外贸发展的主要力量，贸易总额已占到全市贸易总额的一半以上。

## （二）自由贸易区战略对深圳经济的影响

### 1. 研究方法：定量与定性分析相结合

这里所说的定性分析，主要是指文献研究和经验判断；定量分析则主要是指基于全球贸易分析模型（GTAP）的实证研究。

GTAP是根据新古典经济理论设计的多国多部门应用一般均衡模型，目前已被广泛应用于贸易政策的分析。在GTAP架构中，首先建立可详细描述每个国家或地区生产、消费、政府支出等行为的子模型，然后通过国际的商品贸易，将各子模型连接成一个多国多部门的可计算一般均衡模型。在此模型框架中进行政策模拟时，可以同时探讨该政策对各国各部门生产、进出口、商品价格、要素供求、要素报酬、国内生产总值及社会福利水平的影响等。

由于GTAP对政策定量分析具有良好效果，能够对政策选择和决策提供具体并且比较准确的建议，当今世界主要经济组织，如世界贸易组织、国际货币基金组织、世界银行等都已经采用GTAP对国际经济进行分析，并且获得了良好的结果。

本项研究所采用的数据库为2012年新版的GTAP 8数据库。GTAP 8数据库中的双边贸易数据是采用联合国、世界银行等较具公信力的世界贸易资料，来调整各国家与地区资料上的差异，以获得最精确与可信的数值。该数据库有57类商品（与服务），129个国家和地区。由于其规模庞大，只有经过相当的加总与压缩，模型的求解才能够不超出个人电脑的运算能力。根据深圳经济中农业、采掘业占比极低等具体情况以及研究需要，本项目将这些商品大幅度加总，最后形成商品25类，国家和地区加总为10个（中国大陆、中国香港、中国

台湾、韩国、日本、东盟十国、北美、拉美、欧盟、世界其他国家和地区)。

我们的主要研究目标是根据货物贸易协定规定的关税削减方案来模拟各种“区域贸易安排”的经济效果，为了满足研究的需要，需要建立一个参照系，即未来某一个时期世界的经济状况，也就是基准方案。然后，模拟在基准方案下政策情景变动的影响，通过和基准方案对比，分析自由贸易区等“区域贸易安排”的经济效果。在此基础上，我们将采用自上而下（Top-down）建模方法来分析“区域贸易安排”对深圳的影响。为简单起见，假定深圳对外贸易占中国进出口额的比重是固定的，这样，研究贸易政策（区域贸易安排）对深圳经济的影响，就可以用对中国经济的影响来进行替代估计。这一方法删繁就简，富有成效，花费根据地区数据进行详细研究约10%的成本，就可以得到其大部分（约70%）的分析结果。这就是自上而下（Top-Down）研究方法的可贵之处。

**2. 中国—东盟自由贸易区对深圳经济的影响研究**

从1995~2009年的进出口数据来看，深圳对东盟主要贸易伙伴泰国、新加坡、印度尼西亚、马来西亚这四国的出口，约占中国对其出口总额的14%；深圳从这四国的进口，约占中国从其进口总额的13%；这两个比例关系基本是稳定的。因此，中国—东盟自由贸易区的建立，对深圳的影响也是明显的。

（1）中国—东盟自由贸易区的建立对宏观经济变量的影响有以下几方面。

对于中国而言，较中国与东盟不建立自由贸易区的基准方案，中国—东盟自由贸易区（CAFTA）的建立对中国的经济产生了积极影响。关税的削减，双边贸易的进一步自由化，会促使中国（深圳）出口增长2.5%，进口增长3.29%，GDP增长0.32%；东盟出口增长4.3%，进口增长6.7%，GDP增长1.25%。

假定深圳GDP占中国GDP的比重不变，那么，中国—东盟自由贸易区的建立也会使深圳GDP增长0.3%以上。实际上，深圳拥有与东盟贸易的地缘优势，深圳贸易额约占中国与东盟贸易额的1/7，因此，深圳的受益程度应当大于全国平均水平。

（2）对相关国家分类产品贸易的影响有以下几个方面。

中国与东盟自由贸易区建成之后，零关税的实施，使得中国对东盟各类产品的出口都比基准方案（关税不削减）有明显增长，同时，由于对东盟出口激增，对其他国家和地区的出口略有下降，出现了贸易转移效应（见表1）。

表1　中国与东盟实施零关税政策下中国出口变动情况

| 指标 | 中国香港 | 中国台湾 | 韩国 | 日本 | 东盟 | 北美 | 拉美 | 欧盟 | 其他国家和地区 |
|---|---|---|---|---|---|---|---|---|---|
| 农产品(农业) | -2.6 | -4.9 | -3.3 | -3.2 | 61.9 | -3.6 | -3.6 | -3.7 | -3.4 |
| 煤炭石油、天然气 | -1.3 | -2.3 | -1.8 | -1.3 | 33.6 | -1.6 | -1.5 | -1.7 | -1.9 |
| 食品加工制造 | -2.8 | -3.5 | -3.3 | -3.3 | 77.3 | -3.6 | -3.0 | -3.6 | -2.9 |
| 饮料和烟草产品 | -0.8 | -1.7 | -1.5 | -1.4 | 211.0 | -1.2 | -0.9 | -1.2 | -1.0 |
| 纺织品 | -1.6 | -6.8 | -3.5 | -2.1 | 83.4 | -2.4 | -1.8 | -2.3 | -1.8 |
| 服装 | -0.6 | -3.0 | -1.7 | -1.4 | 32.7 | -2.9 | -0.8 | -1.9 | -1.0 |
| 皮革制品 | -1.7 | -5.0 | -3.2 | -2.5 | 69.5 | -2.0 | -1.8 | -3.4 | -2.1 |
| 木制品 | -0.8 | 0.0 | -1.1 | -1.2 | 89.4 | -1.8 | -1.2 | -1.7 | -1.4 |
| 纸制品、出版物 | -1.1 | -2.1 | -1.8 | -1.8 | 68.3 | -1.6 | -0.8 | -1.5 | -1.1 |
| 石油制品、煤制品 | 0.1 | -1.2 | -0.9 | -0.5 | 35.0 | -0.3 | -0.3 | -0.2 | -0.2 |
| 化工、橡胶、塑料 | -0.6 | -2.0 | -0.7 | -0.4 | 44.2 | -0.1 | 0.4 | 0.0 | 0.3 |
| 矿产品 | -1.0 | -1.8 | -1.6 | -1.5 | 66.5 | -1.4 | -0.7 | -1.4 | -1.0 |
| 黑色金属 | -2.8 | -1.5 | -1.9 | -2.2 | 29.8 | -2.4 | -1.9 | -2.2 | -2.0 |
| 其他金属 | -3.5 | -1.2 | -2.1 | -2.3 | 29.3 | -3.0 | -2.5 | -2.9 | -2.6 |
| 金属制品 | -2.0 | -3.1 | -3.0 | -2.8 | 84.6 | -2.7 | -1.7 | -2.6 | -2.1 |
| 汽车及配件 | -1.3 | -2.3 | -2.0 | -1.8 | 128.4 | -1.6 | -0.9 | -1.4 | -1.4 |
| 运输设备 | -1.5 | -3.4 | -3.2 | -2.7 | 138.4 | -2.6 | -2.0 | -2.5 | -2.3 |
| 电子设备 | -0.2 | -0.6 | -0.5 | -0.7 | 17.8 | -0.1 | 0.5 | -0.1 | 0.2 |
| 机械设备 | -1.4 | -3.3 | -2.9 | -2.3 | 52.8 | -2.2 | -1.6 | -2.1 | -1.8 |
| 杂项制品 | -0.8 | -2.4 | -2.3 | -1.7 | 47.5 | -1.1 | -0.6 | -1.4 | -1.1 |
| 电力、热气、自来水 | -1.5 | -2.4 | -2.6 | -2.5 | 2.5 | -2.3 | -1.8 | -2.2 | -1.7 |
| 建筑 | -1.2 | -3.2 | -2.9 | -2.3 | 5.3 | -1.7 | -0.9 | -1.7 | -1.4 |
| 贸易、运输 | -0.8 | -2.4 | -1.5 | -1.6 | 1.7 | -1.3 | -0.8 | -1.1 | -1.0 |
| 商务金融服务 | -0.7 | -2.4 | -1.7 | -1.7 | 2.7 | -1.4 | -0.7 | -1.3 | -1.0 |
| 其他服务 | -0.6 | -2.3 | -2.3 | -1.7 | 2.0 | -1.3 | -0.7 | -1.2 | -1.0 |

资料来源：GTAP结果。

从表1可以看出，受零关税政策的刺激，中国对东盟出口增长最快的行业依次为饮料和烟草产品、运输设备、汽车及配件、木制品、金属制品、纺织品、食品、皮革制品、机械设备等，这些行业也都是深圳工业的重要组成部分之一，因此，深圳的这些行业也受惠很大。而占深圳工业半壁江山的电子设备

业受惠却相对较少，这是因为，早在2004年，东盟对中国电子设备业的进口关税已经很低，仅有2.1%（而饮料和烟草产品的关税则高达69.8%），零关税政策对深圳电子设备出口的刺激力度自然也就小多了。

中国—东盟自由贸易区的建立，使得中国从东盟进口的各类商品也有明显增长，尤其是服装、汽车及配件、纺织品、杂项制品等之前关税较高的产品，进口增长更为强劲。在从东盟进口激增的同时，从其他国家和地区的进口有所减缓（见表2）。

**表2　中国与东盟实施零关税政策下中国进口变动情况**

| | 中国香港 | 中国台湾 | 韩国 | 日本 | 东盟 | 北美 | 拉美 | 欧盟 | 其他国家和地区 |
|---|---|---|---|---|---|---|---|---|---|
| 农产品(农业) | -0.8 | 0.2 | -0.1 | 0.2 | 36.7 | -0.1 | -0.1 | -0.1 | -0.2 |
| 煤炭石油、天然气 | 1.4 | 1.4 | 1.5 | 1.5 | 1.5 | 0.6 | 0.4 | 0.4 | 0.3 |
| 食品加工制造 | -1.9 | -0.8 | -1.1 | -0.9 | 15.3 | -1.2 | -1.4 | -1.4 | -1.5 |
| 饮料和烟草产品 | -1.4 | -0.7 | -0.8 | -0.8 | 66.8 | -1.1 | -1.2 | -1.1 | -1.2 |
| 纺织品 | -3.5 | -1.3 | -1.7 | -2.1 | 113.8 | -2.5 | -2.8 | -2.7 | -2.8 |
| 服装 | -0.4 | 2.1 | 1.3 | 1.0 | 297.8 | 0.6 | 0.3 | 0.4 | 0.2 |
| 皮革制品 | -4.5 | -3.3 | -2.9 | -2.9 | 102.1 | -3.7 | -3.9 | -3.8 | -4.0 |
| 木制品 | -3.2 | -1.7 | -2.0 | -1.8 | 16.7 | -2.2 | -2.4 | -2.4 | -2.5 |
| 纸制品、出版物 | -0.9 | 1.0 | 0.6 | 0.4 | 16.0 | -0.1 | -0.4 | -0.3 | -0.4 |
| 石油制品、煤制品 | -3.0 | -3.1 | -3.1 | -3.1 | 25.3 | -3.1 | -3.1 | -3.1 | -3.1 |
| 化工、橡胶、塑料 | -8.6 | -7.3 | -7.5 | -7.5 | 73.1 | -7.9 | -8.1 | -8.0 | -8.2 |
| 矿产品 | -2.4 | -0.9 | -1.2 | -1.4 | 78.0 | -1.8 | -2.1 | -2.1 | -2.2 |
| 黑色金属 | 0.4 | 1.9 | 1.7 | 1.5 | 27.5 | 1.1 | 0.8 | 0.9 | 0.8 |
| 其他金属 | 0.2 | 2.2 | 1.0 | 1.4 | 24.4 | 1.0 | 0.5 | 0.7 | 0.4 |
| 金属制品 | -1.7 | 0.4 | 0.2 | -0.2 | 87.8 | -0.9 | -1.3 | -1.2 | -1.4 |
| 汽车及配件 | -0.4 | 1.2 | 1.1 | 0.8 | 152.2 | 0.3 | 0.0 | 0.1 | 0.0 |
| 运输设备 | 0.8 | 3.3 | 3.1 | 2.6 | 62.3 | 1.9 | 1.4 | 1.5 | 1.4 |
| 电子设备 | -3.5 | -1.2 | -1.6 | -1.6 | 9.1 | -2.5 | -2.7 | -2.7 | -2.8 |
| 机械设备 | -2.3 | 0.1 | -0.1 | -0.6 | 78.4 | -1.3 | -1.7 | -1.6 | -1.7 |
| 杂项制品 | -3.7 | -1.2 | -1.7 | -1.9 | 141.8 | -2.5 | -2.8 | -2.7 | -2.9 |
| 电力、热气、自来水 | 1.1 | 2.5 | 2.4 | 2.3 | -5.3 | 1.8 | 1.6 | 1.6 | 1.4 |
| 建筑 | 1.3 | 2.6 | 2.6 | 2.2 | -2.2 | 1.8 | 1.6 | 1.6 | 1.5 |
| 贸易、运输 | 1.1 | 2.8 | 2.2 | 2.1 | -3.5 | 1.7 | 1.5 | 1.5 | 1.4 |
| 商务金融服务 | 1.2 | 3.0 | 2.7 | 2.2 | -4.6 | 1.8 | 1.6 | 1.6 | 1.6 |
| 其他服务 | 0.9 | 2.8 | 2.4 | 2.0 | -5.1 | 1.5 | 1.3 | 1.4 | 1.3 |

资料来源：GTAP模拟结果。

按照“Top－Down”的研究方法，假定深圳进出口占中国进出口的份额不变，那么，表2所描述的对中国进出口的影响，同样也适用于对深圳进出口影响的估计。

（3）对生产的影响主要有以下几个方面。

在中国—东盟自由贸易区建立的政策背景下，中国会优先发展有比较优势的产品，如运输设备、纺织、汽车及配件等，相对于不建立自由贸易区，自由贸易区的建成会使这些产品的产出明显增加，其中资本和技术密集型产品中汽车及零部件的增加比较明显，这也就意味着在这些产品的生产方面，中国将存在机遇。

而中国自己不具有比较优势的产品产出相对于基准方案会下降，如化工、橡胶、塑料、皮革制品、服装等，这也意味着中国在这些产品方面的生产会受到冲击。而东盟这些行业的产出增加，受惠明显（见表3）。

**表3　中国—东盟自由贸易区建立所导致的各行业产出百分比变化**

| 行　业 | 中国 | 东盟 | 行　业 | 中国 | 东盟 |
|---|---|---|---|---|---|
| 运输设备 | 3.5 | -5.6 | 机械设备 | 0.3 | 7.7 |
| 纺织品 | 1.2 | 2 | 石油制品、煤制品 | 0.2 | 2.9 |
| 汽车及配件 | 1.2 | 2 | 商务金融服务 | 0.2 | -0.3 |
| 矿产品 | 0.9 | 1.3 | 其他服务 | 0.2 | 0.1 |
| 饮料和烟草产品 | 0.8 | -1.4 | 农产品(农业) | 0.1 | -0.1 |
| 金属制品 | 0.7 | 1.8 | 食品加工制造 | 0.1 | -0.7 |
| 建筑 | 0.7 | 7.2 | 电力、热气、自来水 | 0.1 | 2.2 |
| 黑色金属 | 0.6 | 1.1 | 贸易、运输 | 0.1 | 1.4 |
| 电子设备 | 0.6 | 2.1 | 煤炭、石油、天然气 | 0 | 0 |
| 杂项制品 | 0.4 | -3.6 | 服装 | -0.1 | 5.8 |
| 木制品 | 0.3 | -2.8 | 皮革制品 | -0.1 | 3.5 |
| 纸制品、出版物 | 0.3 | 0.2 | 化工、橡胶、塑料 | -1 | 11.8 |
| 其他金属 | 0.3 | 0.1 | | | |

资料来源：GTAP模拟结果。

对于深圳来说，交通运输设备制造业增加值仅占工业增加值的1.8%，这个行业产出3.5%的增长，对深圳工业的整体影响很小。深圳的电子通信设备制造业增加值占工业增加值的48.9%，零关税政策使其产出增长0.6%，能使深圳的工业增加值增长0.29个百分点。

化工、橡胶、塑料行业增加值仅占工业增加值的4.2%，这个行业产出1%的下降对深圳工业的影响可以忽略不计。

另外，值得指出的是，深圳同东盟之间的农产品贸易额占总贸易额的比重较小。但深圳对东盟国家热带水果、优质泰米等进口量较大，深圳在同东盟之间进行农产品贸易时处于逆差的地位。并且，随着中国—东盟自由贸易的建立，大部分农产品关税壁垒取消，将加大深圳在农产品贸易方面的逆差。

此外，中国—自由贸易区的建立有利于深圳服务业的发展。例如，由于签证手续简化和费用降低，深圳赴东盟国家的旅游人数将上升。另外，新加坡等经济金融业较发达的国家同深圳往来加深，有利于深圳服务业学习先进经验，加快深圳服务贸易的发展。正如前述GTAP的模拟结果，自由贸易区建立后，中国（深圳）的“其他服务（包含旅游在内）”产出将增加0.2%，东盟的其他服务产出将增长0.1%；深圳的“贸易、运输”将增长0.1%，东盟的“贸易、运输”将增长1.4%，我们的这一研究结论与国内其他相关研究成果也是一致的。

类似的，也可以进行中韩（中日韩）建立自由贸易区、CEPA、ECFA等的经济效应分析。

通过对自由贸易区战略对中国以及深圳对外贸易的经济影响分析，可以得出以下主要结论。

第一，对中国及深圳对外贸易影响比较大的几个自由贸易区协定分别是：中国—东盟自由贸易区协定、CEPA、ECFA以及中韩、中日韩自由贸易区协定。其中，中韩、中日韩自由贸易区协定尚处于研究阶段，经济影响仅仅是预测结果。中国—东盟自由贸易区的建立对中国及深圳的对外贸易产生了积极的影响，主要体现在农产品贸易和工业品贸易上。CEPA的签订对中国及深圳影响最大的产业是服务业，深圳服务业在受到外来冲击的同时也促进了自身的发展。ECFA对台湾的影响远高于内地，深圳可利用ECFA加速自身制造业的产业升级步伐。中韩、中日韩自由贸易区签订对中国的影响利大于弊，预计中韩自由贸易区短期内对深圳制造业影响较大，中日韩自由贸易区短期效应不明显。

第二，深圳由于其特殊的产业结构，受自由贸易区协定的影响与中国总体有所不同。深圳农产品贸易额占对外贸易份额较小，因此自由贸易区协定对深圳农产品贸易影响有限。机电类产品贸易规模扩大，是一体化战略的受益者。其中，深圳同东盟自由贸易区建立扩大了双方之间该类产品的产业内贸易规模。各自由贸易区的建立都对深圳高新技术产业发展产生了积极影响，有助于加速深圳的产业升级步伐。服务业受 CEPA 影响巨大，推陈出新速度加大。

第三，深圳加工贸易占出口比重较大，但近些年来一般贸易所占比重呈逐年上升趋势，各自由贸易区的建立对深圳一般贸易的发展有积极的促进作用。

## 五　政策建议

### （一）加速产业升级，增强国际竞争力

第一，深圳应瞄准新一代信息技术发展新趋势，着力打造通信、集成电路、新型平板显示、计算机、半导体照明、软件六大产业链。依托龙头企业，强化关键核心技术的研发，打造具有全球核心竞争力的产业链。

第二，深圳应着力拓展先进装备制造业前沿领域，大力发展自主品牌和自主技术，坚定不移地推动从加工装配向研发制造转变，打造具有国际化水准的高端装备、核心零部件与模组件的研发、制造、出口基地和服务中心。

第三，深圳应坚持集约化、品牌化、国际化导向，增强服装、钟表、黄金珠宝等优势传统产业的自主研发和创意设计能力，提高产品的技术含量和附加值。以先进适用技术改造提升优势传统产业，加快向先进技术制造、低碳制造、绿色制造转变。

第四，深圳应以自由贸易区的建立为契机，加大对一般贸易的扶植力度，对进行一般贸易的企业，特别是民营企业，在税收和其他方面给予一定的优惠。对于加工贸易，应采取一定措施引导和帮助其进行转型和升级。同时，深圳应加强产业选择的定位，同贸易伙伴实行差异化、互补性发展。

### （二）借助 CEPA 签订良机，加强深港服务业合作

CEPA 的签订减少或消除了双方所有实质上的歧视性措施，逐步实现了服

务贸易自由化。深圳应趁此机会，加大同香港在服务业领域的合作，促进本地服务业发展，为制造业和高新技术产业担当“服务工厂”，促进深圳的产业升级。深圳不仅要大力推动货物贸易的发展，还要进一步优化服务贸易结构，使两者相辅相成、相互促进。深圳在制定同香港的服务业合作政策时，应结合本地实际，主要进行生产性服务业的合作。

首先，深圳应充分利用香港国际金融中心的作用，同香港开展金融业合作。其次，深圳应加强同香港基础设施建设和现代物流业的合作。最后，深圳应加强同香港在商务服务和专业服务领域的合作。

### （三）政府部门应为深圳外贸发展创造良好的外部条件

在利用区域贸易安排促进深圳对外贸易发展的工作中，政府作为宏观调控者，肩负着从整体上统筹制度安排的责任。首先，政府部门应强化综合服务意识，转变部门管理职能，提高管理效率。其次，政府应优化各项配套设施，为企业生产及员工生活营造一个良好的氛围与环境。最后，政府部门应引导企业实施“走出去”战略。

### （四）探索新型合作模式，强化行业协会服务能力

应强化行业协会的服务能力，促进深圳外贸行业发展。首先，深圳应同自由贸易区伙伴国在行业层面探索新型合作模式，可以政府公信力为依托，创立共同开发国际市场、建立产业基金、服务外包等新型合作模式。其次，深圳企业可以同自由贸易区伙伴国当地的经销商、商场等建立战略联盟，借助当地企业的力量迅速建立扁平、通畅的营销渠道。最后，深圳应加强行业协会的服务能力。

### （五）综合利用各自由贸易区协定，全方位发展深圳对外贸易

深圳应积极探索同各个伙伴国之间贸易往来的方法途径，密切关注中国自由贸易区协定的实施效果和谈判进程，综合考虑各方影响，结合自身对外贸易特点，制定出符合深圳外贸发展的政策措施。

首先，深圳应积极参与中国自由贸易区战略的研究和谈判，加强关注对自

身影响较大的自由贸易区谈判的进展情况，并组织专家学者、联合高校和科研机构对可能产生的影响进行预测和评估，以掌握市场竞争的主动权。其次，深圳应积极了解外部信息，努力拓展新兴市场，拓宽销售渠道，增强企业抗国际风险的能力。最后，深圳应扩大同自由贸易区伙伴国之间的社会交流活动，增进相互之间的友谊，拓展合作。

总之，深圳对外贸易总体上发展良好，区域贸易安排对深圳对外贸易的发展起到了积极推动作用。深圳应充分利用中国自由贸易区战略创造的有利环境，使自身对外贸易发展更上一层楼。

（执笔人：董晓远、廖明中、刘侃）

B.21

# 跨太平洋伙伴关系协议（TPP）文献综述

文东伟　刘泽　邢伟*

**摘　要：**

本文总结了目前国内针对跨太平洋伙伴关系协议（TPP）的相关研究，分析了TPP出现的背景、最新进展及其对中国可能产生的影响，以及中国加入TPP的利弊，并梳理了中国可能采取的战略和对策。

**关键词：**

TPP　文献综述

## 引　言

跨太平洋伙伴关系协议（Trans-Pacific Partnership Agreement，简称TPP）的前身是2006年智利、新加坡、新西兰和文莱四国建立的跨太平洋战略经济伙伴关系协定。作为美国"回归亚太"战略的重要组成部分，TPP的推进既有经济利益的驱动，也有遏制中国崛起的政治动机。中国被排除在TPP之外，今后很可能会受到贸易协定"排他性效应"的冲击，使得中国近十年来全力推动的东亚区域经济合作进程受到影响，成为中国和平崛起所面临的一个重要挑战。本文梳理了目前国内针对TPP的相关研究，这些研究文献的主要内容包括：TPP出现的背景、最新进展及其对中国可能产生的影响；中国加入TPP的利弊以及中国可能采取的战略和对策。

* 文东伟、刘泽、邢伟，南开大学国际经济研究所。

## 一 TPP协议的沿革和起因

### 1. 沿革

刘中伟和沈家文（2012）介绍了TPP的发展历程。1994年，APEC通过了《茂物宣言》，将目标确定为发达成员和发展中成员分别在2010年和2020年实现贸易与投资自由化。1997年，APEC决定实施部门自愿提前自由化（EVSL）。1998年，亚洲金融危机爆发，EVSL计划宣告失败，这也使贸易与投资自由化推动进程放慢，甚至影响到世界贸易组织（WTO）谈判的开展。但为了亚太地区贸易自由化和茂物目标的实现，APEC部分成员研究先行自愿自由化（APEC-X）方案，形成了“10+1”、“10+3”、东亚峰会、东亚双边货币互换机制等一系列地区合作与对话机制。TPP作为亚太跨区域自由贸易协议（FTA）之一，前身是2005年7月签订的“跨太平洋战略经济伙伴关系协议”（TPSEP），由智利、新加坡、新西兰和文莱四国发起，故也称“P4协议”。该协议涉及货物、服务贸易和投资等多个方面，于2006年5月28日正式生效。美国的加入，使得原本对亚太地区和世界经贸发展的影响不大的TPP谈判逐步成为全球的焦点。随着秘鲁、越南和澳大利亚相继加入谈判，协议成员国扩充成为8个。TPP首轮谈判于2010年3月15日在澳大利亚墨尔本举行，会议达成共识，希望建立面向21世纪的高标准、全面自由贸易协议，欢迎任何APEC成员和非成员参与。随后在世界范围内开展10轮谈判，商讨相关议题，分别为：2010年6月在美国旧金山、10月在文莱、12月在新西兰奥克兰，2011年2月在智利圣地亚哥、4月在新加坡、6月在越南胡志明市、9月在美国芝加哥、10月在秘鲁利马和12月在马来西亚吉隆坡。2010年10月，马来西亚作为第九个成员国正式加入TPP谈判。2011年11月12日，美国宣布TPP“P9”协议纲要文件谈判完成，下一步将继续进行商讨以尽快实现法律文本的签订，同时在美国夏威夷参加APEC首脑峰会的日本也表示了加入TPP谈判的意愿，随后，加拿大、墨西哥等国也有意加入谈判。周武英（2013）补充了TPP的发展情况，指出2010年11月14日，美国总统奥巴马的提案得到了与会九国的同意，于转年11月举办的APEC高峰会上完成并宣布

TPP 纲要，并同时表示 TPP 基础协议已经达成。TPP 将致力于创造一个不仅适用于亚太地区，而且也可以推广到世界范围内的具有高水准的贸易协定。日本、加拿大和墨西哥相继参与，2012 年，墨西哥和加拿大正式宣布加入 TPP，2013 年 3 月 15 日，日本首相安倍晋三也正式宣布日本加入 TPP 谈判。

**2. 起因**

王敏和周方（2012）认为 TPP 的产生和发展与亚太经济合作组织（APEC）所推动的贸易与投资自由化进程受挫紧密相关。APEC 作为目前亚太地区最高级别政府间的经济合作机制，是在 1989 年 11 月由美国主导成立的，初期成果有《茂物宣言》、《大阪行动议程》和《马尼拉行动计划》等协定，但自身的论坛性质和“自愿”与“协商一致”的原则，使其难以对成员国形成约束力，这也阻碍了亚太地区贸易与投资自由化的进程。虽然 1998 年美国曾倡议在 APEC 框架下率先成立“太平洋五国自由贸易区”来打破这一僵局，但随后美国重心向双边 FTA 倾斜，P5 陷入停顿之中。2002 年智利、新西兰和新加坡三国正式启动“太平洋三国更紧密经济伙伴协定”（P3）的谈判，文莱随后也加入。2005 年 6 月四国签署了“跨太平洋战略经济伙伴协议”（简称 P4），并于 2006 年 5 月生效实施。沈铭辉（2013）指出经济全球化下，自由贸易在各国经济中的地位越来越重要。然而从 2001 年世界贸易组织（WTO）启动“多哈回合”以来，谈判历时多年难以取得实质进展，其谈判规则陈旧的弊端日益显露，难以满足世界范围内对于自由贸易的需求。在此背景下，小范围内互相缔结自由贸易协定成为一些国家的首选，其中最普遍形式的便是自由贸易协定 FTA。

## 二　TPP 协议的最新进展

**1. 成员角度**

刘重力和杨宏（2012）指出美国高调参与谈判后，越来越多的国家有意加入 TPP 谈判。2011 年 11 月 11 日，日本野田政府在激烈的辩论之后，决定加入 TPP 谈判。14 日，加拿大和墨西哥宣布加入 TPP 谈判。至此，TPP 成员国增加到 12 个，经济规模高达 23 万亿美元，接近世界经济总量的 40%。美日两国经济总量更是占到了其中的90%，在很大程度上TPP将成为美日之间的自由贸易协定，日后在东亚经济一体化中美国将拥有更多的话语权。周念利和汤婷婷（2012）指出中国台湾早有加入TPP的意向，2011年7月，中国台湾“经济部”次长黄重球在会见美国国务院亚太局经济协调官时就曾表示中国台湾有意加入TPP。2012年5月中国台湾“经济部”更是明确对外宣称，中国台湾已向亚太经合组织表达了加入TPP的意愿并开始着手相关准备工作。倪月菊（2013）指出美国希望将TPP作为经济纽带建立亚太模板的国际新秩序。除了世界第三大经济国日本外，美国还向韩国发出了邀请，希望其尽快加入谈判。同时，日美两国与欧盟自由贸易区的谈判也先后启动。由此可见，跨地区的自由贸易区（FTA）取代WTO下的多哈回合谈判，成为美、日、欧等主要发达国家和地区的贸易新重点。新的全球贸易格局试图“排除”新兴经济体国家，仅以发达经济体为主导，照此发展，日后WTO体制很有可能被架空，届时徘徊在规则之外的中国势必受到这种新的多边贸易安排的影响。

**2. 议题角度**

汤碧和林桂军（2012）从不同领域介绍了TPP的新动态。首先，TPP协议试图在农产品贸易自由化上取得实质性进展，并认为这方面迟迟难以取得突破是WTO多哈回合谈判停滞不前的主要原因。在服务贸易方面，金融、电子商务和电信等领域全面的市场准入是TPP的主要议题。而在美国的主导下，TPP在知识产权保护方面加强了对假冒商标的打击。在公共工程或物品的政府采购方面，TPP准备实行一个对所有缔约国都有约束力的政府采购规则，超过WTO的《政府采购协定》。TPP放宽各成员国对投资的规制措施，远远超过了WTO的《与贸易有关的投资措施协议》，TPP希望建立一个一般性的投资自由化规则。郭霞（2012）指出TPP正在商讨一套新的跨领域承诺，目的是实现TPP成员国之间贸易流动以及网络的无缝对接，鼓励中小企业参与国际贸易，进一步推进贸易自由化发展。沈铭辉（2013）总结了TPP相关的谈判进程和主要的谈判议题。主要包括四个方面：第一，在货物市场准入方面，美国谈判代表正在TPP中推动比较复杂、针对敏感特定产品、高门槛资格的原产地规则，带有保护主义性质。第二，在投资自由化方面，由于美国在对外投资方面存在巨大商业利益，其将致力于持续推动建立全面、高标准的投资协定。第三，在服务贸易自由化方面，美国从自身的比较优势和经济利益出发，对金融服务和通信服务领域的开放要求较高，将在 TPP 中为金融和电信两个服务业部门单独制定规则。第四，国有企业方面，TPP 提出的新议题要求消除国有企业补贴以及国有企业海外投资所给予的特惠融资措施、保护外国私营企业经济活动、撤销政府采购的优惠偏好等内容。

**3. 第十五轮谈判**

TPP 第十五轮谈判已于 2012 年 12 月 12 日在新西兰结束。陈淑梅和全毅（2013）指出，美国的谈判目标清晰，主张议题超前，增加了不少传统贸易协议中没有的新议题和交叉议题，但也面临着严峻挑战。王金强（2013）指出在第十五轮谈判中，与会国家代表已就知识产权、跨境服务贸易等问题在现有基础上达成一致，并形成共识，争取到 2013 年 10 月最终完成所有协定内容谈判，最终解决区域贸易壁垒等问题。刘欣（2013）指出由于美国等发达大国的加入，TPP 议题的内涵和广度得到进一步加强。2011 年，TPP 在檀香山 APEC 峰会期间取得了突破性进展，推出了“TPP 纲要文件”。与原先的 P4 协议不同，TPP 的基础框架结构涉及更多领域，包括电子商务、金融服务、投资、电信、纺织品和服装等，同时还将 P4 协议的环境合作以及劳工合作备忘录单独成章，专门设立了劳工条款和环境条款。

## 三　中国加入 TPP 协议的利弊分析

**1. 中国加入 TPP 协议获得的利益**

刘中伟和沈家文（2012）认为中国加入 TPP 协议是有利的。首先，结合中国的实际，TPP 可以在贸易标准方面进一步提高中国贸易产品和服务的品质，不断改善现代服务业的发展水平，为贸易自由化奠定坚实的国内产业基础。其次，可以将 TPP 带来的压力转化为促进中国与亚太地区关系发展的动力，构建东亚地区全方位合作伙伴关系，增强合作机制的活力和吸引力。最后，有利于稳定和发展中美两国经贸关系，因为合则两利，分则俱损，利用企业跨国发展、消费者福利和商业利益寻求共识，减少战略和贸易冲突机会。

李向阳（2012）指出，实践证明“入世”推动了中国的经济体制改革，加速了中国融入世界经济的进程。尽管目前中国难以接受TPP协议标准，但这也是推动中国的经济体制，特别是政治体制改革的好机会。余楠（2012）也认为中国应积极参与TPP谈判，一方面从内部消除贸易壁垒，另一方面可以在巩固现有贸易对象的基础上，开拓南美新兴市场。田海（2012）认为一旦TPP在排除中国的情况下达成协定，形成的贸易转移效应将十分不利于中国的经济发展。此外，TPP协定虽然对中国是个全新的贸易规则挑战，但同时也为中国提供了加入贸易规则制定的好机会。周武英（2013）指出加入TPP还可以直接避免协定的贸易转移效应。美国一直是包括中国在内的东亚各国的主要出口对象，若排除中国的自由贸易协定达成，直接的结果就是东亚其他国家由于减免关税成本下降，中国产品成本上升，竞争力下降，这将给成员国带来正面的“贸易创造”，但同时给中国带来负面的“贸易转移”。张建（2013）认为加入TPP谈判是中国经济发展的又一次重大机遇。TPP是“一个面向21世纪的、高标准的、全面的多边自由贸易协议”，其蕴含的法治、透明、开放等自由贸易理念是自由贸易发展的大趋势。虽然从目前来看中国难以达到TPP的严格标准，但中国在参与TPP谈判的过程中可以进一步提升产业水平和创新能力，缩小与美国在竞争力上的差距，提高参与制定贸易规则的能力。

**2. 中国加入TPP协议的弊端**

余楠（2012）认为美国的战略布局“来者不善”，中国追求自由贸易的代价将是中国经济自主权的丧失。张蕴岭（2012）认为TPP协议标准过高，涉及一些重要规则包括政府采购、国有企业、劳工标准等，这些中国目前都难以实现，也难以达到。张建（2013）则指出美国大力推动TPP谈判，在经济议题的背后是深层次的安全和战略层面的考虑，美国的目的在于拉拢中国周边的国家来围堵中国，希望通过经济方式从而在安全上和战略上牵制中国。

## 四　中国应该如何应对TPP协议

TPP自2006年成立以来，经过几年的发展，特别是美国加入谈判之后，开始迅速发展，已经成为亚太地区不容忽视的重要贸易组织，对整个亚太地区未来的贸易发展有着至关重要的作用。中国对 TPP 的应对策略不仅关系到中国未来贸易发展的格局，更重要的是将直接影响中国未来的经济发展。

**1. 理论主张**

目前，国内学者对中国应对 TPP 的策略观点不一，但核心论点和主张基本上是统一的，主要包括以下三个方面。

第一，从长期来看，TPP 所主张的理念，符合世界贸易的发展趋势，也符合中国经济发展的理念，加入 TPP 或者成立类似于 TPP 标准的贸易组织并成为其主导国家，是中国长期的必然选择。梁立俊（2012）指出，中国应该从长远考虑，全面评估 TPP 的发展前景。他认为未来国际经济的发展方向与 TPP 所倡导的基本理念相符合，同时也是中国经济未来的发展趋势。因此，中国对于 TPP 应该持善意期待的态度，随时准备加入 TPP 谈判。刘乐（2012）认为，从长期来看中国应该加入 TPP 或成立与 TPP 标准相类似的贸易组织。姜文学（2012）也指出在 TPP 谈判过程中很多议题同中国经济改革的目标一致，从长远来看 TPP 所倡导的规则对中国是有利的，中国对于加入 TPP 谈判应该持开放的态度。卢孔标、王守贞和丁攀（2012）虽然认为短期内，美国把 TPP 当作抑制中国的工具，不会向中国开放 TPP 的大门，但是中美两国经济上存在着依赖性和互补性，因此从长远来看中国加入 TPP 对中美双方来讲都是有利的。

第二，从中期来看，由于自身因素以及一些外部原因，中国加入 TPP 存在许多障碍。从自身因素来看，客观上讲中国在劳工权利保护、环境保护、知识产权保护、贸易自由化、投资自由化等方面与 TPP 的规则存在较大的差距。从外部因素来看，中美双方由于意识形态和其他方面的差异使得彼此之间成为直接的竞争对手，而目前 TPP 由美国所主导，并在一定意义上成为美国与中国竞争的工具，因此 TPP 对中国加入谈判持相对冷淡的态度。由于现阶段中国不能立即进行加入 TPP 的谈判，TPP 的发展壮大必然会对中国的出口形成冲击。为了减少 TPP 对中国经济的冲击，需要进行经济发展方式的转变，改变目前主要依靠投资和出口的经济发展方式。倪月菊（2013）指出，中国的经济增长要尽快转换为内需为主导的经济发展模式，降低经济的对外依存度。要实现经济发展方式的转变，降低中国经济的对外依存度，需要经济的稳定增长以及劳动者素质的稳步提升。刘中伟和沈家文（2013）的研究认为，当前中国国民收入总量不断提升，生产力水平大大提高，人力资源素质也不断提高，这为中国经济降低对外依存度提供给了良好的契机。因此要抓住时机，推进改革，加快转变经济发展方式，扩大内需，减少对外部市场的依存度。肖炼（2012）也提出应该通过扩大内需来弥补外需减少所导致的损失。吕娟（2012）指出，一方面中国应该对相关产业进行改革和扶持，推动政策改革；另一方面，中国需要加快区域性贸易组织的谈判，推动东北亚地区间的贸易自由化，从而减少 TPP 对中国经济的冲击。张海琦和李光辉（2013）认为中国应该积极推进中韩、中日韩和 RCEP 的谈判进程；妥善处理中国香港和中国台湾参加东亚区域经济合作的问题。周武英（2013）提出不管是 WTO、TPP 还是多边、双边 FTA 都是促进贸易发展的一种手段，中国应该灵活运用多种手段，争取实现自身利益的最大化。吕娟（2012），卢孔标、王守贞和丁攀（2012）以及刘中伟和沈家文（2013）等都从不同角度指出，加强与东盟自由贸易区的合作以及推动 APEC 的贸易自由化是中国应对 TPP 的重要策略。

第三，从短期来看，中国可以采取“冷处理”的措施，TPP 短期内不会对中国经济造成重大冲击，也不会放开中国加入谈判的大门，中国可以采取静观其变的态度。梁立俊（2012）认为现在 TPP 由于美国的加入已经成为大国模型，没有中国的参与就不会成功，即使成功也不可能成为可以替代 WTO 和覆盖东盟自由贸易区的国际性贸易组织，因此中国可以泰然处之，静观其变。刘乐（2012）也认为短期内中国可以对 TPP 置之不理。

**2. 政策建议**

上述学者多从理论层面分析中国应该如何应对 TPP，提出的策略和措施也多是指导性、导向性很强的理论措施。在应对 TPP 的具体措施方面，国内学者也从不同方面给出了建议。

吕娟（2012）从政策层面分析了中国应采取的措施，认为中国应该进行产业升级和改革，扶持具有发展潜力的产业，升级原有产业；加强与亚太主要国家或国家集团的政治与经济往来；继续推动 APEC 的发展，巩固中国在 APEC 中的实质性主导地位。

美国是TPP成员国中最大的经济体也是全球最大的经济体，其政策选择对全球贸易格局有着重要影响。分析中国应对TPP的措施，必须要考虑美国这个因素，国内学者姜文学（2012）进行了相关研究。他认为美国是东亚国家最终产品的重要出口市场，这在一定程度上弱化了东亚经济的一体化，要改变这种局面，需要将东亚地区由“加工工厂”转变为“最终市场”，增强东亚地区的“自我循环”能力。他还认为，美国启动TPP谈判后，中国与美国进行双边磋商或谈判时，在国有企业、知识产权、政府采购、环境保护、劳工标准等领域会面临更大的压力。姜文学（2012）还指出，TPP很多新议题与中国改革的目标一致，TPP所倡导和推行的规则对中国也是有利的。

张士铨、杨大鹏和王晨（2012）指出中国可以充分利用TPP中深藏的矛盾以及中国与亚太地区业已形成的经济联系和已经搭建的一体化的平台，进一步加大与亚太地区各国经济合作的力度。同时，中国应尽快转变为内需主导的经济模式，降低经济的对外依存度。推进东亚地区的区域性贸易自由化是一个重要举措，卢孔标、王守贞和丁攀（2012）提出了具体的建议。他们认为要加快实施自由贸易区的战略，坚持多样性和包容性的路径选择，不断推动APEC框架下的贸易自由化进程；加快推进中日韩、“10+3”和“10+6”合作机制，争取领先于TPP谈判进度，平衡和调整东亚地区的实力结构；加快与TPP成员方的双边合作。赵金龙（2012）在分散风险方面提出中国应该扩大FTA伙伴国的范围进行风险对冲。应当尽快建立中日韩FTA，如果这一进程缓慢，可以优先考虑建立中韩或中日双边FTA从而减少三方谈判时的摩擦。

TPP作为新兴的自由贸易组织，在劳工权利保护、环境保护、知识产权保护、贸易自由化、投资自由化等方面有着严格的规则，中国加入TPP谈判会在一定程度上倒逼国内的改革。范黎波、郑伟和郑学党（2012）认为中国加入TPP的谈判，可以作为中国未来经济一体化的突破口和战略转折。丑则静（2013）提出TPP是强有力的外部压力，可以“倒逼”中国在新形势下统筹国内国际两个发展大局，进一步深化国内经济社会改革。

**3. 中国应做的准备工作**

事实上，不论是加入TPP还是成立类似于TPP的自由贸易区，都需要中国提前做一些相关的准备工作。上海自由贸易区的成立，可以在一定意义上视为中国为加入 TPP 谈判所做的准备工作。上海自由贸易区的相关措施，包括政府职能的转变、投资领域的开放、贸易方式的转变、金融领域的开放创新、法律制度的完善等都在一定程度上向 TPP 的规则靠拢，为中国将来加入 TPP 的谈判打下了相关的制度基础。随着上海自由贸易区的发展，未来其示范作用会越来越重要，对中国改革具有重大意义。姜文学（2012）从政策方针方面提出了中国应该进行的准备工作。他认为应该密切关注 TPP 的发展趋势，及时调整政策方针并做出反应；提高自身竞争力，更进一步深化改革，努力改善市场环境，尽可能适应瞬息万变的国际环境；探索 TPP 以外的各种可能的有利于周边地区经济发展的途径。

杨立强和鲁淑（2013）从与周边国家合作的角度提出了应对 TPP 的准备工作，包括深化与周边国家和地区的经贸合作；积极推进中韩 FTA 和中日韩 FTA 的构建；着力推进与新兴经济体和发展中国家的合作，打造适合发展中国家普遍国情的 FTA 标准和准则。

## 五　结论

总体而言，中国加入 TPP 是利大于弊的。TPP 所主张的自由贸易理念符合国际经济的发展趋势，也符合中国经济的发展理念。从长期来看，中国对于 TPP 应该持开放态度，并且要积极提升国际竞争力，增强综合国力，在适当的时机参加 TPP 谈判，发挥中国作为最大的发展中国家应该具有的作用，提升中国的国际地位。但是，美国加入 TPP 的谈判，并且成为主导国家，使问题变得复杂化，TPP 成为美国与中国竞争的工具，短期来看是中国潜在的威胁，中国在短期内也不具备加入 TPP 的条件。TPP 在短期内会对中国的国际贸易，特别是会对出口产生较大的冲击，为减少冲击或减轻冲击所带来的危害，中国应该采取相应的应对措施，如经济增长动力由外需转变为内需、推进东亚贸易自由化进程、加快国内自由贸易区的建设等。总之，TPP 是亚太地区最近几年最为重要的贸易组织，对其展开研究既具有重要的学术意义，也具有重要的现实意义。

## 参考文献

陈淑梅、全毅：《TPP、RCEP 谈判与亚太经济一体化进程》，《亚太经济》2013 年第 2 期。

丑则静：《美国重返亚太背景下的 TPP 战略与中国的应对之策》，《理论导刊》2013 年第 3 期。

范黎波、郑伟、郑学党：《美日 TPP 战略与中国的应对》，《现代国际关系》2012 年第 12 期。

郭霞：《浅析跨太平洋伙伴关系》，《对外经贸》2012 年第 8 期。

姜文学：《TPP 在美国重塑国际贸易秩序中的双重功能》，《财经问题研究》2012 年第 12 期。

李向阳：《跨太平洋伙伴关系协定：中国崛起过程中的重大挑战》，《国际经济评论》2012 年第 2 期。

梁立俊：《跨太平洋伙伴关系协议（TPP）与中美关系的深层问题》，《国际视野》2012 年第 10 期。

刘乐：《美国强推 TPP 的政治、经济动因及中国的对策》，《贵州师范学院学报》2012 年第 10 期。

刘中伟、沈家文：《跨太平洋伙伴关系协议（TPP）：研究前沿与架构》，《当代亚太》2012 年第 1 期。

刘欣：《TPP 国家经济的比较性分析及影响研究》，《世界贸易组织动态与研究》2013 年第 3 期。

刘重力、杨宏：《美国重返亚洲对中国东亚地区 FTA 战略的影响—基于 TPP 合作视角的分析》，《东北亚论坛》2012 年第 5 期。

卢孔标、王守贞、丁攀：《跨太平洋伙伴关系协议：主要分歧与前景分析》，《东南亚研究》2012 年第 5 期。

吕娟：《论美国主导下的跨太平洋伙伴关系协议及其对中国的影响》，《东南大学学报》2012 年第 3 期。

倪月菊：《中国如何应对 TPP 谈判》，《东方早报》2013 年 5 月 7 日。

沈铭辉：《TPP 最新进展与中国对策》，《东方早报》2013 年 3 月 26 日。

汤碧、林桂军：《跨太平洋伙伴关系协定对中国战略的影响与中国的对策》，《社会科学研究》2012 年第 6 期。

田海：《TPP 背景下中国的选择策略思考——基于与 APEC 比较的分析》，《亚太经济》2012 年第 4 期。

王金强：《TPP 对 RCEP：亚太地区合作背后的政治博弈》，《亚太经济》2013 年第 3 期。

王敏、周方：《台湾参与跨太平洋伙伴关系协议问题初探》，《台湾研究·对外关系》，2012。

肖炼：《谁在引领全球贸易新方式？美国主导 TPP 意欲再造一个 WTO》，《中国经济周刊》2012 年第 1 期。

杨立强、鲁淑：《TPP 与中日韩 FTA 经济影响的 GTAP 模拟分析》，《东北亚论坛》2013 年第 4 期。

余楠：《当前国内 TPP 研究述评》，《上海海关学院学报》2012 年第 3 期。

张建：《不应错失影响 TPP 进程的历史机遇》，《上海证券报》2013 年 7 月 30 日。

张蕴岭：《美国主导泛太平洋伙伴关系协议对中国的影响》，《经济研究参考》2012 年第 1 期。

张海琦、李光辉：《TPP 背景下中国参与东亚区域经济合作的建议》，《国际经济合作》2013 年第 3 期。

张士铨、杨大鹏、王晨：《美国主导下的跨太平洋伙伴关系与中国的对策》，《国际关系学院学报》2012 年第 4 期。

赵金龙：《美国 TPP 战略的动机及其对东北亚经济一体化的影响研究》，《东北亚论坛》2012 年第 6 期。

周念利、汤婷婷：《加入 TPP 对台湾的政治经济影响及大陆的对策研究》，《亚太经济》2012 年第 6 期。

周武英：《TPP：撩拨美国“重返亚洲”心绪》，《经济参考报》2013 年 3 月 28 日。

B.22

# 上海自由贸易区成立倒逼深圳保税区转型升级

许鲁光　蓝 华

**摘　要：**

深圳保税区经过20多年的创新发展至今，在已取得了相当大成就的同时，也碰到了进一步发展的瓶颈。

上海自由贸易区是在当前国际经济贸易规则（TPP、TTIP谈判进程开启）正在发生重构背景下启动的，自成立以来推出的相关改革措施和改革目标，意味着我国的改革开放正式跨入了新的历史时期，也为当前的深圳保税区转型升级提供了较好的借鉴。以上海自由贸易区的制度建设蓝图为指引，尽快实现深圳保税区向自由贸易区转型发展，已成为深圳保税区未来深化改革的关键。

**关键词：**

深圳保税区　上海自由贸易区　转型升级

## 一　深圳保税区发展现状及存在的问题

**1. 现状**

深圳市是国内拥有保税区域类型最多、层次最高、功能最全的城市之一，市内的7个园区（包括福田保税区、沙头角保税区、盐田港保税区、盐田港保税物流园区、前海湾保税港区、深圳出口加工区、机场保税物流中心）以及保税仓、出口监管仓，均为国家级海关的特殊监管区域，总面积10.48平方公里。深圳保税区经过20多年的创新发展，依靠良好的区位条件和港口优势，已经形成了以保税物流、保税加工和产业研发为特色，依托自由贸易进行保税运作的空间功能区，实现了持续、稳定、快速发展，成了深圳市对外开放的重要窗口和新的经济增长点，发挥了保税加工、保税物流、国际贸易及产业要素聚集的重要作用。2012年深圳保税区完成工业总产值1134.5亿元、进出口总额1262.5亿美元和税收收入138.8亿元，以占全市0.53%的土地面积，实现了全市5.4%的工业产值和27%的进出口总额。

深圳保税区域主要依托深圳的陆路口岸、港口和机场等重大物流节点而设，充分发挥了口岸物流与保税政策的整合效应，形成进出口商品分拨转运与生产要素聚集、重组、优化配置的平台。各区域结合自身的区位和特点而发展，目前已形成东部以港航产业与保税加工、中部以物流服务与国际贸易、西部以现代保税服务业为特征的全市保税产业战略格局。

**2. 问题**

改革开放30多年来，在国家及相关部委的关怀与大力支持下，深圳先后设立了保税区、出口加工区、保税物流中心、区港联动下的保税物流园区等海关特殊监管区，并发展成为全国对外开放的一面旗帜。回首往事，极目远望，深圳保税区需要的是百尺竿头更进一步，当下的深圳保税区仍面临发展的问题，急待引起重视并加以解决。

（1）问题一：保税区功能逐趋减弱。

深圳保税区现有的各项功能虽具备规划意义上的自由贸易区的大部分功能，但各功能的到位程度均还较低。

按照保税区的现有管理规定，保税区内凡自行采购国产料件加工出口的企业均是被禁止的，保税区内的企业经营的采购要求，目前只能采取委托有资格的进出口公司进行采购，这种规定办法自然是增加了保税区内企业的运行效率和运行成本。深圳保税区内不具备进出口权的贸易公司，只能通过与国外或国内有进出口权的企业进行委托交易。这也就使得企业实现不了出口退税：一是直接制约了保税区内的加工企业的国内采购；二是制约了保税区贸易功能的开展。

按照保税区现行的海关管理模式，从海港或空港进入保税区的货物退关

时间较长，转运中间的时间成本较高，保税——滞后征税所带来的效益优势在相当程度上被削弱；现行的卡口与仓库两次监管的海关管理办法，使货物的移库和使用在保税区内极为不便，较大地影响了保税区内物流功能的充分发挥。

（2）问题二：保税区监管模式滞后。

“海关监管的特殊经济区域”是目前国家海关总署对保税区进行的界定。保税区在监管运作实际中被视作放大的保税仓库，在实际的海关监管中，放开“一线”的是有程度限制的，区内仓库与卡口均要同时接受监管，没有真正地做到所谓的“一”线放开。区内货物流动设置的管理环节也较多、权限受限也比较大，“二线”管住的界限在具体执行方面也不是很清晰，监管手续烦琐，如通过“二线”进入保税区的国内货物视同出口的规定，操作中就远不到位。

目前，国务院相关部委对保税区的认识缺乏一个共同的标准，在对保税区的定位目标和政策管理上存在差异，这就使得出台的保税区政策的口径不统一。对此，保税区的具体管理部门和身在其中的企业在实际运行中难以适从。如认为保税区是“境内关外”的功能定位是商务部的认定标准，保税区内企业所涉及的出口配额、进出口经营权、许可证等问题也就自然不存在了；保税区是“境内关内”则是工商总局、税务总局、财政部的看法，采取的是与国内其他地区企业同等对待的办法来管理保税区内企业，如保税区区内企业如采购国内货物不能视作出口，不能实行出口退税政策等。保税区非但“特区不特”，而且与国际通行的自由贸易港模式渐行渐远。

（3）问题三：保税区管理协调力度下降。

当前，深圳保税区在政府宏观管理层面上出现了管控退化的现象。深圳经大部制改革之后，将原有独立的保税区管理局归并到了市科工贸信委，后更改为现在的市经济贸易信息委，之后由市经济贸易信息委的保税区服务处负责全市保税区的业务管理及协调工作，由于部门交接、权限、职责划分等方面不够明晰，现有的政府部门的协调权限减小，使得保税区在政府协调、管理上出现“被弱化”的状态，在一定程度上影响了深圳保税区的转型发展。

## 二　上海自由贸易区新政及其启示

### 1. 上海自由贸易区的成立背景

据统计，2007～2012年，新兴经济体经济增长50%，中国经济增长60%，而发达国家经济仅增长3%。近年来，新兴市场经济体的经济迅速增长和综合国力的上升，使得新兴市场经济体在国际舞台上日益活跃，在多哈回合谈判中发展中国家和地区积极参与并力争在国际经济规则制定中掌握更多话语权，提高自身在国际货币基金组织、世界银行等国际金融组织的份额和投票权，表现出日益重要的地位。因此，近年来，以中国为代表的新兴经济体的崛起和地位的提升，以金砖五国为代表的新兴经济体的快速成长以及中国制造的崛起，凭借的是宽松的国际贸易环境和低成本的要素价格竞争优势，以美国为首的西方世界普遍认为，按照目前WTO所制定的规则对发达国家日益不利。WTO规则制定的成员国最惠国待遇及其市场开放原则，在该原则框架下没有相关条文对生产过程进行规制，只在关税削减环节制定了规则。此外，WTO规则对各国的汇率行为也缺乏足够的约束力。如西方发达国家的代表美国所关心的一些问题——知识产权保护、政府采购、服务贸易、竞争政策等事项均没有被现在的WTO执行规则涵盖进去，而美国现在拟在现有的WTO框架谈判中推出所关心的上述事项较为困难。

因此，美国开始针对自己在WTO多边谈判中控制权的削弱以及欲寻求自身利益最大化的需要，首先发起并主导了TPP、TTIP谈判的开启进程，意在对现有的国际经济贸易规则进行重构。其目的是想制约和限制中国及其新兴经济体国家刚刚形成的在制造业领域的比较优势。当前美欧日三大经济体力图通过跨太平洋伙伴关系（TPP）、跨大西洋贸易与投资伙伴关系（TTIP）和多边服务业协议（PSA）形成新一代高规格的全球贸易和服务业规则，来取代WTO，围猎中国制造和金砖五国，逼迫它们二次“入世”。目前，参与TPP谈判的国家和地区已经增至12个，覆盖全球GDP的50%。同时，21个世界贸易组织成员，启动了PSA谈判，内容覆盖电信、金融、电子商务、互联网、物联网、移动通信、快递、传播、运输、观光等几乎全部服务业领域。这三大协议一旦成形，将成为重新构建国际贸易和投资规则的新载体，甚至以此制定新的世界经济规则，并强化既有的“中心—外围—边缘—蛮荒”的世界权力（利）分配体系结构。

中国自加入 WTO 之后进行了广泛改革，参与了许多优惠贸易协议制定，相比大多数发展中国家，已经在取消贸易壁垒方面取得了进步。但是，投资和贸易政策的透明性问题、管制政策的不透明和歧视性问题、扭曲的生产补贴和汇率管理问题等，仍然是中国加入更高层次免税经贸区的障碍。这就是当前中国经济发展遇到的新瓶颈，在这种条件下，中国该如何应对这样的国际规则变迁，上海自由贸易区作为一个对接窗口，有望成为对接 TPP、开展全球贸易合作的新平台，中国（上海）自由贸易区就是基于当下国际经济环境的这一新变化而设立的。

**2. 上海自由贸易区新政**

2013 年 9 月 29 日，“中国（上海）自由贸易试验区”在上海正式挂牌成立，标志着中国（上海）自由贸易区进入实质运行阶段，中国进入了“再开放”的新阶段，上海自由贸易试验区将成为国内首个符合国际惯例的海关特殊监管区。此举将成为推进改革和提高开放型经济水平的“试验田”。

上海自由贸易区拟实现的三大主要目标是：一是转变政府职能，探索推动行政审批改革；二是推动服务业扩大开放；三是在创新投资管理模式方面做出探索。

上海自由贸易区总体框架涵盖了四大方面：一是深化行政管理体制改革；二是扩大投资领域开放；三是转变贸易发展方式；四是深化金融领域的开放创新。

上海自由贸易区实行的主要政策措施有六项。

其一，加快金融制度创新。就金融领域而言，上海自由贸易区深化了金融领域的开放创新，要求在风险可控的前提下，探索在自由贸易区内对人民币资本项目可兑换、金融市场利率市场化、人民币跨境使用等方面创造条件进行先行先试；增强金融服务功能，推动金融服务业对符合条件的民营资本和外资金融机构全面开放，支持在试验区内设立外资银行和中外合资银行，允许在区内建立面向国际的交易和服务平台，逐步允许境外企业参与商品期货交易，支持开展人民币跨境再保险业务。在试验区内实现金融机构资产价格定价市场化。

探索面向国际的外汇管理改革试点，建立与自由贸易试验区相适应的外汇管理体制，全面实现贸易投资便利化等。

其二，探索建立负面清单管理模式。《中国（上海）自由贸易试验区总体方案》中，对外商投资试行准入前国民待遇，研究制订试验区外商投资与国民待遇等不符的负面清单，改革外商投资管理模式。过去，外商投资采用正面清单管理，告诉投资者可以做什么。而负面清单管理告诉投资者什么不能做，没有规定的则都可以做。在这个名单之外，“法无禁止即可为”。

方案借鉴了国际通行的规则，对外商投资试行准入前国民待遇，研究制订试验区外商投资与国民待遇等不符的负面清单，改革外商投资管理模式。这标志着上海自由贸易区对转变和改革政府职能迈出了新的一步，转变了政府的管理方法和管理思维，限制了政府自身的权力，让市场和企业发挥更大的作用。

其三，扩大服务业开放。上海自由贸易区率先选择金融服务、航运服务、商贸服务、专业服务、文化服务以及社会服务领域扩大开放，暂停或取消投资者资质要求、股比限制、经营范围限制等准入限制措施（银行业机构、信息通信服务除外），营造有利于各类投资者平等准入的市场环境。2013 年 9 月 27 日，国务院公布《中国（上海）自由贸易试验区总体方案》，落实了金融、航运、商贸、专业、文化和社会共计六大服务领域的开放政策，涉及 18 项措施，均是中央在新形势下推进上海自由贸易区改革开放的重大举措。

其四，完善法制保障。上海自由贸易区暂时调整《中华人民共和国外资企业法》、《中华人民共和国中外合资经营企业法》和《中华人民共和国中外合作经营企业法》规定的有关行政审批，自 2013 年 10 月 1 日起在三年内试行。

2013 年 9 月 26 日，上海市第十四届人大常委会第八次会议通过了《关于在中国（上海）自由贸易试验区暂时调整实施本市有关地方性法规规定的决定》，并于 10 月 1 日起施行。根据这一规定，在自由贸易区内，对国家规定实施准入特别管理措施之外的外商投资，停止实施《上海市外商投资企业审批条例》。凡法律、行政法规在自由贸易区调整实施有关内容的，上海市有关地方性法规随之作相应调整实施。上海市其他有关地方性法规中的规定，凡与《中国（上海）自由贸易试验区总体方案》不一致的，也作相应调整实施。

国务院颁布的《中国（上海）自由贸易试验区总体方案》，其中共有 12

项开放措施，与现行外资企业法等4部法律的有关规定不一致。此次，上海自由贸易区首次实现了突破。目前，已依照法定程序，提请全国人大常委会授权国务院在试验区内暂时停止实施这些法律的有关规定，于2013年8月26日获得了全国人大常委会通过，在中华人民共和国的土地上，有28.78平方公里可以不按某些法律行事。

其五，深化国际贸易结算中心试点。拓展专用账户的服务贸易跨境收付和融资功能，人民币资本账户下可兑换未来将实现“分账管理”，进行账户隔离，即“一线放开、区内自由、二线安全高效管住”。在自由贸易区内注册企业，可以开设FTA账户（即自贸账户），部分试点企业还可开设FTN账户（即离岸账户）。FTN账户可以实现货币自由兑换、利率市场化，而账户之间严格区分自由贸易区业务和非自由贸易区业务，账表单独设置、单独计量、单独核算、单独考核。

其六，创新监管模式。在监管体制方面，自由贸易区方案提出，试验区将创新监管服务模式，推进实施“一线放开”、坚决实施“二线安全高效管住”，进一步强化监管协作。

### 3. 上海自由贸易区的启示

启示1：须加快深圳保税区的转型升级。

保税区经过30多年的改革开放至今，现在需要的不再是以往的一个类似关税减免一样的特区，不是一个具有一两项政策优惠的新区，而是一个能在体制机制上进行全面创新的实验区。

当前中国（上海）自由贸易区推行的力度和速度都是让外界始料未及的，与以往的深圳保税区和目前的各类试验新区相比，此次上海自由贸易区的任务在于探索要素市场的进一步开放、政府边界厘清和行政管制放开，从而释放出新的增长能量。

此次上海自由贸易区改革没有就税收优惠给出政策，更希望制度红利激发创新。“可复制、可推广”就是自贸试验区的一大原则。建设自贸试验区，是中国顺应全球经贸发展新趋势，实行更加积极主动开放战略的一项重大举措，标志着中国的改革开放又上了一个新台阶。

当前，深圳保税区既面临国际新一轮的高端产业转移、战略性新兴产业加速发展、深港合作深入推进的机遇，又面临全球金融危机的深层次影响以及深圳市全要素成本上涨等紧约束、转变发展方式要求日益迫切的挑战，向自由贸易区转型升级已成为深圳保税区深化改革开放的一致共识。

与此同时，深圳保税区还亟须解决一系列自身内部发展中存在的突出问题：保税区外汇管理办法的滞后，保税区内企业外汇收支便利性受到的影响；保税区内的产业链与供应链的不配套；质检、海关、工商、外汇政策协调的不顺等。

综合内外两方面的因素，以及在当前上海自由贸易区重大改革开放举措的倒逼情形之下，深圳保税区理应加快深化改革步伐，加大整合力度，加速转型升级，推动所有的改革方向和政策举措进一步向上海自由贸易区看齐，以力促深圳保税区能在新时期发挥更大、更好的作用。

启示2：须加快深圳保税区的制度创新。

目前，海关执行公务的特殊监管区域（场所）存在多种形态，这些受监管的各种形态在功能定位、运作模式、执行政策上既有区别又相互交叉，海关过于注重专业化管理的结果会导致资源利用的不充分和单一化，会妨碍企业的投资经营和长远发展。

国际上的自由港及其自由贸易区的发展都经历了一个较长的历史过程，法制体系十分完善。保税区是制度创新的产物，制度创新是根本。加快推进各类特殊监管区域（场所）在功能、政策、监管和法制四个方面的整合是深圳保税区下一步的创新方向，如此才能做到综合互补平衡，实现保税区从外延式扩张向内涵式优化的转变。

在功能上，争取实现深圳保税区基本具备保税加工、保税物流两大功能；在政策上，对特殊监管区域的税收政策做到统一；在监管上，创新海关监管模式，对操作规范、作业流程和信息化管理系统进行统一，提高监管效能，有效降低监管风险；在法制上，通过立法明确保税区内企业应该具有的各项优惠和便利，进一步强化优势。综合配套改革应是深圳保税区转型发展的思路，要积极稳妥推进，争取实现深圳保税区成为开放程度更高、各种功能齐全、投资贸易便利的新一轮改革创新试验高地。

启示3：须加快深圳保税区的业务转型。

拉动中国经济的“三驾马车”近年来出现了明显变化。因为受国际金融

危机的深刻影响，国际需求减少，出口增速降低，国内以货物出口为主的贸易面临转型。

而世界主要自由贸易区的趋势显示，自由贸易区已从货物贸易为主向货物贸易、服务贸易并重转变，且更加注重服务贸易发展；由贸易功能为主向贸易功能与投资功能并重转变，更加注重投资自由化便利化。服务贸易正快速成长，在国际贸易中的地位不断上升，已占全球贸易总额的约20%。

经过十几年的改革发展，深圳保税区已初步具备了国际上自由贸易区的某些功能，在保税物流、招商服务方面积累了不少经验，也具备了一定的政策优势。但参照国际自由贸易区所具备的金融服务和物流服务这两大新兴功能看，深圳保税区在金融开放、展示、分拨、配送、运输等高端物流功能方面的作用还未得到充分发挥。未来的深圳保税区就应该在向自由贸易区的转型升级进程中提升服务贸易的比重，促进保税区的服务业发展和贸易的转型发展。

## 三　深圳保税区转型升级的对策思考

一是要加快争取试行自由贸易区政策。按照中央部署，上海自由贸易区是比我国现有特殊经济区都要开放和灵活的特殊经济区，是新一届政府向国内外释放的最重要的经济政策信号。从中央的决心和行动看，上海自由贸易区开放领域涉及金融、航运、商贸、服务、文化、社会服务六大领域，将探索面向国际的外汇管理、金融制度创新，这是以开放来倒逼、推进我国深层次改革的重大战略。

从更高角度看，上海自由贸易试验区的创设，关键在上述各大领域的改革突破，可为全国提供极大的示范与指导意义，远非仅为一地发展提供制度红利。这也是中央一直强调上海自由贸易区的试验实现“可复制性、可推广性”的目的所在。因此，各地保税区的新一轮改革将会迅速地提上议事日程。

深圳保税区自创办后，依托毗邻香港的区位优势和先行先试的体制机制优势，通过承接全球产业转移与推动深港分工合作，发展成为全国对外开放的示范窗口和高产田，在引导产业集聚、拉动经济增长、融入全球发展等方面发挥了重要作用，为深圳市开放型经济体系迈向更高发展台阶奠定了坚实基础，同时也成了全国发展成就最突出、最具竞争力的保税区之一，这些优势都为深圳保税区试行自由贸易区的政策提供了有力的保障，应当借助上海自由贸易区试点的有利时机及其示范指导功能，积极争取深圳保税区试行自由贸易区相关措施，推进深圳保税区向自由贸易区转型发展，使深圳保税区成为内地与香港建立更紧密经贸关系的示范区域。

二是要创新完善保税区监管模式。上海自由贸易区政策的深化和突破，指明了保税区向自由贸易区转型是今后的改革目标，深圳保税区首先需要确立其“境内关外”的法律地位，按照贸易自由化的要求加快通关改革。建立管理部门与联检单位的紧密协作和相互支持体系，探索预归类、预检验的海关、检验检疫监管新模式，实现一点接入、信息共享、协同监管的快速通关目标。探索运用“电子围网”的监管模式，充分发挥保税政策的辐射作用。充分借助现代化的管理信息系统和数据实时通信技术，建设电子化公共服务平台，在查验与通关、政企信息互通等领域不断提升服务效率，实行“一线放开、二线管好、区内宽松”的监管治理模式。

在贸易及金融制度的设计上积极争取做到与国外自由贸易区通行的“一线放开（国境线），二线管住（与非自由贸易园区的连接线）”的模式看齐。将监管边界后移至特殊经济区域边界，区内所有金融业务按照离岸金融规则进行管理，大幅降低企业经营成本，提高深圳保税区对各类企业的吸引力，为贸易自由化提供新的动力。

三是要不断开拓保税区功能。率先推进前海为实现深港澳服务贸易自由化发挥重要作用，积极引进国际知名的金融服务、商贸服务和生产性服务机构，创新对外合作模式，大力发展包括供应链管理、高端航运服务、电子商务、跨境交易、服务外包、离岸业务、物流金融、保税交割、融资租赁等多元化保税服务业，构建国际贸易与供应链管理、高端航运服务、创新金融产业集聚发展区，打造全球服务贸易重要基地。

积极在保税区内拓展多种境外融资方式，鼓励区内企业灵活使用人民币和外汇投资。支持银行创新外汇期货等避险保值衍生产品，放宽内保外贷与外保内贷业务，放开在区内企业发行离岸人民币债券。完善外企年检制度，对区内外资企业全部年检改为抽检，条件成熟时过渡为免检。全面落实货物贸易的外汇管理新政策，并在资本项目系统全面运行，健全统计分析和非现场监测预警体系，构建贸易便利化和风险管理相结合的新型制度。未来的目标是将深圳保税区全面建成面向全球的国际贸易示范区、全国保税制造业升级引领区、深港保税服务业合作试验区和保税政策与监管创新先行区。

## 参考文献


《中国（上海）自由贸易试验区总体方案》，国务院常务会议，2013 年 7 月 3 日。

佚名，《TPP 是上海自由贸易区设立的大背景》，《21 世纪经济报道》，2013 年 10 月 20 日。

《深圳保税区域转型升级总体方案》，深府（2013）66 号。

肖苑生：《深圳福田保税区率先向自由贸易区转型的探索》，《特区经济》2006 年第 1 期。

夏勃、周泽萱：《我国保税区转型为自由贸易区的模式分析》，《中国市场》2011 年第 23 期。

B.23

# 中欧光伏产品贸易争端情况分析与展望

深圳市社会科学院课题组

**摘　要：**

本文介绍了2012年中欧光伏产品贸易争端的基本情况，分析了深圳企业的应对情况和结果，指出该案件存在的问题，对涉案产品开展了定量分析，并对深圳光伏产业的发展提出了建议。

**关键词：**

光伏产品　反倾销　反补贴

## 一　中欧光伏产品贸易争端的基本情况及存在的问题

### （一）中欧光伏产品贸易争端的基本情况及其应对工作

2012年9月和11月，欧委会分别发布公告正式对从中国光伏企业进口的硅片、电池、组件启动开展反倾销和反补贴调查。欧盟目前是中国光伏企业最主要的出口市场，出货量占到中国光伏企业的70%左右。欧盟此举涉案金额达210亿欧元，制造了全球金额最大的贸易摩擦案。

中欧光伏贸易争端不仅涉案金额、涉案企业数量及产业就业人数非常大，而且光伏产业在中国战略性新兴产业中又具有举足轻重的重要地位，所以引起了国内外的高度关注。中国从中央政府到企业均高度重视本案的应对工作：李克强总理亲自开展了许多关键性工作、商务部高虎城部长等多次赴欧磋商、外交部等相关部门也通过各自的途径争取案件的妥善解决、涉案省市政府积极组织和协调应对工作、中国机电商会作为中国光伏产业的代表，在游说工作和价格承诺谈判中发挥了重要的作用、135家出口生产商积极应诉。

2013 年 6 月 5 日，欧委会公布了光伏产品反倾销调查案的初裁结果；8 月 3 日，欧委会发布公告，宣布接受 97 家中国输欧光伏企业提出的承诺；12 月 5 日，欧盟委员会发布欧盟光伏反倾销与反补贴案终裁公告，除价格承诺企业外，对中国光伏组件与电池征收47.7% ~64.9%不等的双反税，已于8 月6 日生效的价格承诺继续有效，承诺企业从之前的 94 家增至 121 家。加入价格承诺的企业对欧盟的出口额占中国调查期内对欧盟出口总额的 80% 左右。双反措施和价格承诺自 2013 年 12 月 6 日起正式生效，期限 2 年。

## （二）深圳企业的应对情况和结果

2011 年 11 月美国商务部正式立案对产自中国的光伏电池进行“双反”调查后，市世贸组织事务中心即对该案进展情况予以高度关注，并带队赴深圳市太阳能学会进行调研，了解深圳相关产业情况以及深圳企业的应诉情况。2012 年 9 月欧盟对华光伏产品反倾销调查立案后，为做好案件应对工作，同时考虑到与国内其他大型光伏企业如尚德公司等相比，深圳企业一般规模有限，不太可能有机会参加国家商务部或国内商（协）会统一组织的案情通报会或应诉协调会，市世贸中心立即于当月 14 日与深圳市太阳能学会联合召开了欧盟光伏产品反倾销调查案的案情通报及工作会议，向参会企业介绍了近年来深圳企业遭遇贸易摩擦的形势，此外还简要讲解了欧盟反倾销调查的基本程序，提出了应对工作建议。深圳 30 余家新能源企业代表参加了这次会议。

根据 2013 年 6 月 5 日公布的初裁结果，深圳没有被抽中并取得单独税率的企业，但其中有 3 家企业通过提交调查问卷，被认定为配合企业，从而拿到加权平均税率，即 47.6% 。这 3 家企业分别为深圳市拓日新能源科技股份有限公司及其关联公司（以下统称“拓日公司”）、深圳上古光电有限公司（以下简称“上古光电”）、深圳神达实业有限公司（以下简称“神达实业”）。

但在 2013 年 8 月初公布的价格承诺企业名单中，深圳 3 家初裁取得加权平均税率资格的企业中，只有拓日公司和神达实业，上古光电则未被列入。

据拓日公司反映，该公司虽然在价格承诺名单内，但由于近年来公司发展势头较好，且一直未采取压价的方式进行恶性竞争，因此价格门槛对其影响尚可接受。但对于数量限制，如果各企业分配到的出口数量限额在很大程度上与其以往出口数量挂钩的话，则对它们较为不利。上古光电则反映，它们在初裁公布后，未能接到参加价格谈判的通知，因此虽然初裁取得了加权平均税率的资格，但仍然非常遗憾地未能进入价格承诺名单，目前陷入非常不利的境地。

另外，深圳其他未参加应诉的企业，将不得不面临 67.9% 的反倾销税，从而很难维持对欧盟的继续出口。

### （三）欧盟对华光伏产品“双反”案存在的问题

如前所述，欧盟对华光伏产品反倾销、反补贴案是迄今为止涉案金额最大的贸易摩擦案件，中、欧双方政府、行业组织和企业都高度关注，在法律抗辩、政治交涉以及业界沟通与游说等各方面都下足了功夫。从目前的阶段性结果来看，仍有诸多具有争议以及值得进一步深入研究的问题。包括以下几方面。

（1）欧委会的强硬姿态。主要表现在以下几个方面：一是在行业代表性存疑的前提下坚决立案；二是在采取临时措施时的一意孤行。

（2）反倾销初裁本身存在的一些问题。主要表现在：一是产品范围过于宽泛；二是非同寻常的替代国价格选择；三是牵强的因果关系推论

（3）难以判断的措施实施效果。价格承诺协议包括对中国出口产品的最低限价以及进口至欧盟的数量限制等，其效果存疑，支持和反对对华光伏产品采取措施的双方都感到不满。支持措施的认为协议设定的最低限价远低于中国和亚洲的生产成本，而设定的数量限制使中国产品仍能占据欧盟 70% 的市场份额，反而成为对中国产品的一种保护；反对方 AFASE 则认为协议设定的价格过高，将损害欧盟市场的增长并使一些大型光伏项目无法实施。

## 二　涉案产品定量分析情况

根据欧盟的官方统计，2012 年欧盟与中国的进出口总额为 5561.56 亿美

元，占欧盟进出口总额的12.44%，同比下降6.85%。其中进口3719.82亿美元，占欧盟总进口额的16.15%，同比下降8.86%；出口1841.74亿美元，占欧盟出口总额8.49%，同比下降2.51%；欧盟对中国的贸易逆差为1878.08亿美元。由于中欧光伏产品贸易争端对应的产品范围存在差异以及商品海关编码的分类原则限制了其具体贸易数据的可获得性（即统计口径范围的准确性），我们以最能具体获得的“太阳能电池（欧盟商品代码85414090）”作为研究对象，还原涉案产品的贸易概貌和相关分析。

## （一）欧盟光伏产品（太阳能电池）贸易情况

### 1. 进口情况

从贸易规模来看，2012年，欧盟从全球进口太阳能电池132.49亿美元，同比下降51.6%，进口主要来源地依次为中国、日本、韩国、新加坡、马来西亚、美国、菲律宾等。其中从中国进口额为99.07亿美元，同比下降50.49%，市场份额为74.77%。总体的进口贸易特点有：一是中国太阳能电池占欧盟进口市场的绝对份额，贸易额占比为75%、贸易数量占比为87%，欧盟进口太阳能电池的总体走势与从中国进口的同产品的走势基本趋同；二是该产品的进口均价处于持续下降状态；三是欧盟对该产品的市场需求在逐年萎缩。数据显示，欧盟从全世界进口的该产品总额在逐年下滑，2013年上半年比上年同期下降50.43%，从中国进口总额下降50.49%，与总体进口额下降速度基本一致。

从主要进口来源地的价格看，我们对其进口均价由高到低排序：第一梯队为日本、马来西亚；第二梯队为美国、中国台湾；第三梯队为韩国、印度、新加坡、中国大陆。自2012年6月开始，从中国进口的太阳能电池均价已跌破1万美元每吨，紧接着新加坡、印度也将价格降到了同一水平。可以预计，未来对中国产的太阳能电池设限后，新加坡、印度的太阳能电池在欧盟进口市场的占有率将有所提高。

### 2. 出口情况

2012年，欧盟太阳能电池的出口额为15.88亿美元，同比下降6.27%。出口主要目的地依次为日本、美国、瑞士、中国、马来西亚、澳大利亚、秘鲁、印度、以色列、俄罗斯。其中对日本出口 3.9 亿美元，占比 24.57%；对美国出口 2.29 亿美元，占比 14.44%；对瑞士出口 1.8 亿美元，占比 11.34%；对中国出口 1.31 亿美元，占比 8.25%，中国是欧盟该产品的第四大出口市场。

总的来说，欧盟对该产品的进口总额远大于出口总额。2012 年，该产品出口总额 15.88 亿美元，进口总额 132.49 亿美元，贸易逆差达 116.61 亿美元。单从该产品存在巨大的贸易逆差，且绝大部分来自中国看，这容易成为欧盟境内光伏产业抵制进口并针对中国光伏产品发起贸易救济措施调查的借口和依据。

### （二）中国光伏产品（太阳能电池）贸易情况分析

#### 1. 贸易情况

2012 年，中国太阳能电池（海关代码为 854140200）出口 127.87 亿美元，同比下降 43.33%。其中对欧盟出口 82.76 亿美元，下降 50.58%；对美国出口 14.02 亿美元，下降 42.72%；对日本出口 8.93 亿美元，增长 140.92%。中国主要出口目的地为：欧盟（荷兰、德国、比利时、意大利、希腊、英国、西班牙、法国、丹麦）、美国、日本、澳大利亚、乌克兰、泰国、印度、韩国、加拿大等。

2012 年，中国大陆进口光伏太阳能电池 12.81 亿美元，比上年同期下降 36.56%。其主要进口来源地为中国台湾、日本、马来西亚、美国等。

考虑到出口增长幅度和出口目的国的太阳能电池造价及需求前景，我们认为日本、南非、印度、欧盟、美国是中国 2013 年太阳能电池较有前景的出口市场。

#### 2. 中国太阳能电池出口形势监测情况

数据显示，中国对 217 个国家（地区）存在光伏太阳能电池的贸易往来。我们利用 2010 年至 2013 年 7 月共 43 个月的数据对这 217 个国家（地区）出口太阳能电池情况进行监测，结果显示：2013 年共对 185 个国家（地区）出口太阳能电池，累计出口数量比上年同期有所增长的国别有 104 个（占总出口额的 84.03%）。

（1）中国太阳能电池贸易出口国别监测。从定量分析的角度看，在仅考

虑出口数量和平均出口单价的基础上，中国光伏产品出口存在较大幅度量增价跌的一些市场可能在未来会遭遇贸易摩擦，主要有印度、德国、加拿大、韩国、日本、美国、菲律宾、印度尼西亚等。

（2）全国太阳能电池出口量走势监测。出口数量总量稳定增长，但对个别市场（印度、德国、加拿大、韩国、日本、美国、印度尼西亚）的出口有明显的增长。

（3）全国太阳能电池出口均价走势监测。出口价格明显下降，以出口到印度、德国的市场最为明显，对全球出口的加权价格也明显下降。

综上，再考虑到因为美国、欧盟已对华太阳能产品实施贸易救济措施调查并具有示范效应，该产品在美欧以外的国际市场存在被实施贸易救济措施风险的情况是：在印度（已于2012年底立案）、加拿大遭遇贸易摩擦的概率较大；在韩国、日本、印度尼西亚理论上也存在贸易摩擦的风险。

## 三　世界光伏产品主要生产国的出口情况与市场拓展态势

考虑到世界主要光伏太阳能电池生产国的生产情况、发展状态和产品竞争力，我们选取美国、韩国、印度这几个国家，研究它们的出口目的地，并以此作为中国光伏产业挖掘、拓展国际出口市场的参考。

**1. 美韩印的主要出口市场分布**

（1）美国太阳能电池出口市场动向。2012年，美国太阳能电池（海关代码为8541406020和8541406030）主要出口目的地为欧盟（德国、意大利、法国、荷兰、西班牙）、日本、印度、加拿大、墨西哥等。2013年上半年主要出口目的地为日本、墨西哥、欧盟、加拿大、马来西亚、南非、瑞士。考虑到其出口增长幅度和出口目的国的太阳能电池造价及需求前景，我们认为日本、加拿大、马来西亚、南非、瑞士是美国2013年太阳能电池较有前景的出口市场。

（2）韩国太阳能电池出口市场动向。2012年，韩国太阳能电池（海关代码为8541409010和8541409020）主要出口目的地为日本、美国、欧盟（德国、荷兰、比利时、意大利）、中国、澳大利亚等。2013年上半年主要出口目的地结构与上年基本一致，但对日本、荷兰的出口增幅很大。我们认为日本、荷兰是韩国2013年太阳能电池较有前景的出口市场。

（3）印度太阳能电池出口市场动向。2012年，印度太阳能电池（海关代码为85414011和85414004）主要出口目的地为欧盟（荷兰、德国、意大利）、马来西亚、日本、美国、阿联酋等。2013年上半年主要出口目的地为欧盟（德国、荷兰）、日本、莫赞比克、阿联酋，但对德国、日本的出口增幅很大。我们认为德国、日本是印度2013年太阳能电池较有前景的出口市场。

综合以上三个主要生产和出口光伏产品国家的市场分布结构特点，目前全球太阳能电池等光伏产品需求较大或者说作为主要出口市场的基本态势是：德国和意大利等欧盟市场出现较大进口需求可能是由对光伏项目削减补贴以及在对华产品反倾销前进行的“抢装”潮引起的；日本成为近期光伏市场进口需求增长最快的市场；未来全球的光伏出口市场将集中在大力发展清洁能源尤其是存在光伏产业补贴的国家。总体上，光伏产品未来需求较大的市场有：日本、欧盟、美国、中国、澳大利亚、加拿大、马来西亚、南非等。同时，相应的出口竞争也将日趋激烈。

**2. 深圳光伏产品的贸易态势和市场分布动向**

当前，深圳光伏产品的主要出口市场为中国香港、欧盟（荷兰、德国、英国等）、美国、泰国、澳大利亚、印度、日本、韩国、巴基斯坦等。深圳海关的贸易数据显示，深圳光伏产业的出口占全国的出口比重相对较小，总体出口仍处下降态势，但对国际市场有较好的适应能力，在拓展新的出口市场方面如日本、泰国、韩国、巴基斯坦等取得了快速的发展。在美国、欧盟相继对我国光伏太阳能产品进行如此大规模的贸易救济措施背景下，深圳光伏产品的出口形势在一段时间内仍然不容乐观，有关部门和相关企业需加以重视。

## 四　建议及对策

**1. 继续关注中欧光伏产品“双反”案裁决的技术问题，做好涉及深圳企业应对工作的经验总结和价格承诺的公正执行**

综合以上分析，欧委会在本案的立案和裁决过程中的确存在很多可争议的

技术和法律问题，对中欧双方业界都带来消极的影响和困难。建议：一是国内产学研机构应继续研究和跟踪本案立案背景、业界沟通协作、应对工作、裁决过程等存在的一系列技术和法律问题，为这一具有广阔市场的新兴产业的发展扫除国际贸易保护主义障碍；二是国家商务部应加强对中欧光伏产品价格承诺执行的领导工作，从行业的企业、地区综合优势及行业发展战略等方面安排价格承诺的执行工作。

**2. 加强深圳对光伏行业技术创新和运用的扶持**

光伏制造业是新兴的高技术产业，但与半导体、通信和平板显示等其他高科技产业不同的是，本来“出身于”半导体的光伏产业在中国经历的是粗放型的发展道路。从长远的发展看，我们应该从“拥硅为王”和“拥产能为王”的时代走向技术创新和产品差异化发展道路。业内研究表明，根据光伏产业最新的发展方向，在可以预见的未来，某种高效电池技术会脱颖而出并占据主流地位。包括流化床法多晶硅制备技术、金刚石线切割技术、低成本金属浆料与金属化技术、背接触电池技术、双面发电电池技术、组件前板玻璃减反射技术、组件前板玻璃减薄技术、无边框组件等都是将来光伏电池、组件提高转换效率、降低制造成本的重要途径，相关部门、产业界和科研机构应不断加以关注、探索和扶持。深圳发展光伏产业的环境和条件并不比国内兄弟省市差，但我们的发展规模或者占比的确不如以江浙为首的长三角地区。深圳作为创新型城市，建议市政府加大对光伏产业科技研发经费的投入力度，在现有科技研发资金、技术攻关项目中，加大对光伏科研项目的经费投入。同时光伏太阳能电池企业也应积极申报深圳科技计划，大胆创新。

**3. 稳定出口份额同时挖掘新市场**

从世界贸易市场的需求分析可以看出，美欧日以及印度等是世界光伏产品的主要生产和需求地，在美欧相继对我国光伏产品实施贸易救济措施的情况下，我们既要保住传统的美欧市场，又要密切关注新市场的形成。建议有关商协会和企业应多关注国内外对新清洁能源的需求态势，时刻留意各地、各部门光伏产业发展政策的变化及技术标准的更新情况，抓住时机、提高效率、及时调整策略，以巩固和拓展产品销售市场。

**4. 加强国际贸易摩擦的应对工作，促进行业的稳定和持续发展**

光伏产业属于环境保护和清洁能源领域，而这一领域是全球合作的主要方向，中国与世界各国都有共同的出发点，也面临类似的挑战。建议：一是有关部门和业界应重视和加强国际合作，消除彼此在产业发展过程中出现的分歧和误解，并从生产销售和技术进步中互相获益。二是加强各种贸易摩擦的应对工作，巩固和拓展国际市场。如上文所述，美欧已相继对我国光伏产品实施“双反”调查，根据近年来的贸易摩擦发展趋势及应对实践，我们认为，美欧的做法具有示范和传导作用，会引发更多的国家（如印度、澳大利亚、加拿大等）对我国光伏产品不仅实施贸易救济措施调查，而且也会采用诸如技术性贸易壁垒、知识产权保护等措施进行贸易限制，甚至企业间也可能出现商业欺诈等。因此，我们建议，各部门和相关业界应继续高度重视贸易摩擦的应对和化解工作，创造一切可能的工作条件，积极解决国际贸易摩擦和争端，促进社会经济的健康稳定发展。

（执笔人：刘小康、张裕胜、董晓远）

B.24

# 2013 年深圳市 WTO 事务工作情况及 2014 年展望

高 瞻*

**摘 要：**

2013 年深圳市世贸组织事务中心结合国际、国内形势积极开展 WTO 事务工作；2014 年深圳市 WTO 事务重点工作将包括：夯实现有工作基础和拓展重点领域，力争实现世贸组织事务工作能有质的深化和新的突破，促进深圳经济的国际化。

**关键词：**

合规性审查 贸易壁垒 预警

## 一 2013 年深圳市 WTO 事务工作回顾

2013 年是深圳全面贯彻落实党的十八大精神的开局年，是实施“十二五”规划的关键年，是承前启后、继往开来的一年。结合国际、国内形势，围绕深圳提出的实现稳增长与促转型相结合、速度与质量相统一，实现经济有质量的可持续增长这一出发点和落脚点，深圳市 WTO 事务在一些重点工作领域取得了一定的成绩。

### （一）持续推进合规性审查，积极参与贸易政策审议工作，提供政策支持

一是 2013 年审查有关部门交办的法规、规章等规范性文件草案共计 19

---

* 高瞻，深圳市世贸组织事务中心主任。

件，草拟了WTO合规性意见共11件，同时配合商务部核实外方质疑我国补贴政策中有关深圳相关政策的情况，并及时向商务部反馈了相关意见。二是为进一步落实《关于印发〈深圳市贸易政策符合世界贸易组织规则审查办法〉的通知》，深圳市WTO事务中心于3月组织召开了贸易政策合规性审查工作会，并研究制定了《深圳市世贸组织事务中心关于设立深圳市贸易政策合规性审查工作专家组暂行工作办法》。三是加强合规性审查工作的交流，探讨其长效机制，深圳多次参与商务部及广东省关于合规性审查的研讨会。

### （二）积极开展进出口贸易预警和主要市场贸易形势分析，推动贸易安全与产业损害预警系统建设，提供公共服务

2013年，进出口贸易预警工作主要包括：一是撰写进出口贸易预警报告，二是发布主要市场的进出口形势分析简报。2013年完成并发布了《金砖五国经济贸易发展态势》《欧美建立“自由贸易区”对深圳经济贸易发展影响研究》《中欧光伏产品“双反”案件情况分析与展望》等综合性预警监测报告，为各级各部门和有关业界提供决策参考。同时，利用相应的国际贸易数据，在深圳市世贸组织事务中心网站发布了美国、欧盟等14个主要贸易市场的2012年与2013年上半年进出口形势分析简报28份，以期提高公共服务水平。

2013年完成了市贸易安全与产业损害预警系统硬件设备的公开招投标和采购工作，系统的开发正在积极稳步推进中。

### （三）抓住重大案件应对，保护深圳企业利益

2013年深圳企业共遭遇贸易摩擦案件13起。其中，反倾销调查9起，反补贴调查1起，美国“337”调查3起。其中，“337”调查应对仍然是深圳企业遭遇的贸易摩擦案件重点，而华为技术有限公司、中兴通讯股份有限公司等重点民营企业的涉案应引起高度关注。国家商务部、省市领导对此高度重视，多次做出批示，要求帮助和支持两家企业做好应对工作。深圳积极配合国家商务部相关司局的深入调研。世贸中心还应邀赴华为技术有限公司开展国际贸易摩擦应对工作交流，帮助企业加深对世贸规则的理解，更好地防范和化解国际

贸易风险。目前美国“337”调查案件的应对工作取得了积极进展，在华为、中兴遭遇的全部 6 起（各遭遇 5 起，共 6 起）案件中，有 3 起案件初裁不侵权，2 起案件由于原告撤诉而终止调查。案件应对结果客观反映了两家企业的竞争实力，不仅有力遏制了专利投机公司和竞争对手对两家企业的滥诉，而且其经验将对两家企业的后续案件应对工作以及深圳其他高新技术企业以后应对类似案件提供了有益的借鉴。在“两反一保”案件方面，深圳企业应对工作也取得了较好成效。

### （四）继续推进公平贸易服务平台建设

一是推进《促进进出口公平贸易专项资金管理办法》的制定工作。在市经贸信息委和市财政委的支持下，对《深圳市贸易救济研究资金管理暂行办法》进行了更名和修改完善，并已完成绩效评估工作，拟定了《深圳市促进进出口公平贸易专项资金管理办法（送审稿）》。二是不断完善深圳 WTO 法律服务平台建设。2013 年新增 3 名专业律师，扩大了 WTO 法律服务专家律师库的规模，同时组织召开了 WTO 法律服务体系工作会议，分析了贸易摩擦和贸易争端形势，总结应对工作经验，探讨工作思路和工作路径。

### （五）关注新型贸易壁垒，开展技术性贸易措施应对

近年来，技术性贸易措施越来越成为制约深圳企业出口的主要壁垒。因其涉及面广、隐蔽性强、技术性高等特点，企业应对难度大，受损严重。为帮助企业有效应对国外技术性贸易壁垒，深圳市世贸组织事务中心与国家质检总局标法中心、深圳出入境检验检疫局、深圳市标准技术研究院于 2011 年签署了四方合作协议。2013 年，世贸中心先后联合深圳检验检疫局开展深圳企业遭遇国外技术性贸易壁垒受损情况调研，对企业在出口中面临的检测、认证、通关以及对国外有关技术法规等要求不熟悉造成的退货等问题和困难进行专题调研并形成报告报市政府。根据王荣书记、许勤市长、陈彪副市长对信息专报《欧美能效新规将大面积冲击深圳电子信息产业出口须重视》一文的批示（深督专〔2013〕119 号），世贸中心参与了督办调研，并反馈了意见和建议，同时组织了相关培训和宣传。

### （六）积极开展培训与研究，加强能力建设

一是参与市经贸信息委承担的市委、市政府2013年重大课题“加快调整贸易政策和产业政策率先构建开放型经济体系”。经过前期调研、讨论，课题已形成初稿。二是全面总结深圳国际贸易摩擦的形势和应对工作情况，形成了《2013年深圳市进出口公平贸易报告》。三是针对重点高科技产业和主要摩擦难点，开展了“华为、中兴应对美国337调查案件评估”课题研究工作，总结华为、中兴两家企业应对美国“337”调查案件的工作经验，为深圳有关业界提供经验参考。四是对供应链壁垒进行了研究并报告了市政府。五是扎实推进博士后创新基地的工作。2013年，深圳市世贸组织事务中心博士后创新实践基地与中南大学、西南财经大学博士后流动站建立起了交流合作关系。8月，开展了在站博士后中期考核工作，在站两名博士后均取得了中期考核良好的评价。

在培训方面，2013年组织以技术性贸易壁垒、知识产权等为主题的培训21场，培训人员约1500人。

### （七）开展交流合作，加强多方位指导交流

2013年，商务部产业损害调查局、进出口公平贸易局、世界贸易组织司等先后来深就贸易预警监测、“贸易救济与液晶面板产业安全”、中兴和华为两家企业遭遇美国“337”调查的应对工作等开展调研；深圳WTO事务中心始终与省外经贸厅保持紧密联系，就省厅起草《关于加强贸易摩擦应对工作的指导意见》积极反馈建议，就中兴、华为遭遇“337”调查案件及世贸中心的协调应对情况及时向省外经贸厅汇报。世贸中心也非常注重加强与部分省市兄弟单位的交流合作，先后赴北京、天津、河北、上海、广州等省市进行交流。一是宣传《地方世贸组织事务工作深圳倡议》，就落实该倡议、加强地方WTO事务工作合作机制达成合作备忘录等进行积极主动的沟通；二是加强业务上的相互交流学习。先后赴青岛市商务局、河北省商务厅、辽宁省外经贸厅、上海市商务委等兄弟单位进行地方WTO事务工作交流。同时，北京市商务委、陕西省商务厅等单位到世贸中心考察调研，开展工作交流和探讨。2013

年，世贸中心先后组织“海合会国家自由贸易区及 WTO 事务交流推介团”“欧债危机对深圳出口影响研究暨‘走出去’WTO 事务交流活动”，先后赴沙特、阿联酋、卡塔尔、德国、比利时和西班牙开展专题交流。

## 二 2014 年国际国内环境和 WTO 事务工作指导思想

2014 年深圳市 WTO 事务工作重点将是迎接新形势、新任务和应对新挑战，力争实现世贸组织事务工作能有质的深化和新的突破，尤其是在深化落实党的十八届三中全会精神，促进深圳经济的国际化方面要有所作为。

### （一）国际国内环境

从国际环境看，2014 年我国经济发展面临的外部环境仍然不容乐观。一方面，由于我国低端制造业向外转移，发达国家需求回升对我国出口拉动作用有限，而新兴经济体增速下滑对我国出口将带来不利影响，我国吸引外资难度将加大；另一方面，国际贸易和投资保护主义有新的表现，对中国的关注度更高、指向性也更强。从领域看，对外投资摩擦明显上升，政治和意识形态干扰将有所增加；从政策看，汇率和碳关税将成为我国的两大潜在威胁。总之国际环境可能带来的冲击仍然存在。

从国内环境看，中国经济持续健康发展的同时，内部制约因素错综复杂，挑战和压力仍然较大。

习近平总书记视察深圳时，要求我们改革不停顿、开放不止步，努力成为发展中国特色社会主义的“排头兵”、深化改革开放的先行地、探索科学发展的实验区，率先全面建成小康社会、率先基本实现社会主义现代化。“三个定位、两个率先”为深圳经济特区新一轮发展明确了目标，指明了方向。但深圳经济发展也面临诸如空间、资源、人口、环境等方面的约束，以及国内省市“你追我赶”的竞争压力。

就地方世贸组织事务工作而言，深圳的地方世贸工作虽然已经探索了十余年，但对于地方世贸工作未来应该怎么做得更好，如何更好地为地方经济社会发展提供支持，服务于深圳提出的有质量的稳定增长、可持续的全面发展，如何落实市经贸信委领导提出的“拓领域、接地气”，当好“战斗参谋”的要求，还需要完善甚至创新一些工作思路。目前，全国各地世贸组织事务工作各有特点，2012年中国世贸研究会和深圳世贸中心提出了《地方世贸组织事务工作深圳倡议》并得到了有关地方商务部门的支持和赞成。2013年12月召开了由市人民政府主办、中国世界贸易组织研究会合办、深圳市经济贸易和信息化委员会、深圳市世贸组织事务中心承办的第十二届“WTO与深圳”高级论坛暨深圳市世贸组织事务中心顾问委员年会，部分地方商务部门在会上又签署达成了《地方世贸组织事务工作合作备忘录》，还有待我们具体去落实。

### （二）2014年WTO事务工作指导思想

党的十八大指出，要适应经济全球化新形势，必须实行更加积极主动的开放性战略，完善互利共赢、多元平衡、安全高效的开放型经济体系。党的十八届三中全会指出，经济体制改革是全面深化改革的重点，核心问题是处理好政府和市场的关系，使市场在资源配置中起决定性作用和更好地发挥政府作用。十八届三中全会对全面深化改革做出系统部署，强调坚持和完善基本经济制度，加快完善现代市场体系，加快转变政府职能，构建开放型经济新体制。新一轮改革目标是建立富有活力、创新导向、包容有序、法制保障的社会主义市场经济体制。

世贸组织事务工作就是关于对外开放和以开放促改革、促发展的工作。通过降低市场准入门槛，削减市场准入壁垒，促进对外开放；通过研究、遵守和利用规则，加快政府职能转变和社会经济管理体制改革，使市场在资源配置中起决定性作用和更好地发挥政府作用；通过公平竞争和自由贸易，实现互利共赢、多元平衡和安全高效的开放型经济体系。一个互利共赢、多元平衡、安全高效的开放型经济体系必将有利于实现有质量的稳定增长、可持续的全面发展。因此，可以说，党的十八大及十八届三中全会对世贸组织事务工作的重要意义进行了肯定，提振了世贸组织事务工作者的信心。

接下来，我们应该按照十八大及十八届三中全会精神和习近平总书记视察深圳的讲话精神，结合深圳提出的有质量的稳定增长、可持续的全面发展的思

路，充分发挥“贴近产业、服务企业”的特点，以新视野、新思维、新举措，构建高效务实的运作环境，打造一些新的服务模式，拓展服务领域，推进世贸组织事务工作更加有质量地服务于深圳改革开放和经济建设，为实现深圳提出的有质量的稳定增长和可持续的全面发展，为促进深圳“社会主义市场经济体制进一步完善”做出努力。

鉴于以上形势分析，2014 年深圳市世贸组织事务工作的总体思路是：提高认识、调整思路，在继续深化落实现阶段重要工作的同时，着力研究和探索新议题、新形势和新任务，并放宽视野，拓宽合作范围和领域，发挥世贸组织事务工作在维护进出口公平贸易、维护产业安全、促进“走出去”和“引进来”，促进产业转型升级和新兴战略产业发展等方面的守则、维权作用，围绕外经贸稳增长、调结构、促转型目标，为实现深圳提出的有质量的稳定增长和可持续的全面发展，为促进深圳的社会主义市场开放型经济体制进一步完善做出努力。

## 三　2014 年重点工作

结合新形势、新要求，深圳 WTO 事务工作将在夯实原有工作的基础上，深化现有工作领域，并拓展新领域。具体包括以下几方面。

### （一）夯实现有工作基础

#### 1. 继续做好深圳市贸易政策合规性审查工作

《深圳市贸易政策符合世界贸易组织规则审查办法》虽然在 2012 年 7 月以市政府名义印发全市各相关单位，但该办法在执行过程中存在流程不畅、流转不及时、对口工作人员流动性大、对办法所涉及的 WTO 原则和规定不熟悉等问题。下一步我们要继续做好深圳市贸易政策合规性审查工作，要发挥专家工作组的作用，要加强对合规性审核人才梯队的培养，要加强与商务部和其他省市的交流学习，在现有经验基础上，提升该项工作的质量和水平。同时，2014 年世界贸易组织将对我国进行第五次贸易政策审议。密切联系商务部，在主动配合商务部做好涉及深圳的贸易政策审议工作的同时，对世贸组织对其他成员的审议也要主动参与。

**2. 继续做好贸易摩擦应对工作，维护进出口公平贸易**

2013 年 10 月，广东省对外经贸厅印发了《关于加强贸易摩擦应对工作的指导意见》。该指导意见提出要充分认识加强贸易摩擦应对工作的重要性，要深入贯彻落实科学发展观，紧紧围绕外经贸稳增长、调结构、促转型的基本目标，建立制度化、规范化的工作机制，健全覆盖主要产业和企业的公共服务平台，构建攻防并举、高效敏感的国际经贸风险防控体系，创造公平、开放、健康的贸易环境。深圳将按照该指导意见，通过完善相关应诉机制，积极做好国外“两反一保”的应对，并积极应对以美国“337”调查为代表的知识产权壁垒、技术性贸易壁垒、环境及社会责任壁垒等新型贸易壁垒。在产业上，重点关注清洁能源、信息通信等新兴战略产业。在国别上，一方面要做好欧美等发达国家对我国发起的大案、要案应对工作，另一方面要积极关注巴西、印度等发展中国家对我国发起贸易救济措施调查数量高发的新形势，积极帮助深圳中小企业做好案件应对工作。同时，根据贸易摩擦的新形势和新特点，开展有针对性的研究工作，及时总结案件应对工作经验、教训，通过各种途径进行宣传和宣讲。

**3. 推进深圳市促进进出口公平贸易专项资金的设立和相关管理办法的制定实施**

深圳市促进进出口公平贸易专项资金是在原贸易救济研究资金基础上通过调整应用范围、申请主体及申请额度等提出来的，目的是引导和帮助有关行业、企业开展切实有效的贸易摩擦应对工作，反对贸易保护主义，巩固和拓展海外市场。针对该资金管理办法，积极推进《深圳市促进进出口公平贸易专项资金管理办法》的出台和实施，引导和帮助有关行业、企业开展切实有效的贸易摩擦应对工作，反对贸易保护主义，巩固和拓展海外市场。

**4. 继续加强国际贸易摩擦形势的预警监测工作，继续大力推进贸易安全与产业损害预警系统建设**

一方面，继续加强国际贸易摩擦形势的预警监测工作，做好针对深圳重点企业或行业的主要贸易市场的进出口研究分析工作，促进深圳进出口贸易的健康稳定和可持续发展。另一方面，深圳市贸易安全与产业损害预警系统

作为深圳对贸易和生产进行监测预警的一项基础工作，是做好贸易安全与产业损害预警监测工作的一个重要前提。世贸中心将本着合法合规的原则，与市发改委、市财政委、市政府采购中心等单位进行充分沟通，有步骤地加快推进系统建设。

**5. 继续开展与贸易有关的知识产权和技术性贸易措施应对专项工作**

当前，深圳外贸面临国际知识产权纠纷和技术性贸易壁垒的严峻挑战。应继续强化企业知识产权意识，积极应对知识产权纠纷，增强知识产权许可谈判能力，建立健全知识产权预警机制，积极参与和主导技术标准的制定，加强自主创新，大力培育自主知识产权。同时借助中心与国家质检总局标准法规中心、深圳检验检疫局、深圳市市场监督管理局共同签署的《关于技术性贸易措施工作战略合作框架协议》，发挥“市场准入技术措施信息平台”以及“技术壁垒产业损害预警分析系统”的作用，及时评估、预警对深圳产业有重大影响的国外技术性贸易措施。针对重点出口商品、目标市场和热点问题，组织有关企业、行业组织、研究机构等制定并统一发布专业性《技术性贸易措施研究报告》，帮助企业了解并掌握目标市场的技术准入条件，提出解决方案和建议，引导企业提高技术水平，规避国外技术壁垒可能带来的贸易风险。配合国家部委开展相关技术性贸易措施的通报、评议等工作，并组织开展相关课题研究和培训，重点关注新出台的影响国际贸易的技术性贸易措施，如欧美能效新规（ErP）指令的研究等。

**6. 在重大问题、热点问题的研究上，进一步发挥顾问、专家的作用**

下一步将继续利用深圳市世贸组织事务顾问委员会、专家工作委员会、法律专家库、合规性审查专家组等工作平台，发挥智囊的指导作用，更加紧密地指导中心各项工作，服务深圳经济工作的探索、研究。

**7. 加强各地 WTO 事务工作部门或机构的横向合作**

在中国世贸研究会的牵头下，充分利用和深挖地方世贸组织事务工作在信息交流、课题研究、调研、案件协调应对、进出口预警监测、刊物网站建设等方面加强横向合作的合作机制和平台，促进《地方世贸组织事务工作深圳倡议》和《世贸组织事务工作合作备忘录》的落实。

## （二）拓展重点领域

**1. 跟踪研究我国加入《政府采购协定》的进程，为有关部门提供决策参考**

一方面，要继续跟踪研究我国加入《政府采购协定》（GPA）的进程和态势，为有关部门提供决策参考；另一方面，谈判在中央，执行在地方。要加强谈判后对谈判成果的宣传、咨询和执行，提高谈判成果的利用率。同时要积极指导、培养企业做好参与国际上政府采购竞标的准备，这些都对我国加入GPA谈判以及加入后具有深远的影响。

**2. 加强对投资措施的研究工作**

党的十八届三中全会提出要加强对外投资保护、保障海外利益，改善政府的对外投资信息、法律、融资和保险等服务。当前，在投资驱动乏力的情况下，如何刺激投资领域的新发展，如何维护好现有的投资利益，是在关注消费和贸易的同时不应放弃和忽视的问题。目前，中美、中欧正在就投资问题进行谈判，中美谈判已进入准入前国民待遇和负面清单谈判等实质性谈判阶段。一方面，要从“引进来”的角度研究哪些方面要更加开放，外资进来后实行国民待遇，对深圳产业有什么影响；另一方面，要从“走出去”角度研究企业具体碰到什么问题需要政府统一协调和争取，要及时向中央反映，为谈判提供依据。

**3. 加强对WTO服务贸易各项规则和我国入世承诺的研究**

尤其是加强对服务贸易的市场准入、壁垒应对等的研究，促进深圳服务业的发展和贸易结构的优化。这也符合十八届三中全会提出的以服务业开放为重点，深化涉外经济体制改革的具体要求。

**4. 跟踪国家进行的双边及区域的自由贸易区谈判**

加强对我国已谈成的自由贸易区优惠政策的研究和宣传，帮助企业用好用足自由贸易区优惠政策，落实自由贸易区谈判成果，促进对外经贸事业的发展，如对APEC会议环境产品清单出炉及后续工作的跟踪。同时关注正在谈的中日韩自由贸易区谈判进展等。要加强跨太平洋伙伴关系协议（TPP）、跨大西洋贸易与投资伙伴协议（TTIP）、区域全面经济伙伴关系（RCEP）等区域贸易协定谈判跟踪研究。

**5. 加强自由贸易区的研究**

首个落户上海的上海自由贸易试验区是我国下一步深化改革扩大开放的"风向标"和"试验田"，上海自由贸易试验区的建立有利于国内建立与国际贸易投资趋势相一致的规则体系，也应该成为世贸工作下一步加强研究的重点。前海作为深圳"十二五"规划的重点发展区域和粤港现代服务业合作的重要载体，如何在新一轮改革开放中抢占先机，再创深圳经济特区新优势，值得深入研究和探讨，地方 WTO 事务工作理应发挥更加积极的作用。

B.25

# 深圳市淘汰落后产能的策略研究

王泽填　戚晓曜　熊雪如*

**摘　要：**

落后产能技术装备水平低、资源消耗高、环境污染重、安全无保障，在很大程度上制约了一个地区经济的增效升级。本文以深圳市为例，从政策、理论和实践三个角度入手，明确落后产能的概念及表现形式，剖析深圳市落后产能的现状、探索深圳市淘汰落后产能的模式，在此基础上提出深圳市淘汰落后产能的策略和政策建议。

**关键词：**

淘汰　落后产能　社区股份合作公司　三来一补

## 一　前言

落后产能技术装备水平低、资源消耗高、环境污染重、安全无保障，在很大程度上制约了深圳质量的提高。另外，经过三十多年的高速发展，深圳市的进一步发展受到土地、资源、人口和环境“四个难以为继”的严重制约。加快淘汰落后产能，以战略性新兴产业、先进制造业和现代服务业替代落后产能，是深圳市破解“四个难以为继”难题的现实选择，是深圳市转变经济发展方式的重大举措，是深圳市实现“有质量的稳定增长、可持续的全面发展”的必由之路。正是在这种背景下，近几年来，深圳市在加大淘汰落后产能力度方面，取得了明显成效。但是，随着工作的深入推进，淘汰落后产能的难度也

* 王泽填、戚晓曜、熊雪如，深圳市宝安区发展研究中心。

越来越大。此外，一些基层干部和群众对这一举措存在疑虑，主要表现在以下三方面：一是淘汰落后产能是市场行为，政府干预是否合适；二是淘汰落后产能是否会造成产业空心化，影响经济稳定发展和社区集体经济；三是对落后产能的概念不清，对淘汰落后产能措施不明；等等。

针对这些情况，本文从政策、理论和实践三个角度入手，明确落后产能的概念及表现形式，剖析深圳市落后产能的现状、探索深圳市淘汰落后产能的模式，在此基础上提出深圳市淘汰落后产能的政策建议。

## 二　落后产能的内涵及表现形式

### （一）落后产能的内涵

迄今为止，理论界并未对“落后产能”做出一个明确的定义。从政策层面看，1999 年 1 月，我国原国家经济贸易委员会发布的《淘汰落后生产能力、工艺和产品的目录（第一批）》，首次提出了“落后生产能力”这一概念，并指出该目录所指的“落后生产能力、工艺和产品”是指“违反国家法律法规、生产方式落后、产品质量低劣、环境污染严重、原材料和能源消耗高的落后生产能力、工艺和产品”。2005 年 12 月，国务院发布了《促进产业结构调整暂行规定》，根据这一规定，淘汰类行业主要是指不符合有关法律法规规定，严重浪费资源、污染环境、不具备安全生产条件，需要淘汰的落后工艺技术、装备及产品。同时，《促进产业结构调整暂行规定》还按照以下原则确定淘汰类产业指导目录：①危及生产和人身安全，不具备安全生产条件；②严重污染环境或严重破坏生态环境；③产品质量低于国家规定或行业规定的最低标准；④严重浪费资源、能源；⑤法律、行政法规规定的其他情形。根据这些政策可以看出，落后产能（包括上述所有淘汰类项目）的判断标准主要有四个：一是单位产出的原材料和能源消耗较高，二是环境污染较高，三是无合法生产经营许可或存在严重安全隐患的生产能力，四是质量低劣的产品。

结合国家政策，我们认为落后产能可以从以下两方面来理解。

首先，落后产能是一个相对概念，因地域、时代的不同而不同。我国经济发展不平衡，且区域间的发展差距较大，发达地区的落后产能到了欠发达地区可能就不是落后产能。因此，与国家标准相比，对于一个地区来讲，落后产能的认定标准可以宽泛一些。正如2010年国务院发布《国务院关于进一步加强淘汰落后产能工作的通知》所指出的：各地区可根据当地产业发展实际，制定范围更宽、标准更高的淘汰落后产能目标任务。

其次，除了违反国家法律法规之外，落后产能的最终表现形式就是效益低，即投入产出效率低。这里的投入，不仅仅表现为构成企业成本的那些个体投入，如原材料、劳动力、能源、固定资产折旧，还包括那些不构成企业成本的那些社会投入，包括环境投入、维护社会安全和稳定的投入，等等。此外，一些地方政府经常以低于市场价格的方式出让工业用地使用权，其目的在于获取经济增长或税收，从这个角度看，土地成了政府的投入，而经济增长或税收是政府的产出，因而政府也需要追求效益，那就是以更少的土地投入，获得更大的地方生产总值或税收。从这个意义上讲，衡量落后产能的标准，可以从经济效益、环境效益和社会效益三方面进行判断：一是经济效益低，单位产量原材料和能源消耗大，或单位土地面积税收贡献小，或单位土地面积产出小；二是环境效益低，即污染较为严重或单位产出环境污染大；三是社会效益低，即安全事故频发或其他给社会稳定造成较大压力，导致单位产出所需要的社会安全或稳定的投入大。

综上所述，可以把落后产能简单地定义为：在某一特定时期和特定地区，违反国家法律法规，或经济、环境和社会效益较低的落后工艺、落后设备、落后生产单位、落后产品、低端生产环节、衰退产业和落后组织形式。

### （二）深圳市落后产能的表现形式及其理论依据

根据上述的定义，我们认为，从深圳市的角度看，落后产能除了上面提到的落后工艺、落后设备、落后生产单位和落后产品之外，还包括衰退产业、低端生产环节和落后组织形式。

**1. 无牌无照或证照不全企业**

这类企业一般规模小、隐藏性强、不受监管。也由于不受监管，这类企业

更容易产生安全事故和劳资纠纷，或者从事重污染或劣质产品生产。总体上讲，这类企业经济效益差、社会效益差、环境效益也差。

**2. 劣势企业**

劣势企业包括以下几类：按照国家淘汰类标准，包括危及生产和人身安全、劳资纠纷频发、不具备安全生产条件的企业；严重污染环境或严重破坏生态环境的企业；产品质量低于国家规定或行业规定的最低标准的企业；严重浪费资源、能源的企业。

**3. 衰退产业**

衰退产业，是指一个国家或地区中，发展陷入停滞甚至萎缩的产业，其特点是销售量增长率出现有规律的下降或者销售量不断萎缩。衰退产业可以归纳为三种类型：一是产品替代型衰退，即由于技术进步而导致需求的变化，原有的产品被新产品替代而发生的产业衰退；二是产业转移型衰退，即由于比较优势的变化使得产业在地区之间、国家之间发生转移，由此引发的产业迁出地的产业衰退；三是资源枯竭型衰退，即某一地区某种资源数量的减少或枯竭，导致该地区严重依赖这种资源的产业生产能力的萎缩。所以，衰退产业并不一定意味着效益低下，但是相对于所在地区来讲，该地区的环境已经不适合该产业的继续成长。

由于落后产能主要集中在制造业领域，为了识别深圳市的衰退产业，我们从四个维度加以综合判断，分别是销售额增长率、产业区位熵、产业区位熵变动及产值占比。

（1）销售额增长率。

根据衰退产业的定义，衰退产业最明显的特征就是销售额增长率有规律下降甚至为负数。本文用全国相应年度各行业工业品出厂价格指数来缩减，计算出 2007 ~2012 年深圳市制造业各行业销售额的年均增长率，结果显示，只有两个行业增长率为负数，分别是木材加工及木、竹、藤、棕制品业及化学纤维制造业。

（2）产业区位熵。

产业区位熵可以用来衡量一个地区某个产业是否具有比较优势。如果某个产业在某个地区属于衰退产业，那么该产业必定在该地区缺乏比较优势，其计算公式为：

$$\beta_{kj} = I_{kj}/I_k$$

其中，$I_{kj}$ 指深圳市产业的产值占制造业总产值的比重，$I_k$ 是全国产业的产值占全国制造业总产值的比重。

显然，$\beta_{kj} \in [0, +\infty)$。当区位熵 $\beta_{kj}$ 大于1时，说明地区产业具有比较优势；当区位熵 $\beta_{kj}$ 小于1时，说明地区产业缺乏比较优势。可以用来更加直观地反映一个产业是否具有比较优势，我们对区位熵 $\beta_{kj}$ 取对数，即 $B_{kj} = \ln(\beta_{kj})$。显然，$B_{kj} \in (-\infty, +\infty)$，当 $B_{kj}$ 大于0时，说明地区产业具有比较优势；当 $B_{kj}$ 小于0时，说明地区产业缺乏比较优势。

（3）动态区位熵。

比较优势并非一成不变，而是存在动态的调整。大型基础设施建设、自然资源重大发现、政策倾斜、地区非平衡发展等因素，都会引起比较优势的变化。例如，对于一些低技术劳动密集型出口行业而言，三十几年前的东部沿海地区具有比较优势，但随着经济发展而引起生产经营成本上升，东部沿海地区逐渐丧失了这些行业的比较优势。而区位熵所反映的比较优势，是静态的比较优势，未能反映动态的比较优势。为此，我们构建动态区位熵这个指标，即某个产业某一年度区位熵与n年前区位熵相比，即 $DB_j = B_{kj} - B_{(k-n)j}$。如果 $DB_j$ 大于0，说明存在动态比较优势或说明比较优势在不断加强；如果 $DB_j$ 小于0，说明不存在动态比较优势或说明比较优势在不断减弱。

（4）产值占比。

从淘汰落后产能的角度来讲，只有一个产业产值在制造业总产值中所占比重足够小，才能考虑将其淘汰，否则将可能严重影响经济的稳定性。这里我们把标准定为1%以下。

图1的横轴是用2012年数据计算出来的区位熵对数，纵轴是产值占比对数。横轴和纵轴将图形画成四个象限。落在第一、第二象限表示具有静态比较优势，落在第三、第四象限表示缺乏静态比较优势；落在第一、第四象限表示产值占比在1%以上，落在第二、第三象限表示产值占比在1%以下。毫无疑问，落在第三象限的行业，就是既无静态比较优势、产值占比又小的产业。

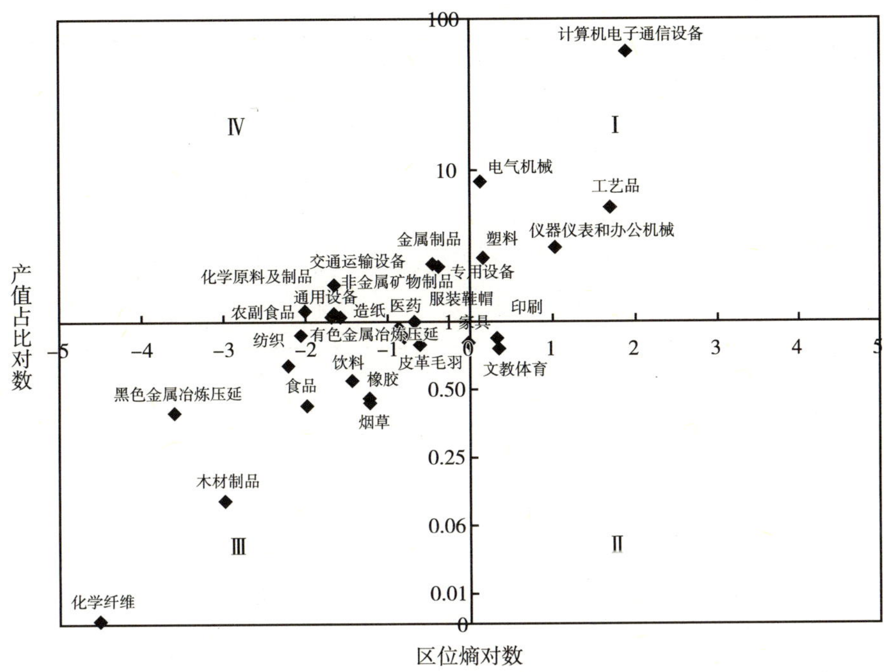


**图 1　深圳市制造业各行业的区位熵及产值占比**

图 2 的横轴是静态区位熵，纵轴是动态区位熵，用 2012 年和 2007 年的区位熵对数的差来表示。横轴和纵轴将图形画成四个象限。落在第一、第二象限表示具有静态比较优势，落在第三、第四象限表示缺乏静态比较优势；落在第一、第四象限表示具有动态比较优势，落在第二、第三象限表示缺乏动态比较优势。显然，落在第三象限的行业，既无静态比较优势，又无动态比较优势。

同时落在图 1 和图 2 第三象限的有七个，分别是农副食品加工业，食品制造业，饮料制造业，木材加工及木、竹、藤、棕、草制品业，家具制造业，化学纤维制造业，橡胶制品业。

上述分析可以看出，如果从严格意义上讲，深圳市制造业的衰退行业有两个，即木材加工及木、竹、藤、棕、草制品业，化学纤维制造业。如果衰退产业的标准为产值占比小，既缺乏静态比较优势，又缺乏动态比较优势，那么就包括了上述的七个行业。

当然，每个行业又可以细分出很多小行业，这种识别方法略显粗糙，但这

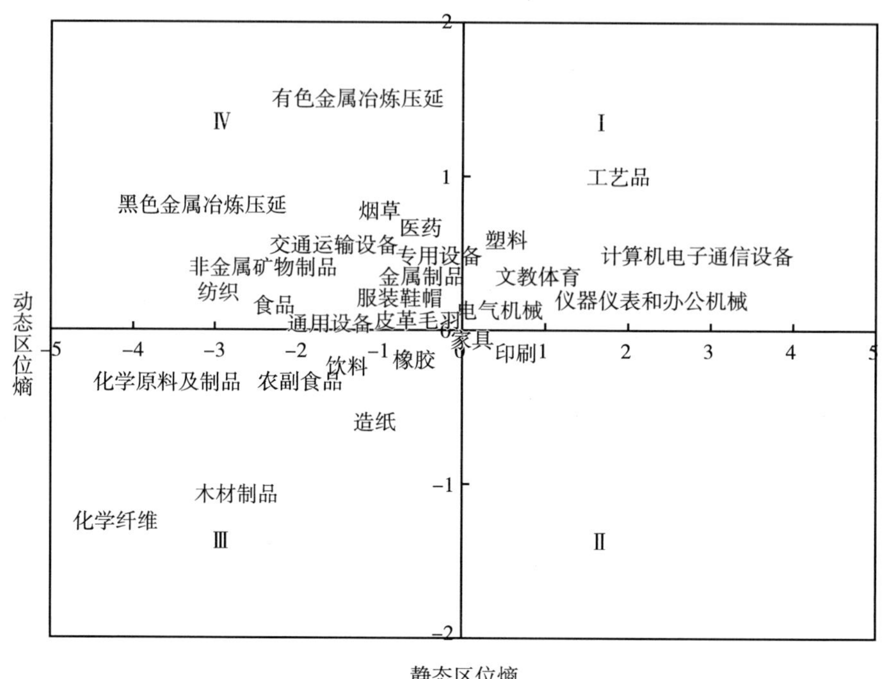


**图 2　深圳市制造业各行业的静态区位熵及动态区位熵**

种方法至少给识别衰退产业指出了一个方向。

**4. 低端劣势企业**

1992 年，时任宏碁电脑董事长的施振荣提出了微笑曲线理论，用以描述个人电脑生产链条上各个工序的附加价值特征。后来的研究者将这一理论一般化，并将其简化为研发设计、关键部件制造、加工组装、销售和售后服务五个环节，位于产业价值链两端的研发设计、关键零部件、销售、售后服务等环节的附加值较高，位于中间的加工组装环节的附加值较低，并且要素投入大、单位土地面积地区生产总值和税收贡献小，还可能还伴随环境污染。由于缺乏微观数据，无法通过计算深圳市各企业的投入产出效率来识别低端劣势企业。

**5. 落后组织形式——“三来一补”**

“三来一补”，指的是来料加工、来样定做、来件装配和补偿贸易，其中

“三来”是对外加工装配的别称，它是指国外的定做人向国内的承揽人提供原材料、元器件、零配件、辅助材料或必要的技术设备，由承揽人加工生产后将成品交给定做人，承揽人收取相应工缴费的一种国际经济技术合作方式。这种“三来一补”的贸易方式以及这种经特许承揽境外“三来一补”业务的内地企业，后来由于种种原因性质逐步发生了改变，慢慢地大部分工厂被外商实际控制，从某种意义上成了外商在大陆开办的加工厂。为了进一步确认这种新型经济实体在经济交往中的地位，国家工商总局曾经因势而定，批复将“三来一补”看成经济实体，颁发营业执照，这促使了所谓“三来一补”企业这种组织形式的形成。在改革开放早期，来料加工是加工贸易的主要形式，它对我国外贸发展、工业发展做出了极大贡献。但是，随着所在地区经济的发展，这种贸易方式或组织形式对所在地区发展的制约作用日益突出。主要表现在以下几个方面：一是对区域经济的贡献逐渐下降。“三来一补”对地方经济的贡献，主要表现在租金、工缴费、就业和出口上。但总体上看，因为企业层次低，租金较低，工缴费也不高，对地方经济贡献远远小于其他性质的企业。二是制约了所在地区的产业升级，大部分“三来一补”企业层次低、附加值低，多数所租的是层次较低的厂房，这加大了地方政府以园区升级推进产业升级的难度。三是给所在地区带来大量社会问题，与其他组织形式的企业相比，“三来一补”企业规模较小，业务稳定性较低，存续时间也较短，运营不规范，对劳工保护不够到位，工伤死亡事故较高，劳资纠纷问题也相对较多，环保问题也比较严重，给社会和环境带来了较大的压力。

**6. 落后的组织形式——社区股份合作公司**

社区股份合作公司是农村经济体制改革和农村城市化的历史产物。随着深圳经济特区的建立，当地农民利用集体土地大力发展“三来一补”企业。随着深圳市城市化的全面推进，村的集体经济组织改组为社区股份合作公司。在深圳市的发展初期，集体经济做出了重大贡献。然而，随着城市现代化、国际化的推进，社区股份合作公司所存在的弊端日益明显，主要表现在以下几方面。

第一，产权不明晰。从股权设置来看，集体股的股东——集体资产管理委员会形同虚设，在经营决策中发挥不出大股东的作用，其利益也得不到保障；合作股是一种无偿分配给个人的福利股，从法理上说不具有所有权，理所当然就没有表决权，但在实际中却拥有“一人一票”的表决权；募集股虽由股东出资购买，但只有分红权，没有表决权。由于个人股东只拥有名义上的股份所有权，而这个所有权又只局限于股份分红，没有转让、抵押等处置权，产权结构僵化，无法通过流动实现优化配置。

第二，公司治理结构落后。一是股东大会的“一人一票”制导致决策分散、效率低，也使得集体股丧失了表决权。二是公司治理中的监督机制尚未真正形成，很企业多数规模较小，由董事长兼任总经理难以形成合理的权力制衡机制。

第三，经营渠道单一。社区股份合作公司主要利用集体土地建厂房对外出租，经营渠道单一，缺乏发展后劲。

第四，相对封闭。社会股份公司是一种集体经济，公司的管理人员基本上都来自本社区，流动性差，难以对外部人才开放，严重制约了公司的可持续发展。

**7. 低效工业园区**

低效工业园区可以被视为落后生产单位，是深圳市特别是原关外的一种突出的落后产能。深圳市特别是原关外存在大量的低效工业园区。这些工业园区面积较小、配套设施不健全或管理不完善，难以满足高端产业的需求，因而这些园区只能通过较低的租金租给综合效益较差的企业或加工厂。也就是说，低效工业园区之所以可以被视为落后产能，是因为它成了落后工艺、落后设备、落后产品或落后企业等落后产能的载体，不通过改造或重建等方式加以处理，就难以杜绝落后产能。此外，这些工业园区产权不明晰，导致改造升级存在诸多障碍。

## 三　深圳市落后产能对外转移意向

为了评估深圳市落后产能的意向，我们以深圳市制造业大区宝安区的制造企业为总体，选取五个指标——产值电耗、产值水耗、平均工资、人均税收、工业总产值，将这五个指标指数化，平均数为100，标准差为10，然后再用用主成分确定各指数的权重，从而合成了“企业效益综合指数”，该指数越低，说明效益越低。根据“企业综合效益指数”的排序，选取了3153家100分以下的年营业收入低于500万元的的企业作为抽样调查的样本框，用等距抽样方式抽取126家企业，抽样比例为4%；回收问卷98份，回收率为77.8%。98家企业的情况如下表。

**表1 98家企业的分布**

| 区域 | 新安 | 西乡 | 福永 | 沙井 | 松岗 | 石岩 |
|---|---|---|---|---|---|---|
| 企业数 | 11 | 17 | 13 | 15 | 15 | 26 |
| 经营年限 | 2年以下 | 3~5年 | 6~10年 | 11~15日 | 16~20 | 大于20年 |
| 企业数 | 7 | 33 | 39 | 13 | 7 | 0 |
| 所属行业 | 电子通信 | 金属制品 | 电气机械 | 塑料制品 | 仪器仪表 | 其他 |
| 企业数 | 57 | 11 | 9 | 7 | 4 | 11 |
| 企业形式 | 上市公司 | 有限责任 | 三来一补 | 个人独资 | 合伙企业 | |
| 企业数 | 0 | 78 | 7 | 13 | 0 | |
| 企业性质 | 国有 | 民营 | 港资 | 台资 | 欧美外资 | 其他外资 |
| 企业数 | 0 | 83 | 7 | 7 | 0 | 2 |

98家企业中，有对外转移意向的13家，占13.3%；其中，11家希望部分转移，占有转移意愿企业的84.6%，2家希望全部转移，占有转移意愿企业的15.4%。这13家企业有4家需要政府帮助联系承接地；其中，9家希望转移到珠三角附近，2家希望转移到中西部省份，2家选择广东及中西部省份之外的地区。85家没有对外转移意向的企业，有36家主要因为转移成本高，34家主要因为深圳地区配套全，7家主要因为深圳招工方便，8家主要因为深圳物流发达。如果有合理的补偿，有19家有转移意愿；如果有合适转移地，则除了上述19家企业外，还有6家企业有转移意愿；如果产业成批转移，除了上述25家之外，还有6家企业有转移意愿。因此，从总体上看，如果采取合适的方法，被调查企业中有转移意愿的企业占全部企业的44.9%。

我们还从企业形式、企业性质和企业市场结构等方面考察这些因素是否影响企业对外转移的意向，为了实现这一目标，我们采用T检验，检验结果如表2所示。结果表明，经营状况较差以及受人民币升值、原材料价格上升、受深圳生活成本提高影响大的企业，对外转移的意愿高；在深圳配套企业减少、招工难、发展前景悲观的企业，对外转移的意愿相对较高。而有自建工业园区、自建厂房或自购厂房以及有研发机构的企业，对外转移的意愿相对较低。这一调查结果的政策含义是：规模越大、质量越高的企业根植性越高，即使对外转移，也主要以部分转移为主，因此对这些企业存在的某种形式的落后产能，应该以帮助转移低端环节为主；规模越小、质量越差的企业根植性越弱，对这些企业所存在的落后产能，可以考虑成片、成批的对外整体转移。

**表2　影响企业对外转移因素的T检验**

| 序号 | 影响因素 | 总体 |
|---|---|---|
| 1 | 成立时间 | 不明显 |
| 2 | 现有人数 | 是，员工少企业转移意愿更高 |
| 3 | 年度销售 | 是，销售量小企业转移意愿更高 |
| 4 | 内外销情况 | 是，内销为主的企业转移意愿更高 |
| 5 | 自建工业园、自建或自购厂房 | 不明显 |
| 6 | 厂房面积 | 不明显 |
| 7 | 劳动力成本占全部成本 | 是，劳动力成本占比大的企业转移意愿更高 |
| 8 | 是否有研发机构 | 是，无研发机构的企业转移意愿更高 |
| 9 | 人民币升值对经营的影响 | 是，受人民币升值影响大的企业转移意愿更高 |
| 10 | 原材料上升对经营的影响 | 是，受原料价格上升影响大的企业转移意愿更高 |
| 11 | 深圳生活成本上升对经营的影响 | 是，受生活成本上升影响大的企业转移意愿更高 |
| 12 | 在深圳配套企业的增减 | 是，本地配套企业减少的企业对外转移意愿高 |
| 13 | 在深圳招工的难易 | 是，在深圳招工难的企业对外转移意愿更高 |
| 14 | 在深圳发展前景的预期 | 是，悲观企业对外转移意愿更高 |

## 四　深圳市淘汰落后产能的模式选择

总结近年来深圳市在淘汰落后产能方面的实践，同时吸取产业理论及其他国家和地区的先进经验，淘汰落后产能的模式，主要有五种：就地淘汰模式、对外转移模式、产业升级模式、组织创新模式和成片淘汰模式。

### （一）就地淘汰模式

这一模式主要针对第一类和第二类，即无牌无照和低端劣势企业，按照国务院《关于进一步加强淘汰落后产能工作的通知》要求，可采取严格市场准入、强化经济法律手段和加大执法处罚力度等方式，在规定限期内依据国家有关法律法规责令其就地停产或予以关闭。

## （二）对外转移模式

这一模式主要针对第三类和第四类，即低端制造环节和衰退产业，包括三种形式：其一，切片转移，即企业将低端制造环节转移到其他地区，本地保留相对高端环节；其二，置换转移，即企业将低端制造环节转移到其他地区，同时引入高端环节；其三，产业链转移，即将整个衰退产业转移到其他地区，为高端项目或高端企业腾出空间。

对外转移对企业本身或企业所在地具有重要的意义。首先，对外转移可以延缓企业退出，从而减少资源浪费，降低企业损失，减少摩擦成本。其次，对外转移可为企业二次发展创造机会。由于存在区位地租级差性、区位要素成本级差性等因素，对外转移可能会为企业带来转移经济性，同时也可能会为企业创新争取时间。再次，对于一个地区来讲，引进高端项目往往比培育高端项目更为容易，通过企业的对外转移实现项目置换，可以更快实现产业结构优化。最后，对外转移还有助于本地企业打造国内价值链甚至国际价值链，而本地发展总部经济。

## （三）产业升级模式

这一模式主要针对第五类，即“三来一补”企业，促使其就地转型为独立法人企业，不能转型的到期终止合同。

推动“三来一补”企业向法人型企业转变的意义主要表现为以下几方面：一是从企业自身来讲，转变为法人型企业后，企业能通过正常的融资渠道获取资金，满足生产经营活动对资金的需求，产品能够百分之百的内销，扩大产品销售渠道，还能取得很多税收上的优惠，如在原材料采购方面，进料加工复出口可免征进口环节的关税和增值税等方面。二是从企业所在区域来讲，因为“三来一补”企业属于非法人企业，对其的统计数据只有工缴费、综合费和少部分税收，而这些数据都不计入区和市的统计指标，而转为法人型企业后，将会增加本地的工业总产值、工业增加值和生产总值等统计指标，更为重要的是，还可以增加地方税收。

### （四）组织创新模式

这一模式主要针对第六类，即社区股份合作公司，促使其完善法人治理结构，重点解决社区股份合作公司集体股权虚化的问题，建立现代企业制度。

推动社区股份合作公司建立现代企业制度的意义主要有几个方面：一是能规范社区股份合作公司的经营管理，激活集体经济所拥有的土地和物业资源，拓宽其投资经营渠道。二是有利于旧工业区改造，加快产业转型升级；深圳市特别是原关外的社区股份合作公司掌握了大量的土地、物业资源，其旧工业区改造可以释放大量的发展空间，但是，由于其利益结构过于复杂，很大程度上制约了旧工业区的改造步伐，如果变为现代企业后，利益结构会简单得多。三是有利于社区管理，目前深圳市还有很多社区股份合作公司和社区的关系还没完全理顺，这些社区管理模式也不适应现代化、国际化城市社会管理的要求，而社区股份合作公司的现代企业化改造，将有利于社区管理现代化。

### （五）成片淘汰模式

这一模式主要针对第七类，即低效产业园区，通过城市更新，对旧工业区进行拆旧建新，规划建设新型产业载体。从实践上看，成片淘汰模式主要有三种方式：一是自我升级，这种情况主要出现在产权相对单一和集中的产业园区，产权所有者对旧园区进行更新改造以利于引进优质项目并提高租金。二是依托大项目改造升组，这种情况是指，在没有改变园区功能的前提下，园区的产权所有者通过参股等方式，与大项目进行合作对旧产业园区进行更新改造。三是功能置换，这种情况一般是将工业园区改造成商业园区或诸如物流园之类的服务业园区，功能置换能带来巨大的利益，所以这种方式比较容易推动。

## 五　深圳市淘汰落后产能的策略

一是依法淘汰策略。依据《中华人民共和国大气污染防治法》《中华人民共和国水污染防治法（96 修正）》《中华人民共和国固体废物污染环境防治法（2004 年修订）》《中华人民共和国清洁生产促进法》《中华人民共和国安全生产法》等相关法律，淘汰无牌无证、污染重、安全隐患重等类型的落后产能。

二是转移补偿策略。制订补偿标准，对对外转移企业及所在园区给予适当补偿，同时加强与欠发达地区的合作，引导劣势企业有序转移。

三是政策倒逼策略。对不愿对外转移的劣势企业，综合运用经济、法律手段，将外部成本内部化，提高其经营成本。对于不转为法人企业的“三来一补”企业，期满不再续约。

四是集成淘汰策略。集成应用就地淘汰、对外转移、组织创新和成片淘汰等淘汰模式，引进大项目、好项目，把社区集体经济转型和淘汰低效园区、低端产业和劣势企业结合起来，实行成片淘汰，以增量淘汰存量。

## 六　淘汰落后产能的对策建议

一是加强组织领导和监督检查。坚定不移地推进落后产能淘汰工作，把淘汰落后产能工作列入各区、各街道目标责任制考核内容及相关部门绩效考核范围，实行严格的问责制；加大服务力度，协调解决淘汰落后产能工作中遇到的困难和问题，充分发挥行业协会的作用，协助做好淘汰落后产能的工作；大力宣传淘汰落后产能的重要意义、相关政策和先进典型，总结推广先进经验和做法，营造良好的舆论氛围。

二是完善淘汰落后产能的政策。严格市场准入，强化安全、环保、能耗、物耗、质量、土地等指标的约束作用，明确淘汰落后产能的重点，制定和完善相关行业准入条件和落后产能界定标准，提高准入门槛；加强投资项目审核管理，防止新增落后产能；强化经济和法律手段，加大执法处罚力度；支持优势企业通过兼并、收购、重组落后产能企业，淘汰落后产能。

三是大力实施外溢发展战略。推广产业转移的“顺德模式”，在转移产业的同时，转移服务、资本和理念，加快深汕特别合作区建设；将企业自发外溢发展纳入有序轨道，使企业异地产业园成为产业转移的载体，实现多方共赢。

四是加快推进旧工业区改造。树立“造城”的理念，加强政府对旧工业区改造的统筹工作力度，整合若干旧工业区为较大的城市更新项目，统一申报、统一规划、统一配套，打造成“生产、生活、生态”型产业社区，建设一批“产业为本、厂办结合”的产业用房，加大对低端劣质企业集中的旧工业成片淘汰的支持，彻底根除落后产能存在的土壤。

五是促进社区股份合作公司转型发展。推进社区股份合作公司深度改革，进一步剥离社区股份合作公司的社会管理职能，加强社区股份合作公司的制度设计，优化社区股份合作公司治理结构，落实集体股重大决策权和内部监督权，规范社区股份合作公司的决策程序，加快社区股份合作公司资产资本化进程。

六是加强淘汰落后产能的监测统计。建立租赁厂房产业项目登记备案制度，及时掌握落后产能进出动态，采取相应措施。建设区投资信息服务平台，收集有关土地、厂房信息、投资意向、企业兼并重组意向及对外转移意向等信息，为投资供求方创造对接平台。加强与市场监督、人力资源、社会保险、海关国检等部门的沟通联系，做好淘汰落后产能的统计工作。加强企业生产经营预警机制，及时化解因淘汰落后产能可能产生的社会问题，巩固淘汰落后产能的成果。

## 参考文献

谷立霞、王红宝、王俊岭：《低碳经济范式下落后产能退出机制研究》，《生产力研究》2011 年第 9 期。

宏观经济研究院能源所课题组：《淘汰高耗能落后产能的着力点》，《宏观经济管理》2007 年第 7 期。

李金铠、高子涵：《节能环保与落后产能：市场冲突与理性抉择》，《财政研究》2013 年第 1 期。

李荣建：《完善淘汰落后产能法律制度的若干思考》，《宏观经济管理》2007 年第 9 期。

李晓华：《产业转型升级中落后产能淘汰问题研究》，《江西社会科学》2012 年第 5 期。

梁东黎：《转轨期企业落后产能的淘汰机制研究》，《江海学刊》2008 年第 5 期。

梁金修：《加大力度，淘汰和改良落后产能》，《宏观经济管理》2006 年第 10 期。

苏汝劼：《建立淘汰落后产能长效机制的思路与对策》，《宏观经济研究》2012 年第 5 期。

曾培炎：《淘汰落后产能，推进节能减排，促进钢铁工业增长方式根本转变》，《宏观经济管理》2007 年第 6 期。

张新海：《转轨时期落后产能的退出壁垒与退出机制》，《宏观经济管理》2007 年第 10 期。

邵建利：《上海工业园区调整和淘汰落后产能的对策研究》，《上海经济研究》2008 年第 2 期。

B.26

# 深圳港台资中小企业发展模式转型研究

深圳市宝安区发展研究中心课题组

**摘　要：**

基于港台资中小企业发展模式的现状与特点，深圳港台资中小企业发展模式应实现由传统的规模小、技术水平低、污染高和产品附加值低的初级加工贸易发展模式向规模大、技术水平高、污染低和产品附加值高的高级加工贸易发展模式转变。为推动港台资中小企业发展模式转型，本文在港台资中小企业发展模式转型机制分析框架的基础上提出了市场开拓、资源重组、技术替代三大转型路径，并就有序推动港台资中小企业发展模式转型提出了相关的政策建议。

**关键词：**

中小企业　港台资中小企业　发展模式转型

## 一　港台资中小企业发展现状与特点

随着深圳产业结构的升级调整，一大批港台资企业已逐渐发展壮大。富士康、恩斯迈等全球500强企业已成为深圳加工贸易发展的主力，它们不仅推动了全区工业经济的发展，也引领了深圳港台资中小企业的成长。《深圳市成长型中小企业发展报告（2005）》数据显示，在前300家成长型中小企业中，港澳台商投资企业有120家，占总量的40%。可见，港台资中小企业在深圳中小企业中具备良好的成长性。

在深圳所辖的六大区中，宝安区是全市拥有港台资中小企业数量、产值最高的行政区域（见表1）①。因此，本文以深圳宝安区为样本区域，对深圳港台资中小企业进行了重点调研②。调研结果显示，深圳港台资中小企业的发展状况大体呈现以下几种特征。

**表1 深圳各区港澳台中小企业分布状况**

| 地区 | 企业 | 企业数 | | 工业总产值 | |
|---|---|---|---|---|---|
| | | 绝对量(个) | 占全区比重(%) | 金额(亿元) | 占全区总产值比重(%) |
| 宝安区 | 中小型企业 | 2721 | 97.3 | 3752.11 | 42 |
| | 港澳台 | 1015 | 36.3 | 2235.35 | 25 |
| 龙岗区 | 中小型企业 | 958 | 94.8 | 1236.56 | 36.2 |
| | 港澳台 | 396 | 36.5 | 725.78 | 21.3 |
| 福田区 | 中小型企业 | 136 | 93.8 | 303.36 | 38.5 |
| | 港澳台 | 44 | 30.3 | 144.632 | 18.4 |
| 南山区 | 中小型企业 | 668 | 90.9 | 1586.80 | 43.6 |
| | 港澳台 | 158 | 21.5 | 882.35 | 24.2 |
| 罗湖区 | 中小型企业 | 120 | 90.9 | 501.43 | 73.9 |
| | 港澳台 | 287 | — | 1082.178 | — |
| 盐田区 | 中小型企业 | 931 | — | 2410.47 | — |
| | 港澳台 | 59 | 58.4 | 21.70 | 6.0 |

注：为更全面地反映全市中小企业的分布，根据数据可得性，我们采用2010年的数据。
资料来源：《深圳市统计年鉴（2011）》及深圳市六大区2011年统计年鉴。

## （一）企业规模特征

总体上看，港台资中小企业以中型企业为主，企业规模与企业数量、营业收入总额成正比（见图1）。其中，中型企业共1065个，实现营业收入总计

① 在本文的统计口径中，宝安区包含光明新区，龙岗区包含坪山新区。

② 本次调研分为港资企业和台资企业两个部分。其中，港资中小企业数据来源于对“宝安区侨（港）资5303家企业2012年发展情况调查”。调查共派发调查问卷3012份，问卷回收率为89.2%。符合条件的港资中小企业有1849家。台资中小企业数据来源于对“宝安区台资企业2012年发展情况调查”。该调查采用派发问卷和座谈会相结合的调查方式，共派发了780份调查问卷，问卷回收率达96.4%，符合条件的台资中小企业有641家。

960.57 亿元，分别占港台资中小企业总数量和总产值的 42.8% 和 91.7%；小型企业 874 个，实现营业收入 81.29 亿元，分别占宝安区港台资中小企业总数量和总产值的 35.1% 和 7.8%；微型企业 551 个，实现营业收入总计 5.69 亿元，分别占港台资中小企业总数量和总产值的 22.1% 和 0.5%。

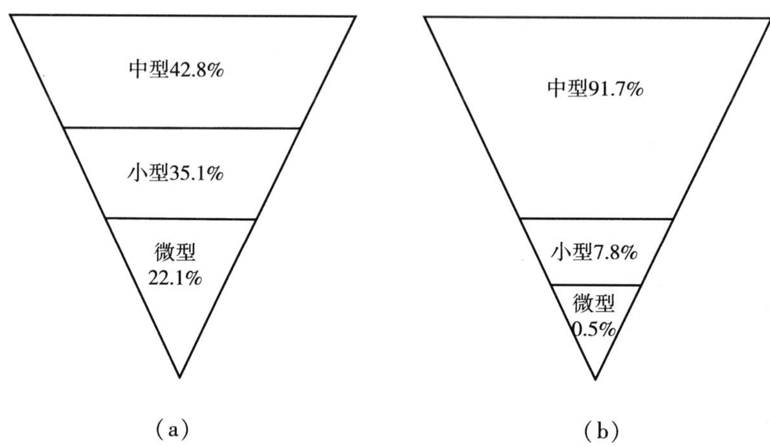


**图 1 深圳宝安区港台资中小型企业数量（a）和营业收入比例（b）**

## （二）地区分布特征

深圳港台资中小企业具有显著的地域特征。在深圳宝安区，港台资中小企业地域分布上呈明显的“南轻北重”的格局。企业相对集中地分布在沙井和松岗两个街道，并由北向南逐渐减少（见表 2）。

**表 2 宝安区各街道港台资中小企业发展情况**

| 统计指标 | 南部 | | | 北部 | | | 中部 | | |
|---|---|---|---|---|---|---|---|---|---|
| | 新安 | 西乡 | 合计 | 沙井 | 松岗 | 合计 | 福永 | 石岩 | 合计 |
| 企业数量(个) | 124 | 250 | 374 | 882 | 594 | 1476 | 374 | 266 | 640 |
| 2012 年工业总产值(亿元) | 37.33 | 133.09 | 170.42 | 323.75 | 213.9 | 537.65 | 175.7 | 116.08 | 291.78 |
| 固定资产投资总额(亿元) | 16.95 | 56.62 | 73.57 | 284.52 | 98.17 | 382.69 | 51.21 | 41.41 | 92.62 |
| 纳税总额(亿元) | 1.53 | 2.5 | 4.03 | 16.16 | 7.42 | 23.58 | 3.95 | 2.3 | 6.25 |
| 年末从业人员数(万人) | 1.58 | 0.99 | 2.57 | 17.72 | 10.21 | 27.93 | 8.52 | 5.08 | 13.60 |

## （三）行业分布特征

深圳港台资中小企业以劳动密集型加工贸易为主。在深圳宝安区，港台资中小企业主要覆盖电子信息产品，塑胶、塑料制品，金属制品，机械设备，包装制品，纺织服装，玩具制造，家具制造，化学制品和钟表制造十大行业（见表3）。

**表3　2012年深圳宝安区港台资中小企业行业分布前十名**

| 行业名称 | 企业数量（家） | 工业产值（亿元） | 净出口额（亿美元） |
| --- | --- | --- | --- |
| 电子信息产品 | 419 | 272.03 | 5.24 |
| 塑胶、塑料制品 | 428 | 135.01 | 2.61 |
| 金属制品 | 328 | 113.32 | 2.53 |
| 机械设备 | 133 | 55.95 | 2.23 |
| 包装制品 | 125 | 41.89 | 0.42 |
| 纺织服装 | 113 | 24.53 | 0.86 |
| 玩具制造 | 57 | 21.67 | 0.89 |
| 家具制造 | 44 | 14.48 | 0.52 |
| 化学制品 | 37 | 15.42 | -0.13 |
| 钟表制造 | 35 | 7.36 | 0.23 |

## （四）企业转型升级特征

首先，高新技术含量较低，未来技术和管理升级将成为港台资中小企业未来企业转型升级的首要选择。宝安区港台资中小企业调查显示，在接受调查的港资中小企业中，采用简单机器生产和流水线作业的企业比重达70.1%，仅有12.2%的企业具有高技术型生产工艺。在企业转型升级的方向上，分别有36.1%和24.9%的企业选择技术机器设备升级和企业内部管理升级，仅有21.5%的企业选择生产转移或向其他领域发展。

其次，缺乏自我转型升级主动性。宝安区港台资中小企业调查显示，共有1649家企业表示没有必要或不清楚是否有必要进行自我转型升级，该数量占所有港台资中小企业总量的66.2%。在问及是否有意愿进行转型升级的问题时，1465家企业表示没有意愿或不清楚是否要进行企业转型升级，该数量占所有港台资中小企业总量的58.8%。由此可见，仍有一半以上的港台资中小企业自我转型升级意识和意愿不足。

## 二　港台资中小企业现行发展模式

企业发展模式是企业以利润最大化为目标，在一定的历史和社会条件下形成并发展起来的，推动企业发展的一系列方式与方法。其核心由参与主体、企业驱动要素、市场营销方式、经营管理方式与可持续发展方式五个部分组成，共同推动企业发展模式的形成、发展与转型。

### （一）参与主体

港台资中小企业的发展由政府与市场共同主导。作为最早开放的经济特区，深圳在20世纪80年代就对外商企业实施了“两免三减半”政策，并享有相比其他省市更长的土地使用年限和更低廉的土地使用费用，是全国政策红利最多的政策“洼地”。从市场的角度看，深圳作为经济特区，拥有十分宽松的市场经济体制环境，企业受政府管制较少。因此，港台资中小企业的发展模式具有显著的政府与市场共同主导性。

### （二）企业驱动要素

深圳港台资中小企业发展的主要驱动要素包括低技术、廉价的原材料和劳动力。首先，深圳港台资中小企业以加工贸易为主，是以从深圳市外进口原材料和中间产品，装配或加工后再出口到海外以赚取低廉利润为主要业务的一种简单劳动密集型企业，低技术含量特征明显。其次，港台资中小企业对原材料和劳动力的价格变动十分敏感。在《珠三角小企业经营与融资现状调研报告（2011）》中显示，与2010年相比，2011年小企业平均利润减少30%～40%。其中，有72.5%的中小企业表示，原材料成本上涨是企业利润下滑的主要因素。在深圳宝安区，分别有74%和71.4%的港台资中小企业认为劳动力成本上升和原材料成本上涨是企业经营困难的主要原因，在所有经营困难因素中排名前两名。

## （三）经营管理方式

在生产经营方式上，多数港台资中小企业以“代工生产”或“前店后厂”的粗放式生产为主。其中，“代工生产”又分为两种模式，即 OEM 生产（又称，定牌生产）和 ODM 生产（又称，贴牌生产）。深圳港台中小资企业多以 OEM 生产为主，技术水平和创新意识均较低。“前店后厂”是香港地区与深圳地区经济合作的基本经营模式，即港台地区利用国际贸易窗口优势，承接海外订单，从事产品的市场推广和销售，而深圳地区则依托廉价的土地、劳动力、原材料等从事产品的生产加工。

在管理方式上，以异地代管为主的台资中小企业管理方式成本相对较高。相比之下，以“夫妻档”为主要管理方式的内地民营中小企业具有明显的成本优势。

## （四）市场营销方式

在品牌营销方面，大多数港台资中小企业不拥有产品品牌，以 OEM 生产方式为主，品牌营销意识和能力均较弱。在营销市场的选择方面，港台资中小企业以单一外向型发展方式为主。这种外向型特征体现在对人民币结算汇率变动的敏感度上。香港贸易发展局 2007 年研究显示，人民币对贸易结算货币（美元）升值 10%，将会使香港中小企业总成本平均增长 3%。此外，由于多数港台资中小企业专门从事 OEM 生产，产品技术含量低，对海外市场具有显著的“依附式”发展的特点（王学力、黄荣斌，2010）。深圳宝安区的调研中，约有 55.1% 的受调查企业认为金融危机的影响是企业经营困难的主要原因之一。可见，港台资中小企业对海外市场的“依附”能力较强，国际市场的风险应对能力较弱。

## （五）可持续发展方式

2010 年《深圳市第一次全国污染源普查公报》显示，深圳工业废水的主要污染物为化学需氧量和氨氮，其中化学需氧量主要来源于通信设备、计算机及其他电子设备制造业、金属制品业、纺织业、化学原料及化学制品制造业、塑料制品业、专用设备制造业等。氨氮主要来源于农副食品加工业、通信设备、计算机及其他电子设备制造业、化学原料及化学制品制造业、纺织业等。工业废气中主要污染物为二氧化硫、烟尘、氮氧化物和粉尘，纺织业、金属制品业、通信设备、计算机及其他电子设备制造业、设备制造业、塑料制品业是其主要来源。此外，重金属排放主体为电子及通信设备制造业和金属制品业，二者占深圳重金属污染负荷的90%左右。可见，港台资中小企业所属行业多数为深圳主要工业污染行业。

综上所述，深圳港台资中小企业现行发展模式可概括为：在市场和政府的共同主导下，港台资中小企业以利润最大化为目的，依靠廉价原材料、劳动力和低技术等驱动要素，以粗放式生产、异地代管、海外“依附式”发展为主要方式，以高污染和低产品附加值为主要特征的初级加工贸易发展模式。上述中小企业发展模式显然已无法适应深圳产业结构优化调整的需要。

## 三 港台资中小企业发展模式转型机制

港台资中小企业发展模式转型是在满足企业发展模式转型的前提下，通过企业管理方式、企业营销方式、驱动要素、可持续发展方式等层面的根本变革，实现由传统的规模小、技术水平低、污染高和产品附加值低的初级加工贸易发展模式向规模大、技术水平高、污染低和产品附加值高的高级加工贸易发展模式转变。基于上述对深圳港台资中小企业发展的基本判断，本文构建了深圳港台资中小企业发展模式转型的机制框架，如图2所示。

### （一）市场开拓

以市场开拓为路径的企业发展模式转型，将通过对目标市场广度和深度的分析，寻求新的目标市场或新的细分市场，从而提升产品的市场需求量和知名度，摆脱对单一市场的“依附”和“路径依赖”，促进企业核心竞争力的形成与发展。在该路径下企业发展模式可分为市场多元化升级和营销品牌升级两个基本模式。

市场多元化升级模式是指深圳港台资中小企业从单一外向型发展模式向多

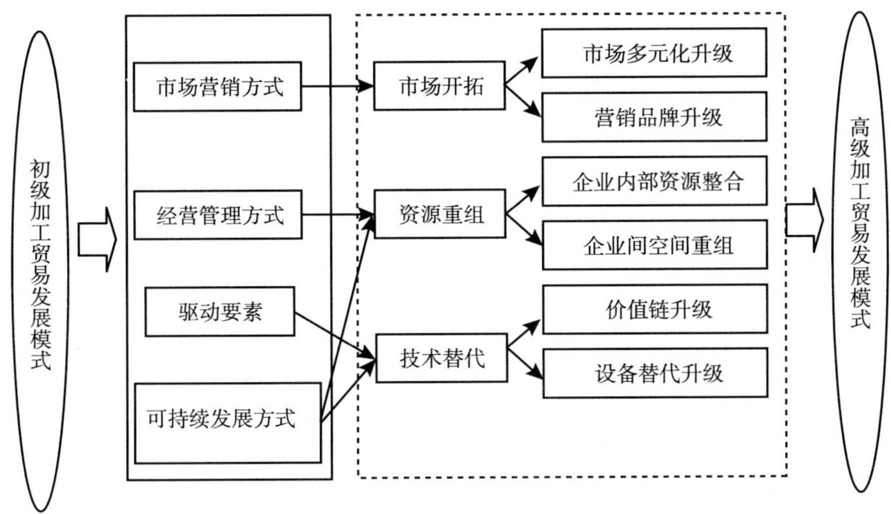


**图2　深圳港台资中小企业发展模式的转型机制框架**

元化市场转变的经济活动方式。该模式的优势在于，通过拓展市场，摆脱对单一市场的“依附”，重构国内外价值供应链体系，提升企业利润水平。中国内地市场作为全球主要的增长市场，与国外消费市场相比有着不同的产品结构需求。因此，市场多元化升级模式要求港台资中小企业在向三资企业升级的同时，应加强对中国内地市场的了解，特别是要加强对我国中西部地区市场的调研力度，逐步拓展我国中西部地区的内销市场。

营销品牌升级模式是指通过自有品牌的创建，由 OEM 或 ODM 生产企业向 OBM 生产企业转型，逐步形成由产品制造向品牌销售和售后服务链条延伸的经济活动方式。该模式要求港台资企业充分发挥已建立起的港台区域品牌效应，深入了解国内外市场动态与产业需求，明确市场定位，通过品牌营销逐步掌握市场主动权。其优势在于，在一定程度上摆脱了对单一市场的“路径依赖”和连锁零售商的强制约束，提升港台资中小企业自主定价能力。劣势在于，企业在建立和推广品牌的过程中需要大量资金和较高层次的专业人才参与，同时也可能面临产品低品质形象等问题，存在较大的市场风险。该模式适合于已具备一定自主研发技术和资金实力的港台资中小企业，特别是具备一定设计能力的服装制造行业。

### （二）资源重组

以资源重组为路径的企业发展模式转型，是企业通过重新整合组织内外部资源，打破企业原有的粗放型经营管理方式，进而提高管理运行效率，减少企业运营成本和资源损耗，充分释放企业规模经济效率的有效方式。在上述路径下，共包括企业内部资源整合和企业间空间重组两种基本模式。

企业内部资源整合模式，即以核心制造优势为基础，加强生产技术、企业管理、员工素质、质量控制以及生产效率等方面的资源整合，推动企业内部组织管理达到国际同行业水平，向规模化的 OEM 生产商转型的有效方式。该模式强调企业领导者及其管理团队的创新精神和管理能力，有利于打破港台资企业传统“异地代管”管理模式，提高企业管理效率，适应于已具备一定核心制造优势的中小企业。

企业间空间重组模式是通过企业间兼并或产业链上的统筹协调，以高关联度的产业集群为载体，逐步实现产业链横向或纵向的资源整合，从而提高中小企业产品价值增值的有效方式。企业间空间重组模式至少可以通过以下两种途径作用于港台资中小企业发展模式转型。一是，通过企业间的兼并或协调合作，打破传统的“前店后厂”模式，促进企业间核心技术外溢，从而改变港台资中小企业生产经营模式，提高企业研发能力。二是，通过产业集群特有的网络资本，形成独特的竞争优势，使得港台资中小企业竞争力优于一般条件下的“代工生产”型中小企业。产业集群具有超出一般企业组织资本的网络资本，即具备更强大的生产贸易网络资本、技术信息网络资本和社会关系网络资本。因此，相比松散或单一的“代工生产”型中小企业而言，经过企业空间重组后的产业集群将具备更为强大的风险抵御能力和环境保护能力（王凤荣、王慧，2007）。该模式强调企业间的合作协调能力，适应于大多数加工型制造业，特别是工业中间品加工制造型企业，如汽车零部件生产、化学中间制品、金属制品、机械零件等。

### （三）技术替代

以技术替代为路径的企业发展模式是企业通过引进或自主研发先进技术，提高价值链中的加工流程效率或产品功能，改变传统的资源消耗型发展模式，

打破价值链“低端锁定”，提升企业核心竞争力的有效方式。在上述路径下，深圳港台资中小企业发展模式转型可分为价值链升级和设备替代升级两种基本模式。

价值链升级是企业由价值链低端向高端发展的过程（龚唯平、董华，2010）。它主要包括三个方面的内容：一是，产品升级转型。即由低技术含量的标准化产品生产转向高技术含量的差异化产品生产，通过提升产品使用功能和效率，减少对生态环境的污染，提高产品附加值。二是，产业链升级。即以技术研发为导向，推动 OEM 生产向 ODM 生产转型，从而减少环境污染，提升企业核心竞争力。深圳港台资中小企业发展模式的特殊性之一在于以全球加工贸易为主。这种加工贸易方式以低技术和高污染为主要特征，使得企业在发展过程中极易受到国际分工的制约，难以摆脱全球价值链的“低端锁定”。企业通过技术研发，有利于在全球价值链体系下，加快“解锁”发达国家所拥有的高端价值链分解控制权和层次租金分配权（洪联英、刘建江，2012），从而打破原有的分工设定模式。以上两种模式适用于大部分港台资中小企业，尤其是以低端加工组装为主的电子信息产业和汽车配件制造产业。三是，跨产业链升级。即从一条产业链横跨到另一条新的、价值含量更高的相关产业链。随着经济全球化和全球产业结构调整的深化，发达国家在向发展中国家继续转移制造业的同时，也逐渐开始以外包的形式对外转移服务业。因此，港台资中小企业要适时抓住时机，实施以承接国际外包服务为主要内容的跨产业链升级。由于涉及跨产业链经营，所需转型资金较大，未来不确定风险更高，适用于生产中间产品的企业和部分能耗高、污染大的港台资中小企业。

设备替代升级是指，通过技术引进或自主研发，采用劳动效率更高的机器设备来替代简单劳动，进而降低作业成本，提高加工流程效率的有效方式。该方式有助于避免劳动力短缺和劳动力成本上涨困境，并减少不必要的能源损耗，较适用于机械化或自动化水平低和能耗高、污染大的劳动密集型港台资中小企业。

由此可见，不同路径下的企业转型模式的特点、优劣势和适用行业均不相同（见表4）。对于从事不同产业、不同发展阶段的港台资中小企业而言，其发展模式的侧重点应有所不同，需要根据自身的行业特点和自身具有的特定优势，重点选择适合自身的转型路径。

**表 4 港台资中小企业发展模式转型路径**

| 发展路径及转型模式 | | 特点 | 优势 | 劣势 | 适用企业类型 |
|---|---|---|---|---|---|
| 市场开拓 | 市场多元化升级模式 | 从单一市场向多元化市场转变 | 摆脱对单一市场的“依附”；带来更多的商机；促进企业国内外价值供应链体系的重构 | 需加大市场调研力度，打破文化、政府体制、物流、配送及销售等方面的阻碍；没有自主定价的能力 | 所有港台资中小企业 |
| | 营销品牌升级模式 | 由 OEM 或 ODM 生产企业向 OBM 生产企业转型 | 提升自主定价的能力；摆脱对单一市场的“路径依赖” | 需要大量资金和先进的人才；可能面临的产品低品质形象等问题，存在较强的市场风险 | 适用于已具备一定自主研发技术和资金实力的港台资中小企业，特别是具备一定设计能力的服装制造行业等 |
| 资源重组 | 企业内部资源整合模式 | 推动企业内部组织管理国际化，向规模化的 OEM 生产商转型 | 打破港台资企业传统的“异地代管”模式，提高企业管理效率 | 对企业领导者及其管理团队的创新精神和管理能力有较强要求 | 适用于已具备一定核心制造优势的港台资中小企业 |
| | 企业间空间重组模式 | 以高关联度的产业集群为载体，实现产业链横向或纵向的资源整合 | 打破“前店后厂”模式，推动技术外溢；形成特有的网络资本，具备更为强大的风险抵御能力 | 对企业间的合作协调能力有较高要求 | 适用于大多数加工型制造业，特别是工业中间品加工制造企业，如汽车零部件生产、化学中间制品、金属制品、机械零件等 |
| 技术替代 | 价值链升级 | 推动价值链低端向高端发展 | 提升产品使用功能和效率，减少对生态环境的污染；打破原有的分工设定模式，避免“低端锁定” | 要求具备较强的研发能力，所需技术资金较大，未来不确定风险高 | 产品升级转型和产业链升级模式适用于大部分港台资中小企业，尤其是以低端加工组装为主的电子信息产业和汽车配件制造产业。跨产业链升级模式适用于中间产品生产企业和部分能耗高、污染大的港台资中小企业 |
| | 设备替代升级 | 采用劳动效率更高的机器设备来替代简单劳动 | 有效避免劳动力短缺和劳动力成本上涨困境；减少能源损耗；未来不确定风险低 | 需要一定的技术与资金的支撑 | 适用于机械化或自动化水平低和能耗高、污染大的劳动密集型港台资中小企业 |

## 四　港台资中小企业发展转型政策建议

### （一）出台港台资中小企业中长期规划

目前深圳经济发展正处于快速转型升级的发展阶段，深圳缺乏港台资中小企业中长期发展规划，使得大部分港台资中小企业缺乏明确引导，长期来看不仅容易导致企业发展与深圳整体指导方针发生偏离，也将使部分企业因担心政策变动而无法专注于企业自身的长期发展。因此，为保障政策的长期稳定性，减少港台资中小企业对未来前景不明朗的担忧，深圳市政府应针对港台资中小企业出台专门的中长期政策规划，并按照不同规模、不同行业及不同发展阶段的港台资中小企业制定分类指导政策，改善差别化政策体系，保障港台资中小企业未来长期政策的稳定性和发展模式转型的有效性。

### （二）优化市场竞争环境

公平有序的市场竞争环境是港台资中小企业获得与国内外大型企业及国内中小民营企业平等竞争的基本条件，是深圳港台资中小企业发展模式健康转型的保证。这要求深圳市政府要进一步加强港台资中小企业公共服务平台建设，特别是要加强跨区域信息一体化和港台资中小企业服务机构的培育，实现国、省、市之间跨区域中小企业信息服务网络的互联互通和港台资中小企业咨询服务体系的完善。此外，法制体系建设是推进市场公平有序竞争的保障。对于深圳市政府而言，要重视与香港、台湾地区政策的差异和衔接，强化对港台资中小企业的立法和知识产权保护，建全政府、企业及非政府组织联动的港台资中小企业维权机制和法律咨询服务体系，有效保障港台资中小企业的合法权益。

### （三）鼓励品牌营销，顺应市场变化

品牌营销是在港台资中小企业遵循市场机制的前提下，转变企业发展模式的有效路径之一。从政府的角度上讲，为鼓励港台资中小企业积极开展品牌营销，需要重点做好市场信息服务和规划引导工作。首先，为推动港台资中小企

业国内外市场的双向开拓，政府应加强跨区域合作交流平台建设，建立和完善港台资中小企业产品技术展示平台和专业性企业网络交易平台，以帮助港台资中小企业及时了解国内外市场需求、消费特点及变化，及时改进营销思路与营销方式。其次，为提高港台资企业品牌营销意识，有序引导品牌建设，深圳市政府应及时制定港台资中小企业品牌发展战略规划，对首次获得不同级别驰名商标或名牌产品的企业给予一定的资金奖励。充分利用各种形式的产品展览、展销活动，加大对重点港台资中小企业产品品牌的宣传推介，打造“港台资中小企业”品牌效应。

### （四）以技术创新推动企业向高端价值链延伸

技术替代是港台资中小企业转变企业发展模式的主要路径之一，其关键在于提高技术创新的能力与水平，推动港台资中小企业从低端价值链向高端价值链发展。因此，为鼓励企业技术创新，深圳市政府应着重从推动企业产学研合作和加强人才引进两个方面进行。在产学研合作方面，要进一步深化与大专院校、科研机构的合作，鼓励企业以协作、挂靠等形式，与大专院校、科研单位共建产学研创新联盟、博士后工作站、科技产业化基地、工程技术研发中心等。支持具备条件的港台资中小企业与龙头企业等社会力量开展技术研发合作，共建技术联盟。通过政府或行业协会的引导，以产业集群或产业园区为依托，整合企业间科技资源，推动技术研发共建共享和联合创新。在人才引进方面，应重点加强对企业领导者的培育。以政府或非政府组织牵头，定期或不定期举办企业领导者论坛，有计划地组织领导者培训，提升港台资中小企业领导者的创新精神和战略水平，帮助其认识企业发展模式存在的瓶颈，共同研究并理性选择企业发展模式转型路径，以避免企业在转型的过程中少走弯路。

### （五）以资源整合实现集约发展

资源重组是企业通过对内外部资源整合，改变原有的粗放型经营，提升企业运行效率的主要方式。政府要引导和促进港台资中小企业资源整合，对内应加强企业管理创新的培育，对外应加快推动产业集聚示范区的建设，带动企业实现整体性集约发展。在培育企业管理创新方面，应重点加强港台资中小企业的现代经营管理理念。要求它们在积极借鉴国内外先进管理理念和方法的前提下，充分结合港台资企业自身特点，全面推进企业管理转型，形成符合企业自身实际并具有深圳特色的管理模式。在产业集聚示范区建设方面，以新兴产业和优势产业为中心，通过港台资中小企业重点产业集聚区的示范引导作用，着重培育一批技术含量高、特色鲜明且生态环保的港台资中小企业产业集聚示范区。鼓励以园区为载体，引导港台资中小企业围绕大型龙头企业开展多种形式的经济技术合作，逐步延伸和壮大产业链，形成以大型企业为中心、以港台资中小企业为配套的稳定的供应、生产、销售等协作关系。

## 参考文献

鲁志强等：《深圳市成长型中小企业发展报告》，中国企业评价协会等，2005。

北京大学国家发展研究院课题组：《珠三角小企业经营与融资现状调研报告》，北京大学国家发展研究院，2011。

王学力：《后危机时代广东中小企业发展模式转型的方向选择》，《经济研究参考》2010 年第 40 期。

深圳市人居环境委员会课题组：《深圳市第一次全国污染源普查公报（2010）》，深圳市人居环境委员会等，2010。

龚唯平、董华：《珠三角加工贸易企业升级转型研究》，《产经评论》2010 年第 6 期。

洪联英、刘建江：《中国为什么难以转变外贸发展模式——一个微观生产组织控制视角的分析》，《数量经济技术经济研究》2012 年第 12 期。

B.27

# 深圳国际低碳城低碳发展政策研究*

王东　郭昊　刘瑶**

**摘　要：**

近年来随着全球气候问题及能源环境和经济发展之间的矛盾日益突出，深圳国际低碳城作为中欧可持续城镇化合作伙伴的旗舰项目，旨在探索实现低碳发展模式的新途径和新方式，而低碳发展政策是其中的关键因素之一。本文首先结合深圳国际低碳城项目特点，然后对国际发达地区低碳发展政策的先进经验进行归纳总结并给出经验借鉴启示，最后给出相关对策建议。

**关键词：**

低碳发展政策　深圳国际低碳城　经验借鉴

近年来气候变化已成为威胁人类生存和发展的重大问题，受到各国政府的强烈关注。中国政府相继发布了《中国 21 世纪议程——中国 21 世纪人口、环境与发展白皮书》《中国应对气候变化国家方案》等相关规定。为进一步积极应对全球气候变化，2013 年 11 月，国家发改委联合财政部、住房城乡建设部、交通运输部、水利部、农业部、林业局、气象局、海洋局联合制定了《国家适应气候变化战略》，指出全球气候变化是人类共同面临的巨大挑战。

2012 年 5 月，深圳国际低碳城升级为中欧可持续城镇化合作伙伴协议的旗舰项目，担负着探索可持续城市化道路的重任。作为低碳经济发展的重要保证，低碳发展政策实施的成败直接决定了低碳经济发展的质量好坏。本文主要

---

* 感谢深圳市软科学规划研究课题支持。

** 王东，深圳市软科学研究会副会长兼秘书长、哈尔滨工业大学深圳研究生院研究员；郭昊，哈尔滨工业大学深圳研究生院博士生；刘瑶，哈尔滨工业大学深圳研究生院硕士生。

分为以下几个部分：首先对深圳国际低碳城项目进行简要的回顾，其次对美国、英国、德国、日本这些发达国家的低碳发展政策进行分析和归纳，并得出经验借鉴启示，最后给出深圳国际低碳城发展政策的相关建议。

## 一　深圳国际低碳城项目

随着全球气候变化问题的日益严重，绿色可持续发展受到全世界越来越多国家和地区的关注。近年来全球范围内的建设低碳城市的尝试不断增多，一些低碳城市或低碳区域的发展也受到越来越多的关注，比如英国的 BedZED 生态村、阿联酋的（Masdar）零碳城市、荷兰的太阳城 Heerhugowaard，国内的广州知识城、苏州工业园、天津生态城等。深圳作为全国首批 8 个低碳试点城市之一，继改革开放以后又一次担负先行先试的历史使命。中国政府承诺以 2005 年排放量为基准，到 2020 年二氧化碳排放量削减 40% ~45%，这一硬性指标必将分解到包括深圳在内的城市建设和经济发展战略中。深圳国际低碳城建设关乎探索深圳未来三十年的全新发展模式，产业结构升级，实现经济、社会、生态等的全面协调可持续发展，可谓意义重大。

深圳国际低碳城位于深圳的东北部：龙岗坪地街道，位于深莞惠交界的中心，处于深圳向东、向北拓展的战略通道上。项目规划面积 53 平方公里，距离龙岗中心城仅 6 公里，惠盐高速、外环高速、深惠公路及地铁龙岗线共同指向和交会于此。区域内山林、园林和水域分布丰富，有丁山河、龙岗河两大河流，周边分布有清林径郊野公园、黄竹坑水库、龙筋山系三大生态体系，1/2 的土地划入基本生态控制线，碳汇资源丰富，地理条件良好。深圳建设国际低碳城具备非常有利的条件，产业的低碳化趋势明显，低碳政策法规体系日益完善，低碳技术创新基础初步形成，减排强度全国领先，资源能源效率稳步提升。

## 二　低碳发展政策国际经验

发达国家的低碳意识产生较早并逐渐得到大众的广泛认可，法律政策也相对健全。早在21世纪初，英国政府发表了*Energy White Paper 2003: Our Energy Future-creating a Low-carbon Economy*即《2003年能源白皮书》，在世界范围内率先提出了“低碳经济”一词，明确指出了低碳经济的核心内涵是通过消耗相对较少的自然资源，产生较少的环境污染，最大限度地获取经济产出；低碳经济能够为低碳先进技术的发展和应用创造机会，创造新的就业和商业机会，提升生活标准和质量。此后，低碳经济得到日本、欧盟等发达国家政府的迅速响应，纷纷出台了各国的低碳经济近期发展政策和远期发展目标。

**1. 美国**

美国作为世界上最大的经济体，同时也是发展低碳经济的强国，这主要得益于它的低碳立法先行，大致分为以下四个部分。

（1）联邦立法。由于严重的大气污染引发的洛杉矶烟雾事件和多诺拉事件，美国政府于1970年通过《清洁空气法案》，建立了覆盖联邦各个州的大气环境质量标准和具体实施方案，这为碳排放交易机制的建立打下了坚实的基础。2007年7月，美国参议院制定了《低碳经济法案》，明确了降低碳排放、发展低碳经济的战略目标。具体而言，美国的碳排放量到2020年要下降到2006年的水平，2030年下降到1990年的水平。2009年，众议院通过了《清洁能源与安全法案》，承诺碳排放量在2005年的基础上，到2020年降低17%，到2030年削减42%。

（2）各州立法。尽管美国早就退出了《京都议定书》，但诸联邦对于发展低碳经济和节能减排兴趣丝毫未减。目前全美已有40多个州政府承认并执行联邦制定的温室气体减排的法规，20多个州出台了适用于本州的鼓励发展可再生资源的法律政策，东北部七个州、西部五个州各自制定了区域性减排方案。加利福尼亚州以立法形式确定了2020年碳排放量要在2006年的基础上减少25%的目标，并于2009年出台了限制碳排放的“低碳燃料”标准，还通过州立法规要求所有平顶商用建筑和民用住宅必须将屋顶漆成白色，这样可大量反射太阳辐射热量，起到节能减排的作用。

（3）企业节能减排的财政支持。为了支持低碳经济的发展，美国政府给予了节能减排、新能源等行业大量的减免和补贴政策。2010年，奥巴马政府为能源部用于开发降低温室气体排放的技术和可再生能源申请了263亿美金的

预算。一些州政府则直接补贴需求方，刺激消费者的购买欲望，如加州政府对使用清洁环保汽车进行补贴。

（4）自愿减排市场的建立和发展。芝加哥气候交易所（CCX）在2003年正式开始运营，以自愿交易为主，标志着多层次、多元化的碳交易市场机制逐渐走向成熟。2008年，纽约绿色交易所成立，产品包括EUAs和CERs的期货和期权交易，还包括经核证过的符合自愿性碳标准的碳减排量。此外，美国区域性的强制配额市场快速兴起，区域温室气体行动（RGGI）在2008年已经开始实施，西部气候倡议（WCI）正在积极筹备中。

**2. 英国**

作为低碳经济的发起者和先行者，英国2000年发布了“气候变化计划”。英国的低碳政策内容比较全面，涵盖了气候变化税、气候变化协议、排放贸易机制、碳基金和资金补贴项目五个方面。

（1）利用税收强制推动企业减少碳排放量。英国气候变化税制度于2001年4月1日开始生效，是英国“气候变化计划”战略的核心部分，征税对象为能源产品的供应商，没有税收起征点，根据能源的供应量和相应的税率确定应缴税额，对不同的能源设置了不同的税率。此外，气候变化税遵循税收“中性原则”，英国政府通过不同渠道，如碳基金、投资项目补贴等将该税种的税收重新补贴给企业。

（2）签订气候变化协议，鼓励企业减少碳排放量。气候变化税将会给企业带来财政负担进而可能影响企业的有效运营，英国政府通过与能源密集型企业签订自愿减排协议来鼓励企业自觉减排，即没有超过规定的温室气体排放量的企业，可享受80%的气候变化税减免的优惠政策；如果超过了规定的碳排放量，这些企业可以利用排放贸易机制进行补救。

（3）建立排放贸易机制，规范碳市场交易。为了保证减排政策的真正落实，英国政府在2002年4月通过了排放贸易机制，包括配额交易与信用额度交易两种模式，规定所有承诺减排的企业不仅每年要向政府有关部门报告该企业温室气体排放状况，而且报告的材料还必须通过具备执业资格的第三方独立认证机构的认证。

（4）设立碳基金，发展低碳技术。英国政府在开征气候变化税的同时，主要利用气候变化税的部分收入设立了碳公共基金。该基金是一家独立运作的公司，主要服务于低碳技术（包括产品、过程和服务）的研发和推广，为企业寻找高效的节能减排措施，提高企业和公共部门应对全球气候变化威胁的能力。

（5）强化补贴项目，鼓励节能技术。英国政府强化补贴了一系列的节能减排项目，如节能、节水技术和低碳排放汽车等，补贴方式包括扣除企业应税利润中的用于节能技术开发的全部首期费用。政府的优惠财政政策，有利于刺激企业加大对节能环保技术设备的投资。

**3. 德国**

德国低碳经济的发展一直处于世界前列，相关的政策法规以及配套措施都相对完善，如1971的《环境规划方案》、2002年出台的《节省能源法案》等，主要受益于德国政府以下几个方面的努力。

（1）建立气候保护高技术战略。1977年至今，德国政府先后制订了6期能源研究计划，为气候保护技术研发提供资金支持。自2006年，《德国高技术战略》出台以来，德国政府为了“高技术战略”目标的实现，2007年制定了气候保护高技术战略，计划在未来10年内，设立专门针对用于研发气候保护技术的经费，政府投入将额外增加10亿欧元，企业也增加一倍的资金投入。

（2）财政政策的杠杆调控。1999年，德国为了改善生态环境和实现可持续发展，开始分阶段征收生态税，包括能源税、汽车税、电力税、煤炭税等，生态税率视不同的行业而定，约90%的生态税收入用于降低或稳定社会保险费。德国政府还建立了节能专项基金，主要为企业采用节能减排技术提供资金支持，提高中小企业使用能源的效率。

（3）鼓励可再生能源开发。2004年，德国政府以保护气候、自然和环境为宗旨，通过了《可再生能源法》，为了吸引企业和家庭安装新能源发电设施，对新能源发电设置了入网电价补贴，并要求电网运营商以高于市价的价格来购买这些电力。政府补贴弥补了开发可再生能源成本高的缺陷，促进全民对可再生能源的开发。

（4）建立碳排放交易制度。从2002年开始，德国政府着手准备排放权交易工作，2004年7月，德国正式颁布了《温室气体排放交易法》，并设立了德

国排放交易处，负责排放标准及排放权的确定、发放，排放交易登记、管理和罚款等。排放交易处针对企业的性质设置最高准许排放限额，企业根据其排放量是否超过最高限额到交易所按照交易价格买卖碳排放权。

**4. 日本**

囿于国土面积狭小、资源匮乏，日本政府为了解决能源供给问题不遗余力地支持低碳经济发展，低碳政策主要有以下几个方面。

（1）刺激型低碳节能政策。2009 年，日本开始实行“领跑者制度”，即将汽车、电器等产品生产领域能耗最低的行业作为行业标兵，政府把这些产品的现有技术下最高节能标准作为行业标准，强制要求其他企业向其看齐。此外，为了实现“低碳革命”，日本重启“太阳能鼓励政策”，推出了包括太阳能在内的环境保护项目总支出为 160 亿美元的计划，用于推广太阳能发电、节能电器和电动汽车。

（2）激励型财政政策。2012 年 10 月，日本出台了地球温暖化对策税，即环境税，对使用石油、天然气等化石燃料的各电力公司和燃气公司征税，但最终将通过油价、电费和燃气费转嫁给消费者承担，税收主要用于节能环保产品补助、可再生能源普及等。日本还设计了特别会计制度，经产省将石油煤炭税收入用来支持企业节能技术研发和推广活动，预算纳入“能源供需结科目”。

（3）创新型低碳技术政策。日本为了推进 2050 年温室气体比 1990 年减排 70% 的目标，2008 年内阁发布了“低碳技术计划”，重点支持低碳型交通社会构建技术等五大技术领域的创新，并配套制定了“技术战略图”，调动全国力量全方位多层次开展低碳技术的创新攻关。同年，日本政府通过了“建设低碳社会行动计划”，计划未来 5 年投入 300 亿美元，用于开发低碳技术。

（4）友善型绿色采购政策。日本政府的绿色采购可以追溯到 1994 年制订的“绿色政府行动计划”，鼓励政府机构采购绿色产品。1996 年日本政府又与各产业团体、民间组织成立了日本绿色采购网络组织（GPN），会员需承担购买环境友善型产品的义务，减少采购环节对环境的不良影响。2000 年日本颁布了《绿色采购法》，规定所有政府机构必须实施年度绿色采购计划。

**5. 经验总结**

尽管“低碳经济”这一理念始于2003年，但发达国家已经践行多年。为了积极引导和规范低碳经济的继续深入发展，相关的政策法规制度体系在不断演进和完善。

（1）开征碳税。近些年发达国家如英国、德国、丹麦、挪威和瑞典等对燃烧产生温室气体的化石燃料征收碳税，如英国的气候变化税、德国的生态税、日本的环境税等。碳税一般以能源为征税对象，税率由能源的含碳量和发热量决定。由于各种能源的含碳量和发热量不同，税负当然有所不同，低碳能源的税负相对高碳能源而言要低。碳税被发达国家的实践证明是一种富有成效的政策手段，有效地起到了促使温室气体减排的目的。

（2）财政补贴和税收优惠。政府补贴和税收优惠是促进低碳经济发展的一项重要经济手段。英国对与政府签订自愿减排协议的，没有超过规定的温室气体排放量的企业，可享受80%的气候变化税减免的优惠政策；丹麦通过对生物质能发电直接补贴，对近海风电等清洁能源进行优惠定价，促进可再生能源扩大市场份额。美国的可再生能源设备费用可直接抵税，与可再生能源相关的企业和个人还可享有额度不等的减税优惠；欧盟及其成员国对可再生能源免征能源税。

（3）支持低碳技术的研究开发。低碳技术的力量对于低碳经济的发展和低碳社会的建设是不言而喻的。作为低碳技术的世界领军者，日本政府和企业不惜花重金进行低碳技术创新研发，比如开发比硅更低碳、更低成本的太阳能电池，还提出了要“建设最尖端低碳社会”的目标。美国是世界上低碳技术研发经费投入最多的国家，主要包括清洁燃煤技术、下一代发电技术的研究等。美国专门成立了国家级的低碳经济研究机构，组织协调相关企业和机构的低碳技术研发和产业化推进的顺利进行。

## 三　对策建议

有效政策的施行是实现低碳的保障，通过对英美等发达国家低碳政策的深入细致研究，结合深圳国际低碳城自身的特色，项目要着重从以下几个方面

推进。

1. 逐步建立和健全特区低碳发展的法律保障体系

深圳享有特区立法权，应充分利用这一优势，制定《深圳国际低碳城低碳发展条例》《深圳国际低碳城可再生能源促进条例》等与国家政策相配套的法规、规章。特区法律、政策对低碳城产业发展路径进行具体规划是很有必要的，从源头引导低碳产业发展，尽快制定低碳城产业准入标准，打造宽松优惠的投资环境，鼓励支持企业发展低碳经济，让低碳观念深入人心，为深圳国际低碳城的长远持续发展提供可靠的保障。

2. 加大财政支持力度

发达国家低碳经济发展都离不开政府的财政支持，深圳国际低碳城的建设也需要政府添砖加瓦。推行财税激励政策，在低碳城试点征收碳税，鼓励企业自主研发和应用低碳节能技术；制定贷款贴息、财政补助等优惠政策，引导企业低碳投资和消费者绿色消费；利用碳税收入等设立低碳城发展专项基金，为产业投资、公共平台与基础设施建设、低碳技术源头创新提供资金支持。

3. 拓宽融资渠道

低碳城的发展需要大量的资金投入，而目前融资渠道十分有限，美国有纽约绿色交易所、欧洲有气候交易所，我国还不存在真正意义上的碳金融产品和市场。鼓励商业银行、保险公司、投资机构等金融机构开展金融创新，开发多种形式的碳金融产品，为低碳发展搭建融资平台，吸引民间资金和各类社会资金参与低碳城建设，同时积极争取吸收外国政府、国际组织的基金，为低碳城发展提供多渠道融资。

4. 加快低碳技术创新

低碳技术是低碳经济发展的动力，而目前我国的低碳技术总体而言水平不高。企业技术引进和开发面临资金短缺、市场不确定等风险，政府要利用优惠政策鼓励企业和科研机构开展有关低碳节能关键技术的攻关、设备制造和低碳能源的生产，包括煤炭的高效燃烧、高保温、热能多重自然循环等节能技术和太阳能发电等清洁可再生能源开发技术，为低碳城乃至全国节能减排服务。

5. 建设低碳人才队伍

人才是推动经济发展的重要源泉，发展低碳经济人才战略的重要性是不言而喻的，而当前低碳产业发展所需的各个层面的人才，无论是高层管理人员、研发的技术人员，还是产业层面的一线技术工人都面临严重的短缺问题，随着我国低碳经济的全面展开，短缺问题将越来越严重。深圳政府应该抓住低碳城试点契机，出台低碳人才队伍建设和大力支持低碳创业的政策，比如创新扶持政策和税优惠政策等，培养一批高素质的服务于低碳经济发展的人才。

**6. 加强国际低碳技术的合作与交流**

我国作为世界第二大经济体和一个负责任的大国，在应对全球气候变化问题上任重而道远，实现低碳经济的难题集中在低碳技术的制约上。因此，政府应支持低碳城扩大与日本、美国等发达国家的技术交流合作，引进、消化并吸收先进的低碳节能技术。同时，低碳城还要积极构建与发达国家之间、企业之间，以及其他非政府组织和协会如学术研究、管理培训机构之间的合作伙伴关系，通过开展多种形式的合作活动，如具体项目技术合作、能力建设以及经验交流等，为实现低碳发展开创新的合作模式。

## 参考文献

Department of Trade and Industry, *UK Energy White Paper*: *Our Energy Future Creating a Low Carbon Economy*, London: The Stationery Office, 2003.

骆华、费方域：《英国和美国发展低碳经济的策略及其启示》，《软科学》2011 年第 11 期。

陈亚雯：《西方国家低碳经济政策与实践创新对中国的启示》，《经济问题探索》2010 年第 8 期。

郭印、王敏洁：《国际低碳经济发展经验及对中国的启示》，《改革与战略》2009 年第 10 期。

李晴、石龙宇、唐立娜等：《日本发展低碳经济的政策体系综述》，《中国人口·资源与环境》2011 年第 3 期。

任力：《国外发展低碳经济的政策及启示》，《发展研究》2009 年第 2 期。

深圳市发展和改革委员会：《深圳国际低碳成总体发展规划纲要》，2013。

B.28

# 浅议物流产业发展环境对构建粤港澳自由贸易区的影响

尹庆恂*

**摘　要：**

拟构建的粤港澳自由贸易区将是一个跨关税区、在不同法律环境下的自由贸易区，在这一环境下，必须考虑如何融合、理顺香港、澳门、内地的海关监管模式，建立三地之间的物流、服务贸易、跨境资金和人员的往来机制，以及协调环保和服务的标准体系等法律法规的统一。加强自由贸易区市场体系的建设，既会降低自由贸易区的市场成本，又会促进粤港澳自由贸易区的健康发展。

**关键词：**

自由贸易区　物流服务　法制环境　海关监管　协调机制

拟构建的粤港澳自由贸易区将会与内地其他申请建立的自由贸易区不同，它覆盖了香港、澳门、内地三个不同的体制区，其对物流业的影响和要求已超出了纯物流管理的技术层面。

因此，在内地和港澳这两个不同的市场环境、法律体系和海关监管体系下，有必要思考如何融合、理顺粤港澳自由贸易区物流业的发展环境，以实体经济为主，优化产业政策，合理规划和引导三地的产业发展，建立三地的供应链协作关系，是确保粤港澳自由贸易区能持续健康发展的前提。

根据自由贸易区的国际惯例，通过对国外建立和发展自由贸易区的案

* 尹庆恂，深圳市现代供应链管理研究所。

例进行分析，笔者提出，自由贸易区物流业的发展环境和若干制度性因素可能是未来影响拟构建的粤港澳自由贸易区可持续性的重要因素，以供业界和有关机构参考。

## 一 建立完善的物流业发展环境，是建立和发展粤港澳自由贸易区的前提

根据 UNESCAP 的有关规定①和国外自由贸易区的发展经验，自由贸易区物流业的发展超出了纯粹物流技术和基础设施建设的层面，成功的自由贸易区都是建立在完善的产业发展环境和治理制度基础之上的。

**1. 发展自由贸易区物流业，需要在法制环境、物流服务环境、产业导向和环境三个方面建立规范的市场环境**

根据世界银行（WB）、经合组织（OECD）的相关规定，自由贸易区物流业的发展环境是建立在以下三个方面之上的（见表 1）。

**表 1 建立和发展自由贸易区的三个关键环境要素**

| 法制环境 | 物流服务环境 | 产业导向和环境 |
| --- | --- | --- |
| 贸易监管模式<br>获取土地和建设许可证<br>税收政策<br>对投资者的保护和优惠政策<br>融资渠道和政策<br>区内用工条件和雇员优惠政策 | 码头设施设备效率和服务收费<br>跨境物流服务延伸的时效性 | 鼓励和支持发展的产业<br>目标市场 |

（1）建立粤港澳自由贸易区，首先需要协调内地和港澳在法制方面的差别，以确立自由贸易区的竞争环境和运行机制。

从国际贸易和物流业的发展需求角度出发，土地、用工、融资等是影响自由贸易区物流企业发展的重要法律因素和成本因素。自由贸易区内的企业一般要求能以相对低的成本进行融资并获得土地，要在相对宽松的环境下实现货物

① UNESCAP, Free Trade Zone and Port Hinterland Development, United Nations, 2005.

进出和自由雇佣人员（自由贸易区有大量外籍雇员）。在这些方面，内地和香港、澳门三地需要开展大量的政策和法规协调工作。

（2）物流基础设施和海关监管模式决定了自由贸易区物流服务的时效性和成本，是影响自由贸易区物流发展环境和质量的基础性要素。

根据联合国亚太经济社会组织（UNESCAP）的调研，一个发达、完善的自由贸易区的物流环境主要集中表现在两个方面：第一，码头设施设备的技术水平和收费费率。物流作业服务的效率是影响自由贸易区物流企业竞争力的重要因素，是船东是否在此港口开设基地、开展集装箱班轮航线、建设港口物流园的重要指标。第二，海关监管决定了自由贸易区物流服务的时效性。海关监管模式会直接影响企业物流服务的效率，对自由贸易区内物流企业降低成本至关重要。

自由贸易区港口一般都实行自由港的监管政策，减少货物查验环节和时间，实现在相关法规下的自由进出机制。

根据OECD对自由贸易区物流服务竞争力的评估，从自由贸易区进口货物的总物流成本占总成本（以到岸价计）的20%，其中，运输成本（包括海运、港区运输等）占总物流成本的25%，仓储成本（各类仓储成本、码头堆场收费）占总物流成本的17%～20%。其余物流成本为3PL物流企业的增值服务。同时，码头对散装货物和集装箱一般提供72小时内进出口免收仓储费和堆场费的优惠政策，对转口和再出口物资提供14天的免收仓储费和堆场费的优惠待遇，对企业和第三方物流业租用港口内物流设施设备提供优惠的租金，以降低物流成本。

目前，内地和香港自由港的模式还存在一定的差距。充分利用深圳和广州的B型保税区的政策优势，实现快捷、即时响应、低成本的物流服务，对在深圳和广州进出自由贸易区的产品和服务实行自由港进出模式，是未来影响粤港澳自由贸易区建立一体化物流服务的重要因素。

（3）发展自由贸易区的物流业，需要培育和发展实体经济，为自由贸易区物流业创造有效物流需求。

在对国外自由贸易区的产业构成进行分析后可以看出，自由贸易区内的企业主要为劳动密集型产业、服务业、技术和资本密集型产业，自由贸易区主要是通过实体经济的发展，带动进出口、转口贸易的发展，从而刺激物流业的发展（见表2）。

**表2　自由贸易区内的主要产业构成**

| 产业类型 | | 自由贸易区所在地区 | | |
|---|---|---|---|---|
| | | 拉美 | 东南亚 | 东亚# |
| 劳动密集型产业 | 制衣、制鞋等 | 60% ~65% | 40% ~50% | 10% ~15% |
| | 电子装配等 | 8% ~25% | 30% ~45% | 25% ~35% |
| | 机械加工制造等 | 2% ~16% | 10% ~25% | 20%左右 |
| 技术和资本密集型产业 | 石油和化工业 | * | 4%左右 | <2% |
| | 高新技术 | | 10% ~20% | 20% ~48% |
| | 生物医药和化工制品 | 4% ~7% | 10% ~28% | 15% ~20% |
| 服务业 | 贸易 | 10% ~47% | 19% ~20% | 10% ~15% |
| | 物流企业 | 8%左右 | 10%左右 | 11%左右 |
| | 其他服务业(会展、中介等) | 4%左右 | * | * |

注：①本表内的比例，为参照相关资料，就相关产业的产值占自由贸易区的产值比例得出，本表只是反映产业构成的比例和趋势，不是完整统计；

②本表的数据来源于 International Confederation of Free Trade Unions，UNCTAD，Regular Meeting of the Latin American Council。

③#表示东亚数据中国大陆、中国台湾、韩国数据；

④ *表示缺相关资料，故未计。

因此，粤港澳自由贸易区物流业和其他服务业的发展空间主要取决于制造业和国际贸易的发展空间，没有不断发展的实体经济，没有持续增长的进出口和转口贸易做支撑，物流业和其他服务业的增长空间将会十分有限。

**2. 合理规划香港、广州和深圳港口之间的协作关系，建立粤港澳自由贸易区内物流业的良性发展环境**

合理规划香港、深圳、广州三地港口间的协作关系，需要清楚自由贸易区内企业对投资选址的要求。本文根据联合国贸易和发展会议（UNCTAD）对自由贸易区投资的产业对选址的倾向性[①]进行了分析（见表3）。

① UNESCAP，Free Trade Zone and Port Hinterland Development，United Nations，2005.

**表 3 制造业企业对在自由贸易区选址倾向的权重指数**

单位：%

| 选择自由贸易区时主要考虑的因素 | | 企业选择自由贸易区倾向的权重 | | | |
|---|---|---|---|---|---|
| 项目 | 要素 | 自由贸易区所处国别的权重 | | 自由贸易区所处地区的权重 | |
| | | 关键性要素 | 重要性因素 | 关键性要素 | 重要性印象 |
| 与市场的联系度 | 与市场更加接近 | 34 | 51 | 19 | 31 |
| | 原材料供应的便利性 | 9 | 23 | 12 | 17 |
| | 缩短了与主要客户的距离 | 17 | 14 | 18 | 6 |
| | 获得合适营业场所的便利性 | 5 | 5 | 17 | 17 |
| 所在国家和所处区位优势 | 金融支持措施和力度 | 11 | 20 | 19 | 20 |
| | 政府扶持力度 | 6 | 19 | 9 | 23 |
| | 工作环境 | 15 | 14 | 2 | 2 |
| | 公司的税负和税收 | 6 | 15 | 3 | — |
| 劳动力 | 普工的供应量 | 8 | 26 | 15 | 32 |
| | 技工的供应量 | 9 | 19 | 11 | 22 |
| | 工人的质量 | 8 | 22 | 9 | 29 |
| | 劳资关系 | 6 | 17 | 5 | 6 |
| | 工人的工作态度 | 8 | 14 | — | 17 |
| 影响投资的成本要素 | 对生产经营场所的投资额 | 5 | 17 | 11 | 18 |
| | 劳动力的工资水平 | 11 | 22 | 9 | 17 |
| 有型物流基础设施 | 公路、铁路交通的服务质量 | 23 | 20 | 15 | 32 |
| | 接近港口 | 8 | 11 | 6 | 15 |
| | 距主要机场有多近 | 9 | 14 | 6 | 31 |
| | 电信服务的质量 | 5 | 12 | 2 | 11 |
| 生活、教育水平 | 文化因素 | 5 | 17 | — | 23 |
| | 国际学校 | 2 | 11 | 2 | 9 |
| | 教育的便利性 | — | 6 | 2 | 12 |
| | 地区的综合吸引力 | 5 | 6 | 6 | 8 |

我们对其中四个重要的权重指标进行分析后发现以下几个特点。

（1）有形物流基础设施的水平是影响自贸区的重要关键性因素.

有形物流基础设施的完善程度对自贸区非常重要。当一国决定建立自贸区时，有形物流基础设施的完善程度对影响自贸区决策的重要性达到了 20.93%（见图 1）；在某一地区决定建立自贸区时，选择进入自贸区的企业对这一指标的重要性的倾向则降为 14.435%（见图 2），而对于在自贸区内在地区环境下，这一指标也为 14.65%（见图 3）。

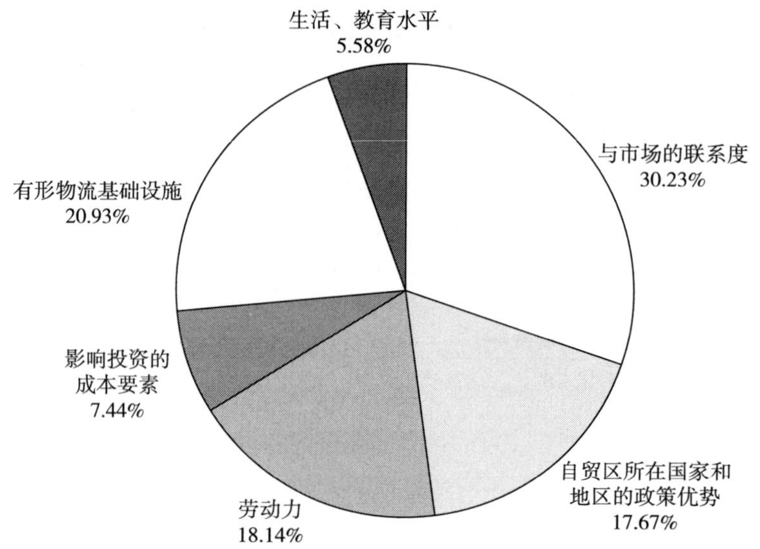


**图1　影响建立自贸区的国家环境要素的决定性指标**

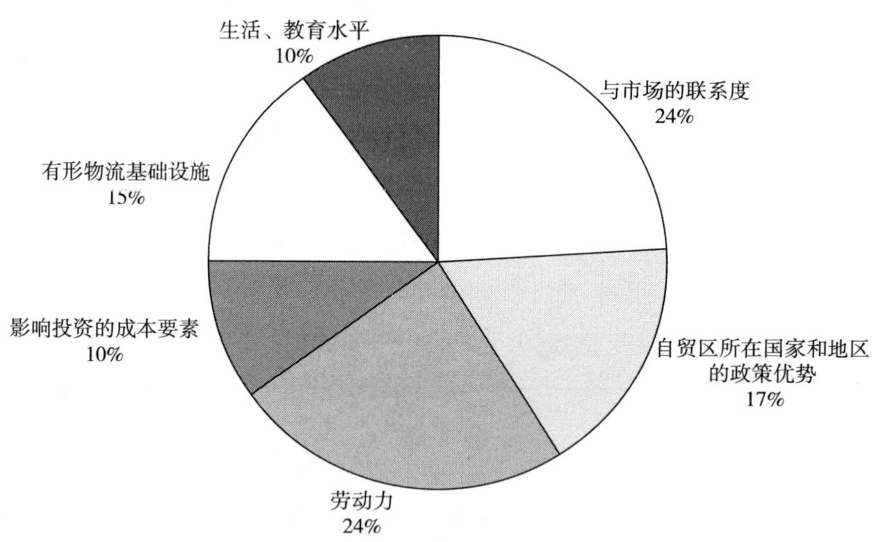


**图2　影响企业选择进入自贸区的重要环境要素指标**

现这种变化的原因主要是，企业认为，当在国家之间选择自贸区的情况下，有形物流基础设施的重要性对企业的影响是决定性的；当在一国内的地区之间建立若干个自贸区时，企业选择进入自贸区和不同地区的自贸区之间相

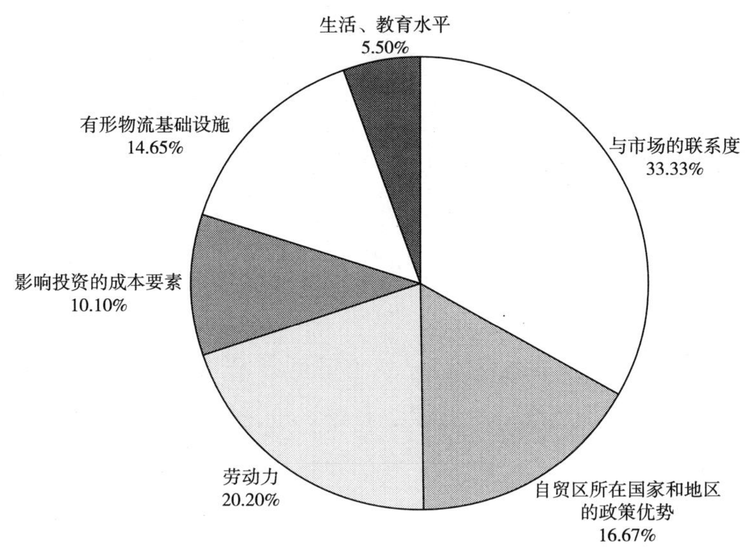


**图 3　自贸区内企业对影响在区内成长的重要区域环境要素指标**

比，有形物流基础设施的重要性则下降到 14% 左右，换句话说，对于一国的自贸区而言，有型物流基础设施企业的影响度已大大降低了。

从目前的发展条件看，在有形基础设施方面，深圳和广州已经基本具备了香港所具有的物流服务水平，物流企业的管理和服务水平也已达到或者接近香港物流企业的水平，而且在成本方面有比较强的竞争力。

（2）发展供应链的协作关系能逐步克服市场壁垒，缩短企业与市场、产品与终端客户的距离，降低企业进入市场的成本。

一国建立自贸区时，与国际市场和地区市场的关联度（能否快捷便利进入国际市场、参与地区市场）是有决定性作用的。

从图 1 可以看出，对于某一国决定设立自贸区，与市场的关联度的决定性指标达到 30. 23%；对于在一国内地区间的自贸区，与市场的关联度的指标权重也高达 23. 54%；从纯粹企业经营的角度出发，与市场的关联度是最高的指标之一，达到 33. 33%。

可以看出，迅速满足市场的需求和要求，以最经济的成本提供市场需要的服务和产品，决定了自由贸易区产业的成长空间以及企业的成本和效益。

通过多年的发展，三地物流企业通过供应链服务，建立了紧密的协作关系，内地物流企业利用香港自由港的优势，拓展了国际市场空间，而香港物流企业通过在深圳和广州等地的分支机构和合作企业，也拓展了大陆市场。

这种供应链的协作关系，不但提升了深圳物流业的管理技能和水平，也提高了物流服务的效率和效益，使得深圳市物流业保持了较高的竞争力；而且有效地推动了三地海关监管模式的简单化、便捷化，并朝着逐步消除三地的市场壁垒、建立统一的市场迈进。

（3）合理规划政府产业政策，引导不同产业在粤港澳自由贸易区内不同地区间的投资，有利于建设一个健康、有序、可持续的发展环境。

根据分析，国家对自由贸易区的产业引导政策的权重指标为17.67%～16.67%，地方政府对自由贸易区的产业政策的权重指标为11.31%。同时，国家对自由贸易区在金融方面的优惠政策的权重指标为28.95%，税收优惠政策的权重指标为15.79%。

未来粤港澳自由贸易区的发展，迫切需要协调香港、澳门、广州、深圳等地区的产业扶持导向政策，合理规划、确立适合本地的产业发展方向，引导符合每个地区的投资导向和发展重点，避免同质化竞争，为粤港澳自由贸易区的发展创造一个健康、可持续的发展环境。

（4）在自由贸易区投资的企业关注更多的是劳动者的素质和技能，而不是单纯地注重劳动力成本。

在上述分析中，有一点值得注意，劳动力的供应量、技能和素质的权重都维持在20.20%～26.63%。可见，除了低附加值劳动密集型企业对劳动力成本波动比较敏感外，其他的产业首要关注的是劳动者的素质和技能，是否有充足的智力支持，而不单是工资和薪金的高低。

这从另一个侧面反映了自由贸易区的经济发展水平、市场的成熟度与劳动者的技能、水平、劳动力提供的数量等都是相关的，越是成功的自由贸易区，其越有充足的、高素质和高技能的劳动力支持自由贸易区的企业发展资本密集型、技术密集型企业，劳动力的成本反而是其次考虑的因素。

这一现象对于粤港澳自由贸易区产业链的构成、合理确立香港和内地的产业链分布有着重要的指导意义。

## 二　对参考性案例的观察和分析

**1. 案例1——哥伦比亚自由贸易区的发展启示**

（1）自由贸易区的发展达不到设立目标。

1979年哥伦比亚在太平洋一侧的布埃纳文图拉港设立了自由贸易区（FTZ 1979），效仿当时的“亚洲四小龙”，发展劳动密集型产业，刺激经济发展。

自设立后至1998年，自由贸易区一直达不到设立的目的和要求。根据哥伦比亚有关机构的统计①，自由贸易区贸易一直以原油及衍生品、咖啡豆、镍等矿产品等传统产业为主，原计划引进的制衣、电子、饮料、造纸、机械加工等产业只是在东亚等地区开始产业转移之后才开始好转。1998年，传统产业的进出口占自由贸易区进出口总额的60%，同期，自由贸易区的出口增速同比1997年还下降了12.75%。

（2）哥伦比亚发展自由贸易区的教训。

哥伦比亚的社会环境在拉美地区相对稳定，但自由贸易区的发展滞后于哥斯达黎加、巴拿马、巴西的MANAOS等周边国家，主要原因有以下几个。

①物流效率不高，服务质量不高。自由贸易区虽然建立在港口地区，但对物流的投资不够，港口设施设备作业效率较低，企业物流成本较高。在面对巴拿马和哥斯达黎加等周边国家的自由贸易区的竞争时，在劳动力成本、区域位置、优惠政策等条件基本相同时，哥伦比亚的自由贸易区对投资者的吸引力明显弱于周边国家的自由贸易区。

②自由贸易区产业结构单一，没有形成完整的产业链，产品附加值低。到目前，除了能源、矿产品、农产品外，虽然得益于近十年来中国和东亚的产业转移，哥伦比亚的制衣和纺织业以及电子装配业（包括中美洲的其他几个自由贸易区，情况类似）仍然没有形成完整的产业链，更多的是终端产品的组装，导致产业结构单一、抗市场风险能力差。

---

① Base de Datos DANE a marzo de 1999 y Base DIAN de Nits a 1997.

**2. 案例2——新加坡发展自由贸易区的经验**

（1）区域性国际航运中心和在物流成本上的综合优势成为工业化的助推器，克服了劳动力上涨带来的不利影响。

新加坡大力发展快速集装箱班轮转运航线，吸引马士基等巨头在新加坡设立转运中心，将周边国家的货物通过72小时快速转运集中到新加坡进行转运、分拨，牢牢地巩固了区域性国际航运中心的地位。

新加坡对物流企业的引导重点放在物流服务的效率、质量、技术装备水平、服务模式的创新、基础设施的不断更新、快速集装箱班轮航线的开辟等方面，克服了新加坡劳动力成本的不利影响，在服务的效率、质量、即时响应等方面的综合成本上，比周边国家地区始终具有比较竞争优势，保证了其工业制品和服务贸易一直保持着较强的成本竞争力。

（2）新加坡自由贸易区的产业导向和结构适应了国际产业转移的需要，建立了在不同时期的优势产业。

从20世纪60年代起，新加坡的GDP基本保持在8%的增速，一个重要的原因是新加坡把握住了国际产业的调整步伐。从劳动密集型发展到资金、技术密集型，新加坡经过了从单纯依靠优惠政策吸引投资发展到依靠产业供应链、建立有比较竞争优势的区域性国际物流枢纽港，在石化、现代物流业、电子通信业、清洁能源、生物医药、金融和服务业等产业方面形成了一批有国际竞争力的优势产业（见图4）。

**3. 案例3——地中海自由贸易区（The Mediterranean Free Trade Zone—MMFTZ）**

这个案例的目的是观察在不同的海关监管模式下、不同的法律环境下、不同的经济发展水平的国家和地区间建立自由贸易区所遇到的问题。

（1）MMFTZ的基本情况和成立的目的。

1995年，12个欧盟成员国和以色列，3个南欧国家，埃及、黎巴嫩、阿尔及利亚等8个地中海国家发起成立了地中海自由贸易区。这个自由贸易区是一个跨多国国境和海关监管模式的自由贸易区，有发达国家、新兴市场和发展中国家三个发展层次的经济体。

欧盟在自由贸易区内居于主导和支配地位，其主要意图在于推动区内发展

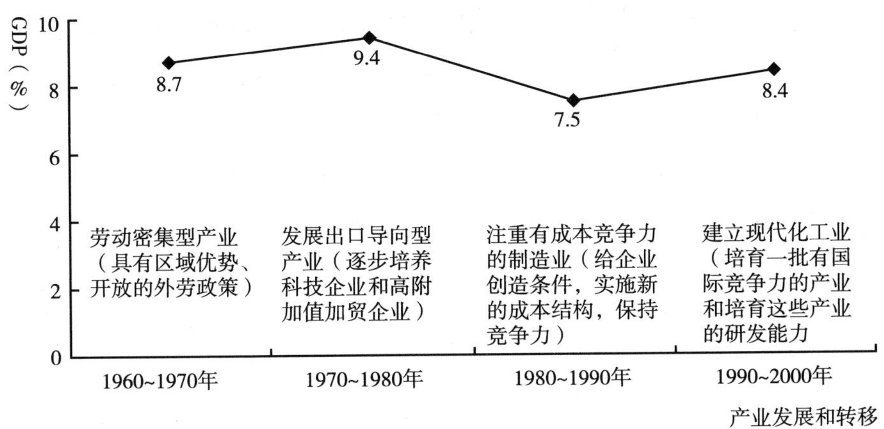


**图4　新加坡产业发展和转移和 GDP 的发展**

资料来源：新加坡统计局。

中国家的经济发展的同时开辟新的出口市场，以利于调整欧盟的产业结构。

（2）MMDTZ 发展中遇到的主要障碍。

地中海自由贸易区的发展没有达到当初设立它的目的。从技术的角度看，主要有以下几个方面的原因。

第一，环保、质量标准的差别，导致了不同经济发展水平的国家在自由贸易区内的竞争地位和承担的责任与实际获得的收益不对等。

环保和质量标准涉及产品的准入标准、定价等一系列问题。在这方面，北非等发展中国家，明显处于弱势，导致北非国家成为欧盟成员国工业产品和农产品倾销的市场，而北非国家原本期望的农产品等进入欧盟市场时又受限于欧盟成员国对农产品保护的准入限制。

第二，自由贸易区的成立需要畅通、即时响应的一体化物流体系，需要一个统一的市场环境。欧盟和北非国家在法制方面存在很大差异，且成立自由贸易区时没有成立一个有执行力的协调机构，没有营造一个有效的市场环境和机制，导致自由贸易区内很多技术性事务被放到国家间的外交层面去解决，直接制约了自由贸易区的发展。

由于自由贸易区成员国都是主权国家，有权规定自己的海关监管政策，在处理区域内多边经济事务时，欧盟和其他国家在对投资者（FDI）保护、法律争议解决和裁量标准、违反环保法规后的赔偿标准等方面又有着大量的差异。对于这些技术性和事务性问题，MMFTZ 没有一个有执行效力的机构来协调成员国的立场和行动，或者没有实质上让各方满意的法律约定，结果使得很多日常的技术性、事务性的问题被放到自由贸易区成员国之间的外交层面去解决，加之欧盟往往处于强势地位，工作程序被人为拖延、滞后，导致自由贸易区得不到切实的发展。

第三，欧盟在金融方面的优势并没有对其他成员国（发展中国家）的经济发展起到积极的助推作用。

自由贸易区成立后没有建立一个像 NAFTA 下的 NADBANK 这样的政策性金融机构，失去了对自由贸易区内发展中国家在大型基础设施、公共设施方面提供融资和再担保服务的机会，导致发展中国家的基础设施滞后于经济发展，企业融资能力和扩大再生产能力受限，这样反而制约了自由贸易区的经济整体发展水平，使得欧盟失去了相当大的市场份额。

第四，自由贸易区内成员国劳动力就业的政策限制。

在成立 MMFTZ 时，欧盟允诺对自由贸易区内发展中国家的人员在自由贸易区内欧盟国家的就业提供了一个配额，但在具体的执行过程中，受制于欧盟成员国经济低迷、失业率高居不下、福利成本高昂和选举政策等方面的影响，欧盟成员国收紧了这方面的优惠政策，导致其他发展中国家成员国的极度不满。

## 三 利用市场机制，以实体经济为主，合理规划粤港澳三地的分工和发展方向，建立协调三方发展的常设性联系机构，通过建立供应链协作关系和一体化物流服务体系，消除和克服在自由贸易区发展环境方面的壁垒，为自由贸易区的可持续性发展创造良好条件

### 1. 利用市场机制，合理确定三地的产业发展导向，实现三地产业之间的优势互补，推动建设健康、有序、可持续性的发展环境

粤、港、澳三地有自己的优势产业，香港作为自由港，在金融业、物流

业、服务业等方面的优势较大，市场自由度非常高。广州和深圳经过30多年的发展，在土地、资源、劳动力等方面具备发展的潜力，在加工贸易、制造业、物流业等方面有比较竞争优势，在国际金融业务方面则相对弱一些。澳门一直集中发展以博彩业为主的服务业。

建议利用市场机制，合理规划内地和港澳的产业发展导向，实现各地的差别化发展和合理的产业分工，将深圳和广州等内地城市作为制造业的基地，发挥香港和澳门在国际金融、国际贸易服务等服务业方面的优势，避免内地和港澳进行同质化竞争，建立粤港澳自由贸易区三方共赢的机制。

从长远发展看，结合国内金融市场的管理要求，为避免对国内金融市场造成不良冲击，建议主要利用香港的金融服务优势，在深圳前海适当开展离岸金融服务，以避免三地争夺国际或者区域金融中心地位，这是三方都易接受、也易于推动自由贸易区良性发展的策略。

**2. 确立实体经济在粤港澳自由贸易区中的核心地位，把握国际产业转移和升级发展导向，确立下一步高端制造业的发展方向，克服劳动力成本上涨的压力，对粤港澳自由贸易区的发展至关重要**

有可持续发展潜力的自由贸易区都是建立在实体经济之上的，都是以现代物流业为支撑，推动国际贸易、国际金融和服务业等的发展。

粤港澳自由贸易区要充分利用香港、深圳和南沙的物流优势，挖掘珠三角的制造业潜力和技术潜力，抓住当今国际产业转移和升级的机遇，培育当今国内外亟需的产业，如精密机械、智能化成套装备、新材料、新能源等，通过提高产业发展水平、发展高附加值的新型制造业，通过提高经济的质量和效益，以克服劳动力成本快速上升的不利因素，建立一批有国际竞争力的制造业和现代物流业，推动经济的稳定、持续发展。

**3. 现代物流业是自由贸易区发展的支撑，怎样配置香港、深圳、广州的物流资源，决定了自由贸易区的综合成本和比较竞争优势**

从国外成功的自由贸易区经验看，是否能建立和发展国际转运中心，能否实现72小时全球转运，决定了自由贸易区的影响力和发展规模，是大型国际跨国公司能否进入自由贸易区的一个关键指标。

从近期看，只有香港能满足72小时集装箱班轮在周边国家和地区间的转运。从长远来看，香港的综合成本远高于深圳和南沙港，其航运业资源势必逐渐向深圳和南沙分流。这需要三地港口管理层协调分流货源的种类、货源地、货量等，利用深圳和南沙的成本优势，吸纳和处理对成本非常敏感的低附加值的转运、分拨货物的转口，在完成了一定的物流增值业务处理后，将需要由香港集中转运、转口的货物由深圳和南沙驳运到香港，以保证深圳和南沙不要同香港发生行业内的恶性竞争。

**4. 充分利用国内现有海关监管区域资源，创造多层次、多网点的发展格局，建立一体化物流链，在空间上扩大粤港澳自由贸易区的实施范围**

立足内地现有的海关监管体系，从珠三角已有的保税仓、监管仓、出口加工区、区港联动、B 型保税区和各类开发区入手，利用现有的各种优惠政策，以香港和澳门为桥头，以深圳前海和广州南沙两个 B 型保税区为核心，通过分布在现有的出口加工区、开发区内的加工贸易等企业的转型、升级，引进高新技术企业，提高珠三角核心地带的工业发展水平和质量，拓展粤港澳自由贸易区的地域发展空间。

**5. 建立一个有执行力的联合机构，协调三地的行动，消除三地在环保、质量标准等方面的差别，建立自由贸易区健康、有序发展的制度基础**

粤港澳三地的贸易、人员往来、金融结算是在两种不同的法律环境、海关监管、环保标准、质量标准下进行的。

从地中海自由贸易区的经验看，建议粤港澳自由贸易区建立一个有执行力的、跨部门的常设性机构，协调香港、澳门和内地在法律、海关监管政策等方面的各种程序性、事务性工作和问题，逐步实现粤港澳三地在环保、质量标准等方面的统一，实现货物、人员等在三地之间流动的自由和便利性，有利于减少粤港澳自由贸易区三方分歧，建立统一的市场机制。

B.29

# 深圳适度发展奥特莱斯商业模式的思考

奥特莱斯研究课题组

**摘　要：**

被称为奥特莱斯的“品牌直销购物中心”，在深圳还处于起步阶段，适度发展这一商业模式，有利于优化深圳的商业发展布局、商业发展模式，有利于做大深圳消费市场。深圳发展奥特莱斯商业模式有多种有利条件，但也面临不少难题。推动奥特莱斯发展，要坚持品牌第一、产品实惠、充分利用自身产业优势、合理布点。

**关键词：**

奥特莱斯　商业模式　发展对策

## 一　问题的提出

奥特莱斯，音译自英文 Outlets，原意是“出口、出路”。在零售商业中，奥特莱斯则专指由销售过季、下架、断码名牌商品商店组成的购物中心，因此也被称为“品牌直销购物中心”。

奥特莱斯这种商业模式已有近百年历史，最早诞生于美国，逐渐风靡国际。美国目前有 300 多家奥特莱斯，销售额占全美百货业的半壁江山。在日本，即便是在经济衰退的时候，奥特莱斯仍能逆势上扬。一些大型奥特莱斯不仅是当地居民的消费中心，而且还是旅游观光客的目的地，如英国牛津的 Bicester outlet village、意大利米兰附近的 Fidenza Chic Outlet、西班牙巴塞罗那附近的 La Roca Village、德国慕尼黑附近的 Ingolstadt 购物城、美国纽约的

Woodbury Common Premium Outlets、法国巴黎附近的 La Vallée Village、中国香港的东荟城等。

奥特莱斯进入我国的时间较晚，但发展势头迅猛。2002 年，北京燕莎集团建立起国内第一家奥特莱斯购物中心，目前全国已有 400 多家冠以奥特莱斯名头的购物店。数量上虽然超过美国，但在这 400 多家购物店中，名不副实者居多。欧美奥特莱斯的基本特点是，商品品牌纯正、品种丰富和价格实惠。而且，奥特莱斯也并不单纯是“尾货分销渠道”，常常是既销售一部分过季尾货，又销售一部分当季产品，而且当季产品销量能占到部分商家总销量的 40% 以上。但我国大多数奥特莱斯品牌少、价格高，有些卖场甚至沦为假货和水货市场，这就严重损害了奥特莱斯这一商业模式的信誉和形象。

## 二　深圳发展奥特莱斯有利于建设国际消费中心城市

奥特莱斯在深圳还处于起步阶段，适度发展这一商业模式，对培育时尚消费、培育中高档商品消费、培育“深圳购物”、丰富城市品牌形象、进一步提升对外影响力，进而对把深圳打造成为国际消费中心城市具有积极意义。

一是有利于优化商业发展布局。从深圳商业发展现状来看，原特区内南山、罗湖、福田、盐田等区域的大型购物中心已经比较成熟，原特区外的大型购物中心很少。纵观全球知名奥特莱斯，经营场所选址一般远离城市中心，通过较低的地价或租金，降低运营成本，为顾客提供更为实惠的商品。如果选择在商业元素缺乏的区域布点奥特莱斯，将有利于优化深圳的城市商业布局。

二是有利于优化商业模式。深圳的万象城、KK-mall、中心城、COCOPARK、海岸城等大型购物中心，有同质化倾向。但深圳冠以奥特莱斯名头的较大型购物中心只有两家。深圳第一家奥特莱斯建于 2010 年，是位于盐田区大梅沙的湖心岛奥特莱斯购物村，营业面积约为 7920 平方米，共有 65 个店铺；另一家是位于龙岗区平湖街道华南城的华盛奥特莱斯购物中心，规划营业面积 5 万平方米，一期试营业面积 8000 平方米。适度发展奥特莱斯，与现有大型购物中心形成差异化发展，是对深圳商业模式的一个丰富。

三是有利于做大深圳消费市场。奥特莱斯的目标消费群体主要定位于有较高收入、品牌认知程度高、忠诚度高、品牌意识强的消费者。目前深圳缺少品牌齐全的大型奥特莱斯，不少有相关消费需求的市民选择到香港或是通过网购、海外代购等形式来实现相关消费需求。瞄准这种消费需求，适度发展奥特莱斯，可以吸引这部分消费群体，也可以培育更多潜在消费者，还可以吸引来深圳的游客进行相关消费，从而做大深圳消费市场。

## 三　深圳具备发展奥特莱斯的有利条件

深圳奥特莱斯虽然起步较晚，但是具有加快发展的有利条件。

一是深圳市政府高度重视发展新型商业业态，为奥特莱斯发展提供了政策环境。2014 年深圳市政府工作报告提出，要强化内需拉动，进一步释放消费和投资潜力，主动顺应消费需求升级，培育发展信息、健康、文化和时尚消费等新业态，加快建设国家信息消费试点市和电子商务示范城市，因此未来将对新型商业业态进一步加大扶持力度。

二是深圳居民消费水平持续提升，为奥特莱斯发展提供了市场基础。2013 年，深圳居民人均可支配收入达到 44653 元，比上年增长 9.6%；居民人均消费性支出 28812 元，增长 7.8%。居民可支配收入水平和支配水平的提升，带动了深圳消费市场的持续畅旺。2012 年，全社会消费品零售总额增速高于 GDP 增速 6.5 个百分点。2013 年全市社会消费品零售总额同比增长 10.6%，仍高于 GDP 增速。这一态势显示，深圳内需拉动力较强，深圳商业发展具有良好基础。

三是深圳是全球中高档商品生产的重要基地，为奥特莱斯发展提供了产品支撑。深圳的消费类电子产品等新兴产业发达，特别是移动通信设备，在全球占有重要的市场份额，比如富士康就是苹果等高端手机重要的组装基地。在传统产业方面，深圳的服装、钟表、家具、眼镜、黄金珠宝等产业十分发达。拿眼镜来说，横岗就是全球知名高档眼镜品牌的最大生产基地，目前世界上几大知名品牌都在委托横岗眼镜企业代加工，横岗眼镜年总产量超过 1 亿副，产品 95% 出口，出口目的地遍及世界 120 多个国家和地区。本土制造业的发达，使

工厂直销成为可能。此外，深圳本土品牌的快速成长，也为奥特莱斯在深圳发展提供了更多选择。

## 四　深圳发展奥特莱斯的难点

尽管深圳发展奥特莱斯具有不少有利条件，但也面临诸多难点。

一是奢侈品关税高企。我国奢侈品进口关税一般是15%～25%，有的则高达50%（比如化妆品和酒类），直接导致国际奢侈品在国内的销售价格比原产地高出不少。

二是国际一线品牌的代理商制度推高了经营成本。大多数国际一线品牌都是通过代理商进入中国市场，而代理商除了以零售价5折左右的价格从品牌商那里拿货外，还需要承担开店的人工、租金、物流等成本。因此，奥特莱斯与代理商合作很难实现5折销售价格。

三是国际品牌饥饿营销政策制约了奥特莱斯的扩张。众多国际一线大牌一般都采取异常稳健的扩张策略，未进行大肆扩张。它们往往通过饥饿营销的形式来控制价格。

四是网购、海外代购和跨境消费也在一定程度上挤压了奥特莱斯这一业态的生存空间。深圳是国内电子商务最为发达的城市之一，网购和海外代购名牌商品交易频繁。另外，深圳毗邻香港，两地往来便利，不少市民选择到香港消费，这对奥特莱斯在深圳的发展也具有一定影响。

## 五　深圳发展奥特莱斯的对策

深圳发展奥特莱斯，要注意做好五个方面的工作。

一是坚持品牌第一。品牌是奥特莱斯的基本特征，没有名牌商品支撑，就不是真正意义上的奥特莱斯。奥特莱斯和一般特卖场、折扣店的最根本区别就是名牌商品，尽管所售商品是下架、过季和断码名牌，但是全新的，绝非二手货品或是“山寨产品”。国内一些冠以奥特莱斯之名的购物中心发展状况不尽人意，主要原因其所经营的一线品牌商品稀缺，其中一些商品还甚至以次充

好，这种状况和奥特莱斯客户定位不符，很难形成吸引力。发展奥特莱斯，必须坚持品牌第一，争取吸引更多全球排名前100位的奢侈品牌入驻。

二是坚持价格较低。实惠是奥特莱斯的另一特点。纵观全球知名奥特莱斯的商品销售价格，比品牌专卖店或是中心城区百货商场的同样商品价格要低一半甚至更多。奥特莱斯价格低的主要原因在于：一是运营成本低，通过场所地价低、设施和销售手段简单等形式，来降低运营成本。二是商品本身价格低，过季、断码商品往往要比当季价格低一半甚至更多。其实，尾货分销的卖场，更是名牌厂商针对不同销售渠道实行“价格歧视”策略的产物，真正意义上的奥特莱斯，能够满足消费者和名牌厂商的双重需求。

国际上奥特莱斯的主流消费者主要是富有攀比心理、有一点品牌观念的中产阶级，在中国除此之外还有一批有较强品牌欲、借助家庭而形成消费能力的青少年群体。这部分人在追求高品质生活的同时，却又未能摆脱对价格敏感的消费习惯，奥特莱斯模式正迎合了这种消费心态。因此，深圳发展奥特莱斯，要切实控制运营成本，坚持销售过季、断码商品，在质量第一的前提下，以价取胜。

三是充分利用自身产业优势。在推动珠宝、眼镜、成衣等传统优势产业升级的同时，优化供应链，扩大名牌产品在产地的销售份额，减少因进口商品所产生的税费，降低运营成本。支持品牌专卖店、连锁店、折扣店和工厂店等连锁业开展联合采购、定制生产等业务。同时，还可以积极借鉴Burberry（博柏利）在日本发展的经验，争取名牌厂商在深圳直接生产，以“副牌”或“蓝标”的形式，限定在特定区域内贩售，以强化本地奥特莱斯的吸引力。

四是要合理布点。纵观国际上成功的奥特莱斯，在选址布点上均注重选择交通便利、业态环境良好的区域。深圳发展奥特莱斯，一定要选择公共交通便利的地方，最好设在有轨道交通的地方。我们认为，原深圳宝安国际机场A、B航站楼拥有14.6万平方米的开阔空间，又临近空港和机场物流园，还具有地铁1号线、11号线（在建）、福永客运码头和多条公交线路配套的地利之便，将其改造成为奥特莱斯，是一个理想的选择。

（执笔人：王世巍　洪智明）

# 城区发展篇

Urban Development

## B.30

## 2013年福田区经济发展报告与2014年展望

杨霞　郑雅珍*

**摘　要：**

2013年，面对复杂多变的发展环境，在深圳市委、市政府的正确领导下，福田区全面贯彻落实党的十八大精神，紧紧围绕建设“法治化、智慧型、高品质的国际化先导城区”的目标，勇于开拓创新，扎实推进各项工作，坚持以人为本，加快推进社会事业发展，着力改善民生福利，经济社会保持平稳健康发展，圆满完成全年经济社会发展的主要目标。

**关键词：**

福田区　经济　深圳

* 杨霞，福田区发展和改革局科长；郑雅珍，福田区发展和改革局副主任科员。

## 一　2013 年经济发展特点

### （一）经济发展质量稳步提高

2013 年以来，面对外部市场低迷和国内经济下行压力加大的复杂局面，福田区不断优化产业结构，经济质量稳步提高。三次产业结构比为 0.03∶7.41∶92.56，第三产业比重同比提升 0.45 个百分点。总部经济、现代服务业、战略性新兴产业等特色产业不断发展壮大，全年增速分别高于 GDP 增速 1.7 个百分点、1.4 个百分点、10.0 个百分点，占 GDP 比重分别为 39.1%、69.9%、25.1%。纳税亿元楼达 73 栋，实现增加值占 GDP 约六成，实现税收占全区税收的一半以上，成为福田高产田。地区生产总值地均集约度、税收地均集约度分别为 34.33 亿元/平方公里、8.97 亿元/平方公里，两项指标继续稳居全市各区之首；万元 GDP 建设用地、水耗、电耗均大大低于全市平均水平，高产低耗效益突出。

### （二）优势产业规模继续扩大

年内引进 3 家金融总部企业，全年金融业实现增加值 983.04 亿元，同比增长 12%，占 GDP 比重 36.4%，占全市金融业增加值近五成，产业规模继续保持深圳龙头地位。批发零售业实现增加值 592.39 亿元，同比增长 12.2%，占 GDP 比重 21.9%。福田区前 30 名批发零售商业企业实现销售收入占批发零售业销售总额六成以上，其中 15 家企业增速同比有较大的提升，在 2013 年全市商业普遍不景气的大背景下起到了较好的支撑作用。高新技术产业上新台阶，产品增加值首破 200 亿元大关，达 245.89 亿元，高于 GDP 增速 0.8 个百分点，占 GDP 比重为 9.1%；文化产业实现增加值 204.19 亿元，高于 GDP 增速 2.8 个百分点，占 GDP 的比重达 7.6%，产业发展地位逐渐显现。

### （三）“三驾马车”协同推进

一是刺激内需增长。加大商贸企业扶持力度，设立商业增长奖，稳定发展批发零售等传统业态，做大做强电子商务等新业态，形成消费增长点；引导商家错位经营、互动合作，持续保持消费旺势；举办购物节等促进节假日和会展消费；开展华强北商圈调研，寻找巩固和增强华强北商圈核心竞争力的对策。全年实现社会消费品零售总额1392.91亿元，按上年核定方法同口径增长15.3%，总量继续稳居八区之首。二是投资顺利推进。出台系列政府投资项目管理办法，简化程序，加快审批；推进投融资体制改革，大力引入社会资本参与福田区基础设施和公共事业建设，确定以BOT模式建设福涛幼儿园等项目；加强对项目的主动跟踪、协调、服务和督办工作。39个在建重大项目中，18个项目超额完成投资计划，平安金融中心、招商银行深圳分行大厦等项目进展顺利。实现固定资产投资163.01亿元，超额完成区计划1.9%。三是出口大幅提高。深入辖区重点外贸企业进行调研，促进企业加快技术研发和转变外贸发展方式，鼓励企业开展多种形式的经贸合作，帮助企业提高国际化经营水平；组织辖区企业赴南非、肯尼亚等国开展经贸交流活动，帮助企业扩大出口规模。出口总额695.9亿美元，增长50.2%，稳居全市第一。

### （四）政府服务日趋完善

修订完善“1+1+9”产业发展支持资金政策及系列实施细则和操作指引，扶持辖区企业做大做强。通过“植入式”方式，建立产业事业空间对接项目库，加大项目落地的跟踪服务，促进中心城区空间的高效集约利用和集聚发展。创新建立产业事业空间对接联席会议机制，定期召开产业空间对接会议，完成对接项目51个。大力实施“走出去”战略，组织辖区企业开展国内外26场重点经贸和展销活动。加大招商引资力度，2013年共有83家世界500强企业在福田区投资设立143家企业。不定期对企业走访调研，及时解决企业困难，对重点企业实施“一卡通”直通车服务，简化工作流程，缩短工作时间，实施一对一专门服务。制定并落实企业人才住房配售政策，使得289家企业受益。开通福田政府在线英文版网站，提升对外籍人士的服务力度。

## 二　2014年国内外发展环境

全球经济正处于“后危机时代”的调整状态，目前来自西方发达经济体

的风险基本得到缓解，新兴经济体普遍面临结构性矛盾，发展前景不容乐观，世界整体经济增速放缓。国际市场的争夺日益激烈，贸易投资保护主义趋向多样化，预计全球经济依然存在不稳定性和不确定性。

我国正处在增长阶段转换和寻求新平衡的关键期，经济总体保持平稳，经济增速处于合理区间，但部分产业产能过剩、有效需求不足、企业融资难等一些问题依然存在。深圳坚持质量引领、创新驱动发展战略，经济继续保持平稳增长态势，同时也面临建设用地供需矛盾突出、企业经营成本上升等制约因素。

福田区 2013 年经济发展总体呈现“前低后高”的特点，后期发展呈稳步上升态势。由于经济总量基数较大，产业以服务业为主，新兴产业尚未形成规模，经济增长主要依赖金融业和批发零售业，而前海开发区优惠政策频出，对福田金融业发展有一定冲击，消费市场低迷情况未有根本改善，批发零售业发展受限。2014 年，福田区经济将逐步从总量的快速增长向质量和效益的提升转变，保持稳定增长。

## 三　2014 年发展思路和主要措施

### （一）总体要求

全面贯彻落实十八大、十八届三中全会及中央、省、市经济工作会议精神，以提高经济增长质量和效益为中心，坚定不移地深化改革开放，增创福田发展新优势，着力推进经济结构战略性调整，加快构建现代产业体系，推动经济发展方式转变，全面加强社会建设，切实提升民生福利水平，努力实现有质量的稳定增长和可持续的全面发展，加快建设法治化、智慧型、高品质的国际化先导城区。

### （二）主要目标

按照上述总体要求，综合考虑国内外形势和福田区发展实际，提出 2014 年经济社会发展主要目标有以下几个。

**1. 预期性指标**

——本区生产总值突破3000亿元，比上年同期（下同）增长10.0%；

——现代服务业增加值2085亿元，增长10.2%；

——社会消费品零售总额1614亿元，增长10.1%；

——固定资产投资177亿元，增长7.3%；

——出口总额695亿美元，与2013年持平；

——公共财政预算收入104.8亿元，增长8.0%。

**2. 约束性指标**

——城镇居民登记失业率控制在3%以内；

——万元GDP建设用地下降8%；

——万元GDP水耗下降5%；

——万元GDP电耗下降3%。

## （三）重点工作和主要措施

**1. 强化改革创新，增创发展优势**

一是完善组织领导。成立区全面深化改革领导小组，制订2014年改革计划，结合群众路线教育实践活动，发挥“改革创新奖”“燃烧激情奖”“幸福指数奖”“建言献策奖”等奖项在推进深化改革中的激励作用，积极稳妥地推进改革工作。二是明确改革思路。以智慧福田建设为支撑，以推进公共服务市场化、均等化为牵引，不断推进政府职能转变；以推进政务信息公开为重点，抓好深化行政审批制度改革；以升级产业发展扶持政策、深化投融资体制改革为重点，抓好经济领域改革；以教育、医疗综合改革和基层管理服务体系改革为重点，抓好社会领域改革。三是当好改革“排头兵”。编制“预算清单”、梳理“权力清单”、发布“民生清单”；积极推进股份合作公司政企社企分离、股权改革，加快建立现代企业制度；探索新型社区治理模式，打造和谐社区；制订法治城区建设配套方案和实施细则，建设一流法治城区。

**2. 强化高端集聚，推动集约发展**

一是发挥产业带动作用。以深交所迁至福田区为契机，做强金融业，加大对金融创新的支持力度，推动金融业进入以产品创新、提升服务、电子商务为

主要增长点的“结构性调整期”，加大对“互联网金融”的支持力度，努力打造深圳的“华尔街”。引进国际级、国家级的创新研究机构和投资规模大、技术含量高、税收贡献多的科技产业集团，做大高新技术产业。大力培育文化企业，打造以服装设计、工业设计、珠宝设计、室内设计等为核心的创意设计“福田高地”；新建花样年“对外文化贸易基地”和福田保税区福兴大厦文化产业（保税）基地；扶持辖区龙头文化企业，推动其尽快上市。二是强力推进园区建设。重点做好深圳国际创新中心、新媒体广告产业园两大园区的建设和运营工作，通过高规格规划、高标准选商招商、高密度集聚，将两大园区打造成为经济发展新引擎；推动新一代信息技术产业园建设；加快推动梅林国际电子商务产业带、华强北立体街道和上步片区中国信息谷等园区建设；全力推进福田保税区的产业升级和配套设施建设，尽早深度开发保税区。三是加强高端资源引进。加大对重点楼宇的服务力度，发挥楼宇经济的辐射带动作用，通过在海外开展精准招商和定向推广、借助国际性和全国性重点展会和论坛等方式，大力引进世界 500 强、中国 500 强的区域性总部、功能性总部，以及位居行业前列的跨国企业、国有企业和大型民营企业的总部；积极承接香港高端现代服务业转移，建设深港 CEPA 大厦，作为引进香港高端现代服务业合作基地。四是加大产业（事业）空间对接力度。进一步完善产业空间对接联席会议机制，促进更多优质项目、高端项目对接落地。

**3. 强化新兴业态，激发增长潜力**

一是发展移动互联产业。着力培育和打造信息服务产业，促进移动互联网与云计算、大数据、物联网、互联网金融、信息消费等新兴业态的相互融合发展，做大做强信息消费市场。二是发展科技服务业。重点在专业技术服务、科技信息交流、技术孵化、技术市场、知识产权服务等方面有所拓展。以产业化作为引进科研机构的导向，争取在科技金融方面早出成果、早见效益，重点启动国家知识产权服务业集聚发展试验区建设工作，为研发型企业保驾护航。三是重视新一代健康产业的发展。通过高端引进、重点培育、空间保障等一系列重大措施安排，打造新一代健康高端产业龙头企业，努力培育和打造世界级健康产业研究院。四是捕捉社会事业新商机。创造条件推动老龄服务产业发展，为老年人提供更优质的生活服务。五是进军跨境电商新领域。研究推广跨境电商业务，并争取政策支持，在全市率先抢占发展跨境电子商务的先机。六是占领指数经济新高地。做大做强现有的华强北 · 中国电子市场价格指数、雅昌艺术品指数、中农网农产品价格指数、中国 IT 市场指数；进一步推动建立安防指数、供应链指数。推动指数经济的发展，抢占市场价格话语权，扩大区域产业影响力。七是进军军民融合产业。建设产品认证平台和展示区，推动辖区高尖技术企业进入军品生产和维修领域，积极承接军工产业的社会化、民用化转移。八是拓展体验式消费。借助服装产业优势，拓展奢侈品展销业，引领体验式消费潮流，推进商业消费转型升级。

**4. 强化企业服务，助力经济发展**

一是创新服务方式。完善政府服务企业标准管理体系，完善企业服务联席会议制度，积极帮助企业解决人才、资金、配套保障等突出问题；研究设立评选“福田杰出企业奖”，规划建立高端创业服务体系，支持高技术含量中小型企业创业发展，打造高端创业服务基地；加强企业信息整合，建立企业需求信息动态管理平台和数据库。二是优化服务举措。继续实施企业人才住房、企业家关怀行动等新举措，对引进的重点大户企业加强个性化跟踪服务，对欲迁出企业提前做好贴身式“安商、稳商”服务，对成长型企业提供差别式定制服务。三是发挥行业协会作用。以市场化运作为手段，充分发挥行业协会作用，建立“政府支持辖区行业协会—行业协会加强对会员企业的服务—政府考核行业协会”的机制，形成“点线面”相结合、统筹有力的服务企业抓手。

## 附件： 福田区 2014 年经济社会发展主要目标建议

**附件 1　福田区 2014 年经济社会发展主要目标建议**

| 指标名称 | 单位 | 2013 年 | | 2014 年 | |
|---|---|---|---|---|---|
| | | 实际完成 | 比上年增长% | 计划建议 | 比上年增长% |
| 一、预期性目标 | | | | | |
| 1. 本区生产总值 | 亿元 | 2700.29 | 10.3 | >3000 | 10.0 |
| 其中:三产占比 | % | 92.56 | | 92.48 | |
| 2. 现代服务业增加值 | 亿元 | 1886.46 | 11.7 | 2085 | 10.2 |
| 3. 社会消费品零售总额 | 亿元 | 1392.91 | 9.5 | 1614 | 10.1 |

续表

| 指标名称 | 单位 | 2013 年 | | 2014 年 | |
| --- | --- | --- | --- | --- | --- |
| | | 实际完成 | 比上年增长% | 计划建议 | 比上年增长% |
| 4. 固定资产投资 | 亿元 | 163.01 | 7.2 | 177 | 7.3 |
| 5. 出口总额 | 亿美元 | 695.9 | 50.2 | 695 | 持平 |
| 6. 公共财政预算收入 | 亿元 | 97.03 | 3.6 | 104.8 | 8.0 |
| 7. 居民人均可支配收入 | 万元 | 5.4 | 9.4 | — | — |
| 二、约束性目标 | | | | | |
| 8. 城镇居民登记失业率 | % | 2 | | 3 | |
| 9. 单位 GDP 建设用地 | 平方米/万元 | — | 下降 9.3% | — | 下降 8% |
| 10. 万元 GDP 电耗 | 千瓦时 | — | 下降 9.8% | — | 下降 3% |
| 11. 万元 GDP 水耗 | 吨 | — | 下降 8% | — | 下降 5% |

B.31

# 2013年南山区经济发展报告与2014年展望

田柳青　欧阳仁堂*

**摘　要：**

2013年，国际国内经济形势依然错综复杂，不确定性、不稳定性因素仍然较多，南山区按照党的十八大及中央经济工作会议精神和习近平总书记视察深圳的重要讲话精神，遵照市委、市政府的统一部署，以转型升级、创新驱动、提质增效、惠民利民为着力点，积极创新推进各项工作，促进经济持续健康发展，为“三区一高地”和“宜居宜业”的国际化海滨城区建设奠定了基础。

**关键词：**

深圳　南山区　经济发展

## 一　2013年南山区经济发展基本情况与主要特点

### （一）2013年经济发展基本情况

2013年，全区紧紧围绕区六届人大二次会议批准的目标要求，按照“稳中求进”的总基调和“适度加快发展”的新要求，坚持质量引领、创新驱动，落实稳增长各项工作措施，经济持续健康发展，社会局面和谐稳定，各项事业全面进步。实现本地生产总值3200亿元，同比增长12.0%，完成年度计划的

* 田柳青，深圳市南山区发展和改革局局长；欧阳仁堂，深圳市南山区发展和改革局科长。

103.4%；规模以上工业增加值完成 1847.33 亿元，增长 12.3%，完成 108.7%；第三产业增加值完成 1330.35 亿元，增长 11.8%，完成 102.3%；社会消费品零售总额完成 629.1 亿元，增长 16.0%，完成 101.0%；固定资产投资总额完成 332.01 亿元，增长 12.2%，完成 98.4%；外商直接投资实际使用外资 8.8 亿美元（含前海），增长 47.1%，完成 166.0%；公共财政预算收入完成 100.1 亿元，增长 12.6%，完成 107.6%；公共财政预算支出完成 114.3 亿元，增长 11.2%，完成 106.8%；人均 GDP 达到 28.76 万元，增长 11.2%；失业率控制在 3% 以内。

## （二）2013 年经济发展主要特点

### 1. 经济持续健康发展

为落实《促进南山区经济持续健康发展确保实现 2013 年全年目标的若干措施》，实施了“1+1+N”服务企业制度，大力在全区推进创新驱动战略，全区经济呈现出了“稳中有进、稳步回升”的态势。GDP 增速从一季度的 10.6% 逐季提升到全年的 12.0%，高出全市平均水平约 1.5 个百分点，经济总量和增长速度均位居全市前列。每平方公里土地产出 GDP 和创税、人均 GDP 分别达到 17.2 亿元、2.7 亿元、28.76 万元，分别是全市平均水平的 2.3 倍、1.7 倍、2.1 倍；辖区税收、公共财政预算收入分别达到 501 亿元、100.1 亿元，分别增长 10.4%、12.6%；上市企业达 105 家，在全国各城区中位居前列；国家级高新技术企业 1080 家，占全市的 38%。

### 2. 创新能力进一步增强

为加快区域创新体系建设，全区积极推进“大孵化器”战略，实施了核心技术突破计划，探索了“两制三化”的科技服务新模式，区域创新能力得到了进一步增强。全社会研发投入占 GDP 比重达 5.6%，科技进步贡献率超过 75%；新增各类创新载体 43 个，总数达到 402 个，占全市的 60%，其中国家级 31 个，占全市的 66%；新增国家级高新技术企业 84 家，总量达到 1080 家，占全市的 38%；新增 3D 显示技术和大数据两个产业技术创新联盟，联盟总数达到 16 个，其中 6 个为省部级联盟；新增国家“千人计划”人才 19 位，总数达到 68 位，占全市的 82%；创新成果丰硕，国内专利申请量达到 2.3 万件，占全市的29.3%，其中发明专利1.25万件，占全市的40%，腾讯、迈瑞、朗科3家企业获得第15届中国专利金奖，创建全国移动电话研发制造产业知名品牌示范区。

**3. 产业结构不断优化**

为建设质量强区，2013年全区安排自主创新产业发展专项资金8.1亿元，推动“一街道一园区”改造，加快产业结构调整和转型升级，推动了现代服务业和战略性新兴产业的加快发展，第二、第三产业比重为58.5∶41.5。规模以上工业总产值达到4867亿元，增长12.0%，其中工业百强企业增长速度达到19.2%，产值超百亿元的企业达到5家，超10亿元的企业达49家，长城科技、中兴通讯等7家企业跻身年度中国500强；第三产业发展较快，增长13%，占GDP比重有所提升，其中现代服务业占第三产业比重达到69%，重点服务业增加值达607亿元，增长18.4%；战略性新兴产业发展迅速，增长速度超过GDP增速，企业数量和增加值均约占全市的1/3。腾讯、海普瑞、金蝶等20家领军企业成为国内行业龙头；高新技术产品产值达3796亿元，增长13.3%。

**4. 内需外需稳定发展**

为促进信息消费等新一轮消费政策的落实，2013年开展了对深圳湾商圈消费环境的优化工作，组织商家开展各类节庆促销活动，社会消费品零售总额增长了16.0%，社会消费继续保持平稳；全区直接旅游收入达53.3亿元，增长1.9%。制定了政府投资项目全过程管理办法，实施区领导包干部门负责制，加强项目协调服务，固定资产投资实现15.3%的较快增长，创金融危机以来的同期新高水平，成为拉动南山区经济增长的重要力量；43个辖区重大项目预计完成投资175亿元，总体进展顺利；完成区政府投资计划21.3亿元，完成年度计划的92.3%，建成了一批民生项目。做好了重点出口企业的服务，加大了对出口企业的扶持力度，完成出口221亿美元，增长5.1%，出口形势继续保持稳定。

**5. 城区环境更趋优美**

继续推进“公园建设年”活动，实施美化绿化，创建垃圾减量和分类示范点，获得国家级“杰出绿色生态城区”奖。在7个村9条路（街）开展

"样板村、样板路（街）"创建活动，城中村和背街小巷环境改善明显；打通新高路等 3 条断头路，完成育才路等 24 条路面"黑化"工程；建成后海滨等 4 个公园，启动中山公园二期等 3 个公园建设，种植乔木 2.1 万株、灌木 30.5 万株，新建和完善 27 公里绿道；完成星海名城等 62 个垃圾分类示范点的创建工作，12 家单位（小区）获"园林式、花园式单位（小区）"称号。加强节能减排，推进生态文明建设，万元 GDP 能耗下降 4.36%。年度空气质量总体良好，主要空气污染物达到国家一级标准，饮用水源水质达标率达到 100%；建成油烟在线监控系统，对油烟问题突出的 180 家餐饮单位安装了监控设施；完成牛成村供水管网改造工程，完成 34 家排水达标小区创建。

## 二　2014 年南山区经济形势分析和展望

2014 年将是全面实施"十二五"规划至关重要的一年，全区将认真贯彻落实十八届三中全会、中央经济工作会议精神，牢牢把握发展主线和稳中求进的总基调，全面深化改革，加快转型升级，提升城区品质，推动绿色发展，加强社会建设，促进民生事业，积极应对各种困难和挑战，进一步加快建设"三区一高地"和宜居宜业的国际化海滨城区。

从区内外目前的发展形势看，有利因素与不利因素相互交织，机遇与挑战并存。有利因素主要体现在：世界经济处在缓慢复苏和深度调整的过程，经济基本面趋稳向好，美国、欧盟、日本等主要经济体呈现积极变化；我国经济 2013 年三季度以来出现企稳回升的趋势，科学发展、转型发展成效开始显现，随着十八届三中全会后经济领域改革力度的加大，市场在资源配置中起决定性作用，经济活力将进一步释放；前海合作区开始进入项目建设阶段，后海总部经济区进入密集建设期，经济新的增长点初步形成，南山区经济在提质增效的基础上将继续保持持续健康发展。不利因素主要体现在：发达经济体复苏基础仍不稳固，美国财政困境、日本经济结构性矛盾、欧盟债务问题、国际贸易争端等不确定因素仍较多，新兴经济体发展放缓；依赖政策刺激的增长模式向市场导向型增长模式过渡的趋势不可逆转，我国经济转型期遇到的困难仍然存在，经济增长将从平稳较快增长进入适度可持续增长区间；区内受发展空间约束趋紧、出口形势没有明显改善、社会消费增长放缓、经济总量不断增大等因素影响，经济稳增长压力增大。

总体来看，2014 年是充满机遇与挑战的一年，只要深刻认识支撑和影响经济发展的内外因素，准确把握发展趋势，在困难中挖掘有利因素，克服不利因素，可以实现全区经济的持续健康增长和预期的目标。

## 三　2014 年经济发展总体要求和预期目标

### （一）总体要求

认真贯彻十八届三中全会、中央经济工作会议精神，以科学发展为主题，以加快转变发展方式为主线，以改革创新为动力，牢牢把握稳中有进的总基调，按照“稳增长、调结构、促改革、惠民生”的总体要求，深化改革创新，加快转型升级，提升城区品质，推动绿色发展，加强社会建设，促进民生事业，积极应对各种困难和挑战，加快建设“核心技术自主创新先行区、现代服务业发展样板区、和谐社会示范区、教育科研高地”和宜居宜业的国际化海滨城区。

### （二）预期目标

经综合平衡，2014 年全区主要预期目标拟定如下：

——本地生产总值 3550 亿元，增长 11.0%；

——规模以上工业增加值 2000 亿元，增长 10.8%；

——第三产业增加值 1500 亿元，增长 12.0%；

——社会消费品零售总额 692 亿元，增长 10.0%；

——固定资产投资总额 358.6 亿元，增长 8.0%；

——外商直接投资实际使用外资 4.5 亿美元（不含前海），增长 10.0%；

——公共财政预算收入 110 亿元，增长 10.0%；

——公共财政预算支出 126 亿元，增长 10.2%；

——万元 GDP 能耗 0.462 吨标煤，下降 4.36%（具体数据待市政府正式

下达计划后再做调整）；

——万元 GDP 用水 6.5 立方米，下降 7.1%；

——人均 GDP 31.7 万元，增长 10.2%。

## 四 主要任务和措施

**1. 坚持深化改革，增强经济和社会发展动力**

制订和落实深化改革的总体方案，按照顶层设计和基层创新相结合要求，发挥南山改革开放先锋作用，为深圳市乃至国家在科技创新、产业转型、社会建设等方面大胆探索，增强经济和社会发展动力。主要措施如下：一是完善市场体系，认真执行国家、省、市关于金融、财税、产业等领域的改革政策，发挥市场在资源配置中的决定性作用。二是建设社会信用体系，完善“诚信商家联盟”、资金扶持、项目审批、人才安居等方面的信用体系建设，构建诚信为本的市场经济秩序。三是推动科学发展，破解土地、资源、环境、人口与经济可持续发展的矛盾，探索绿色发展和低碳发展机制。四是创新基层治理模式，全面推进“宜居南山系统工程”，建设和谐幸福社会。

**2. 坚持创新驱动，提升经济发展质量和效益**

实施创新驱动战略，落实《关于加快区域创新体系建设的若干措施（2013~2015 年）》，构建“五位一体”的区域创新体系，增强科技创新对经济增长的贡献，提升经济发展质量和效益。主要措施如下：一是构建创新体系，完善创新环境，引进各类创新载体，加快建设企业孵化器，完善专业技术园，建设“孔雀基地”“国际创新驿站”等人才集聚平台，打造南山国际知识创新村，营造创新资源聚集的良好环境。二是加强核心技术创新，实施核心技术突破计划，加大科技创新投入，在 4G 通信、移动互联网、智能电网、云计算、海洋生物工程等优势领域取得更多核心技术突破。三是注重科技服务创新，推进“南山科技服务超市”建设，引进和培育一批高水平的科技服务专业机构，构建创业苗圃，打造功能完备的科技服务示范基地。

**3. 坚持结构调整，推动第二、第三产业协同发展**

围绕“一带五圈两基地”的总体布局，推动产业结构调整和转型升级，构建以高新技术产业、战略性新兴产业、现代服务业为主导的现代产业体系，推动第二、第三产业协同发展。主要措施如下：一是落实促进现代服务业加快发展的相关措施，支持前海合作区开发开放，推动后海金融总部项目建设，加快总部经济、金融、现代物流、商务服务、文化创意等产业发展，建设现代服务业发展样板区。二是制定加快战略性新兴产业发展相关政策，实施战略性新兴产业培育计划，开展战略性新兴企业认定工作，推动蛇口网谷等7个市级战略性新兴产业基地集聚区建设，促进战略性新兴产业集聚发展。三是推动旧工业区转型升级，全面推进“一街道一园区”建设，支持农城化股份公司、企业加快旧工业区的改造。

**4. 坚持协调发展，促进内外需稳定增长**

坚持内外需并举，努力扩大消费，全力推动投资，积极发展贸易，促进内外需协调发展，推动经济持续健康增长。主要措施如下：一是落实促进信息消费等政策，提升深圳湾商圈消费环境，鼓励发展电子商务、城市综合体等新型商业业态，推动太子湾国际邮轮母港、来福士广场等重点项目建设，增强消费对经济的拉动作用。二是做好辖区内重大项目协调服务，计划安排区政府投资45亿元，强化政府投资建设效率与效益并重，鼓励社会投资，促进固定资产投资平稳增长。三是加大对外贸出口企业的服务、扶持力度，支持企业构建国外营销网络和拓展境外新兴市场，鼓励企业发展信息技术服务、科技服务等领域的服务贸易，进一步优化外贸结构。

**5. 坚持建管并重，建设美丽宜居南山**

完善城市基础设施，推进生态文明建设，提升城区功能和品位，构建以国际先进城市为标杆的城市建设与管理体系，建设宜居宜业的“美丽南山”。主要措施如下：一是新建丽康路等14条市政道路，实施一批道路“黑化”和城中村道路综合整治，推动科苑路北延长段建设，提高交通承载能力。二是深入开展“里子工程”，完成“样板村、样板路（街）”创建工作。三是完成智园翠谷、东角头体育公园、中山公园二期建设，启动南山后海公园建设，开展大沙河生态长廊前期工作。四是推动节能减排，加强环境保护，促进万元GDP能耗和二氧化碳排放持续下降，空气质量优良，饮用水源水质达标。

B.32

# 2013 年盐田区经济发展报告与 2014 年展望

冯 恩*

**摘 要：**

2013 年，盐田区经济总量实现新突破，经济结构进一步优化。展望 2014 年，要以“新品质新盐田”为导向，把改革创新贯穿于经济社会发展的各个领域和环节，抓住关键问题，破解主要矛盾，努力取得突破性进展，确保经济持续健康发展。

**关键词：**

盐田区 经济 发展 报告

2014 年是全面贯彻党的十八届三中全会精神的开局之年，也是“十二五”规划的冲刺年，更是盐田区经济转型发展的“攻坚年”，制订并顺利实施 2014 年国民经济和社会发展计划，努力做好国民经济发展工作具有十分重要的意义。

## 一 2013 年国民经济发展情况和主要特点

### （一）2013 年国民经济发展计划执行情况

2013 年是全面贯彻党的十八大精神的第一年，也是盐田建区 15 周年和“十二五”中期评估年。面对十分复杂的发展环境，在区委、区政府的领导

* 冯恩，盐田区发展和改革局。

下，按照区四届人大二次会议确定的工作目标，以科学发展为主题，以加快转变经济发展方式为主线，根据“五位一体”协调发展总体布局，坚持稳中求进的工作总基调，强力推进各项工作，辖区经济实现平稳健康发展，年度经济发展目标基本完成。

——初步核算，全年实现本区生产总值408.51亿元，同比增长（下同）10.1%，完成年度计划的100.1%；

——固定资产投资额92.01亿元，增长7.7%，完成年度计划的104.6%；

——社会消费品零售总额53.31亿元，增长10.0%，完成年度计划的96.5%，主要由于该指标的统计评估方法变更所致；

——公共财政预算收入23.35亿元，增长5.2%，完成年度计划的102.1%；

——万元GDP能耗0.45吨标准煤（以2010年为基价），同比下降4.4%；

——万元GDP水耗6.98立方米，同比下降9.9%。

### （二）2013年经济发展的主要特点

#### 1. 经济发展稳中有进

坚持“稳中求进、好中求快”的发展要求，克服重重困难，在努力保持一定经济增长速度的同时，更加突出优化发展环境，完善基础配套，增强内生动力，在保持经济平稳较快发展的基础上，实现了“一个突破，两个优化”。

一是经济总量实现新突破。全年本区生产总值突破400亿元大关，增长10.1%，标志着盐田区经济总量达到一个新的里程碑。固定资产投资额突破90亿元，增幅达到7.7%。社会消费品零售总额突破50亿元，增长10%。人均GDP为191564元，按平均汇率折算为31009美元，突破3万美元。

二是经济结构进一步优化。三次产业结构为0.0∶20.1∶79.9，第三产业比重距“十二五”期末的目标（占80%）仅差0.1个百分点，第三产业增加值326.20亿元，增长10.9%。其中，现代服务业占第三产业比重达到77.2%，服务经济主导地位进一步巩固，成为拉动经济增长的核心动力。社会投资占固定资产投资的比重达85.8%，提前达到“十二五”期末的目标（85%以上），民间资本活力全面释放。

三是质量效益进一步优化。地区生产总值地均集约度为 5.62 亿元/平方公里，增长 11.0%，单位产出效益进一步提升。在“营改增”的影响下，辖区两税收入同比下降 3.6%，实现 52.20 亿元，但公共财政预算收入实现 23.35 亿元，增长 5.2%，表明区级财政收入结构进一步优化。能源、水、污染物排放总量稳中有降，万元 GDP 能耗和水耗均提前完成“十二五”期末节能减排目标，“盐田质量”进一步凸显。

**2. 产业转型步伐加快**

以推动支柱产业转型升级、新兴产业加快发展作为转变经济发展方式的核心目标，以优化发展环境作为促进产业向高端化发展的重要抓手，全面实施产业转型升级“2+10”配套政策，辖区产业转型升级成果显现。

一是港口物流业高端增值业态不断涌现。盐田港区全年共实现吞吐量 1079.61 万标箱，与上一年基本持平，但重箱操作量增长 3.8%。海铁联运操作箱量迅速增长，达到 14.8 万标箱，增长 12.8%。建港以来吞吐量累计突破 1 亿标箱，以最短时间创造了世界港口发展的新纪录，全球最大的集装箱 3E 级船舶“马士基·迈克—凯尼·穆勒”号及其姐妹轮“美杰·马士基”号先后首航盐田港，盐田港作为全球远洋深水枢纽港的地位得到进一步巩固。深圳关区内 58 个特殊监管区与盐田港区实现海运直通。盐田港国际物流信息平台实现“一键解六锁”，显著提高了货物通关和港区作业效率。保税物流园区发展势头良好，全年进出口货值 70.2 亿美元，增长 11.2%，其中，进口货值创历史新高，达 20.4 亿美元，增长 29%。辖区企业不断开拓高端增值业态，金融物流、冷链物流、分装配送、进口商品展销等创新业态蓬勃发展。全年交通运输仓储邮政业实现增加值 111.64 亿元，增长 8.9%，拉动经济增长 1.8 个百分点。

二是旅游消费市场持续旺盛。以旅游节庆品牌提升黄金海岸旅游知名度和影响力，做深做足“旅游+消费+文化+新兴产业”模式，继续擦亮“黄金海岸旅游节”“沙滩音乐节”“国际风筝节”“国际游艇及设备展”“世界名品购物嘉年华”等主题节庆活动“招牌”，举办了首届“消费促进月”“旅游产品创意设计节”，为辖区旅游消费注入强劲活力。成功主办高铁旅游推介活动，与咸宁、衡阳、岳阳和郴州四市缔结旅游合作联盟。中英街商业整合提升项目二期陆续开业，奥特莱斯购物村知名度持续攀升，销售收入劲增50.1%，广富百货商圈渐成规模，壹海城项目北区开业在即。旅游消费结构持续优化，内涵式增长成效凸显，2013年全区收费景点接待游客670万人次，增长4%；旅游总收入实现72.7亿元，增长12.8%；商品零售和餐饮收入分别增长10.3%和9.1%。

三是黄金珠宝产业带动制造业快速增长。在黄金饰品持续热销拉动下，黄金珠宝制造业实现快速增长。其中，规模以上黄金珠宝制造业总产值583.62亿元，增长17.5%，占规模以上工业总产值的83.0%。区政府与中国黄金报社签订《战略合作备忘录》，成功引进谢瑞麟（深圳）珠宝有限公司，周大福集团大厦即将启用，位于北山工业区二期的百泰珠宝园开工奠基，国家珠宝文化创意产业基地落户粤豪总部大楼，傲宝网珠宝设计互动服务平台运行良好。电子商务销售势头迅猛，黄金珠宝企业向总部品牌运营、高端制造、创意设计、电子商务等产业链两端延伸发展。规模以上高技术产品制造业发展形势良好，完成产值72.43亿元，增长33.8%。2013年辖区规模以上工业总产值703.01亿元，增长16.2%，创“十二五”时期以来的最快增速。

四是新兴产业发展势头喜人。首个老工业区转型升级项目——盐田国际创意港正式开园，吸引了伊莱克斯全球设计中心等61家知名企业和机构进驻，文博会期间签约金额达25亿元，“文化创意+电子商务+工业设计特色学院”三位一体的复合型产业园区初具雏形，成为盐田战略新兴产业资源承载的核心平台。华大基因成功收购全球知名的美国CGI公司，入选美国权威杂志“2013年中国十大最具创新力企业”和“全球最具创新力50强”，执行院长王俊被评为“世界科学界年度十大人物”“深圳市科学技术奖市长奖”“陈嘉庚青年科学奖生命科学奖”。中显微公司及中纺标公司的新研发项目分别被列入市高技术产业发展专项扶持计划并获市科技研发资金支持。海滨制药、凯特生物、安多福等企业创新成果转化不断加强。

### 3. 投资拉动持续发力

把加大投资作为稳定经济增长、积蓄内生动力的重要手段，狠抓重点项目建设，建立健全重大项目会商制度、协调服务机制和“一把手”责任制，一批关系长远发展和民生福祉的重大项目进展顺利。辖区全年完成固定资产投资

92.01 亿元，超额完成年度任务。

一是政府投资全面提速。充分发挥政府投资引导和带动作用，向民生福利和产业配套倾斜，严格规范政府投资项目前期工作，项目审批逐步实现信息化、流程化，全年市、区两级政府投资项目累计完成投资 13.04 亿元。盐田公安分局指挥大楼交付使用，北山工业区二期、菠萝山工业区和华大基因市政配套工程相继完工，区档案馆、区图书馆、区游泳馆正进行内部装修，盐田高级中学主体工程完工，区人民医院整体改造加快建设，盐田现代产业服务中心一期、盐港医院门诊医技综合楼相继开工建设。

二是社会投资加快推进。强化协调服务，全力助推社会投资项目建设，进一步激发社会投资的活力。壹海城项目进展顺利，金马信息物流园和盐田港现代物流中心一期工程均已完成主体工程建设，周大福集团大厦竣工，翡翠岛、中兴国际研发培训中心、大百汇高新技术产业园等重大项目稳步推进，盐田港西港区集装箱码头工程 3#泊位延长段、4#泊位已开工建设。

三是城市更新项目加快实施。盐田三村、四村和西山吓村整体搬迁项目 1 号地块主体建筑已封顶，回迁安置样板房和园林绿化展示区已正式开放，拆迁谈判签约工作和安置区地块建设全面开展。沙头角林场、梧桐山隧道口北侧更新单元、径口村、太平洋工业区更新单元一期项目已完成拆迁安置谈判工作，即将全面动工建设。上坪村、成坑村、桥东片区、海涛花园等更新单元的拆迁安置谈判工作加快推进。盐田旧墟镇城市更新单元正在推进历史用地的处置和专项规划报批工作。小梅沙城市发展单元规划已报送市规土委审批。金斗岭工业区、马留畲工业区、东顺邮局片区、恩上村片区等更新单元计划材料已报送规划国土部门审批，为下一步城市更新和土地资源整备打下基础。

**4. 改革创新扎实推进**

按照“五位一体”和“四个走在前列”的要求，高度重视改革创新工作，深入贯彻落实党的十八届三中全会改革精神，制订年度《重点改革计划》，印发了《盐田区全面深化改革总体方案（2013～2015 年）》，全面推进各项改革工作。

一是行政管理体制改革稳步推进。事业单位改革稳中有进，干部人事勤政考核体系建设深入推进，完成区法院人员分类管理、法官职业化改革方案和实施办法的起草工作。委托第三方调查机构，对全区作风建设公众满意度进行调查。深入开展新一轮行政审批制度改革，共调整、取消行政审批事项150项，精简率达58.3%。拓展区政务服务中心功能，建成开通省网上办事大厅盐田分厅。全面推行公务卡改革，完成集体股份公司“三资”清理工作。

二是经济领域改革稳步推进。产业扶持政策体系不断完善，服务企业会商机制、领导挂点联系重点企业机制和重大项目并联审批机制持续健全，区港共建联席会议制度逐步深化。强化国有企业财务监管，区属国有企业和集体经济保持规范运行。积极探索投融资体制改革，为加快建立多元化、市场化的投融资体制打下理论基础。加快中英街管理体制改革，开展《中英街管理办法》立法调研。成功举办第二届“新品质新盐田”论坛，为港口物流业转型升级建言献策。

在看到成绩的同时，也应清醒地认识到面临的困难和问题：一是辖区发展环境持续偏紧。全球经济加速转型调整，国内加大市场经济改革力度，稳增长压力依然较大，周边区域竞争日益加剧，城区功能定位尚不明晰，资源紧约束长期存在，产业结构较为单一，经济内生动力不足，新的经济和税收增长点有限。二是推动产业转型升级还需抓紧抓实。推动产业转型的配套政策还不够完善，抓手不多，统筹性不强，城区对人才、资金和技术等高端要素吸引力不足，传统支柱产业转型困难重重，新兴产业集聚效应和产业化进程还需提速提效。三是重大项目进展还需加快。小梅沙片区整体改造、盐田旧墟镇城市更新单元、轨道交通8号线等部分“十二五”重大项目进展偏慢，重大产业项目储备不足。

## 二　2014年国民经济发展的指导思想和预期目标

### （一）2014年国民经济发展指导思想

根据区四届四次党代会提出的发展目标和要求，2014年盐田区经济发展的指导思想是：深入学习贯彻党的十八大、十八届三中全会、习近平总书记一系列重要讲话精神和中央、省、市有关会议精神，坚持稳中求进工作总基调，

以“全面深化改革、切实转变作风”为主线，聚焦、攻坚、提速，以改革创新推动“五位一体”协调发展，强力推动产业转型升级和区域协调发展，努力实现经济平稳健康发展，为全面完成“十二五”时期的目标任务打下决定性基础。

### （二）2014 年国民经济发展目标

按照“抓改革、抢机遇、破难题、提效能”的工作要求，以“稳增长、促转型”为工作目标，并与“十二五”规划纲要充分衔接，2014 年经济发展主要指标安排如下。

2014 年主要预期性指标安排如下：

——本区生产总值增长 10%；

——固定资产投资额 90 亿元；

——社会消费品零售总额增长 10%；

——公共财政预算收入按可比口径增长 10%。

2014 年主要约束性指标安排如下：

——万元 GDP 能耗下降 4.36%；

——万元 GDP 水耗下降 5%。

## 三　2014 年经济发展的主要任务

要实现上述发展目标，必须紧紧抓住当前盐田区转型发展的关键机遇期，以“新品质新盐田”为导向，把改革创新贯穿于经济社会发展的各个领域和环节，抓住关键问题，破解主要矛盾，努力取得突破性进展，确保经济持续健康发展，为“十二五”规划收官赢得主动。2014 年的主要任务和工作措施有以下几方面。

### （一）坚持先行先试，大力深化体制机制创新

深入贯彻落实党的十八届三中全会精神，建立健全深化改革的体制机制，强化改革创新推进力度，更加注重统筹协调，大力推进经济相关领域和关键环

节的改革创新，以“微改革”激发基层创新活力，着力解决制约经济发展的突出矛盾和问题。

一是以经济领域改革激发市场活力。完善产业扶持政策体系，创新产业扶持和资助方式方法，为产业转型提供有力支撑。坚持以“管资本”为主深化国有企业改革，推动区属国有企业完善现代企业制度，探索搭建区级国有资产管理、运营和资本运作平台，确保国有资产保值增值，探索推进投融资体制改革。全面实施集体股份公司改革试点，探索制定集体股份公司扶持办法，提升经营运作效益。根据《盐田区土地管理制度改革工作行动方案（2012～2015年）》要求，积极探索土地管理制度改革，制订2014年土改工作计划，集约节约利用土地资源。健全公共服务多元供给机制，吸引社会力量、社会资本参与民生、文化、环保等领域的服务，满足居民多样化、个性化需求。

二是行政管理体制改革改出特色。做好精简、下放及转移行政审批事项专项工作，认真完成省市行政审批事项下放的承接。编制公开政府部门权力清单。建立健全政府重大行政决策咨询机制，完善规范性文件、重大决策合法性审查制度。启动区人大常委会全口径预决算审查监督试点工作，加强对权力运行和公共资源配置的监督。稳步推进区属事业单位分类改革工作，严格控制新设事业单位，为社会组织进入公共服务领域预留空间。完善法院工作人员分类管理制度，推进法官队伍正规化、专业化、职业化建设。推进中英街立法工作，完善中英街管理体制。

## （二）坚持创新驱动，加快产业转型升级步伐

按照使市场在资源配置中起决定性作用和更好发挥政府作用的要求，抢抓深圳市大力推进“湾区经济”规划建设的发展机遇、按照盐田区建设“高品质滨海生活新岸线”的部署要求，进一步强化对辖区产业转型升级的支持力度，完善产业扶持政策体系，制订全区性产业导向目录和产业空间支撑计划，推动产业集聚区建设。

一是高端引领强物流。加快出台推动港口物流业转型升级专项扶持的政策，贯彻落实有关促进进出口“稳增长、调结构”的政策措施，全面优化通关环境。加快完善港区配套设施，优化盐田港后方陆域对外交通和内循环道路

系统，推动盐田坳隧道取消收费。以信息化推动物流便利化，继续推进盐田港国际物流信息服务平台三期建设，延伸拓展公共服务功能。大力发展进口、转口业务，鼓励多式联运，强化金融对港口物流业发展的支持力度。协助推动精茂进口商品展示交易中心、海格零售物流中心、金马信息物流园、能源物流VIM 等项目建设。以翡翠岛为核心，义乌国际电子商务商贸城、盐田港现代物流中心等项目为支撑，打造高端物流业集聚圈层。

二是提质提效优工业。出台《加快黄金珠宝产业转型升级的决定》和实施方案，制定产业专项扶持办法和产业布局规划，通过政策和资源倾斜，努力建构以高端绿色制造为基础，以品牌培育和总部运营为核心的产业体系。实施黄金珠宝总部企业扶持和引进工程，大力支持周大福、百泰、粤豪、金至尊、谢瑞麟等总部企业加快发展，集聚资源，积极引进国内外品牌总部企业入驻。加大推介力度，打造盐田黄金珠宝的区域整体品牌。鼓励企业向品牌建设、电子商务、创意设计等价值链的高端延伸发展。支持国家珠宝文化创意产业基地建设发展。加快推进周大福集团大厦、百泰珠宝园、粤豪总部的建设，完善产业基础设施。推进沙头角保税区转型升级，尽早启动马留畲等旧工业区改造，推进新型工业园区建设，加快中显微等高新技术企业进驻北山工业区二期，努力打造高端制造业新亮点。

三是提升消费旺旅游。推动旅游业与其他产业融合发展，挖掘旅游业文化内涵，提升旅游服务水平和档次，持续扩大旅游消费规模，营造良好的旅游消费环境，打造独具特色的山海旅游品牌。支持东部华侨城等旅游景区产品更新升级。强化旅游宣传力度，继续开发内陆高铁沿线消费市场。促进梅沙旅游专用口岸恢复，依靠深港澳区域协同效应，抢占游艇产业高地，大力发展海洋经济。推进智慧旅游项目建设，以信息化手段提升游客体验。探索工业旅游精品线路。继续办好“黄金海岸旅游节”、国际游艇展等节庆会展活动。推动中英街商业整合提升项目、奥特莱斯购物村二期建设。做好壹海城项目北片区的商业商务配套建设。

四是强化服务促转型。高效利用辖区新增商贸办公空间资源，大力发展生物科技、文化创意、电子商务、商贸娱乐等新兴产业。加快推进壹海城项目、盐田现代产业服务中心一期及周边商业裙楼等核心商圈建设，吸引高端服务业进驻，打造盐田 CBD 商贸服务区。结合新兴产业发展需求，推进盐田国际创意港二期规划建设。以建设国际生物谷为契机加快推进华大基因中心项目建设，打造生物科技和健康服务业引领区。继续强化服务企业的体制机制，着力解决一批行业共性问题。用好用足区产业发展资金，制定出台中小微企业公共服务平台扶持办法。加强知识产权保护力度，强化金融服务支持。大力扶持和引进总部企业，优化总部企业发展环境，培育壮大总部资源。做好第三次经济普查工作，摸清盐田“经济家底”。

## （三）坚持投资引领，促进城区发展品质再上新台阶

要抓住当前重大项目建设的关键期和集中突破期，抢抓有利时机，切实做好项目前期和配套工作，加力提速，强推猛促，继续发挥固定资产投资在稳增长中的关键作用，高标准、高质量、高效率推进重大项目建设，努力为城区品质提升和产业转型升级提供强大支撑。

一是强化社会投资重大项目协调推进机制。要狠抓重大项目实施进度，完善重点项目会商机制，不断强化项目协调机制，做好企业的贴身服务，加快完善项目周边配套，为重大项目的推进创造有利条件。同时，遵循市场规律，推进投资主体多元化，激发社会投资活力。力促周大福集团大厦、壹海城项目、金马信息物流园、盐田港现代物流中心等大型社会投资项目早竣工、早使用，协调推动翡翠岛、中兴国际研发培训中心、大百汇高新技术产业园的建设。

二是确保政府投资项目实施进度。继续加大政府投资力度，投资重点向民生福利、生态环境倾斜，经初步安排，2014 年政府投资计划安排项目 14.8 亿元，其中，社会福利建设类项目和城市环境改造类项目投资额分别占总投资计划的 34.5%、44%。强力推进政府投资项目的前期工作，强化部门联动，完善通报和联席会议制度，采取切实有效的措施解决部分项目进度迟缓问题。全力确保完成盐田高级中学、东海道改造工程的建设，高标准建成盐田中央公园，确保盐田实验学校项目年内动工，加快烟墩山生态公园建设，确保区档案馆、区图书馆、区游泳馆上半年交付使用，完成盐田区人民医院整体改造工程内装施工，加快盐田现代产业服务中心建设。加快推动轨道交通 8 号线早日开工，大力争取市政府资金和项目倾斜。

三是强力推进城市更新项目。完善城市更新工作机制，强力推进城市更新和土地整备工作，努力提高城市更新实施率，为城区建设和产业项目提供土地资源保障。以出台落实《关于实施盐田街道片区三年综合提升的决定》为契机，以盐田后方陆域片区加快发展为突破口，集中力量，全力以赴推进盐田三村、四村和西山吓村整体搬迁项目，全力确保 2014 年底完成首批拆迁户回迁，为 5 号地块尽快组织动工创造有利条件。做好沙头角林场、径口村、梧桐山隧道口北侧项目等在建旧改项目的跟踪协调，加大对海涛花园、桥东片区、上坪村、成坑村等更新单元拆迁安置谈判工作的督查力度，力推小梅沙、盐田旧墟镇等重点片区改造加快启动，推动太平洋工业区等 8 个已获专项规划批复的项目启动拆迁建设。多管齐下，推动城市更新驶入快车道，力争城区发展整体水平实现新突破。

B.33

# 珠江东岸产业区域重组新趋势及龙岗区的对策建议

张志宏*

**摘　要：**

近年来珠江东岸的产业重组进程明显加快，其产业动态将直接影响龙岗区产业的未来走向。研究分析这一区域的产业重组新趋势，对于龙岗区进一步明确产业发展方向、制定相应的对策措施，意义重大。

**关键词：**

珠江东岸　产业区域重组　龙岗区　产业转型升级

经过2011年大运会的洗礼，以及特区一体化的深入推进，龙岗区内外发展环境均发生了深刻变化，正进入转型发展的关键时期。重新认识、审视龙岗区及周边的新情况、新趋势，寻找相应的新思路、新对策，是加快龙岗区产业转型升级的迫切要求。

珠江东岸是龙岗区产业的主要支撑区域，区域内庞大的企业群体与龙岗区企业有着千丝万缕的联系。这一区域是我国高端制造业和高端服务业的高度密集区，也是龙岗区近年来引进高端科技和产业资源的主要来源区域，其产业动态将直接影响龙岗区产业的未来走向。

近年来，由于区域内新兴产业和高新技术企业快速成长，加上发展空间受限、城市更新进程加快、区域产业重新布局、区域交通便利化、资源供应趋紧、经营成本上升七大因素合力推动，特别是深圳中心城区对周边地域的辐射

* 张志宏，深圳市龙岗区委政策研究室（区发展研究中心）。

带动能量不断增强，珠江东岸的产业重组进程明显加快。因此，研究分析这一区域的产业重组新趋势，对于龙岗区进一步明确产业发展方向、制定相应的对策措施，意义重大。

## 一 珠江东岸产业重组的主要新趋势

### （一）深圳市中心城区产业资源外溢新趋势

#### 1. 深圳中心城区科技创新资源外溢新趋势

许多在深圳市区发展起来的研发中心、测试平台、教育培育基地、大学和科技机构、创业中心及风险投资等企业和机构都出现了不断到原特区外地区寻找发展空间的现象。深圳南山科技园周边是最主要的科技创新资源溢出区。深圳高新区经过十多年的飞速发展，已经积聚了巨大的科技资源和强大的科技产业发展能量。至2011年在11.5平方公里土地上，创造4054亿工业总产值，科技企业总数618家，其中高新技术企业453家，上市企业84家。龙岗区平湖新木古低碳产业园的大部分创新型成长性企业就是从南山科技园转移而来。近期，深圳清华研究院、深圳北大研究院等在东莞清溪、光明新区等地开发建设科技新园区，更是这一趋势的表现。深圳大学拟在龙岗建设高尔夫学院、城市学院，与龙岗区政府共建龙岗创新创业中心，深圳高新区拟与龙岗区合作开发深圳高新区龙岗区分园，也是这一新趋势的重要体现。

#### 2. 深圳中心城区高端商贸服务业外溢转移的新趋势

除延续20世纪90年代开始的物流业向原特区外转移趋势之外，近年来深圳市中心区的许多总部型、上市型企业，电子商务、外贸、营销企业，金融、保险、咨询业等企业，经过多年的发展，规模不断扩大，需要扩大物业场地面积。但是原特区内一方面空间窄小，难以扩容；另一方面价格极高，难以承受，而且随着交通的改善和互联网的普及，原特区外地区在地理上与城区中心区的空间距离缩短。全市上市企业300多家，有巨大的扩张能力。在此条件下，大批企业纷纷到原特区外地区攻城略地，扩大发展空间。重点溢出区域是福田区、罗湖区。

福田区现代服务业实力雄厚，2011 年总部经济与现代服务业共实现增加值 1554 亿元，占地区生产总值比重达 74.1%。金融总部企业 35 家，占全市的三成以上，金融增加值 769 亿元，占 GDP 比重达 36.7%；信息服务业云集中国电信、中国移动、中国联通等深圳运营总部，ICP 互联网企业 400 多家，占全市一半；现代物流业聚焦了怡亚通和飞马国际为代表的一大批高端物流企业；科研和技术服务业领域有安防科技、航天科工等科技大企业；高端商务服务业，如企业咨询、法律服务、调查服务、广告会展等实现增加值 122 亿元。

罗湖区总部经济集聚效应显著，累计有 69 家世界 500 强企业入驻罗湖，各类上市企业近 30 家。先后引进华润系、世纪海翔、八马茶叶、六福珠宝、紫金保险、雅培贸易等一批总部和区域总部企业，新增京基 100、南方证券大厦、深房广场、金叶大厦、万通大厦 5 栋“亿元楼”，25 栋“亿元楼”产生税收占辖区税收的 54.3%。取得 ICP（网上经营许可证）资质的互联网、电子商务企业占全市的 1/4，核心集群企业超过 200 家。

据近期发布的《深圳中小企业对成长空间的需求报告》，目前在深圳近 400 家上市培育企业中，明确提出需解决用地问题的企业近 100 家，其中大部分是国家级高新技术企业、自主创新优势企业、民营领军骨干企业等。据对 48 家中小板、创业板上市企业（截至 2010 年 3 月 15 日上市企业数量）的调查，租赁办公用房的上市企业有 17 家，占 35.4%，上市企业总部对办公用房诉求强烈。此外，48 家上市企业共有 168 个募投项目计划投入资金 184.78 亿元，其中 58 个项目投到外地，计划投入资金 75.8 亿元，即有 41% 的募集资金流出深圳。

## （二）深圳原特区外地区产业进一步外迁新趋势

### 1. 深圳中部地区高端产业外迁的新趋势

深圳市中部坂田、龙华地区是高科技制造业及相关配套服务业发展水平最高的区域，发展能量巨大。2011 年两大片区规模以上工业总产值约为 7500 亿元，占全市规上工业总产值 20412.9 亿元的 36.7%，1/3 强。以华为、富士康为龙头的大企业集聚是这一区域的显著特征。目前正在出现制造业和相关软件等服务业外迁配套的新趋势。

华为 2011 年销售额达 320 亿美元，国地两税收入达 139 亿元，占全区税收总额358.26亿元的38.8%，华为所在坂田街道2011年带动和聚集大中型企业2000多家，工业总产值1877亿元，税收164.23亿元，占龙岗全区税收总额的46.86%。坂田街道还涌现了神舟电脑、新天下等一大批电子通信领域的明星企业。华为多年前已经在松山湖建设生产基地，并在上海、北京等建立了研发中心，现在又有一大批华为外围软件服务业企业和制造业企业已经或准备在周边或外地购地扩展生产或研发、营销基地。笔者最近走访的赛保尔生物药业和通产丽星集团公司分别在松山湖和坪地设厂就是证明。

近年来，富士康调整大陆的产业布局，在郑州、重庆、成都等地开发大型工业园区，深圳总部逐渐向以研发、营销、管理业务为主转变，少量的生产基地，员工规模控制在15万人以内。

龙华新区是深圳的产业大区，2011年，规模以上工业总产值与出口总额两项指标均列全市十区之首。辖区内各类工业企业7000多家，其中规模以上工业企业800多家，拥有富士康、富士施乐等一大批品牌企业。先进制造业优势明显，一是电子通信制造发达，2011年通信设备、计算机及其他电子设备制造业产值达到4600多亿元，占全部规模以上工业总产值的80%左右。二是现代汽车、机械铸造等先进制造业发展态势良好，长安标致雪铁龙汽车有限公司落户新区。三是战略性新兴产业势头强劲。华润三九药业和致君制药等现代医药、永丰源瓷文化创意园、观澜版画基地等项目顺利推进，一大批新兴产业园区和楼宇迅速成长。

**2. 深圳原特区外制造业从城郊进一步外迁的趋势**

深圳的制造业外迁浪潮，在经历了20世纪90年代和21世纪10年代的原特区内外迁潮后，近几年又出现了新一轮的原特区外地区的制造业外迁潮，目前这一进程还在持续。根据龙岗区委政研室近期对100家高新技术企业抽样调查数据显示，其中大多数企业都有异地扩大产业用地用房的需求。

据《宝安区境内上市公司外溢投资情况分析》报告，宝安区至2012年11月，上市公司26家（不含光明和龙华新区），其中境内上市公司19家。在境内上市公司中有14家有增资外投资行为。这些企业累计投资项目133项，计划投资额144.8亿元。其中区内投资30项，计划投资23.3亿元，区外投资103项，计划投资121.5亿元，占总计划投资额的83.9%。在103个对外投资项目中，珠三角项目39个，计划投资46.25亿元，占对外投资的38%。可见珠三角仍然是其对外投资的首选区域。

### （三）珠江东岸制造业企业内部服务部门分离的新趋势

区域内制造业企业，包括宝安区、龙岗区、东莞市、惠州市在内的许多制造业大中型企业，随着自身的发展壮大，企业内部研发、营销、电子商务、采购等机构逐渐扩展。这些环节的人员素质比较高，对生活质量的要求也比较高。但是原来附属于工业区内的这类机构，周边的公共服务配套条件较差，难以满足它们的需求。为了吸引高层次人才，谋求进一步发展，许多企业已经或正想把内部服务机构从企业制造业基地分离出来，迁入城市中心区或新的高新产业园区。调研中笔者发现，许多企业把自己的原属厂内设立的研发、电子商务、营销部门从内部分离出来，到相关配套条件较好、人才较易引进的区域性创新产业园区或商务大楼设立独立公司。

### （四）周边高端企业向大运新城聚集的新趋势

随着龙岗区中心城道路、交通、绿化和公共设施建设水平的不断提升，大运新城和龙岗区中心城区逐渐成为周边高端商业和科技产业、企业总部、电子商务等的聚集基地。龙岗区中心城周边近年开发的天安数码城、硅谷动力电子商务港、创兆广场等商务楼宇集聚了大量此类企业就是一个例证。目前正在推动的投资25亿元的科通嵌入式创新基地、投资7.8亿元的中国科学院深圳先进技术研究院育成中心、投资6亿元的天马微电总部科技大厦、投资5.7亿元的中兴网信总部基地、投资3亿元的深圳易讯天空网络500.COM大厦等一批重大项目落户大运新城北片区，更加凸显这种新趋势。

## 二　珠江东岸区域产业转移的主要流向

### （一）高能量区域向低能量区域转移

图1所示的“三纵三横”就是区域重组的主导方向；龙岗区正处于市中

心区向东北纵向产业转移带和中部、北部两条横向产业扩展带的交会区域。由于深圳东部比西部更有土地和低成本优势，向东扩展势能较向西更强，龙岗区是全市外围承接深圳中心区新一轮产业转移的最佳区域。

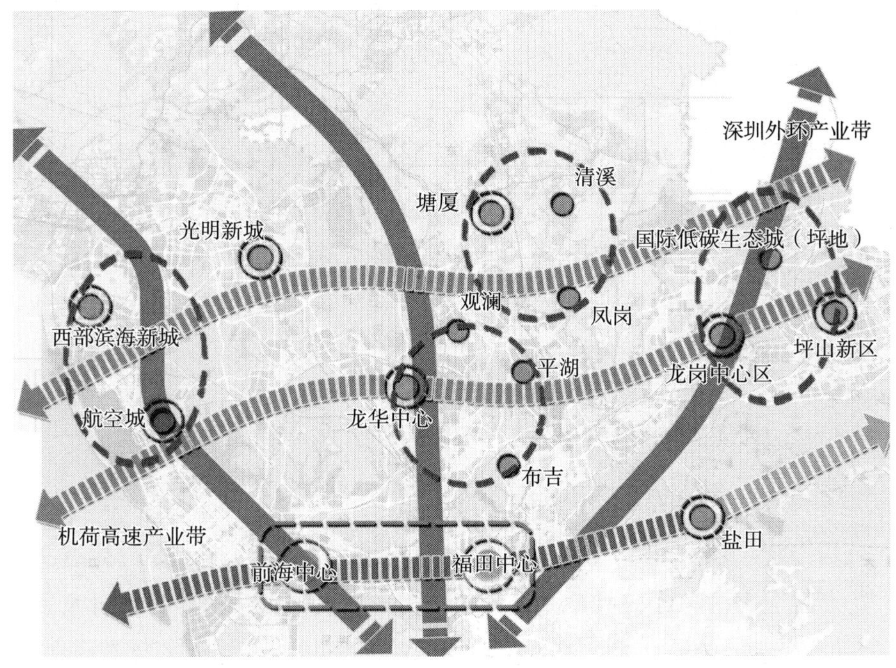


**图 1　珠江东岸区域产业转移的流向**

### （二）低能量地区向高能量区域转移

主要是深莞惠周边制造业企业内部生产性服务业，如企业总部、研发、营销、采购、电子商务等环节从原制造业厂区分离出来，到综合环境较好的区域落户。龙岗区大运新城和中心城既毗邻莞惠又有“深圳”这个金字招牌，必将成为它们的首选之地。

## 三　龙岗区应对区域产业重组趋势的对策建议

加快产业高端化步伐是龙岗区经济发展的核心战略，承接区域产业转移是最重要的发展路径。但是龙岗区目前承接深圳市区、宝安区和东莞、惠州产业转移，还存在交通不畅和“有能力建厂房的企业要不到地，需要工业厂房的企业租不到合适的厂房”的囧境。如果龙岗不能尽快改变这种被动局面，深圳市区和宝安、龙华、坂田的外溢产业就可能越过龙岗区，更多地进入东莞、惠州和内地，丧失一次集中高端化发展的大好良机。

要想争取更多的高端产业进入龙岗区，就应有的放矢为高端企业落户创造良好的投资环境。近期龙岗区委政研室进行的高新技术企业需求调研结果表明，外溢型高端企业对投资环境出现了新的需求特征，企业重点关注土地空间、产业链配套、高质量中小学、医院、文体公园的配套，对环境、对人才的要求明显提升。根据区域产业转移路径和企业发展需求，结合本区的产业高端化方向，笔者特提出如下建议。

### （一）根据产业转移路线，构造新的产业走廊

重点构造和疏通四条产业转移走廊。

一是构建“坂官坪”（坂田—水官—坪地）科技产业走廊，促进深圳南山、龙华和坂田的高新科技制造业、科研、软件、创新创业企业向龙岗中心城、坪地低碳城转移，尽快改变龙岗区经济西重东轻的二元区域不均衡结构。尽快开通博深高速龙城出入口，加快盐龙快速路坪地段十字路口高架桥改造建设，高层级协调解决水官高速收费问题。

二是打通清平高速向平湖的转移走廊，承接市中心区金融业、电子商务业、现代物流业，让平湖成为福田高端服务业的战略腹地，彻底改变平湖金融和现代服务业基地的多年停滞局面，为其迅速腾飞注入新的动力。如果清平高速全线开通，罗湖经清平高速进入平湖仅约 20 分钟，福田、南山进入平湖需时也可大大缩短至 30 分钟左右，平湖与市区的同城化进程将明显加快，其战略意义不言而喻。

三是打通罗湖中心区经丹平快速进入龙岗区沙荷路，以及沙荷路出入盐田港的便利通道。规划建设沙荷路高端制造业走廊，使之成为龙岗区未来高端制造业的主要支撑带。这条产业带依山而行，生态绿色环境一流。这里有宝龙高新园区作龙头，有整备待发的阿波罗产业园区。土地资源丰

富，建设密度和水平较低，在西坑、六约、丹竹头路段两侧还有成片开发科技园区的空地潜力。这一带可望成为龙岗区未来保护制造业基地地位的重要战略支撑地带。

四是完善龙岗大道（地铁3号线）沿线产业转移走廊。这条产业走廊，也是龙岗区的观光主轴线，是大运会的宝贵财富集中展示带。近年来，沿线雨后春笋般建设起了大批商业楼宇和中高档商住小区，许多生产性服务业沿路而居。由于沿线片区与市区通勤便利化，且具有生活低成本的“洼地优势”，吸引了许多市中心区的服务类企业及白领沿线落户。目前，重点要开展深圳地铁3号线延长线（双龙站—坪地）的重大项目立项和建设，扩大走廊优势；要加强沿线交通线路的接驳体系建设；完善主要产业聚集区域的公共配套设施的规划与建设。

### （二）根据产业转移特征，高水平规划建设特色产业园区

一是重点规划一批规模化、特色化明显的新兴产业园区，如上市企业总部区、产学研基地、商务中心区、文化创意园区、电子商务园区、金融服务基地、大学园区、战略性新兴产业的新能源园区、新材料园区、生物医药园区及专业化高端制造园区等。二是创新园区建设模式，在园区产业开发初期，优先配套高水平生活服务设施和城市公共设施，以园区、城区建设的规划建设升级，带动引导产业的高端化。以产城融合（园区建在城市中）、“三先”原则（先生活后生产，先配套后厂房，先绿化后建设）和“三生”理念（生态、生活、生产一体化）来规划建设新一代产业园区。为了吸引高端人才，重点园区要把高水平中小学校、医疗、商业和人居环境的建设列为前置条件，并制定园区开发配套审批标准。当前关键要举全区之力在华为新城、大运新城、国际低碳城、平湖金融基地规划建设全市一流的四所九年制中小学和高中。

### （三）根据市场需求，创新开发模式

加快产业园区开发主体的市场化、园区建设的规模化、园区招商和管理的专业化进程，改变政府过多投资和干预园区物业建设及园区过于分散的局面。

以适当的优惠地价为吸引，积极引进国内外大型产业园区和科技园区开发机构，如国际财团、港台商会、天数数码、硅谷动力等，充分发挥它们产业市场信息敏感、企业资源丰富、招商能力强、园区管理和运营水平高及品牌影响力大等优势，尽快提升龙岗区的产业园区建设水平和入园企业品质。政府重点组织土地整备，加强项目质量把关，提高项目用地和建设审批速度，提供适当的政策支持。

# 中国皮书网

www.pishu.cn

发布皮书研创资讯，传播皮书精彩内容

引领皮书出版潮流，打造皮书服务平台

**栏目设置：**

- □ 资讯：皮书动态、皮书观点、皮书数据、 皮书报道、 皮书新书发布会、电子期刊
- □ 标准：皮书评价、皮书研究、皮书规范、皮书专家、编撰团队
- □ 服务：最新皮书、皮书书目、重点推荐、在线购书
- □ 链接：皮书数据库、皮书博客、皮书微博、出版社首页、在线书城
- □ 搜索：资讯、图书、研究动态
- □ 互动：皮书论坛

中国皮书网依托皮书系列“权威、前沿、原创”的优质内容资源，通过文字、图片、音频、视频等多种元素，在皮书研创者、使用者之间搭建了一个成果展示、资源共享的互动平台。

自2005年12月正式上线以来，中国皮书网的IP访问量、PV浏览量与日俱增，受到海内外研究者、公务人员、商务人士以及专业读者的广泛关注。

2008年、2011年中国皮书网均在全国新闻出版业网站荣誉评选中获得“最具商业价值网站”称号。

2012年，中国皮书网在全国新闻出版业网站系列荣誉评选中获得“出版业网站百强”称号。

权威报告　热点资讯　海量资源

# 当代中国与世界发展的高端智库平台

**皮书数据库**　www.pishu.com.cn

皮书数据库是专业的人文社会科学综合学术资源总库，以大型连续性图书——皮书系列为基础，整合国内外相关资讯构建而成。该数据库包含七大子库，涵盖两百多个主题，囊括了近十几年间中国与世界经济社会发展报告，覆盖经济、社会、政治、文化、教育、国际问题等多个领域。

皮书数据库以篇章为基本单位，方便用户对皮书内容的阅读需求。用户可进行全文检索，也可对文献题目、内容提要、作者名称、作者单位、关键字等基本信息进行检索，还可对检索到的篇章再作二次筛选，进行在线阅读或下载阅读。智能多维度导航，可使用户根据自己熟知的分类标准进行分类导航筛选，使查找和检索更高效、便捷。

权威的研究报告、独特的调研数据、前沿的热点资讯，皮书数据库已发展成为国内最具影响力的关于中国与世界现实问题研究的成果库和资讯库。

---

## 皮书俱乐部会员服务指南

### 1. 谁能成为皮书俱乐部成员?

- 皮书作者自动成为俱乐部会员
- 购买了皮书产品（纸质皮书、电子书）的个人用户

### 2. 会员可以享受的增值服务

- 加入皮书俱乐部，免费获赠该纸质图书的电子书
- 免费获赠皮书数据库100元充值卡
- 免费定期获赠皮书电子期刊
- 优先参与各类皮书学术活动
- 优先享受皮书产品的最新优惠

### 3. 如何享受增值服务?

**（1）加入皮书俱乐部，获赠该书的电子书**

第1步 登录我社官网（www.ssap.com.cn），注册账号；

第2步 登录并进入“会员中心”—“皮书俱乐部”，提交加入皮书俱乐部申请；

第3步 审核通过后，自动进入俱乐部服务环节，填写相关购书信息即可自动兑换相应电子书。

**（2）免费获赠皮书数据库100元充值卡**

100元充值卡只能在皮书数据库中充值和使用

第1步 刮开附赠充值的涂层（左下）；

第2步 登录皮书数据库网站（www.pishu.com.cn），注册账号；

第3步 登录并进入“会员中心”—“在线充值”—“充值卡充值”，充值成功后即可使用。

### 4. 声明

解释权归社会科学文献出版社所有

# 社长致辞

我们是图书出版者，更是人文社会科学内容资源供应商；

我们背靠中国社会科学院，面向中国与世界人文社会科学界，坚持为人文社会科学的繁荣与发展服务；

我们精心打造权威信息资源整合平台，坚持为中国经济与社会的繁荣与发展提供决策咨询服务；

我们以读者定位自身，立志让爱书人读到好书，让求知者获得知识；

我们精心编辑、设计每一本好书以形成品牌张力，以优秀的品牌形象服务读者，开拓市场；

我们始终坚持“创社科经典，出传世文献”的经营理念，坚持“权威、前沿、原创”的产品特色；

我们“以人为本”，提倡阳光下创业，员工与企业共享发展之成果；

我们立足于现实，认真对待我们的优势、劣势，我们更着眼于未来，以不断的学习与创新适应不断变化的世界，以不断的努力提升自己的实力；

我们愿与社会各界友好合作，共享人文社会科学发展之成果，共同推动中国学术出版乃至内容产业的繁荣与发展。

社会科学文献出版社社长

中国社会学会秘书长

谢寿光

2014 年 1 月

“皮书”起源于十七、十八世纪的英国，主要指官方或社会组织正式发表的重要文件或报告，多以“白皮书”命名。在中国，“皮书”这一概念被社会广泛接受，并被成功运作、发展成为一种全新的出版形态，则源于中国社会科学院社会科学文献出版社。

皮书是对中国与世界发展状况和热点问题进行年度监测，以专家和学术的视角，针对某一领域或区域现状与发展态势展开分析和预测，具备权威性、前沿性、原创性、实证性、时效性等特点的连续性公开出版物，由一系列权威研究报告组成。皮书系列是社会科学文献出版社编辑出版的蓝皮书、绿皮书、黄皮书等的统称。

皮书系列的作者以中国社会科学院、著名高校、地方社会科学院的研究人员为主，多为国内一流研究机构的权威专家学者，他们的看法和观点代表了学界对中国与世界的现实和未来最高水平的解读与分析。

自 20 世纪 90 年代末推出以经济蓝皮书为开端的皮书系列以来，至今已出版皮书近 1000 余部，内容涵盖经济、社会、政法、文化传媒、行业、地方发展、国际形势等领域。皮书系列已成为社会科学文献出版社的著名图书品牌和中国社会科学院的知名学术品牌。

皮书系列在数字出版和国际出版方面成就斐然。皮书数据库被评为“2008~2009 年度数字出版知名品牌”；经济蓝皮书、社会蓝皮书等十几种皮书每年还由国外知名学术出版机构出版英文版、俄文版、韩文版和日文版，面向全球发行。

2011 年，皮书系列正式列入“十二五”国家重点出版规划项目，一年一度的皮书年会升格由中国社会科学院主办；2012 年，部分重点皮书列入中国社会科学院承担的国家哲学社会科学创新工程项目。

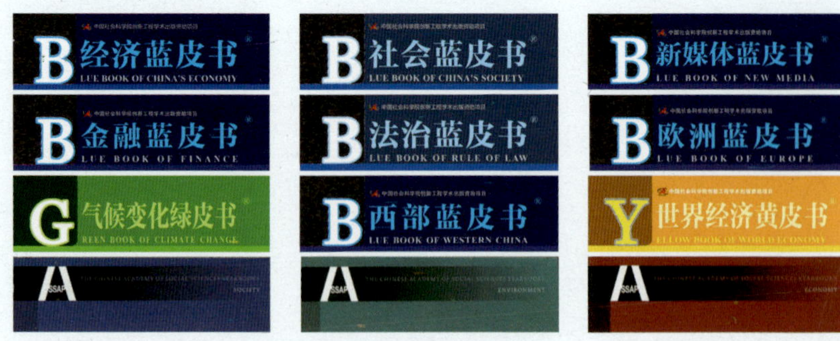

# 经 济 类

经济类皮书涵盖宏观经济、城市经济、大区域经济，
提供权威、前沿的分析与预测

## 经济蓝皮书

**2014 年中国经济形势分析与预测**

李　扬 / 主编　　2013 年 12 月出版　　定价 :69.00 元

◆　本书课题为"总理基金项目"，由著名经济学家李扬领衔，联合数十家科研机构、国家部委和高等院校的专家共同撰写，对 2013 年中国宏观及微观经济形势，特别是全球金融危机及其对中国经济的影响进行了深入分析，并且提出了 2014 年经济走势的预测。

## 世界经济黄皮书

**2014 年世界经济形势分析与预测**

王洛林　张宇燕 / 主编　　2014 年 1 月出版　　定价 :69.00 元

◆　2013 年的世界经济仍旧行进在坎坷复苏的道路上。发达经济体经济复苏继续巩固，美国和日本经济进入低速增长通道，欧元区结束衰退并呈复苏迹象。本书展望 2014 年世界经济，预计全球经济增长仍将维持在中低速的水平上。

## 工业化蓝皮书

**中国工业化进程报告（2014）**

黄群慧　吕　铁　李晓华　等 / 著　2014 年 11 月出版　估价 :89.00 元

◆　中国的工业化是事关中华民族复兴的伟大事业，分析跟踪研究中国的工业化进程，无疑具有重大意义。科学评价与客观认识我国的工业化水平，对于我国明确自身发展中的优势和不足，对于经济结构的升级与转型，对于制定经济发展政策，从而提升我国的现代化水平具有重要作用。

## 金融蓝皮书

**中国金融发展报告（2014）**

李　扬　王国刚 / 主编　2013 年 12 月出版　　定价 :65.00 元

◆　由中国社会科学院金融研究所组织编写的《中国金融发展报告（2014）》，概括和分析了 2013 年中国金融发展和运行中的各方面情况，研讨和评论了 2013 年发生的主要金融事件。本书由业内专家和青年精英联合编著，有利于读者了解掌握 2013 年中国的金融状况，把握 2014 年中国金融的走势。

## 城市竞争力蓝皮书

**中国城市竞争力报告 No.12**

倪鹏飞 / 主编　　2014 年 5 月出版　　定价 :89.00 元

◆　本书由中国社会科学院城市与竞争力研究中心主任倪鹏飞主持编写，汇集了众多研究城市经济问题的专家学者关于城市竞争力研究的最新成果。本报告构建了一套科学的城市竞争力评价指标体系，采用第一手数据材料，对国内重点城市年度竞争力格局变化进行客观分析和综合比较、排名，对研究城市经济及城市竞争力极具参考价值。

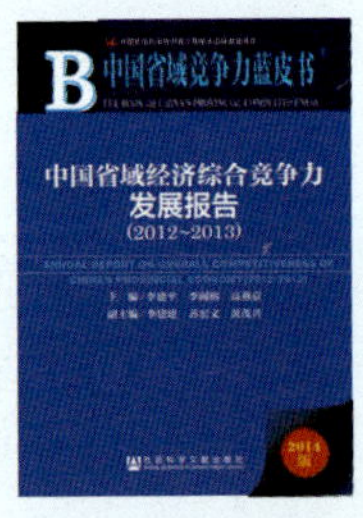

## 中国省域竞争力蓝皮书

**“十二五”中期中国省域经济综合竞争力发展报告**

李建平　李闽榕　高燕京 / 主编　　2014 年 3 月出版　定价 :198.00 元

◆　本书充分运用数理分析、空间分析、规范分析与实证分析相结合、定性分析与定量分析相结合的方法，建立起比较科学完善、符合中国国情的省域经济综合竞争力指标评价体系及数学模型，对 2011~2012 年中国内地 31 个省、市、区的经济综合竞争力进行全面、深入、科学的总体评价与比较分析。

## 农村经济绿皮书

**中国农村经济形势分析与预测 (2013~2014)**

中国社会科学院农村发展研究所　国家统计局农村社会经济调查司 / 著

2014 年 4 月出版　　定价 :69.00 元

◆　本书对 2013 年中国农业和农村经济运行情况进行了系统的分析和评价，对 2014 年中国农业和农村经济发展趋势进行了预测，并提出相应的政策建议，专题部分将围绕某个重大的理论和现实问题进行多维、深入、细致的分析和探讨。

## 西部蓝皮书

**中国西部经济发展报告（2014）**

姚慧琴　徐璋勇 / 主编　　2014 年 7 月出版　　估价 :69.00 元

◆　本书由西北大学中国西部经济发展研究中心主编，汇集了源自西部本土以及国内研究西部问题的权威专家的第一手资料，对国家实施西部大开发战略进行年度动态跟踪，并对 2014 年西部经济、社会发展态势进行预测和展望。

## 气候变化绿皮书

**应对气候变化报告（2014）**

王伟光　郑国光 / 主编　　2014 年 11 月出版　　估价 :79.00 元

◆　本书由社科院城环所和国家气候中心共同组织编写，各篇报告的作者长期从事气候变化科学问题、社会经济影响，以及国际气候制度等领域的研究工作，密切跟踪国际谈判的进程，参与国家应对气候变化相关政策的咨询，有丰富的理论与实践经验。

## 就业蓝皮书

**2014 年中国大学生就业报告**

麦可思研究院 / 编著　王伯庆　周凌波 / 主审
2014 年 6 月出版　定价 :98.00 元

◆　本书是迄今为止关于中国应届大学毕业生就业、大学毕业生中期职业发展及高等教育人口流动情况的视野最为宽广、资料最为翔实、分类最为精细的实证调查和定量研究；为我国教育主管部门的教育决策提供了极有价值的参考。

## 企业社会责任蓝皮书

**中国企业社会责任研究报告（2014）**

黄群慧　彭华岗　钟宏武　张　蒽 / 编著
2014 年　11 月出版　估价 :69.00 元

◆　本书系中国社会科学院经济学部企业社会责任研究中心组织编写的《企业社会责任蓝皮书》2014 年分册。该书在对企业社会责任进行宏观总体研究的基础上，根据 2013 年企业社会责任及相关背景进行了创新研究，在全国企业中观层面对企业健全社会责任管理体系提供了弥足珍贵的丰富信息。

# 社会政法类

社会政法类皮书聚焦社会发展领域的热点、难点问题，
提供权威、原创的资讯与视点

## 社会蓝皮书

### 2014年中国社会形势分析与预测

李培林　陈光金　张　翼／主编　2013年12月出版　定价:69.00元

◆　本报告是中国社会科学院“社会形势分析与预测”课题组2014年度分析报告，由中国社会科学院社会学研究所组织研究机构专家、高校学者和政府研究人员撰写。对2013年中国社会发展的各个方面内容进行了权威解读，同时对2014年社会形势发展趋势进行了预测。

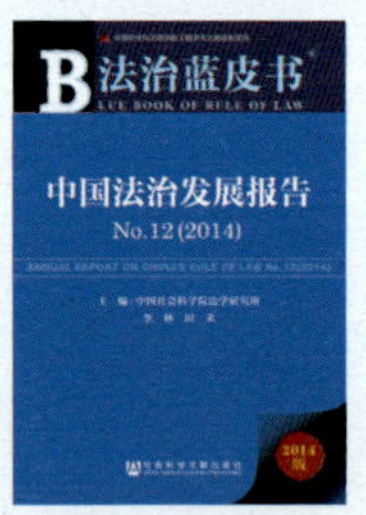

## 法治蓝皮书

### 中国法治发展报告No.12（2014）

李　林　田　禾／主编　2014年2月出版　定价:98.00元

◆　本年度法治蓝皮书一如既往秉承关注中国法治发展进程中的焦点问题的特点，回顾总结了2013年度中国法治发展取得的成就和存在的不足，并对2014年中国法治发展形势进行了预测和展望。

## 民间组织蓝皮书

### 中国民间组织报告（2014）

黄晓勇／主编　2014年8月出版　估价:69.00元

◆　本报告是中国社会科学院“民间组织与公共治理研究”课题组推出的第五本民间组织蓝皮书。基于国家权威统计数据、实地调研和广泛搜集的资料，本报告对2013年以来我国民间组织的发展现状、热点专题、改革趋势等问题进行了深入研究，并提出了相应的政策建议。

## 社会保障绿皮书

### 中国社会保障发展报告（2014）No.6

王延中 / 主编　2014 年 9 月出版　定价 :79.00 元

◆　社会保障是调节收入分配的重要工具，随着社会保障制度的不断建立健全、社会保障覆盖面的不断扩大和社会保障资金的不断增加，社会保障在调节收入分配中的重要性不断提高。本书全面评述了 2013 年以来社会保障制度各个主要领域的发展情况。

## 环境绿皮书

### 中国环境发展报告（2014）

刘鉴强 / 主编　2014 年 5 月出版　定价 :79.00 元

◆　本书由民间环保组织“自然之友”组织编写，由特别关注、生态保护、宜居城市、可持续消费以及政策与治理等版块构成，以公共利益的视角记录、审视和思考中国环境状况，呈现 2013 年中国环境与可持续发展领域的全局态势，用深刻的思考、科学的数据分析 2013 年的环境热点事件。

## 教育蓝皮书

### 中国教育发展报告（2014）

杨东平 / 主编　2014 年 5 月出版　定价 :79.00 元

◆　本书站在教育前沿，突出教育中的问题，特别是对当前教育改革中出现的教育公平、高校教育结构调整、义务教育均衡发展等问题进行了深入分析，从教育的内在发展谈教育，又从外部条件来谈教育，具有重要的现实意义，对我国的教育体制的改革与发展具有一定的学术价值和参考意义。

## 反腐倡廉蓝皮书

### 中国反腐倡廉建设报告 No.3

李秋芳 / 主编　2014 年 1 月出版　定价 :79.00 元

◆　本书抓住了若干社会热点和焦点问题，全面反映了新时期新阶段中国反腐倡廉面对的严峻局面，以及中国共产党反腐倡廉建设的新实践新成果。根据实地调研、问卷调查和舆情分析，梳理了当下社会普遍关注的与反腐败密切相关的热点问题。

# 行业报告类

行业报告类皮书立足重点行业、新兴行业领域，
提供及时、前瞻的数据与信息

## 房地产蓝皮书

**中国房地产发展报告 No.11（2014）**

魏后凯　李景国 / 主编　　2014 年 5 月出版　　定价 :79.00 元

◆　本书由中国社会科学院城市发展与环境研究所组织编写，秉承客观公正、科学中立的原则，深度解析 2013 年中国房地产发展的形势和存在的主要矛盾，并预测 2014 年及未来 10 年或更长时间的房地产发展大势。观点精辟，数据翔实，对关注房地产市场的各阶层人士极具参考价值。

## 旅游绿皮书

**2013~2014 年中国旅游发展分析与预测**

宋　瑞 / 主编　　2013 年 12 月出版　　定价 :79.00 元

◆　如何从全球的视野理性审视中国旅游，如何在世界旅游版图上客观定位中国，如何积极有效地推进中国旅游的世界化，如何制定中国实现世界旅游强国梦想的线路图？本年度开始，《旅游绿皮书》将围绕“世界与中国”这一主题进行系列研究，以期为推进中国旅游的长远发展提供科学参考和智力支持。

## 信息化蓝皮书

**中国信息化形势分析与预测（2014）**

周宏仁 / 主编　　2014 年 7 月出版　　估价 :98.00 元

◆　本书在以中国信息化发展的分析和预测为重点的同时，反映了过去一年间中国信息化关注的重点和热点，视野宽阔，观点新颖，内容丰富，数据翔实，对中国信息化的发展有很强的指导性，可读性很强。

## 企业蓝皮书

**中国企业竞争力报告（2014）**

金　碚 / 主编　　2014 年 11 月出版　　估价 :89.00 元

◆　中国经济正处于新一轮的经济波动中，如何保持稳健的经营心态和经营方式并进一步求发展，对于企业保持并提升核心竞争力至关重要。本书利用上市公司的财务数据，研究上市公司竞争力变化的最新趋势，探索进一步提升中国企业国际竞争力的有效途径，这无论对实践工作者还是理论研究者都具有重大意义。

## 食品药品蓝皮书

**食品药品安全与监管政策研究报告（2014）**

唐民皓 / 主编　　2014 年 7 月出版　　估价 :69.00 元

◆　食品药品安全是当下社会关注的焦点问题之一，如何破解食品药品安全监管重点难点问题是需要以社会合力才能解决的系统工程。本书围绕安全热点问题、监管重点问题和政策焦点问题，注重于对食品药品公共政策和行政监管体制的探索和研究。

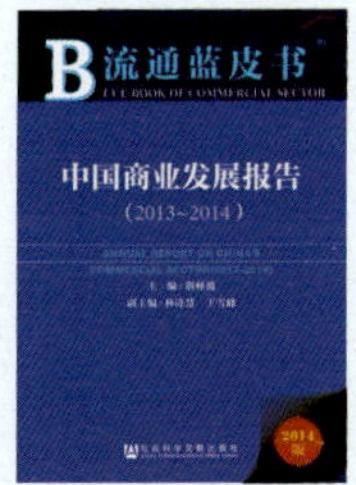

## 流通蓝皮书

**中国商业发展报告（2013~2014）**

荆林波 / 主编　　2014 年 5 月出版　　定价 :89.00 元

◆　《中国商业发展报告》是中国社会科学院财经战略研究院与香港利丰研究中心合作的成果，并且在 2010 年开始以中英文版同步在全球发行。蓝皮书从关注中国宏观经济出发，突出中国流通业的宏观背景反映了本年度中国流通业发展的状况。

## 住房绿皮书

**中国住房发展报告（2013~2014）**

倪鹏飞 / 主编　　2013 年 12 月出版　　定价 :79.00 元

◆　本报告从宏观背景、市场主体、市场体系、公共政策和年度主题五个方面，对中国住宅市场体系做了全面系统的分析、预测与评价，并给出了相关政策建议，并在评述 2012~2013 年住房及相关市场走势的基础上，预测了 2013~2014 年住房及相关市场的发展变化。

# 国别与地区类

国别与地区类皮书关注全球重点国家与地区，
提供全面、独特的解读与研究

## 亚太蓝皮书

### 亚太地区发展报告（2014）

李向阳 / 主编　　2014 年 1 月出版　　定价 :59.00 元

◆　本书是由中国社会科学院亚太与全球战略研究院精心打造的又一品牌皮书，关注时下亚太地区局势发展动向里隐藏的中长趋势，剖析亚太地区政治与安全格局下的区域形势最新动向以及地区关系发展的热点问题，并对 2014 年亚太地区重大动态作出前瞻性的分析与预测。

## 日本蓝皮书

### 日本研究报告（2014）

李　薇 / 主编　　2014 年 3 月出版　　定价 :69.00 元

◆　本书由中华日本学会、中国社会科学院日本研究所合作推出，是以中国社会科学院日本研究所的研究人员为主完成的研究成果。对 2013 年日本的政治、外交、经济、社会文化作了回顾、分析与展望，并收录了该年度日本大事记。

## 欧洲蓝皮书

### 欧洲发展报告 (2013~2014)

周　弘 / 主编　　2014 年 5 月出版　　估价 :89.00 元

◆　本年度的欧洲发展报告，对欧洲经济、政治、社会、外交等面的形式进行了跟踪介绍与分析。力求反映作为一个整体的欧盟及 30 多个欧洲国家在 2013 年出现的各种变化。

## 拉美黄皮书

**拉丁美洲和加勒比发展报告（2013~2014）**

吴白乙 / 主编　2014 年 4 月出版　定价 :89.00 元

◆　本书是中国社会科学院拉丁美洲研究所的第 13 份关于拉丁美洲和加勒比地区发展形势状况的年度报告。本书对 2013 年拉丁美洲和加勒比地区诸国的政治、经济、社会、外交等方面的发展情况做了系统介绍，对该地区相关国家的热点及焦点问题进行了总结和分析，并在此基础上对该地区各国 2014 年的发展前景做出预测。

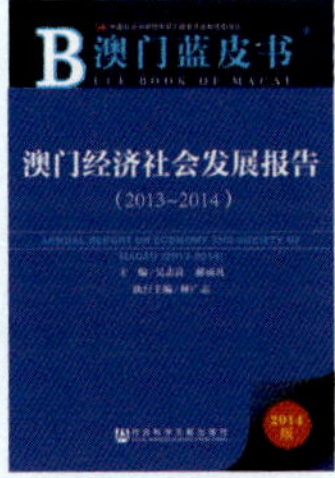

## 澳门蓝皮书

**澳门经济社会发展报告（2013~2014）**

吴志良　郝雨凡 / 主编　2014 年 4 月出版　定价 :79.00 元

◆　本书集中反映 2013 年本澳各个领域的发展动态，总结评价近年澳门政治、经济、社会的总体变化，同时对 2014 年社会经济情况作初步预测。

## 日本经济蓝皮书

**日本经济与中日经贸关系研究报告（2014）**

王洛林　张季风 / 主编　2014 年 5 月出版　定价 :79.00 元

◆　本书对当前日本经济以及中日经济合作的发展动态进行了多角度、全景式的深度分析。本报告回顾并展望了 2013~2014 年度日本宏观经济的运行状况。此外，本报告还收录了大量来自于日本政府权威机构的数据图表，具有极高的参考价值。

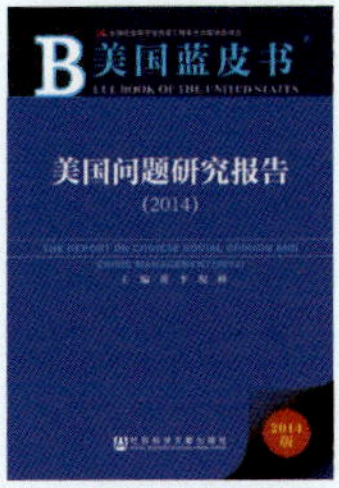

## 美国蓝皮书

**美国问题研究报告（2014）**

黄　平　倪　峰 / 主编　2014 年 6 月出版　估价 :89.00 元

◆　本书是由中国社会科学院美国所主持完成的研究成果，它回顾了美国 2013 年的经济、政治形势与外交战略，对 2013 年以来美国内政外交发生的重大事件以及重要政策进行了较为全面的回顾和梳理。

# 地方发展类

地方发展类皮书关注大陆各省份、经济区域，
提供科学、多元的预判与咨政信息

## 社会建设蓝皮书

### 2014 年北京社会建设分析报告

宋贵伦 / 主编　2014 年 9 月出版　估价 :69.00 元

◆　本书依据社会学理论框架和分析方法，对北京市的人口、就业、分配、社会阶层以及城乡关系等社会学基本问题进行了广泛调研与分析，对广受社会关注的住房、教育、医疗、养老、交通等社会热点问题做了深刻了解与剖析，对日益显现的征地搬迁、外籍人口管理、群体性心理障碍等进行了有益探讨。

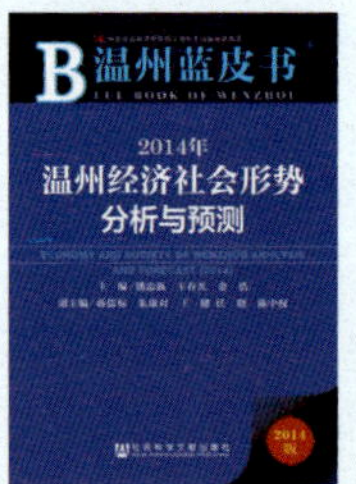

## 温州蓝皮书

### 2014 年温州经济社会形势分析与预测

潘忠强　王春光　金 浩 / 主编　2014 年 4 月出版　定价：69.00 元

◆　本书是由中共温州市委党校与中国社会科学院社会学研究所合作推出的第七本“温州经济社会形势分析与预测”年度报告，深入全面分析了 2013 年温州经济、社会、政治、文化发展的主要特点、经验、成效与不足，提出了相应的政策建议。

## 上海蓝皮书

### 上海资源环境发展报告（2014）

周冯琦　汤庆合　任文伟 / 著　2014 年 1 月出版　定价：69.00 元

◆　本书在上海所面临资源环境风险的来源、程度、成因、对策等方面作了些有益的探索，希望能对有关部门完善上海的资源环境风险防控工作提供一些有价值的参考，也让普通民众更全面地了解上海资源环境风险及其防控的图景。

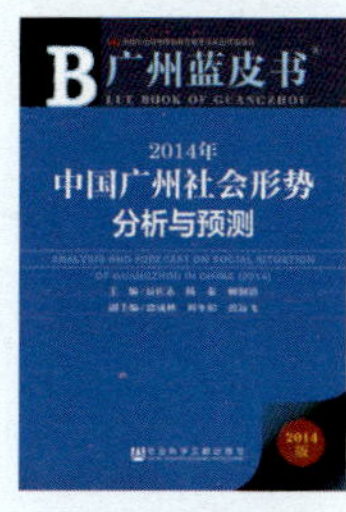

## 广州蓝皮书

### 2014 年中国广州社会形势分析与预测

张 强 陈怡霓 杨 秦 / 主编 2014 年 9 月出版 估价 :65.00 元

◆ 本书由广州大学与广州市委宣传部、广州市人力资源和社会保障局联合主编，汇集了广州科研团体、高等院校和政府部门诸多社会问题研究专家、学者和实际部门工作者的最新研究成果，是关于广州社会运行情况和相关专题分析与预测的重要参考资料。

## 河南经济蓝皮书

### 2014 年河南经济形势分析与预测

胡五岳 / 主编 2014 年 3 月出版 定价 :69.00 元

◆ 本书由河南省统计局主持编纂。该分析与展望以 2013 年最新年度统计数据为基础，科学研判河南经济发展的脉络轨迹、分析年度运行态势；以客观翔实、权威资料为特征，突出科学性、前瞻性和可操作性，服务于科学决策和科学发展。

## 陕西蓝皮书

### 陕西社会发展报告（2014）

任宗哲 石 英 牛 昉 / 主编 2014 年 2 月出版 定价 :65.00 元

◆ 本书系统而全面地描述了陕西省 2013 年社会发展各个领域所取得的成就、存在的问题、面临的挑战及其应对思路，为更好地思考 2014 年陕西发展前景、政策指向和工作策略等方面提供了一个较为简洁清晰的参考蓝本。

## 上海蓝皮书

### 上海经济发展报告（2014）

沈开艳 / 主编 2014 年 1 月出版 定价 :69.00 元

◆ 本书系上海社会科学院系列之一，报告对 2014 年上海经济增长与发展趋势的进行了预测，把握了上海经济发展的脉搏和学术研究的前沿。

## 广州蓝皮书

### 广州经济发展报告（2014）

李江涛 朱名宏 / 主编 2014 年 6 月出版 估价 :65.00 元

◆ 本书是由广州市社会科学院主持编写的“广州蓝皮书”系列之一，本报告对广州 2013 年宏观经济运行情况作了深入分析，对 2014 年宏观经济走势进行了合理预测，并在此基础上提出了相应的政策建议。

# 文化传媒类

文化传媒类皮书透视文化领域、文化产业，
探索文化大繁荣、大发展的路径

## 新媒体蓝皮书

### 中国新媒体发展报告 No.4(2013)

唐绪军 / 主编 2014 年 6 月出版 估价 :69.00 元

◆ 本书由中国社会科学院新闻与传播研究所和上海大学合作编写，在构建新媒体发展研究基本框架的基础上，全面梳理 2013 年中国新媒体发展现状，发表最前沿的网络媒体深度调查数据和研究成果，并对新媒体发展的未来趋势做出预测。

## 舆情蓝皮书

### 中国社会舆情与危机管理报告（2014）

谢耘耕 / 主编 2014 年 8 月出版 估价 :85.00 元

◆ 本书由上海交通大学舆情研究实验室和危机管理研究中心主编，已被列入教育部人文社会科学研究报告培育项目。本书以新媒体环境下的中国社会为立足点，对 2013 年中国社会舆情、分类舆情等进行了深入系统的研究，并预测了 2014 年社会舆情走势。

# 经济类

**产业蓝皮书**
中国产业竞争力报告（2014） No.4
著(编)者:张其仔　2014年5月出版 / 估价:79.00元

**长三角蓝皮书**
2014年率先基本实现现代化的长三角
著(编)者:刘志彪　2014年6月出版 / 估价:120.00元

**城市竞争力蓝皮书**
中国城市竞争力报告No.12
著(编)者:倪鹏飞　2014年5月出版 / 定价:89.00元

**城市蓝皮书**
中国城市发展报告No.7
著(编)者:潘家华 魏后凯　2014年7月出版 / 估价:69.00元

**城市群蓝皮书**
中国城市群发展指数报告(2014)
著(编)者:刘士林 刘新静　2014年10月出版 / 估价:59.00元

**城乡统筹蓝皮书**
中国城乡统筹发展报告（2014）
著(编)者:程志强、潘晨光　2014年9月出版 / 估价:59.00元

**城乡一体化蓝皮书**
中国城乡一体化发展报告（2014）
著(编)者:汝信 付崇兰　2014年8月出版 / 估价:59.00元

**城镇化蓝皮书**
中国新型城镇化健康发展报告（2014）
著(编)者:张占斌　2014年5月出版 / 定价:79.00元

**低碳发展蓝皮书**
中国低碳发展报告（2014）
著(编)者:齐晔　2014年3月出版 / 定价:89.00元

**低碳经济蓝皮书**
中国低碳经济发展报告（2014）
著(编)者:薛进军 赵忠秀　2014年5月出版 / 估价:79.00元

**东北蓝皮书**
中国东北地区发展报告（2014）
著(编)者:鲍振东 曹晓峰　2014年8月出版 / 估价:79.00元

**发展和改革蓝皮书**
中国经济发展和体制改革报告No.7
著(编)者:邹东涛　2014年7月出版 / 估价:79.00元

**工业化蓝皮书**
中国工业化进程报告（2014）
著(编)者: 黄群慧 吕铁 李晓华 等
2014年11月出版 / 估价:89.00元

**国际城市蓝皮书**
国际城市发展报告（2014）
著(编)者:屠启宇　2014年1月出版 / 定价:69.00元

**国家创新蓝皮书**
国家创新发展报告（2013~2014）
著(编)者:陈劲　2014年6月出版 / 估价:69.00元

**国家竞争力蓝皮书**
中国国家竞争力报告No.2
著(编)者:倪鹏飞　2014年10月出版 / 估价:98.00元

**宏观经济蓝皮书**
中国经济增长报告（2014）
著(编)者:张平 刘霞辉　2014年10月出版 / 估价:69.00元

**减贫蓝皮书**
中国减贫与社会发展报告
著(编)者:黄承伟　2014年7月出版 / 估价:69.00元

**金融蓝皮书**
中国金融发展报告（2014）
著(编)者:李扬 王国刚　2013年12月出版 / 定价:65.00元

**经济蓝皮书**
2014年中国经济形势分析与预测
著(编)者:李扬　2013年12月出版 / 定价:69.00元

**经济蓝皮书春季号**
2014年中国经济前景分析
著(编)者:李扬　2014年5月出版 / 定价:79.00元

**经济信息绿皮书**
中国与世界经济发展报告（2014）
著(编)者:杜平　2013年12月出版 / 定价:79.00元

**就业蓝皮书**
2014年中国大学生就业报告
著(编)者:麦可思研究院　2014年6月出版 / 估价:98.00元

**流通蓝皮书**
中国商业发展报告（2013~2014）
著(编)者:荆林波　2014年5月出版 / 定价:89.00元

**民营经济蓝皮书**
中国民营经济发展报告No.10（2013～2014）
著(编)者:黄孟复　2014年9月出版 / 估价:69.00元

**民营企业蓝皮书**
中国民营企业竞争力报告No.7（2014）
著(编)者:刘迎秋　2014年9月出版 / 估价:79.00元

**农村绿皮书**
中国农村经济形势分析与预测（2013~2014）
著(编)者:中国社会科学院农村发展研究所
国家统计局农村社会经济调查司 著
2014年4月出版 / 定价:69.00元

**企业公民蓝皮书**
中国企业公民报告No.4
著(编)者:邹东涛　2014年7月出版 / 估价:69.00元

**企业社会责任蓝皮书**
中国企业社会责任研究报告（2014）
著(编)者:黄群慧 彭华岗 钟宏武 等
2014年11月出版 / 估价:59.00元

**气候变化绿皮书**
应对气候变化报告（2014）
著(编)者:王伟光 郑国光　2014年11月出版 / 估价:79.00元

**区域蓝皮书**
中国区域经济发展报告（2013~2014）
著(编)者:梁昊光　2014年4月出版 / 定价:79.00元

**人口与劳动绿皮书**
中国人口与劳动问题报告No.15
著(编)者:蔡昉　2014年6月出版 / 估价:69.00元

**生态经济（建设）绿皮书**
中国经济（建设）发展报告（2013~2014）
著(编)者:黄浩涛　李周　2014年10月出版 / 估价:69.00元

**世界经济黄皮书**
2014年世界经济形势分析与预测
著(编)者:王洛林 张宇燕　2014年1月出版 / 定价:69.00元

**西北蓝皮书**
中国西北发展报告（2014）
著(编)者:张进海　陈冬红　段庆林
2013年12月出版 / 定价:69.00元

**西部蓝皮书**
中国西部发展报告（2014）
著(编)者:姚慧琴 徐璋勇　2014年7月出版 / 估价:69.00元

**新型城镇化蓝皮书**
新型城镇化发展报告（2014）
著(编)者:沈体雁 李伟 宋敏　2014年9月出版 / 估价:69.00元

**新兴经济体蓝皮书**
金砖国家发展报告（2014）
著(编)者:林跃勤 周文　2014年9月出版 / 估价:79.00元

**循环经济绿皮书**
中国循环经济发展报告（2013~2014）
著(编)者:齐建国　2014年12月出版 / 估价:69.00元

**中部竞争力蓝皮书**
中国中部经济社会竞争力报告（2014）
著(编)者:教育部人文社会科学重点研究基地
南昌大学中国中部经济社会发展研究中心
2014年7月出版 / 估价:59.00元

**中部蓝皮书**
中国中部地区发展报告（2014）
著(编)者:朱有志　2014年10月出版 / 估价:59.00元

**中国科技蓝皮书**
中国科技发展报告（2014）
著(编)者:陈劲　2014年4月出版 / 定价:69.00元

**中国省域竞争力蓝皮书**
“十二五”中期中国省域经济综合竞争力发展报告
著(编)者:李建平 李闽榕 高燕京　2014年3月出版 / 定价:198.

**中三角蓝皮书**
长江中游城市群发展报告（2013~2014）
著(编)者:秦尊文　2014年6月出版 / 估价:69.00元

**中小城市绿皮书**
中国中小城市发展报告（2014）
著(编)者:中国城市经济学会中小城市经济发展委员会
《中国中小城市发展报告》编纂委员会
2014年10月出版 / 估价:98.00元

**中原蓝皮书**
中原经济区发展报告（2014）
著(编)者:刘怀廉　2014年6月出版 / 估价:68.00元

## 社会政法类

**殡葬绿皮书**
中国殡葬事业发展报告（2014）
著(编)者:朱勇 副主编 李伯森　2014年9月出版 / 估价:59.00元

**城市创新蓝皮书**
中国城市创新报告（2014）
著(编)者:周天勇　旷建伟　2014年7月出版 / 估价:69.00元

**城市管理蓝皮书**
中国城市管理报告2014
著(编)者:谭维克 刘林　2014年7月出版 / 估价:98.00元

**城市生活质量蓝皮书**
中国城市生活质量指数报告（2014）
著(编)者:张平　2014年7月出版 / 估价:59.00元

**城市政府能力蓝皮书**
中国城市政府公共服务能力评估报告（2014）
著(编)者:何艳玲　2014年7月出版 / 估价:59.00元

**创新蓝皮书**
创新型国家建设报告（2013~2014）
著(编)者:詹正茂　2014年5月出版 / 定价:69.00元

**慈善蓝皮书**
中国慈善发展报告（2014）
著(编)者:杨团　2014年5月出版 / 定价:79.00元

**法治蓝皮书**
中国法治发展报告No.12（2014）
著(编)者:李林　田禾　2014年2月出版 / 定价:98.00元

**反腐倡廉蓝皮书**
中国反腐倡廉建设报告No.3
著(编)者:李秋芳　2014年1月出版 / 定价:79.00元

**非传统安全蓝皮书**
中国非传统安全研究报告（2014）
著(编)者:余潇枫　2014年5月出版 / 估价:69.00元

**妇女发展蓝皮书**
福建省妇女发展报告（2014）
著(编)者:刘群英　2014年10月出版 / 估价:58.00元

**妇女发展蓝皮书**
中国妇女发展报告No.5
著(编)者:王金玲 高小贤　2014年5月出版 / 估价:65.00元

**妇女教育蓝皮书**
中国妇女教育发展报告No.3
著(编)者:张李玺　2014年10月出版 / 估价:69.00元

**公共服务满意度蓝皮书**
中国城市公共服务评价报告（2014）
著(编)者:胡伟　2014年11月出版 / 估价:69.00元

**公共服务蓝皮书**
中国城市基本公共服务力评价（2014）
著(编)者:侯惠勤 辛向阳 易定宏
2014年10月出版 / 估价:55.00元

**公民科学素质蓝皮书**
中国公民科学素质报告（2013~2014）
著(编)者:李群　许佳军　2014年3月出版 / 定价:79.00元

**公益蓝皮书**
中国公益发展报告（2014）
著(编)者:朱健刚　2014年5月出版 / 估价:78.00元

**国际人才蓝皮书**
中国国际移民报告（2014）
著(编)者:王辉耀　2014年1月出版 / 定价:79.00元

**国际人才蓝皮书**
中国海归创业发展报告（2014）No.2
著(编)者:王辉耀 路江涌　2014年10月出版 / 估价:69.00元

**国际人才蓝皮书**
中国留学发展报告（2014） No.3
著(编)者:王辉耀　2014年9月出版 / 估价:59.00元

**国家安全蓝皮书**
中国国家安全研究报告（2014）
著(编)者:刘慧　2014年5月出版 / 定价:98.00元

**行政改革蓝皮书**
中国行政体制改革报告（2013）No.3
著(编)者:魏礼群　2014年3月出版 / 定价:89.00元

**华侨华人蓝皮书**
华侨华人研究报告（2014）
著(编)者:丘进　2014年5月出版 / 估价:128.00元

**环境竞争力绿皮书**
中国省域环境竞争力发展报告（2014）
著(编)者:李建平 李闽榕 王金南
2014年12月出版 / 估价:148.00元

**环境绿皮书**
中国环境发展报告（2014）
著(编)者:刘鉴强　2014年5月出版 / 定价:79.00元

**基本公共服务蓝皮书**
中国省级政府基本公共服务发展报告（2014）
著(编)者:孙德超　2014年9月出版 / 估价:69.00元

**基金会透明度蓝皮书**
中国基金会透明度发展研究报告（2014）
著(编)者:基金会中心网　2014年7月出版 / 估价:79.00元

**教师蓝皮书**
中国中小学教师发展报告（2014）
著(编)者:曾晓东　2014年9月出版 / 估价:59.00元

**教育蓝皮书**
中国教育发展报告（2014）
著(编)者:杨东平　2014年5月出版 / 定价:79.00元

**科普蓝皮书**
中国科普基础设施发展报告（2014）
著(编)者:任福君　2014年6月出版 / 估价:79.00元

**口腔健康蓝皮书**
中国口腔健康发展报告（2014）
著(编)者:胡德渝　2014年12月出版 / 估价:59.00元

**老龄蓝皮书**
中国老龄事业发展报告（2014）
著(编)者:吴玉韶　2014年9月出版 / 估价:59.00元

**连片特困区蓝皮书**
中国连片特困区发展报告（2014）
著(编)者:丁建军　冷志明　游俊　2014年9月出版 / 估价:79.00元

**民间组织蓝皮书**
中国民间组织报告（2014）
著(编)者:黄晓勇　2014年8月出版 / 估价:69.00元

**民调蓝皮书**
中国民生调查报告（2014）
著(编)者:谢耕耘　2014年5月出版 / 定价:128.00元

**民族发展蓝皮书**
中国民族区域自治发展报告（2014）
著(编)者:郝时远　2014年6月出版 / 估价:98.00元

**女性生活蓝皮书**
中国女性生活状况报告No.8（2014）
著(编)者:韩湘景　2014年4月出版 / 定价:79.00元

**汽车社会蓝皮书**
中国汽车社会发展报告（2014）
著(编)者:王俊秀　2014年9月出版 / 估价:59.00元

**青年蓝皮书**
中国青年发展报告（2014）No.2
著(编)者:廉思　2014年4月出版 / 定价:59.00元

**全球环境竞争力绿皮书**
全球环境竞争力发展报告（2014）
著(编)者:李建平　李闽榕　王金南　2014年11月出版 / 估价:69.00元

**青少年蓝皮书**
中国未成年人新媒体运用报告（2014）
著(编)者:李文革　沈杰　季为民　2014年6月出版 / 估价:69.00元

**区域人才蓝皮书**
中国区域人才竞争力报告No.2
著(编)者:桂昭明　王辉耀　2014年6月出版 / 估价:69.00元

**人才蓝皮书**
中国人才发展报告（2014）
著(编)者:潘晨光　2014年10月出版 / 估价:79.00元

**人权蓝皮书**
中国人权事业发展报告No.4（2014）
著(编)者:李君如　2014年7月出版 / 估价:98.00元

**世界人才蓝皮书**
全球人才发展报告No.1
著(编)者:孙学玉　张冠梓　2014年9月出版 / 估价:69.00元

**社会保障绿皮书**
中国社会保障发展报告（2014）No.6
著(编)者:王延中　2014年9月出版 / 估价:69.00元

**社会工作蓝皮书**
中国社会工作发展报告（2013~2014）
著(编)者:王杰秀　邹文开　2014年8月出版 / 估价:59.00元

**社会管理蓝皮书**
中国社会管理创新报告No.3
著(编)者:连玉明　2014年9月出版 / 估价:79.00元

**社会蓝皮书**
2014年中国社会形势分析与预测
著(编)者:李培林　陈光金　张翼　2013年12月出版 / 定价:69.00元

**社会体制蓝皮书**
中国社会体制改革报告No.2（2014）
著(编)者:龚维斌　2014年4月出版 / 定价:79.00元

**社会心态蓝皮书**
2014年中国社会心态研究报告
著(编)者:王俊秀　杨宜音　2014年9月出版 / 估价:59.00元

**生态城市绿皮书**
中国生态城市建设发展报告（2014）
著(编)者:李景源　孙伟平　刘举科　2014年6月出版 / 估价:128.00元

**生态文明绿皮书**
中国省域生态文明建设评价报告（ECI 2014）
著(编)者:严耕　2014年9月出版 / 估价:98.00元

**世界创新竞争力黄皮书**
世界创新竞争力发展报告（2014）
著(编)者:李建平　李闽榕　赵新力　2014年11月出版 / 估价:128.

**水与发展蓝皮书**
中国水风险评估报告（2014）
著(编)者:苏杨　2014年9月出版 / 估价:69.00元

**土地整治蓝皮书**
中国土地整治发展报告No.1
著(编)者:国土资源部土地整治中心　2014年5月出版 / 定价:8

**危机管理蓝皮书**
中国危机管理报告（2014）
著(编)者:文学国　范正青　2014年8月出版 / 估价:79.00元

**小康蓝皮书**
中国全面建设小康社会监测报告（2014）
著(编)者:潘璠　2014年11月出版 / 估价:59.00元

**形象危机应对蓝皮书**
形象危机应对研究报告（2014）
著(编)者:唐钧　2014年9月出版 / 估价:118.00元

**行政改革蓝皮书**
中国行政体制改革报告（2013）No.3
著(编)者:魏礼群　2014年3月出版 / 定价:89.00元

**医疗卫生绿皮书**
中国医疗卫生发展报告No.6（2013~2014）
著(编)者:申宝忠　韩玉珍　2014年4月出版 / 定价:75.00元

**政治参与蓝皮书**
中国政治参与报告（2014）
著(编)者:房宁　2014年7月出版 / 估价:58.00元

**政治发展蓝皮书**
中国政治发展报告（2014）
著(编)者:房宁　杨海蛟　2014年6月出版 / 估价:98.00元

**宗教蓝皮书**
中国宗教报告（2014）
著(编)者:金泽　邱永辉　2014年8月出版 / 估价:59.00元

**社会组织蓝皮书**
中国社会组织评估报告（2014）
著(编)者:徐家良　2014年9月出版 / 估价:69.00元

**政府绩效评估蓝皮书**
中国地方政府绩效评估报告（2014）
著(编)者:贠杰　2014年9月出版 / 估价:69.00元

# 行业报告类

**保健蓝皮书**
中国保健服务产业发展报告No.2
著(编)者:中国保健协会 中共中央党校
2014年7月出版 / 估价:198.00元

**保健蓝皮书**
中国保健食品产业发展报告No.2
著(编)者:中国保健协会
中国社会科学院食品药品产业发展与监管研究中心
2014年7月出版 / 估价:198.00元

**保健蓝皮书**
中国保健用品产业发展报告No.2
著(编)者:中国保健协会 2014年9月出版 / 估价:198.00元

**保险蓝皮书**
中国保险业竞争力报告（2014）
著(编)者:罗忠敏 2014年9月出版 / 估价:98.00元

**餐饮产业蓝皮书**
中国餐饮产业发展报告（2014）
著(编)者:中国烹饪协会 中国社会科学院财经战略研究院
2014年5月出版 / 估价:59.00元

**测绘地理信息蓝皮书**
中国地理信息产业发展报告（2014）
著(编)者:徐德明 2014年12月出版 / 估价:98.00元

**茶业蓝皮书**
中国茶产业发展报告 （2014）
著(编)者:李闽榕 杨江帆 2014年9月出版 / 估价:79.00元

**产权市场蓝皮书**
中国产权市场发展报告（2014）
著(编)者:曹和平 2014年9月出版 / 估价:69.00元

**产业安全蓝皮书**
中国烟草产业安全报告（2014）
著(编)者:李孟刚 杜秀亭 2014年1月出版 / 定价:69.00元

**产业安全蓝皮书**
中国出版与传媒安全报告（2014）
著(编)者:北京交通大学中国产业安全研究中心
2014年9月出版 / 估价:59.00元

**产业安全蓝皮书**
中国医疗产业安全报告（2013~2014）
著(编)者:李孟刚 高献书 2014年1月出版 / 定价:59.00元

**产业安全蓝皮书**
中国文化产业安全蓝皮书(2014)
著(编)者:北京印刷学院文化产业安全研究院
2014年4月出版 / 定价:69.00元

**产业安全蓝皮书**
中国出版传媒产业安全报告（2014）
著(编)者:北京印刷学院文化产业安全研究院
2014年4月出版/ 定价:89.00元

**典当业蓝皮书**
中国典当行业发展报告（2013~2014）
著(编)者:黄育华 王力 张红地
2014年10月出版 / 估价:69.00元

**电子商务蓝皮书**
中国城市电子商务影响力报告（2014）
著(编)者:荆林波 2014年5月出版 / 估价:69.00元

**电子政务蓝皮书**
中国电子政务发展报告（2014）
著(编)者:洪毅 王长胜 2014年9月出版 / 估价:59.00元

**杜仲产业绿皮书**
中国杜仲橡胶资源与产业发展报告（2014）
著(编)者:杜红岩 胡文臻 俞瑞
2014年9月出版 / 估价:99.00元

**房地产蓝皮书**
中国房地产发展报告No.11（2014）
著(编)者:魏后凯 李景国 2014年5月出版 / 定价:79.00元

**服务外包蓝皮书**
中国服务外包产业发展报告（2014）
著(编)者:王晓红 李皓 2014年9月出版 / 估价:89.00元

**高端消费蓝皮书**
中国高端消费市场研究报告
著(编)者:依绍华 王雪峰 2014年9月出版 / 估价:69.00元

**会展经济蓝皮书**
中国会展经济发展报告（2014）
著(编)者:过聚荣 2014年9月出版 / 估价:65.00元

**会展蓝皮书**
中外会展业动态评估年度报告（2014）
著(编)者:张敏 2014年8月出版 / 估价:68.00元

**基金会绿皮书**
中国基金会发展独立研究报告（2014）
著(编)者:基金会中心网 2014年8月出版 / 估价:58.00元

**交通运输蓝皮书**
中国交通运输服务发展报告（2014）
著(编)者:林晓言 卜伟 武剑红
2014年10月出版 / 估价:69.00元

**金融监管蓝皮书**
中国金融监管报告（2014）
著(编)者:胡滨 2014年5月出版 / 定价:69.00元

**金融蓝皮书**
中国金融中心发展报告（2014）
著(编)者:中国社会科学院金融研究所
中国博士后特华科研工作站 王力 黄育华
2014年10月出版 / 估价:59.00元

**金融蓝皮书**
中国商业银行竞争力报告（2014）
著(编)者:王松奇　2014年5月出版 / 估价:79.00元

**金融蓝皮书**
中国金融发展报告（2014）
著(编)者:李扬 王国刚　2013年12月出版 / 定价:65.00元

**金融蓝皮书**
中国金融法治报告（2014）
著(编)者:胡滨 全先银　2014年9月出版 / 估价:65.00元

**金融蓝皮书**
中国金融产品与服务报告（2014）
著(编)者:殷剑峰　2014年6月出版 / 估价:59.00元

**金融信息服务蓝皮书**
金融信息服务业发展报告（2014）
著(编)者:鲁广锦　2014年11月出版 / 估价:69.00元

**抗衰老医学蓝皮书**
抗衰老医学发展报告（2014）
著(编)者:罗伯特·高德曼 罗纳德·科莱兹 尼尔·布什 朱敏 金大鹏 郭弋
2014年9月出版 / 估价:69.00元

**客车蓝皮书**
中国客车产业发展报告（2014）
著(编)者:姚蔚　2014年12月出版 / 估价:69.00元

**科学传播蓝皮书**
中国科学传播报告（2014）
著(编)者:詹正茂　2014年9月出版 / 估价:69.00元

**流通蓝皮书**
中国商业发展报告（2013~2014）
著(编)者:荆林波　2014年5月出版 / 定价:89.00元

**旅游安全蓝皮书**
中国旅游安全报告（2014）
著(编)者:郑向敏 谢朝武　2014年6月出版 / 估价:79.00元

**旅游绿皮书**
2013~2014年中国旅游发展分析与预测
著(编)者:宋瑞　2014年9月出版 / 定价:79.00元

**旅游城市绿皮书**
世界旅游城市发展报告（2013~2014）
著(编)者:张辉　2014年1月出版 / 估价:69.00元

**贸易蓝皮书**
中国贸易发展报告（2014）
著(编)者:荆林波　2014年5月出版 / 估价:49.00元

**民营医院蓝皮书**
中国民营医院发展报告（2014）
著(编)者:朱幼棣　2014年10月出版 / 估价:69.00元

**闽商蓝皮书**
闽商发展报告（2014）
著(编)者:李闽榕 王日根　2014年12月出版 / 估价:69.00元

**能源蓝皮书**
中国能源发展报告（2014）
著(编)者:崔民选 王军生 陈义和
2014年10月出版 / 估价:59.00元

**农产品流通蓝皮书**
中国农产品流通产业发展报告（2014）
著(编)者:贾敬敦 王炳南 张玉玺 张鹏毅 陈丽华
2014年9月出版 / 估价:89.00元

**期货蓝皮书**
中国期货市场发展报告（2014）
著(编)者:荆林波　2014年6月出版 / 估价:98.00元

**企业蓝皮书**
中国企业竞争力报告（2014）
著(编)者:金碚　2014年11月出版 / 估价:89.00元

**汽车安全蓝皮书**
中国汽车安全发展报告（2014）
著(编)者:中国汽车技术研究中心
2014年4月出版 / 估价:79.00元

**汽车蓝皮书**
中国汽车产业发展报告（2014）
著(编)者:国务院发展研究中心产业经济研究部 中国汽车工程学会 大众汽车集团（中国）
2014年7月出版 / 估价:79.00元

**清洁能源蓝皮书**
国际清洁能源发展报告（2014）
著(编)者:国际清洁能源论坛（澳门）
2014年9月出版 / 估价:89.00元

**人力资源蓝皮书**
中国人力资源发展报告（2014）
著(编)者:吴江　2014年9月出版 / 估价:69.00元

**软件和信息服务业蓝皮书**
中国软件和信息服务业发展报告（2014）
著(编)者:洪京一 工业和信息化部电子科学技术情报研究所
2014年6月出版 / 估价:98.00元

**商会蓝皮书**
中国商会发展报告 No.4（2014）
著(编)者:黄孟复　2014年9月出版 / 估价:59.00元

**商品市场蓝皮书**
中国商品市场发展报告（2014）
著(编)者:荆林波　2014年7月出版 / 估价:59.00元

**上市公司蓝皮书**
中国上市公司非财务信息披露报告（2014）
著(编)者:钟宏武 张旺 张蒽 等
2014年12月出版 / 估价:59.00元

**食品药品蓝皮书**
食品药品安全与监管政策研究报告（2014）
著(编)者:唐民皓　2014年7月出版 / 估价:69.00元

**世界能源蓝皮书**
世界能源发展报告（2014）
著(编)者:黄晓勇　2014年9月出版 / 估价:99.00元

**私募市场蓝皮书**
中国私募股权市场发展报告（2014）
著(编)者:曹和平　2014年9月出版 / 估价:69.00元

**体育蓝皮书**
中国体育产业发展报告（2014）
著(编)者:阮伟 钟秉枢　2014年9月出版 / 估价:69.00元

**体育蓝皮书·公共体育服务**
中国公共体育服务发展报告（2014）
著(编)者:戴健　2014年12月出版 / 估价:69.00元

**投资蓝皮书**
中国投资发展报告（2014）
著(编)者:杨庆蔚　2014年4月出版 / 定价:128.00元

**投资蓝皮书**
中国企业海外投资发展报告（2013~2014）
著(编)者:陈文晖　薛誉华　2014年9月出版 / 定价:69.00元

**物联网蓝皮书**
中国物联网发展报告（2014）
著(编)者:龚六堂　2014年9月出版 / 估价:59.00元

**西部工业蓝皮书**
中国西部工业发展报告（2014）
著(编)者:方行明 刘方健 姜凌等
2014年9月出版 / 估价:69.00元

**西部金融蓝皮书**
中国西部金融发展报告（2014）
著(编)者:李忠民　2014年10月出版 / 估价:69.00元

**新能源汽车蓝皮书**
中国新能源汽车产业发展报告（2014）
著(编)者:中国汽车技术研究中心
日产（中国）投资有限公司
东风汽车有限公司
2014年9月出版 / 估价:69.00元

**信托蓝皮书**
中国信托业研究报告（2014）
著(编)者:中建投信托研究中心　中国建设建投研究院
2014年9月出版 / 估价:59.00元

**信托蓝皮书**
中国信托投资报告（2014）
著(编)者:杨金龙　刘屹　2014年7月出版 / 估价:69.00元

**信托市场蓝皮书**
中国信托业市场报告（2013~2014）
著(编)者:李旸　2014年1月出版 / 定价:198.00元

**信息化蓝皮书**
中国信息化形势分析与预测（2014）
著(编)者:周宏仁　2014年7月出版 / 估价:98.00元

**信用蓝皮书**
中国信用发展报告（2014）
著(编)者:章政 田侃　2014年9月出版 / 估价:69.00元

**休闲绿皮书**
2014年中国休闲发展报告
著(编)者:刘德谦　唐兵　宋瑞
2014年6月出版 / 估价:59.00元

**养老产业蓝皮书**
中国养老产业发展报告（2013~2014年）
著(编)者:张车伟　2014年9月出版 / 估价:69.00元

**移动互联网蓝皮书**
中国移动互联网发展报告（2014）
著(编)者:官建文　2014年5月出版 / 估价:79.00元

**医药蓝皮书**
中国医药产业园战略发展报告（2013~2014）
著(编)者:裴长洪　房书亭　吴滌心
2014年3月出版 / 定价:89.00元

**医药蓝皮书**
中国药品市场报告（2014）
著(编)者:程锦锥 朱恒鹏　2014年12月出版 / 估价:79.00元

**中国林业竞争力蓝皮书**
中国省域林业竞争力发展报告No.2（2014）（上下册）
著(编)者:郑传芳 李闽榕 张春霞 张会儒
2014年8月出版 / 估价:139.00元

**中国农业竞争力蓝皮书**
中国省域农业竞争力发展报告No.2（2014）
著(编)者:郑传芳 宋洪远 李闽榕 张春霞
2014年7月出版 / 估价:128.00元

**中国总部经济蓝皮书**
中国总部经济发展报告（2013~2014）
著(编)者:赵弘　2014年5月出版 / 定价:79.00元

**珠三角流通蓝皮书**
珠三角商圈发展研究报告（2014）
著(编)者:王先庆 林至颖　2014年8月出版 / 估价:69.00元

**住房绿皮书**
中国住房发展报告（2013~2014）
著(编)者:倪鹏飞　2013年12月出版 / 定价:79.00元

**资本市场蓝皮书**
中国场外交易市场发展报告（2014）
著(编)者:高峦　2014年9月出版 / 估价:79.00元

**资产管理蓝皮书**
中国信托业发展报告（2014）
著(编)者:智信资产管理研究院　2014年7月出版 / 估价:69.00元

**支付清算蓝皮书**
中国支付清算发展报告（2014）
著(编)者:杨涛　2014年5月出版 / 定价:45.00元

# 文化传媒类

**传媒蓝皮书**
中国传媒产业发展报告（2014）
著(编)者:崔保国　2014年4月出版 / 定价:98.00元

**传媒竞争力蓝皮书**
中国传媒国际竞争力研究报告（2014）
著(编)者:李本乾　2014年9月出版 / 估价:69.00元

**创意城市蓝皮书**
武汉市文化创意产业发展报告（2014）
著(编)者:张京成　黄永林　2014年10月出版 / 估价:69.00元

**电视蓝皮书**
中国电视产业发展报告（2014）
著(编)者:卢斌　2014年9月出版 / 估价:79.00元

**电影蓝皮书**
中国电影出版发展报告（2014）
著(编)者:卢斌　2014年9月出版 / 估价:79.00元

**动漫蓝皮书**
中国动漫产业发展报告（2014）
著(编)者:卢斌　郑玉明　牛兴侦　2014年9月出版 / 估价:79.00元

**广电蓝皮书**
中国广播电影电视发展报告（2014）
著(编)者:庞井君　杨明品　李岚
2014年6月出版 / 估价:88.00元

**广告主蓝皮书**
中国广告主营销传播趋势报告N0.8
著(编)者:中国传媒大学广告主研究所
中国广告主营销传播创新研究课题组
黄升民　杜国清　邵华冬等
2014年5月出版 / 估价:98.00元

**国际传播蓝皮书**
中国国际传播发展报告（2014）
著(编)者:胡正荣　李继东　姬德强
2014年9月出版 / 估价:69.00元

**纪录片蓝皮书**
中国纪录片发展报告（2014）
著(编)者:何苏六　2014年10月出版 / 估价:89.00元

**两岸文化蓝皮书**
两岸文化产业合作发展报告（2014）
著(编)者:胡惠林 肖夏勇　2014年6月出版 / 估价:59.00元

**媒介与女性蓝皮书**
中国媒介与女性发展报告（2014）
著(编)者:刘利群　2014年8月出版 / 估价:69.00元

**全球传媒蓝皮书**
全球传媒产业发展报告（2014）
著(编)者:胡正荣　2014年12月出版 / 估价:79.00元

**视听新媒体蓝皮书**
中国视听新媒体发展报告（2014）
著(编)者:庞井君　2014年6月出版 / 估价:148.00元

**文化创新蓝皮书**
中国文化创新报告（2014）No.5
著(编)者:于平　傅才武　2014年4月出版 / 定价:79.00元

**文化科技蓝皮书**
文化科技融合与创意城市发展报告（2014）
著(编)者:李凤亮　于平　2014年7月出版 / 估价:79.00元

**文化蓝皮书**
中国文化产业发展报告（2014）
著(编)者:张晓明　王家新　章建刚
2014年4月出版 / 定价:79.00元

**文化蓝皮书**
中国文化产业供需协调增长测评报（2014）
著(编)者:王亚楠　2014年2月出版 / 定价:79.00元

**文化蓝皮书**
中国城镇文化消费需求景气评价报告（2014）
著(编)者:王亚南　张晓明　祁述裕
2014年5月出版 / 估价:79.00元

**文化蓝皮书**
中国公共文化服务发展报告（2014）
著(编)者:于群 李国新　2014年10月出版 / 估价:98.00元

**文化蓝皮书**
中国文化消费需求景气评价报告（2014）
著(编)者:王亚南　2014年2月出版 / 估价:79.00元

**文化蓝皮书**
中国乡村文化消费需求景气评价报告（2014）
著(编)者:王亚南　2014年5月出版 / 估价:79.00元

**文化蓝皮书**
中国中心城市文化消费需求景气评价报告（2014）
著(编)者:王亚南　2014年9月出版 / 估价:79.00元

**文化蓝皮书**
中国少数民族文化发展报告（2014）
著(编)者:武翠英 张晓明 张学进
2014年9月出版 / 估价:69.00元

**文化建设蓝皮书**
中国文化发展报告（2013）
著(编)者:江畅 孙伟平 戴茂堂
2014年4月出版 / 定价:138.00元

**文化品牌蓝皮书**
中国文化品牌发展报告（2014）
著(编)者:欧阳友权 2014年4月出版 / 定价:79.00元

**文化软实力蓝皮书**
中国文化软实力研究报告（2014）
著(编)者:张国祚 2014年7月出版 / 估价:79.00元

**文化遗产蓝皮书**
中国文化遗产事业发展报告（2014）
著(编)者:刘世锦 2014年9月出版 / 估价:79.00元

**文学蓝皮书**
中国文情报告（2013~2014）
著(编)者:白烨 2014年5月出版 / 估价:59.00元

**新媒体蓝皮书**
中国新媒体发展报告No.5（2014）
著(编)者:唐绪军 2014年6月出版 / 估价:69.00元

**移动互联网蓝皮书**
中国移动互联网发展报告（2014）
著(编)者:官建文 2014年6月出版 / 估价:79.00元

**游戏蓝皮书**
中国游戏产业发展报告（2014）
著(编)者:卢斌 2014年9月出版 / 估价:79.00元

**舆情蓝皮书**
中国社会舆情与危机管理报告（2014）
著(编)者:谢耘耕 2014年8月出版 / 估价:85.00元

**粤港澳台文化蓝皮书**
粤港澳台文化创意产业发展报告（2014）
著(编)者:丁未 2014年9月出版 / 估价:69.00元

# 地方发展类

**安徽蓝皮书**
安徽社会发展报告（2014）
著(编)者:程桦 2014年4月出版 / 定价:79.00元

**安徽经济蓝皮书**
皖江城市带承接产业转移示范区建设报告（2014）
著(编)者:丁海中 2014年4月出版 / 定价:69.00元

**安徽社会建设蓝皮书**
安徽社会建设分析报告（2014）
著(编)者:黄家海 王开玉 蔡宪 2014年9月出版 / 估价:69.00元

**北京蓝皮书**
北京公共服务发展报告（2013~2014）
著(编)者:施昌奎 2014年2月出版 / 定价:69.00元

**北京蓝皮书**
北京经济发展报告（2013~2014）
著(编)者:杨松 2014年4月出版 / 定价:79.00元

**北京蓝皮书**
北京社会发展报告（2013~2014）
著(编)者:缪青 2014年5月出版 / 定价:79.00元

**北京蓝皮书**
北京社会治理发展报告（2013~2014）
著(编)者:殷星辰 2014年4月出版 / 定价:79.00元

**北京蓝皮书**
中国社区发展报告（2013~2014）
著(编)者:于燕燕 2014年8月出版 / 估价:59.00元

**北京蓝皮书**
北京文化发展报告（2013~2014）
著(编)者:李建盛 2014年4月出版 / 定价:79.00元

**北京旅游绿皮书**
北京旅游发展报告（2014）
著(编)者:鲁勇 2014年7月出版 / 估价:98.00元

**北京律师蓝皮书**
北京律师发展报告No.2（2014）
著(编)者:王隽 周塞军 2014年9月出版 / 估价:79.00元

**北京人才蓝皮书**
北京人才发展报告（2014）
著(编)者:于淼 2014年10月出版 / 估价:89.00元

**城乡一体化蓝皮书**
中国城乡一体化发展报告·北京卷（2014）
著(编)者:张宝秀 黄序 2014年6月出版 / 估价:59.00元

**创意城市蓝皮书**
北京文化创意产业发展报告（2014）
著(编)者:张京成 王国华 2014年10月出版 / 估价:69.00元

**创意城市蓝皮书**
重庆创意产业发展报告（2014）
著(编)者:程宁宁 2014年4月出版 / 定价:89.00元

**创意城市蓝皮书**
青岛文化创意产业发展报告（2013~2014）
著(编)者:马达 2014年9月出版 / 估价:69.00元

**创意城市蓝皮书**
无锡文化创意产业发展报告（2014）
著(编)者:庄若江 张鸣年 2014年8月出版 / 估价:75.00元

**服务业蓝皮书**
广东现代服务业发展报告（2014）
著(编)者:祁明 程晓 2014年1月出版 / 估价:69.00元

**甘肃蓝皮书**
甘肃舆情分析与预测（2014）
著(编)者:陈双梅 郝树声 2014年1月出版 / 定价:69.00元

**甘肃蓝皮书**
甘肃县域经济综合竞争力报告（2014）
著(编)者:刘进军 柳民 曲玮 2014年9月出版 / 估价:69.00元

**甘肃蓝皮书**
甘肃县域社会发展评价报告（2014）
著(编)者:魏胜文 2014年9月出版 / 估价:69.00元

**甘肃蓝皮书**
甘肃经济发展分析与预测（2014）
著(编)者:朱智文 罗哲 2014年1月出版 / 定价:69.00元

**甘肃蓝皮书**
甘肃社会发展分析与预测（2014）
著(编)者:安文华 包晓霞 2014年1月出版 / 定价:69.00元

**甘肃蓝皮书**
甘肃文化发展分析与预测（2014）
著(编)者:王福生 周小华 2014年1月出版 / 定价:69.00元

**广东蓝皮书**
广东省电子商务发展报告（2014）
著(编)者:黄建明 祁明 2014年11月出版 / 估价:69.00元

**广东蓝皮书**
广东社会工作发展报告（2014）
著(编)者:罗观翠 2014年9月出版 / 估价:69.00元

**广东外经贸蓝皮书**
广东对外经济贸易发展研究报告（2014）
著(编)者:陈万灵 2014年9月出版 / 估价:65.00元

**广西北部湾经济区蓝皮书**
广西北部湾经济区开放开发报告（2014）
著(编)者:广西北部湾经济区规划建设管理委员会办公室
广西社会科学院 广西北部湾发展研究院
2014年7月出版 / 估价:69.00元

**广州蓝皮书**
2014年中国广州经济形势分析与预测
著(编)者:庾建设 郭志勇 沈奎 2014年6月出版 / 估价:69.0

**广州蓝皮书**
2014年中国广州社会形势分析与预测
著(编)者:易佐永 杨秦 顾涧清 2014年5月出版 / 估价:65.0

**广州蓝皮书**
广州城市国际化发展报告（2014）
著(编)者:朱名宏 2014年9月出版 / 估价:59.00元

**广州蓝皮书**
广州创新型城市发展报告（2014）
著(编)者:李江涛 2014年8月出版 / 估价:59.00元

**广州蓝皮书**
广州经济发展报告（2014）
著(编)者:李江涛 刘江华 2014年6月出版 / 估价:65.00元

**广州蓝皮书**
广州农村发展报告（2014）
著(编)者:李江涛 汤锦华 2014年8月出版 / 估价:59.00元

**广州蓝皮书**
广州青年发展报告（2014）
著(编)者:魏国华 张强 2014年9月出版 / 估价:65.00元

**广州蓝皮书**
广州汽车产业发展报告（2014）
著(编)者:李江涛 杨再高 2014年10月出版 / 估价:69.00元

**广州蓝皮书**
广州商贸业发展报告（2014）
著(编)者:陈家成 王旭东 荀振英
2014年7月出版 / 估价:69.00元

**广州蓝皮书**
广州文化创意产业发展报告（2014）
著(编)者:甘新 2014年10月出版 / 估价:59.00元

**广州蓝皮书**
中国广州城市建设发展报告（2014）
著(编)者:董皞 冼伟雄 李俊夫
2014年8月出版 / 估价:69.00元

**广州蓝皮书**
中国广州科技与信息化发展报告（2014）
著(编)者:庾建设 谢学宁 2014年8月出版 / 估价:59.00元

**广州蓝皮书**
中国广州文化创意产业发展报告（2014）
著(编)者:甘新 2014年10月出版 / 估价:59.00元

**广州蓝皮书**
中国广州文化发展报告（2014）
著(编)者:徐俊忠 汤应武 陆志强
2014年8月出版 / 估价:69.00元

**贵州蓝皮书**
贵州法治发展报告（2014）
著(编)者:吴大华　2014年3月出版 / 定价:69.00元

**贵州蓝皮书**
贵州人才发展报告（2014）
著(编)者:于杰　吴大华　2014年3月出版 / 定价:69.00元

**贵州蓝皮书**
贵州社会发展报告（2014）
著(编)者:王兴骥　2014年3月出版 / 定价:69.00元

**贵州蓝皮书**
贵州农村扶贫开发报告（2014）
著(编)者:王朝新 宋明　2014年9月出版 / 估价:69.00元

**贵州蓝皮书**
贵州文化产业发展报告（2014）
著(编)者:李建国　2014年9月出版 / 估价:69.00元

**海淀蓝皮书**
海淀区文化和科技融合发展报告（2014）
著(编)者:陈名杰 孟景伟　2014年5月出版 / 估价:75.00元

**海峡经济区蓝皮书**
海峡经济区发展报告（2014）
著(编)者:李闽榕 王秉安 谢明辉（台湾）
2014年10月出版 / 估价:78.00元

**海峡西岸蓝皮书**
海峡西岸经济区发展报告（2014）
著(编)者:福建省人民政府发展研究中心
2014年9月出版 / 估价:85.00元

**杭州蓝皮书**
杭州市妇女发展报告（2014）
著(编)者:魏颖　揭爱花　2014年9月出版 / 估价:69.00元

**杭州都市圈蓝皮书**
杭州都市圈发展报告（2014）
著(编)者:董祖德　沈翔　2014年5月出版 / 定价:89.00元

**河北经济蓝皮书**
河北省经济发展报告（2014）
著(编)者:马树强 金浩　张贵　2014年4月出版 / 定价:79.00元

**河北蓝皮书**
河北经济社会发展报告（2014）
著(编)者:周文夫　2014年1月出版 / 定价:69.00元

**河南经济蓝皮书**
2014年河南经济形势分析与预测
著(编)者:胡五岳　2014年3月出版 / 定价:69.00元

**河南蓝皮书**
2014年河南社会形势分析与预测
著(编)者:刘道兴 牛苏林　2014年1月出版 / 定价:69.00元

**河南蓝皮书**
河南城市发展报告（2014）
著(编)者:谷建全 王建国　2014年1月出版 / 定价:59.00元

**河南蓝皮书**
河南法治发展报告（2014）
著(编)者:丁同民　闫德民　2014年3月出版 / 定价:69.00元

**河南蓝皮书**
河南金融发展报告（2014）
著(编)者:喻新安　谷建全　2014年4月出版 / 定价:69.00元

**河南蓝皮书**
河南经济发展报告（2014）
著(编)者:喻新安　2013年12月出版 / 定价:69.00元

**河南蓝皮书**
河南文化发展报告（2014）
著(编)者:卫绍生　2014年1月出版 / 定价:69.00元

**河南蓝皮书**
河南工业发展报告（2014）
著(编)者:龚绍东　2014年1月出版 / 定价:69.00元

**河南蓝皮书**
河南商务发展报告（2014）
著(编)者:焦锦淼　穆荣国　2014年5月出版 / 定价:88.00元

**黑龙江产业蓝皮书**
黑龙江产业发展报告（2014）
著(编)者:于渤　2014年10月出版 / 估价:79.00元

**黑龙江蓝皮书**
黑龙江经济发展报告（2014）
著(编)者:张新颖　2014年1月出版 / 定价:69.00元

**黑龙江蓝皮书**
黑龙江社会发展报告（2014）
著(编)者:艾书琴　2014年1月出版 / 定价:69.00元

**湖南城市蓝皮书**
城市社会管理
著(编)者:罗海藩　2014年10月出版 / 估价:59.00元

**湖南蓝皮书**
2014年湖南产业发展报告
著(编)者:梁志峰　2014年4月出版 / 定价:128.00元

**湖南蓝皮书**
2014年湖南电子政务发展报告
著(编)者:梁志峰　2014年4月出版 / 定价:128.00元

**湖南蓝皮书**
2014年湖南法治发展报告
著(编)者:梁志峰　2014年9月出版 / 估价:79.00元

**湖南蓝皮书**
2014年湖南经济展望
著(编)者:梁志峰　2014年4月出版 / 定价:128.00元

**湖南蓝皮书**
2014年湖南两型社会发展报告
著(编)者:梁志峰 2014年4月出版 / 定价:128.00元

**湖南蓝皮书**
2014年湖南社会发展报告
著(编)者:梁志峰 2014年4月出版 / 定价:128.00元

**湖南蓝皮书**
2014年湖南县域经济社会发展报告
著(编)者:梁志峰 2014年4月出版 / 定价:128.00元

**湖南县域绿皮书**
湖南县域发展报告No.2
著(编)者:朱有志 袁准 周小毛 2014年7月出版 / 估价:69.00元

**沪港蓝皮书**
沪港发展报告（2014）
著(编)者:尤安山 2014年9月出版 / 估价:89.00元

**吉林蓝皮书**
2014年吉林经济社会形势分析与预测
著(编)者:马克 2014年1月出版 / 定价:79.00元

**济源蓝皮书**
济源经济社会发展报告（2014）
著(编)者:喻新安 2014年4月出版 / 定价:69.00元

**江苏法治蓝皮书**
江苏法治发展报告No.3（2014）
著(编)者:李力 龚廷泰 严海良 2014年8月出版 / 估价:88.00元

**京津冀蓝皮书**
京津冀发展报告（2014）
著(编)者:文魁 祝尔娟 2014年3月出版 / 定价:79.00元

**经济特区蓝皮书**
中国经济特区发展报告（2013）
著(编)者:陶一桃 2014年4月出版 / 定价:89.00元

**辽宁蓝皮书**
2014年辽宁经济社会形势分析与预测
著(编)者:曹晓峰 张晶 2014年1月出版 / 定价:79.00元

**流通蓝皮书**
湖南省商贸流通产业发展报告No.2
著(编)者:柳思维 2014年10月出版 / 估价:75.00元

**内蒙古蓝皮书**
内蒙古经济发展蓝皮书(2013~2014)
著(编)者:黄育华 2014年7月出版 / 估价:69.00元

**内蒙古蓝皮书**
内蒙古反腐倡廉建设报告No.1
著(编)者:张志华 无极 2013年12月出版 / 定价:69.00元

**浦东新区蓝皮书**
上海浦东经济发展报告（2014）
著(编)者:沈开艳 陆沪根 2014年1月出版 / 估价:59.00元

**侨乡蓝皮书**
中国侨乡发展报告（2014）
著(编)者:郑一省 2014年9月出版 / 估价:69.00元

**青海蓝皮书**
2014年青海经济社会形势分析与预测
著(编)者:赵宗福 2014年2月出版 / 定价:69.00元

**人口与健康蓝皮书**
深圳人口与健康发展报告（2014）
著(编)者:陆杰华 江捍平 2014年10月出版 / 估价:98.00元

**山西蓝皮书**
山西资源型经济转型发展报告（2014）
著(编)者:李志强 2014年5月出版 / 定价:98.00元

**陕西蓝皮书**
陕西经济发展报告（2014）
著(编)者:任宗哲 石英 裴成荣 2014年2月出版 / 定价:69.0

**陕西蓝皮书**
陕西社会发展报告（2014）
著(编)者:任宗哲 石英 牛昉 2014年2月出版 / 定价:65.00元

**陕西蓝皮书**
陕西文化发展报告（2014）
著(编)者:任宗哲 石英 王长寿 2014年3月出版 / 定价:59.00

**上海蓝皮书**
上海传媒发展报告（2014）
著(编)者:强荧 焦雨虹 2014年1月出版 / 定价:79.00元

**上海蓝皮书**
上海法治发展报告（2014）
著(编)者:叶青 2014年4月出版 / 定价:69.00元

**上海蓝皮书**
上海经济发展报告（2014）
著(编)者:沈开艳 2014年1月出版 / 定价:69.00元

**上海蓝皮书**
上海社会发展报告（2014）
著(编)者:卢汉龙 周海旺 2014年1月出版 / 定价:69.00元

**上海蓝皮书**
上海文化发展报告（2014）
著(编)者:蒯大申 2014年1月出版 / 定价:69.00元

**上海蓝皮书**
上海文学发展报告（2014）
著(编)者:陈圣来 2014年1月出版 / 定价:69.00元

**上海蓝皮书**
上海资源环境发展报告（2014）
著(编)者:周冯琦 汤庆合 任文伟 2014年1月出版 / 定价:69

**上海社会保障绿皮书**
上海社会保障改革与发展报告（2013~2014）
著(编)者:汪泓 2014年9月出版 / 估价:65.00元

**上饶蓝皮书**
上饶发展报告（2013~2014）
著(编)者:朱寅健 2014年3月出版 / 定价:128.00元

**社会建设蓝皮书**
2014年北京社会建设分析报告
著(编)者:宋贵伦 2014年9月出版 / 估价:69.00元

**深圳蓝皮书**
深圳经济发展报告（2014）
著(编)者:吴忠 2014年6月出版 / 估价:69.00元

**深圳蓝皮书**
深圳劳动关系发展报告（2014）
著(编)者:汤庭芬 2014年6月出版 / 估价:69.00元

**深圳蓝皮书**
深圳社会发展报告（2014）
著(编)者:吴忠 余智晟 2014年7月出版 / 估价:69.00元

**四川蓝皮书**
四川文化产业发展报告（2014）
著(编)者:侯水平 2014年2月出版 / 定价:69.00元

**四川蓝皮书**
四川企业社会责任研究报告（2014）
著(编)者:侯水平 盛毅 2014年4月出版 / 定价:79.00元

**温州蓝皮书**
2014年温州经济社会形势分析与预测
著(编)者:潘忠强 王春光 金浩 2014年4月出版 / 定价:69.00元

**温州蓝皮书**
浙江温州金融综合改革试验区发展报告（2013~2014）
著(编)者:钱水土 王去非 李义超
2014年9月出版 / 估价:69.00元

**扬州蓝皮书**
扬州经济社会发展报告（2014）
著(编)者:张爱军 2014年9月出版 / 估价:78.00元

**义乌蓝皮书**
浙江义乌市国际贸易综合改革试验区发展报告（2013~2014）
著(编)者:马淑琴 刘文革 周松强
2014年9月出版 / 估价:69.00元

**云南蓝皮书**
中国面向西南开放重要桥头堡建设发展报告（2014）
著(编)者:刘绍怀 2014年12月出版 / 估价:69.00元

**长株潭城市群蓝皮书**
长株潭城市群发展报告（2014）
著(编)者:张萍 2014年10月出版 / 估价:69.00元

**郑州蓝皮书**
2014年郑州文化发展报告
著(编)者:王哲 2014年7月出版 / 估价:69.00元

**中国省会经济圈蓝皮书**
合肥经济圈经济社会发展报告No.4(2013~2014)
著(编)者:董昭礼 2014年4月出版 / 估价:79.00元

# 国别与地区类

**G20国家创新竞争力黄皮书**
二十国集团（G20）国家创新竞争力发展报告（2014）
著(编)者:李建平 李闽榕 赵新力
2014年9月出版 / 估价:118.00元

**阿拉伯黄皮书**
阿拉伯发展报告（2013~2014）
著(编)者:马晓霖 2014年4月出版 / 定价:79.00元

**澳门蓝皮书**
澳门经济社会发展报告（2013~2014）
著(编)者:吴志良 郝雨凡 2014年4月出版 / 定价:79.00元

**北部湾蓝皮书**
泛北部湾合作发展报告（2014）
著(编)者:吕余生 2014年7月出版 / 估价:79.00元

**大湄公河次区域蓝皮书**
大湄公河次区域合作发展报告（2014）
著(编)者:刘稚 2014年8月出版 / 估价:79.00元

**大洋洲蓝皮书**
大洋洲发展报告（2014）
著(编)者:魏明海 喻常森 2014年7月出版 / 估价:69.00元

**德国蓝皮书**
德国发展报告（2014）
著(编)者:李乐曾 郑春荣等 2014年5月出版 / 估价:69.00元

**东北亚黄皮书**
东北亚地区政治与安全报告（2014）
著(编)者:黄凤志 刘雪莲 2014年6月出版 / 估价:69.00元

**东盟黄皮书**
东盟发展报告（2013）
著(编)者:崔晓麟 2014年5月出版 / 定价:75.00元

**东南亚蓝皮书**
东南亚地区发展报告（2013~2014）
著(编)者:王勤 2014年4月出版 / 定价:79.00元

## 国别与地区类

**俄罗斯黄皮书**
俄罗斯发展报告（2014）
著(编)者:李永全　2014年7月出版 / 估价:79.00元

**非洲黄皮书**
非洲发展报告No.15（2014）
著(编)者:张宏明　2014年7月出版 / 估价:79.00元

**港澳珠三角蓝皮书**
粤港澳区域合作与发展报告（2014）
著(编)者:梁庆寅 陈广汉　2014年6月出版 / 估价:59.00元

**国际形势黄皮书**
全球政治与安全报告（2014）
著(编)者:李慎明 张宇燕　2014年1月出版 / 定价:69.00元

**韩国蓝皮书**
韩国发展报告（2014）
著(编)者:牛林杰 刘宝全　2014年6月出版 / 估价:69.00元

**加拿大蓝皮书**
加拿大发展报告（2014）
著(编)者:仲伟合　2014年4月出版 / 定价:89.00元

**柬埔寨蓝皮书**
柬埔寨国情报告（2014）
著(编)者:毕世鸿　2014年6月出版 / 估价:79.00元

**拉美黄皮书**
拉丁美洲和加勒比发展报告（2013~2014）
著(编)者:吴白乙　2014年4月出版 / 定价:89.00元

**老挝蓝皮书**
老挝国情报告（2014）
著(编)者:卢光盛 方芸 吕星　2014年6月出版 / 估价:79.00元

**美国蓝皮书**
美国问题研究报告（2014）
著(编)者:黄平 倪峰　2014年5月出版 / 估价:79.00元

**缅甸蓝皮书**
缅甸国情报告（2014）
著(编)者:李晨阳　2014年9月出版 / 估价:79.00元

**欧亚大陆桥发展蓝皮书**
欧亚大陆桥发展报告（2014）
著(编)者:李忠民　2014年10月出版 / 估价:59.00元

**欧洲蓝皮书**
欧洲发展报告（2014）
著(编)者:周弘　2014年9月出版 / 估价:79.00元

**葡语国家蓝皮书**
巴西发展与中巴关系报告2014（中英文）
著(编)者:张曙光 David T. Ritchie
2014年8月出版 / 估价:69.00元

**日本经济蓝皮书**
日本经济与中日经贸关系研究报告（2014）
著(编)者:王洛林 张季风　2014年5月出版 / 定价:79.00元

**日本蓝皮书**
日本发展报告（2014）
著(编)者:李薇　2014年3月出版 / 定价:69.00元

**上海合作组织黄皮书**
上海合作组织发展报告（2014）
著(编)者:李进峰 吴宏伟 李伟　2014年9月出版 / 估价:98.00元

**世界创新竞争力黄皮书**
世界创新竞争力发展报告（2014）
著(编)者:李建平　2014年9月出版 / 估价:148.00元

**世界能源黄皮书**
世界能源分析与展望（2013~2014）
著(编)者:张宇燕 等　2014年9月出版 / 估价:69.00元

**世界社会主义黄皮书**
世界社会主义跟踪研究报告（2013~2014）
著(编)者:李慎明　2014年3月出版 / 定价:198.00元

**泰国蓝皮书**
泰国国情报告（2014）
著(编)者:邹春萌　2014年6月出版 / 估价:79.00元

**亚太蓝皮书**
亚太地区发展报告（2014）
著(编)者:李向阳　2014年1月出版 / 定价:59.00元

**印度蓝皮书**
印度国情报告（2012~2013）
著(编)者:吕昭义　2014年5月出版 / 定价:89.00元

**印度洋地区蓝皮书**
印度洋地区发展报告（2014）
著(编)者:汪戎　2014年3月出版 / 定价:79.00元

**越南蓝皮书**
越南国情报告（2014）
著(编)者:吕余生　2014年8月出版 / 估价:65.00元

**中东黄皮书**
中东发展报告No.15（2014）
著(编)者:杨光　2014年10月出版 / 估价:59.00元

**中欧关系蓝皮书**
中欧关系研究报告（2014）
著(编)者:周弘　2013年12月出版 / 定价:98.00元

**中亚黄皮书**
中亚国家发展报告（2014）
著(编)者:孙力　2014年9月出版 / 估价:79.00元

# 皮书大事记

☆ 2012年12月，《中国社会科学院皮书资助规定（试行）》由中国社会科学院科研局正式颁布实施。

☆ 2011年，部分重点皮书纳入院创新工程。

☆ 2011年8月，2011年皮书年会在安徽合肥举行，这是皮书年会首次由中国社会科学院主办。

☆ 2011年2月，“2011年全国皮书研讨会”在北京京西宾馆举行。王伟光院长（时任常务副院长）出席并讲话。本次会议标志着皮书及皮书研创出版从一个具体出版单位的出版产品和出版活动上升为由中国社会科学院牵头的国家哲学社会科学智库产品和创新活动。

☆ 2010年9月，“2010年中国经济社会形势报告会暨第十一次全国皮书工作研讨会”在福建福州举行，高全立副院长参加会议并做学术报告。

☆ 2010年9月，皮书学术委员会成立，由我院李扬副院长领衔，并由在各个学科领域有一定的学术影响力、了解皮书编创出版并持续关注皮书品牌的专家学者组成。皮书学术委员会的成立为进一步提高皮书这一品牌的学术质量、为学术界构建一个更大的学术出版与学术推广平台提供了专家支持。

☆ 2009年8月，“2009年中国经济社会形势分析与预测暨第十次皮书工作研讨会”在辽宁丹东举行。李扬副院长参加本次会议，本次会议颁发了首届优秀皮书奖，我院多部皮书获奖。

社会科学文献出版社
SOCIAL SCIENCES ACADEMIC PRESS (CHINA)

社会科学文献出版社成立于1985年，是直属于中国社会科学院的人文社会科学专业学术出版机构。

成立以来，特别是1998年实施第二次创业以来，依托于中国社会科学院丰厚的学术出版和专家学者两大资源，坚持“创社科经典，出传世文献”的出版理念和“权威、前沿、原创”的产品定位，社科文献立足内涵式发展道路，从战略层面推动学术出版的五大能力建设，逐步走上了学术产品的系列化、规模化、数字化、国际化、市场化经营道路。

先后策划出版了著名的图书品牌和学术品牌“皮书”系列、“列国志”、“社科文献精品译库”、“中国史话”、“全球化译丛”、“气候变化与人类发展译丛”“近世中国”等一大批既有学术影响又有市场价值的系列图书。形成了较强的学术出版能力和资源整合能力，年发稿3.5亿字，年出版新书1200余种，承印发行中国社科院院属期刊近70种。

2012年，《社会科学文献出版社学术著作出版规范》修订完成。同年10月，社会科学文献出版社参加了由新闻出版总署召开加强学术著作出版规范座谈会，并代表50多家出版社发起实施学术著作出版规范的倡议。2013年，社会科学文献出版社参与新闻出版总署学术著作规范国家标准的起草工作。

依托于雄厚的出版资源整合能力，社会科学文献出版社长期以来一直致力于从内容资源和数字平台两个方面实现传统出版的再造，并先后推出了皮书数据库、列国志数据库、中国田野调查数据库等一系列数字产品。

在国内原创著作、国外名家经典著作大量出版，数字出版突飞猛进的同时，社会科学文献出版社在学术出版国际化方面也取得了不俗的成绩。先后与荷兰博睿等十余家国际出版机构合作面向海外推出了《经济蓝皮书》《社会蓝皮书》等十余种皮书的英文版、俄文版、日文版等。

此外，社会科学文献出版社积极与中央和地方各类媒体合作，联合大型书店、学术书店、机场书店、网络书店、图书馆，逐步构建起了强大的学术图书的内容传播力和社会影响力，学术图书的媒体曝光率居全国之首，图书馆藏率居于全国出版机构前十位。

作为已经开启第三次创业梦想的人文社会科学学术出版机构，社会科学文献出版社结合社会需求、自身的条件以及行业发展，提出了新的创业目标：精心打造人文社会科学成果推广平台，发展成为一家集图书、期刊、声像电子和数字出版物为一体，面向海内外高端读者和客户，具备独特竞争力的人文社会科学内容资源供应商和海内外知名的专业学术出版机构。

# 中国皮书网

发布皮书研创资讯，传播皮书精彩内容
引领皮书出版潮流，打造皮书服务平台

## 栏目设置：

- □ 资讯：皮书动态、皮书观点、皮书数据、 皮书报道、 皮书新书发布会、电子期刊
- □ 标准：皮书评价、皮书研究、皮书规范、皮书专家、编撰团队
- □ 服务：最新皮书、皮书书目、重点推荐、在线购书
- □ 链接：皮书数据库、皮书博客、皮书微博、出版社首页、在线书城
- □ 搜索：资讯、图书、研究动态
- □ 互动：皮书论坛

www.pishu.cn

中国皮书网依托皮书系列“权威、前沿、原创”的优质内容资源，通过文字、图片、音频、视频等多种元素，在皮书研创者、使用者之间搭建了一个成果展示、资源共享的互动平台。

自2005年12月正式上线以来，中国皮书网的IP访问量、PV浏览量与日俱增，受到海内外研究者、公务人员、商务人士以及专业读者的广泛关注。

2008年10月，中国皮书网获得“最具商业价值网站”称号。

2011年全国新闻出版网站年会上，中国皮书网被授予“2011最具商业价值网站”荣誉称号。

# 皮书大事记

☆　2012年12月，《中国社会科学院皮书资助规定（试行）》由中国社会科学院科研局正式颁布实施。

☆　2011年，部分重点皮书纳入院创新工程。

☆　2011年8月，2011年皮书年会在安徽合肥举行，这是皮书年会首次由中国社会科学院主办。

☆　2011年2月，“2011年全国皮书研讨会”在北京京西宾馆举行。王伟光院长（时任常务副院长）出席并讲话。本次会议标志着皮书及皮书研创出版从一个具体出版单位的出版产品和出版活动上升为由中国社会科学院牵头的国家哲学社会科学智库产品和创新活动。

☆　2010年9月，“2010年中国经济社会形势报告会暨第十一次全国皮书工作研讨会”在福建福州举行，高全立副院长参加会议并做学术报告。

☆　2010年9月，皮书学术委员会成立，由我院李扬副院长领衔，并由在各个学科领域有一定的学术影响力、了解皮书编创出版并持续关注皮书品牌的专家学者组成。皮书学术委员会的成立为进一步提高皮书这一品牌的学术质量、为学术界构建一个更大的学术出版与学术推广平台提供了专家支持。

☆　2009年8月，“2009年中国经济社会形势分析与预测暨第十次皮书工作研讨会”在辽宁丹东举行。李扬副院长参加本次会议，本次会议颁发了首届优秀皮书奖，我院多部皮书获奖。

# 皮书数据库
# www.pishu.com.cn

## 皮书数据库三期即将上线

- 皮书数据库（SSDB）是社会科学文献出版社整合现有皮书资源开发的在线数字产品，全面收录“皮书系列”的内容资源，并以此为基础整合大量相关资讯构建而成。

- 皮书数据库现有中国经济发展数据库、中国社会发展数据库、世界经济与国际政治数据库等子库，覆盖经济、社会、文化等多个行业、领域，现有报告30000多篇，总字数超过5亿字，并以每年4000多篇的速度不断更新累积。2009年7月，皮书数据库荣获“2008~2009年中国数字出版知名品牌”。

- 2011年3月，皮书数据库二期正式上线，开发了更加灵活便捷的检索系统，可以实现精确查找和模糊匹配，并与纸书发行基本同步，可为读者提供更加广泛的资讯服务。

## 更多信息请登录

中国皮书网的BLOG [编辑]
http://blog.sina.com.cn/pishu

| 中国皮书网 | 皮书微博 | 皮书博客 | 皮书微信 |
|---|---|---|---|
| http://www.pishu.cn | http://weibo.com/pishu | http://blog.sina.com.cn/pishu | 皮书说 |

## 请到各地书店皮书专架 / 专柜购买，也可办理邮购

**咨询 / 邮购电话：** 010-59367028　59367070　　**邮　　箱：** duzhe@ssap.cn

**邮购地址：** 北京市西城区北三环中路甲29号院3号楼华龙大厦13层读者服务中心

**邮　　编：** 100029

**银行户名：** 社会科学文献出版社

**开户银行：** 中国工商银行北京北太平庄支行

**账　　号：** 0200010019200365434

**网上书店：** 010-59367070　qq：1265056568

**网　　址：** www.ssap.com.cn　　www.pishu.cn

社会科学文献出版社

# 皮书系列

“皮书”起源于十七、十八世纪的英国，主要指官方或社会组织正式发表的重要文件或报告，多以“白皮书”命名。在中国，“皮书”这一概念被社会广泛接受，并被成功运作、发展成为一种全新的出版形态，则源于中国社会科学院社会科学文献出版社。

皮书是对中国与世界发展状况和热点问题进行年度监测，以专业的角度、专家的视野和实证研究方法，针对某一领域或区域现状与发展态势展开分析和预测，具备权威性、前沿性、原创性、实证性、时效性等特点的连续性公开出版物，由一系列权威研究报告组成。皮书系列是社会科学文献出版社编辑出版的蓝皮书、绿皮书、黄皮书等的统称。

皮书系列的作者以中国社会科学院、著名高校、地方社会科学院的研究人员为主，多为国内一流研究机构的权威专家学者，他们的看法和观点代表了学界对中国与世界的现实和未来最高水平的解读与分析。

自 20 世纪 90 年代末推出以《经济蓝皮书》为开端的皮书系列以来，社会科学文献出版社至今已累计出版皮书千余部，内容涵盖经济、社会、政法、文化传媒、行业、地方发展、国际形势等领域。皮书系列已成为社会科学文献出版社的著名图书品牌和中国社会科学院的知名学术品牌。

皮书系列在数字出版和国际出版方面成就斐然。皮书数据库被评为“2008~2009 年度数字出版知名品牌”;《经济蓝皮书》《社会蓝皮书》等十几种皮书每年还由国外知名学术出版机构出版英文版、俄文版、韩文版和日文版，面向全球发行。

2011 年，皮书系列正式列入“十二五”国家重点出版规划项目；2012 年，部分重点皮书列入中国社会科学院承担的国家哲学社会科学创新工程项目；2014 年，35 种院外皮书使用“中国社会科学院创新工程学术出版项目”标识。

# 法律声明

“皮书系列”（含蓝皮书、绿皮书、黄皮书）由社会科学文献出版社最早使用并对外推广，现已成为中国图书市场上流行的品牌，是社会科学文献出版社的品牌图书。社会科学文献出版社拥有该系列图书的专有出版权和网络传播权，其 LOGO（ ）与“经济蓝皮书”、“社会蓝皮书”等皮书名称已在中华人民共和国工商行政管理总局商标局登记注册，社会科学文献出版社合法拥有其商标专用权。

未经社会科学文献出版社的授权和许可，任何复制、模仿或以其他方式侵害“皮书系列”和 LOGO（ ）、“经济蓝皮书”、“社会蓝皮书”等皮书名称商标专用权的行为均属于侵权行为，社会科学文献出版社将采取法律手段追究其法律责任，维护合法权益。

欢迎社会各界人士对侵犯社会科学文献出版社上述权利的违法行为进行举报。电话：010－59367121，电子邮箱：fawubu@ssap.cn。

社会科学文献出版社